Julgar a República:
método, soberania e crítica à liberdade no *Methodus* de Jean Bodin

Douglas Ferreira Barros

JULGAR A REPÚBLICA:
MÉTODO, SOBERANIA E CRÍTICA À LIBERDADE

NO *METHODUS* DE JEAN BODIN

discurso editorial

Edições Loyola

Copyright © Discurso Editorial & Edições Loyola, 2012

Nenhuma parte desta publicação pode ser gravada, armazenada em sistemas eletrônicos, fotocopiada, reproduzida por meios mecânicos ou outros quaisquer sem a autorização prévia da editora.

Projeto editorial: Discurso Editorial
Direção editorial: Milton Meira do Nascimento
Diagramação: Helena Rodrigues
Capa: Walter Nabas
Tiragem: 1.000 exemplares

```
Dados Internacionais de Catalogação na Publicação (CIP)
(Câmara Brasileira do Livro, SP, Brasil)

Barros, Douglas Ferreira
   Julgar a República : método, soberania e crítica
à liberdade : no Methodus de Jean Bodin / Douglas
Ferreira Barros. -- São Paulo : Edições Loyola :
Discurso Editorial, 2012.

   Bibliografia.
   ISBN 978-85-15-03906-7

   1. Ciências políticas - Obras anteriores a 1800
2. O Estado 3. Soberania I. Título.

12-04348                                    CDD-320.15
```

Índices para catálogo sistemático:
1. República : Ciências políticas   320.15

discurso editorial

av. prof. luciano gualberto, 315 (sala 11)
05508-010 são paulo sp
T 55 11 3814-5383
TF 55 11 3034-2733
discurso@usp.br
www.discurso.com.br

Edições Loyola

rua 1822 n° 341
04216-000 são paulo sp
T 55 11 3385 8500
F 55 11 2063 4275
www.loyola.com.br

Para os meus pais, Laurita (*in memoriam*) e Manoel.
Para Simone e Isabel.

Agradecimentos

Agradeço especialmente a professora Dra. Maria das Graças de Souza pela minuciosa orientação deste trabalho. Muito além de uma tese de doutoramento, esse texto resulta do acompanhamento desenvolvido ao longo de vários anos por meio de sugestões, correções, indicações, solicitações, exigências que, entre outros aspectos, ensinaram-me o sentido de uma formação cautelosa, constante e persistente em filosofia. Também, pela orientação, disponibilidade e acolhida, na *École des Hautes Études en Sciences Sociales* (Paris), sou grato ao prof. Dr. Pierre Manent. À Profa. Dra. Marie Dominique-Couzinet – *Université de Paris IV – Sorbonne* –, agradeço pelas especializadas orientações, críticas e sugestões ao projeto de estudo, à pesquisa e ao primeiro texto deste trabalho e às idéias que brotaram durante sua redação. Sou grato também à profa. Couzinet pela enorme gentileza do envio de inúmeros textos e pela sempre pronta resposta aos emails. Aos professores: Dr. Renato Lessa, Dr. Cícero Araújo, Dr. Alberto de Barros e Dr. Rolf Kuntz sou grato pelo rigoroso e preciso julgamento deste trabalho.

Agradeço aos amigos Ruy Fausto e Márcio Suzuki pelo enorme apoio nos momentos de maior dificuldade. Ao professor Dr. Roberto Bolzani agradeço imensamente pela correção das traduções do latim, pela leitura precisa de todo o texto e pelas inúmeras sugestões. Aos professores Dr. Sérgio Cardoso e Dr. Milton Meira do Nascimento agradeço pelas críticas e apontamentos precisos e imprescindíveis. À amiga Nilce Pereira sou grato pela leitura rigorosa e atenta e pelas sugestões de alterações para tornar o texto mais claro.

Aos amigos Amauri Jr., Rogério Arantes, Mauro Pires e Reinaldo Palhares sou grato pelo incentivo incondicional. Pelo mesmo motivo, agradeço aos amigos do Grupo de Estudos Espinosanos. Também sou especialmente grato a Marta Kawano, Nádia Souki, Luciana Romeri, Claudio Veloso, Vladimir Safatle, Alexandre Carrasco, Natália Maruyama e Pierre Magne por me escutarem sobre muitas de minhas limitações e reclamações ao longo da pesquisa e com os quais compartilhei na *Bibliotèque Nationale de France* o prazer de pesquisar (quase) livre das limitações externas. Com os companheiros Eunice Ostrensky, Fernão Salles e Pedro Pimenta tive o prazer de pesquisar filosofia sem perder o humor. À amiga Maria Aparecida agradeço pelo apoio e pela enorme gentileza do envio de vários textos e a Juliana Gristelli devo muito por me ensinar o "caminho das pedras" nas Universidades de Paris.

Este trabalho não poderia ter sido realizado sem o apoio financeiro do CNPq, da CAPES e da FAPESP.

"Para que não restem dúvidas, nenhum juízo da melhor e superior república é mais importante do que corajosamente conter os inimigos e manter os cidadãos na suprema tranquilidade".

Jean BODIN. *Methodus*. In.: *op. cit.* 218b, L.55-219a-03 (418a, L.30-38)

Lista das Obras de Jean Bodin

Apologie : *Apologie de René Herpin pour la République de Jean Bodin* (s.1, s. d., 42p. ; Paris, Du Puys, 1580, 44p.), In: Jean Bodin. *Les Six Livres de la République*. Aalen, 1961.

Colloquium: *Colloque de Jean Bodin des secrets cachés des choses sublimes, entre sept sçavants qui sont de differents sentiments*. Traduction française du *Colloquium heptalomeres*, notes de Roger Chauviré, thèse de lettres, Paris, 1914, 213p.

Demonomanie: *De la démonomanie des sorciers, suivie de la Réfutation des opinions de Jean Wier* (Paris, Du Puys, 1580), réimpression en fac-similé de l'édition de Paris, 1587, Paris, Gutenberg-Reprints, 1979, 276p.

Distributio: *Juris Universi Distributio*. In.: Édition et traduction de Pierre Mesnard, In: Jean Bodin, *Œuvres Philosophiques*. Paris: 1951, p. 69-80; 81-97; *Exposé du droit Universel* (*Juris Universi Distributio*), traduction et commentaire de Simone Goyard-Fabre, Lucien Jerphagnon, R. M. Rampelberg, Paris : P.U.F., 1985, 172p.

Lettre: "Lettre de Jean Bodin sur l'entreprise du duc d'Anjou contre la ville d'Anvers" [21 janvier 1583], In. : *Compte rendu des séances de la Commission royale d'histoire ou recueil des ses bulletins*, 2e. série, t.XII, Bruxelles, 1859, p. 458-465.

Methodus: *Methodus ad facilem historiarum cognitionem* (Paris, Martin le Jeune, 1566), *ab ipso recognita, et multo quam*

	ante locupletior (1572), Édition et traduction de Pierre Mesnard, In: Jean Bodin, *Œuvres Philosophiques*. Paris: 1951, p.104-269 ; 269-473.

Oratio: *Oratio de institurenda in republica juventude ad senatum populumque Tolosatem* (Toulouse, Pierre Perna, 1559). Édition et traduction de Pierre Mesnard, In: Jean Bodin, *Œuvres Philosophiques*. Paris: 1951, p. 7-30; 33-65.

Paradoxes I: *Les paradoxes du Seigneur de Malestroict, conseiller du Roy, et maistre ordinaire de ses comptes, sur le faict des monnoyes, presentez à sa majesté, au mois de mars M.D.LXVI. Avec la reponse de M. Jean Bodin ausdicts Paradoxes* (Paris, Martin le Jeune, 1568), In: *La vie chère au XVIè. siècle. La response de Jean Bodin à M. de Malestroit*, 1568, édition, introduction et notes de Henri Hauser. Paris : Armand Colin, 1932, LXXX-136p.

Paradoxe II: *Le paradoxe de Jean Bodin Angevin qu'il n'y a pas une seule vertu en mediocrité, ny au milieu de deuxs vices.* In: Jean Bodin, *Selected Writings*. Genève, 1980, p.33-75 [réimpression du texte ainsi que de la lettre dédicatoire de l'édition latine].

Reponse aux paradoxes: *La reponse de Jean Bodin aux pradoxes de Malestroit touchant l'enrichissement de toutes choses, et de le moyen d'y remedier,* In: *Jean Bodin Les Six livres de la République*. Corpus des Œuvres de philosophie en langue française, 6 vol., Paris : Arthème-Fayard, 1986, t. VI, 415-503.

République: *Les Six livres de la République.* (Lyon, 1593), Corpus des Œuvres de philosophie en langue française, 6 vol., Paris: Arthème-Fayard, 1986.

Théâtre: *Le théâtre de la nature universelle de Jean Boidn jurisc. Auquel on peut contempler les causes efficientes et finales de toutes choses, desquelles l'ordre est continué par questions et responses en cinq livres...,* traduit du Latin par M. François de Fougerolles Bourbonnois Docteur aux Arts et en Medecine, Lyon, J. Pillehottte, 1597, 917p.

SUMÁRIO

INTRODUÇÃO
Retomar o *Methodus*: de resumo da *République*
ao julgamento da república 17

PARTE I
O método no *Methodus* – congregar a
história e a *civilis disciplina* para julgar as repúblicas 33

Capítulo I - Anunciar o método: de relato das ações
humanas à memória da humanidade 37

    1. *Historiarum cognitio*: o caráter singular do
       Methodus no Renascimento 37
    2. As artes da história (*artes historiae*): de modelos
       literários a fontes de saberes 51
    3. As artes da memória (*artes memoriae*): dos fatos ao
       discurso enquanto memória da humanidade 67
    4. A História e as ciências 77

Capítulo II – Conceber o método: da retórica ao
julgamento das histórias 83

    1. Conhecer as histórias: a necessidade do método 83
    2. O debate sobre a lógica e o método: matrizes
       do *Methodus* 87

3. *Mos gallicus iura docendi*: a escola jurídica francesa
      e a crítica ao *mos italicus* 110
   4. Jean Bodin jurista: crítico dos juristas e defensor
      do método 122

Capítulo III – Aplicar o método: do direito à
Scientia politica 141

   1. *Civilis disciplina, non jurisprudentia* 141
   2. *Scientia politica* no Renascimento francês e no Methodus ... 150
   3. Aplicar o método: questionar os relatos, julgar as histórias .. 167

PARTE II
Julgar a república 179

Capítulo IV – Os princípios do poder político e a lógica para a
apresentação do conceito de *Respublica* 183

   1. O conceito de cidadão e a crítica a Aristóteles 183
   2. O princípio da república e a proximidade do pensamento
      aristotélico 193
   3. A crítica a Cícero e a insistência na redefinição da república 203

Capítulo V – A república na história 213

   1. A soberania e sua origem: história e contexto 213
   2. Os *membra corporis* da república 225
   3. Poder da soberania e autoridade do magistrado 231
   4. Soberanias na história 238

Capítulo VI – Julgar as repúblicas 251

   1. Julgar o *status* das repúblicas 251
   2. A igualdade da justiça 266

3. A igualdade do tirano: a origem das revoluções 279
4. Tempo, instabilidade e justiça 286

PARTE III
Soberania e crítica à liberdade 301

Capítulo VII – Maquiavel tirânico e a decadência de Florença 305

1. Recepção francesa à obra de Maquiavel 305
2. Crítica à liberdade republicana: Maquiavel tirânico 320

Capítulo VIII – A decadência moral em Veneza 345

1. Bodin e o interesse pelos *Discorsi* 345
2. A insolência moral em Veneza 351

Capítulo IX – A república excelente 365

1. A monarquia débil 365
2. A monarquia excelente 373

CONCLUSÃO 385

Anexo – República e *Status*: ambiguidades concernentes aos dois conceitos no Renascimento 395

1. A passagem para a moderna concepção de Estado 396
2. Entre o *status* e a *respublica*: uma primeira ambiguidade da ordem política 400
3. A diferença entre república e *Stato* 407
4. Aspectos da crítica de Albergati à república de Bodin 420

BIBLIOGRAFIA 435

Introdução

Retomar o *Methodus*: de resumo da *République* ao julgamento das repúblicas

Ao conceber a soberania como o princípio da república, Jean Bodin (1529-1590) dá o passo decisivo para a elaboração desse conceito basilar das filosofias políticas moderna e contemporânea. Não raro os estudiosos da filosofia afirmam que essa noção vem à luz por meio dos *Six livres de la République* (1576)[1]. No entanto, é no *Methodus ad facilem historiarum cognitionem* (1566)[2] que o pensador nos dá a definição de *suverenitas* e demonstra que o termo se

---

[1] Jean BODIN. *Les Six Livres de la République*. Texte revu par FRÉMONT, Christiane, COUZINET, Marie-Dominique & ROCHAIS, Henri. Paris: Fayard, 1985. Vol. I-VI.

[2] Jean BODIN. *Methodus ad facilem historiarum cognitionem*. In.: Jean BODIN: *Oeuvres philosophiques*, texto estabelecido, traduzido e publicado por Pierre Mesnard, T.I, Paris: P.U.F., 1951. Todas as citações serão extraídas dessa edição do *Methodus*, que contém o texto definitivo e foi republicada a partir do original (1566) em 1572. Trabalhos recentes de especialistas na obra bodiniana como Julian Franklin e Keneth McRAE, citam apenas o texto latino. Nossa opção é apontar tanto o original quanto a tradução francesa. Assim, para todas as citações dos textos de Bodin da edição preparada por Mesnard indicaremos a página, a coluna e as linhas do original em latim e, entre parênteses, as mesmas informações da tradução francesa. Os trechos em notas destacadas são traduzidos a partir do texto latino e, em alguns

refere, ao mesmo tempo, ao princípio e ao fundamento instituidor do poder político e da república. A percepção de que esse conceito é definido primeiramente em sua obra mais conhecida, a *République*, decorre de uma avaliação dos intérpretes quanto à extensão e à precisão que o termo adquire nesse texto se o compararmos com o que nos traz o *Methodus*. Assim, mesmo que variem os argumentos, as interpretações da obra de Bodin tendem a concordar que, com relação às teses sobre a soberania da república, o texto de 1566 é uma preparação, um ensaio, para o que nos seria apresentado no texto publicado em 1576. Nosso trabalho partirá de outro ponto para entender a apresentação e a definição da soberania e da república.

O objetivo do presente trabalho é demonstrar que, na obra de 1566, a teoria que fundamenta a soberania da república se explica pelo julgamento metódico das formas do poder político e pela contraposição às teses de alguns dos clássicos da filosofia política como Platão, Aristóteles e Cícero e, do então contemporâneo, Maquiavel, bem como de aspectos do republicanismo italiano. Ao mostrar as insuficiências das soberanias democrática e aristocrática, Bodin escolhe os elementos que serão os alvos principais de sua crítica: a liberdade dos cidadãos e a participação do povo nas decisões do poder. Para finalizar o trabalho de julgar as formas da soberania, veremos que uma das linhas de força da investigação bodiniana no *Methodus* sobre a república é a confrontação de elementos centrais do republicanismo italiano no Renascimento. Procuramos também apresentar uma leitura sobre essa obra de Bodin centrada em outros pontos diferentes daquela segundo a qual se trata ali de uma teoria que traz a gênese do absolutismo monárquico e uma preparação para as teses que serão apresentadas em toda a sua completude na obra de 1576. Tal interpretação do *Methodus* demanda que assumamos outra compreensão sobre temas como a origem, o fundamento da república e os contornos do conceito de soberania.

Entre os mais conhecidos intérpretes, Quentin Skinner defende que, se confrontarmos a teoria do *Methodus* com a da *Répu-*

blique, alternativa seguida pela maioria dos especialistas, pouca coisa se concluirá além do fato de que no primeiro trabalho temos uma concepção limitada do conceito de soberania. A perspectiva assumida por Bodin no texto de 1566 é a de um constitucionalista[3], isto é, nessa obra encontramos o pensador declarando-se a favor das limitações ao poder do monarca. Já no texto de 1576 ele não aceita qualquer "freio" às intenções do rei. Como defensor enfático do absolutismo, na *République* Bodin exige "que sejam proscritas todas as teorias que defendiam a resistência e se aceite, como único meio para restaurar a unidade e a paz política, uma monarquia forte".[4] Mesmo que esta obra conserve e defenda alguns freios que limitam as intenções do monarca, isso não anula a tese de que Bodin se esforça para extinguir um estado constitucional, regulado segundo as normas independentes e autônomas estabelecidas pela vontade do soberano.[5] O fator decisivo para afirmarmos que a teoria da soberania absoluta está completa no segundo texto é a mudança em relação à defesa do direito dos súditos, pois, "na segunda dessas obras, ele deliberadamente retira todas as salvaguardas constitucionais específicas que procurara impor no *Método*, e se refugia, com evidente temor, numa defesa muito mais inflexível do absolutismo régio".[6]

A interpretação de Julian H. Franklin[7] é a que melhor detecta a fratura entre as duas obras. Segundo essa perspectiva, a teo-

---

casos, diferem da tradução de Mesnard. Não obstante as restrições que os especialistas fazem à tradução francesa, ela foi por nós amplamente consultada e considerada em todas as traduções feitas para o português.

[3] Quentin SKINNER. *As fundações do pensamento político moderno*. São Paulo: Companhia das Letras, 1996. p.556.
[4] *Ibidem*. p.556.
[5] SKINNER cita especificamente: "*la police, la religion* e *la justice*". *Op. cit.* p.564.
[6] Quentin SKINNER. *Op. cit.* p.568.
[7] Julian F. FRANKLIN. *Jean Bodin et la naissance de la théorie absolutiste*. Paris: P.U.F, 1993.

ria absolutista apresentada em 1566 seria tão somente uma preparação para as teses que seriam defendidas dez anos depois, sendo possível desde lá: "retraçar a carreira intelectual de Jean Bodin e analisar a evolução intelectual que progressivamente o conduziu às formulações 'absolutistas' bem conhecidas".[8] O ponto de partida da observação de Franklin é o de quem considera a *République* como a obra, por excelência, da teoria absolutista, enquanto a obra anterior pecaria pela "imaturidade e desatenção". Sua leitura do *Methodus* se concentra exclusivamente no capítulo VI, reconhecendo que a necessidade fundamental do trabalho é compreender o que ele chama de "natureza do Estado", as diferenças entre eles, as causas das mudanças nas constituições e a evolução dos sistemas políticos.[9]

O propósito de Franklin é observar essas obras de Bodin, assim como toda a apresentação da teoria da soberania, pelo viés das teorias do direito. Ele compara a concepção bodiniana com as teorias medievais, buscando as matrizes da discussão e da defesa dos limites do poder monárquico; demonstra que a disputa entre o papado e a realeza obriga vários textos políticos da época a destacar o problema da supremacia limitada, sujeita à lei e ao consentimento[10]; e conclui que para chegar à teoria exposta na *République*, Bodin teria incorporado uma série de elementos, já presentes na discussão desde a Idade Média, sem os quais ele não teria concebido um absolutismo verdadeiro. Se em 1566 observamos uma teoria da soberania limitada, Franklin explica, é porque Bodin se encontrava mais próximo dos juristas medievais do que sintonizado com os problemas políticos do presente. O problema de fundo da discussão desenvolvida no *Methodus* seria, em resumo, a ambivalência dos limites estabelecidos à autoridade política. Tais ambiguidades seriam inconcebíveis na *République*.

---

[8] Jean-Fabien SPITZ escreve na apresentação da tradução francesa. In.: *Op. cit.* p.VII.
[9] Julian F. FRANKLIN. Op. cit. p. 39.
[10] *Ibidem.* p. 40.

É sintomático que ele ataque essa suposta fragilidade do *Methodus* pela via do direito. Desde o século XIII, o debate clássico sobre a centralização e a descentralização do poder político se concentrou no tema da legitimidade do poder e dos limites a ele estabelecidos pelas leis. A questão teria sido resolvida, segundo Franklin, somente com a publicação da *République*. A preocupação deste intérprete está orientada então para provar que este último trabalho consolida as teses sobre o poder absoluto do monarca, já presentes no *Methodus*, porém não completamene desenvolvidas e bem amarradas. Franklin mostrou como Bodin rompeu de forma radical com a tradição medieval do direito francês, que pressupunha um poder político secular não concentrado na pessoa do monarca. Todos os problemas importantes que suscitam essas duas obras, na visão de Franklin, são redutíveis à discussão sobre o poder no âmbito do direito. E ao direito, na mesma visão, se limita a discussão sobre os contornos do poder político. A segurança de que na *République* Bodin não tinha se equivocado quanto aos limites do poder supremo vinha do fato de que o pensador se mantinha atento ao problema dos direitos da soberania. O movimento de oscilação da teoria bodiniana, ou, como entendemos, a tensão proposital entre a limitação e a ampliação de poderes, que se observa na obra de 1566 seria apenas um momento peculiar da teoria absolutista em germe.[11] A ambiguidade em destaque pode ser entendida, aos olhos de Franklin e de vários intérpretes do pensamento bodiniano, como apenas um lapso teórico, que será corrigido depois, no texto de 1576. Problemas que encontramos no *Methodus*, como a indefinição sobre a extensão dos poderes da autoridade central, se poderiam explicar, por exemplo, porque as prerrogativas do poder supremo não constavam do *Corpus Juris Civilis* romano, obra que seria a referência teórica para os pensadores da Idade

---

[11] Julian FRANKLIN analisa esse movimento que se caracteriza pela "tentativa que ele [Bodin] faz para descobrir quais são as prerrogativas de governo que não podem ser 'detidas' pelos magistrados e que conduz naturalmente à questão dos direitos do soberano". In.: *Op. cit.* p. 43.

Média mas talvez não tivesse sido suficientemente discutida e aprofundada por Bodin.

O problema da interpretação de Franklin é que, embora esteja analisando o *Methodus*, ele o faça orientado por lentes de alguém preocupado com os temas abordados na *République*. Por isso conclui que o capítulo VI é o enunciado das descobertas de Bodin no "domínio do direito" público para corrigir certas lacunas acerca do poder supremo.[12] Assim, restringindo ao campo do direito a discussão política em relação à soberania, o trabalho de 1566 pode ser entendido apenas como antecipação das teses que seriam apresentadas em 1576. O comentador pretende, ao fim e ao cabo, afastar a hipótese de que Bodin, não tendo estabelecido ainda a teoria da soberania absoluta, iria defender a constituição mista.[13] Franklin pretende resolver com base no debate sobre o direito político a ambivalência do texto em relação a algumas questões próprias de textos republicanos. O surpreendente é que não mencione a longa discussão que Bodin trava com Maquiavel e as experiências políticas republicanas de Florença e Veneza. Segundo a avaliação de Franklin, teríamos no texto de 1566 uma teoria a meio caminho, entre a limitação completa do poder real e o absolutismo monárquico.[14]

---

[12] *Ibidem*. p. 45.

[13] Completa Franklin: "Procurando determinar qual era a forma do Estado da Roma antiga e em outras repúblicas clássicas tradicionalmente consideradas como mistas, Bodin é enfim levado a se interrogar, em termos estritamente jurídicos, sobre o lugar no qual reside a soberania em uma constituição onde o soberano é considerado como uma composição entre monarquia, aristocracia e democracia, ou entre as duas formas de Estado". In: *Ibidem*. p. 46.

[14] "... o essencial para nossa proposta presente é que, no *Methodus*, Bodin faz um uso coerente do conceito de supremacia limitada, mesmo não se empenhando em formulá-lo com precisão" [...] "a medida de um soberano verdadeiro é, então, o poder do rei na França, que governa, mas não o faz somente no interior de limites definidos pela lei". In: *Ibidem*. p. 66.

O fato de as peças não se encaixarem tão exatamente pode ser um forte indício de que outras hipóteses podem ser testadas para explicar a distância entre esses trabalhos. Como aventamos acima, evitaremos, de saída, compreender as teses do *Methodus* a partir de sua relação com a *République*. Para realizarmos essa outra investida de interpretação do *Methodus* nos colocamos primeiramente a seguinte questão: qual a relação do capítulo VI – *De Statu rerum publicarum* – com o conjunto da obra? Seguindo por esse caminho veremos que a discussão sobre os contornos da soberania, tão enfatizada por Franklin e outros vários importantes intérpretes do texto bodiniano, assume outra dimensão.

Como parte da obra e não como unidade autônoma, as teses desse capítulo são observadas, não sob o foco exclusivo da discussão jurídico-política, mas incorpora o trabalho de julgamento metódico das formas da soberania a partir do viés da *civilis disciplina*. Bodin já nos tinha advertido sobre isso no capítulo III – *De Locis Historiarum Rectè Instituendis* –, ao analisar o surgimento da lei e o modo como os homens começam a aplicá-la.

De outra parte isto é o que fez a *civilis disciplina*, isto é, a razão suprema a respeito de ordenação e proibição.

> Invoco a *civilis disciplina* e não, como a maioria, a ciência do direito (pois, é uma pequena parte daquela), mas, sim, aquela que governa todas as artes e ações humanas, cujas principais partes são três: autoridade, deliberação e execução.[15]

Considerar a problemática do capítulo VI como parte da proposta original e total da obra significa entender que toda a discussão ali presente se articula com a de conceber um método para o conhecimento das histórias que nos permitisse sistematizar outros saberes carentes de rigor científico. Na concepção do *Methodus*,

---

[15] Cf. Jean BODIN. *Methdous ad facilem historiarum cognitionem*. In: *Op. cit.* p. 120b, L.24-30 (289a-L.14-23).

a história é a fonte de todo processo do saber.[16] As noções ciceronianas de "ratio" e "via" amparam a idéia de método, que designa um caminho, algo muito próximo daquele significado grego de *techné*, que adquirirá outro sentido equivalente latino com a noção de *ars*.[17] O ponto de partida da obra é que seria possível desenvolver, com base na história e sob a orientação do método, um processo de sistematização dos conhecimentos, que vai dos mais simples aos mais complexos e das artes às ciências.[18]

Pensada no contexto mais amplo das "*artes Historicae*", a disciplina história é vista como objeto de reflexão, matriz de saber, que se oferece à elaboração do conhecimento em outros domínios do pensamento. Nessa perspectiva, ampliam-se os horizontes de pesquisa de quem estuda a disciplina e, na mesma medida, as finalidades do historiar, posto que seus interesses incorporam, entre outros, o conhecimento sobre a política. Além da narração rigososa dos fatos, a história e o historiador assumem tarefas e objetivos de outras disciplinas. Alguns trabalhos de historiadores, que se dedicaram à pesquisa de sistemas de direitos públicos,[19] terminam por incorporar o julgamento como elemento inerente à atividade de historiar. Por meio dessa nova particularidade, a história extrapola os limites da descrição fatual e se apresenta como fonte insubstituível para outros conhecimentos. Sua tarefa se completa assim, além do

---

[16] Orientamos nossa percepção quanto ao lugar do capítulo VI do *Methodus* com base no trabalho de Marie-Dominique Couzinet segundo o qual "a metodização da história humana corresponde, no *Methodus*, ao que poderíamos chamar uma *reductio artium ad Historiam* [remeter das artes à história], o conhecimento da história humana recapitulando, em seu estado propedêutico, todo processo de saber". Cf. Marie-Dominique COUZINET. *Histoire et Méthode à la Renaissance*. Paris: Vrin, 1996, p. 23.
[17] Marie-Dominique COUZINET. *Op. cit.* p. 19.
[18] *Ibidem.* p. 22.
[19] *Ibidem.* p. 41.

recolhimento dos fatos, com "pesquisar as causas e emitir julgamentos sobre os fatos que ela relata".[20]

Este é o nosso ponto de ancoragem. A procura das causas sobre determinados temas e o julgamento metódico dos fatos termina por posicionar a Filosofia e a História, uma ao lado da outra. A segunda incorpora elementos específicos da primeira.[21] Bodin reage contra as *arts d'écrire* [artes da escrita].[22] Ele não se vê como historiador, que apenas narra os fatos, mas reconhece a importância da narração e também de se assumirem novas atitudes frente ao trabalho do historiador.[23] Mas como poderíamos entender esse processo em que a história assume o papel da filosofia? Pensando em um dos aspectos da filosofia moral dos antigos, tão cara aos renascentistas, pode-se afirmar com segurança que ela se apresenta acima dos acontecimentos uma vez que pode julgá-los, extraindo lições de moral e regras para orientar as ações humanas. A submissão da verdade da narração a uma finalidade julgadora cria a tendência de observar os fatos menos do ponto de vista de sua exatidão do que de sua utilidade.[24] Desta forma, Bodin se propõe a repensar no *Methodus* "regras de julgamento sobre a credibilidade dos autores e a sua classificação em função destas regras, mas me-

---

[20] *Ibidem*. p. 41.
[21] "O caráter filosófico da nova história lhe dá uma orientação nova, assinalada por Beatrice Reynolds: esta história que tem por finalidade o soberano bem do homem, se oberva sobre o que permite a aquisição, a saber, a organização, as instituições e a história políticas". In.: *Ibidem*. p. 42.
[22] Cf. J. BODIN. *Methodus, op. cit., Proemium*, 114a, l. 35-41. (281a, l.5-13); Marie-Dominique COUZINET. *Op. cit.* p. 42.
[23] "...sua pesquisa [do historiador] está sempre subordinada a uma utilidade, e a verdade da narração histórica será procurar em diferentes degraus, segundo diferentes níveis de verdade que variam em função da utilidade perseguida, a verdade dos fatos tem uma significação singularmente empobrecida, quando se trata de tirar uma lição de moral da história". Cf. Marie-Dominique COUZINET. *Op. cit.* p.43.
[24] *Ibidem*. p. 44.

nos em vista de uma reconstituição do passado que de uma leitura mais eficaz para o presente".[25]

Parece absurdo que o julgamento se apresente como prática assoaciada à história e não ao direito. Mas é esse o ponto a partir do qual podemos entender por que, no *Methodus*, Bodin alia o julgamento à *civilis disciplina*. O pensador vai nos mostrar que as noções de método e julgamento estão de alguma forma associadas. Assim, pode-se ter a história como referência para pensar a política, sem assumir, contudo, o ponto de vista do jurista. A leitura do *Methodus* nos mostra que Bodin não tem dúvidas de que o filósofo, como "leitor de histórias", cumprirá uma obrigação: pensar, a partir delas, a política em sentido amplo. O trabalho de quem toma a política como objeto de conhecimento não pode se circunscrever ao campo dos conceitos, enquanto princípios formais ou *topos*, para que depois possa observar, julgar e orientar o mundo que o cerca. Como, então, Bodin vai julgar a política? Qual o seu objeto específico? Como julgará a república?

O presente trabalho será apresentado ao leitor em três partes, cada uma delas contendo três capítulos. A primeira delas: "O Método no *Méthodus*", trata do problema do método nessa obra de Jean Bodin. Veremos como Bodin concebe o método para conhecer as histórias, o qual deve conferir a esse saber o mesmo rigor que o das ciências assim reconhecidas. Tem importância o debate entre as teorias sobre a lógica que servem como fundamento para a elaboração do método de conhecimento das histórias. Veremos que a perspectiva bodiniana deita suas raízes no direito. Destacamos aqui a peculiaridade da escola francesa do direito, à qual se filiava o pensador, bem como sua crítica a esta. Será a partir do direito que iremos mostrar em que sentido o conhecimento não se limita à investigação dos princípios, mas observa a validade desses no confronto com os fatos históricos. Observaremos também como o pensador associa o conhecimento das histórias à filosofia política, que ele denomina *civilis disciplina*.

---

[25] *Ibidem*. p. 44.

Na segunda parte, "Julgar a república", aprofundaremos a tese bodiniana da soberania como princípio das repúblicas. O pensador se ocupa aqui não com a busca da verdade das histórias, mas com a da verdadeira organização política. Veremos que nesse processo ele realiza o julgamento das inúmeras repúblicas na história. Bodin vai demonstrar a noção de soberania como fundamento da organização política, valendo-se de que a apresentação do conceito de cidadão nos remete primeiramente à demonstração da noção de soberania e, por conseqüência, de república. Veremos como o pensador percorrerá as histórias, avaliando cada uma das repúblicas exclusivamente a partir dos princípios da *civilis disciplina*. Também, o pensador nos apresentará as razões por que algumas soberanias, particularmente as aristocráticas e as monárquicas, constituíram-se e mantiveram-se seguras ao longo do tempo.

A terceira parte, "Soberania e crítica à liberdade", traz a confrontação de Bodin, tanto a Maquiavel quanto aos fundamentos do republicanismo italiano, a saber, a participação do povo nas decisões do poder e a liberdade civil. Analisaremos em primeiro lugar a recepção fortemente negativa à obra de Maquiavel na França. Acusado de ser incrédulo, corruptor das mentes pouco equilibradas e dos corações exaltados, destruidor das instituições e da tradição monárquica, o pensador florentino não sofre por parte do francês qualquer ataque que não esteja vinculado à avaliação teórica, eminentemente filosófica. Veremos que o interesse do pensador francês se concentra nas teses dos *Discorsi*. E por quê? Ciente do perigo que representavam o embate ideológico e as guerras entre católicos e protestantes Huguenotes, Bodin se dedica exclusivamente a contestar os temas expressos nas teses de Maquiavel que pudessem alimentar o conflito, isto é, o elogio dos tumultos e o conseqüente fortalecimento das instituições romanas. Está em questão o julgamento da soberania democrática, que para o francês é frágil e fomenta os tiranos. Também, Bodin avalia como o *vivere civile* exaltado pelos venezianos os tornou frágeis e indefesos a qualquer ataque inimigo; julgará, nesse momento, a soberania aristocrática para contestar definitivamente quaisquer qualidades que possam nela ser verificadas.

Ao final do trabalho apresentaremos o texto "República e *Status*: ambiguidades acerca dos dois conceitos no Renascimento", com o qual pretendemos tornar claras ao leitor as dificuldades de compreender esses conceitos tanto na obra de Bodin quanto na época em que ele o publicou.

Alguém poderia objetar que nosso percurso analítico não dá a devida importância ao contexto histórico vivido por Bodin, que deveria produzir reflexos em suas precupações sobre a soberania das repúblicas. De fato, procuramos aqui nos concentrar muito mais na exposição do contexto intelectual que marcou o momento em que foi concebido o *Methodus* e no qual se inseriu Bodin, mais como pensador e filósofo político do que como jurista e advogado do parlamento do Rei da França. Porém, em se tratando nosso trabalho de uma interpretação da soberania bodiniana, é impossível não dar alguma atenção à instabilidade política deste país, na segunda metade do século XVI, e à influência que isso exercerá sobre os problemas teóricos que o pensador aprofunda e propõe resolver.

No momento da publicação do *Methodus*, Carlos IX, o detentor do trono por direito, tinha apenas 16 anos. O poder de fato era exercido por sua mãe, Catarina de Médici, que sob os conselhos do jurista e chanceler Michel de l'Hôpital, tentava amainar e diluir a tensão política crescente entre protestantes e católicos. Advogado do Parlamento de Paris desde o fim da década dos cinquenta, Jean Bodin tinha completa noção da gravidade do momento, originada pela divisão religiosa. Dada a iminência de uma crise política e a profundidade do problema, cabe perguntar por que o pensador não tomou esse contexto como objeto das análises que viria desenvolver. No trabalho de 1566, a história serve como referência para a investigação dos fundamentos da soberania, enquanto que, em 1576, ela é a referência para a justificação da soberania absoluta e para a intervenção propriamente política. Dois momentos cruciais, que denotam nossa preocupação com o contexto em que Bodin publica sua obra, são as análises da posição crítica de Bodin em relação aos juristas e a da recepção da obra maquiaveliana na França.[26]

Um trabalho sobre o método, a soberania e a crítica à liberdade no *Methodus* não permite que levemos a cabo uma análise interna da obra apontando exclusivamente a relação entre os conceitos. Para explicarmos as linhas de força dos argumentos que conduzem ao nosso objetivo torna-se necessário recorrer tanto às referências clássicas da antiguidade quanto à interpretação contemporânea da obra bodiniana. Concentramo-nos, então, em mostrar a vinculação do texto com os autores – filósofos, historiadores, juristas – que servem também de base teórica para outros textos renascentistas. O leitor notará que na maior parte do trabalho nos guiaremos pelo texto de Bodin, e a relação com outros autores se limitará aos temas sugeridos pelo pensador francês. Não será nossa pretensão cobrir todas as mediações filosóficas e históricas sugeridas pelo pensador. Buscaremos, assim, os autores clássicos para que tornem mais clara a perspectiva de Bodin e nos façam entender a extensão de seu projeto. Quanto aos estudos contemporâneos sobre a obra do francês, procuraremos nos ater àqueles que se concentram no *Methodus* e, entre eles, os que enfocam nosso objeto de estudo.

A advertência que nos despertou para a importância desses aspectos no texto de Bodin, entre outros tantos estudos que apontam essa proximidade, foi feita por Diego Quaglioni, para quem Maquiavel é o responsável pela retomada da idéia de *scientia politica* como estudo da natureza diversa do povo e das formas políticas que o governam.[27] Por si só, esse argumento já nos leva a destacar

---

[26] Ao longo de toda a nossa análise estamos atentos aos problemas que envolvem a relação entre o texto e o contexto, expressos nas obras de filosofia política. Isso pode se esclarecer melhor no trabalho de James Tully (ed.), *Meaning and Context – Quentin Skinner and his critics*. Oxford: Polity Press, 1988.

[27] "...o papel da observação empírico-histórica encontra-se colocado em um grau inferior com respeito à contemplação das verdades mais altas e 'ocultas'. A mesma comparação histórica não tende mais a observar o presente na

as referências a Maquiavel e aos fundamentos do republicanismo italiano que encontramos no *Methodus*.²⁸ O pensador francês estava ciente de que o trabalho de repensar os princípios da política deveria retomar o sentido que Platão e Aristóteles lhe conferiram. Em razão disso, Quaglioni reconhece Maquiavel como interlocutor e, em certos momentos, como adversário de Bodin.²⁹ Mas o importante na disputa entre o francês e o florentino é que o juízo do primeiro sobre o segundo "é parte integrante de um posicionamento crítico de Bodin em direção da cultura do humanismo italiano, observada em relação à situação de conflitos generalizados que caracteriza a evolução histórico-constitucional das *civitates* italianas e de Florença em particular".³⁰

Nosso interesse em dedicar vários anos de trabalho à pesquisa dessa obra de Bodin está diretamente vinculado à admiração que nutrimos pelos temas do republicanismo italiano e do humanismo no Renascimento europeu. Ao aprofundar o objetivo dos pensadores humanistas em aproximar os estudos da política e

---

'radiografia conceitual' do passado, proposto como 'norma' pela ação política. Em vez disso, essa deve relativizar globalmente a experiência política, trazendo assim o ensinamento do 'curso' das coisas, mas sobretudo trazendo justificativas para a construção de uma ciência política que se põe ao estudo das diversas 'naturezas' dos povos, às quais as formas de poder devem adaptar-se...". In.: Diego QUAGLIONI. Op. cit. p.08.

[28] "Os escritos maquiavelianos... formaram o alimento controverso de toda discussão sobre os princípios do governo e sobre o Estado". In. : Diego QUAGLIONI. Op. cit. p.111. Logo após as traduções dos trabalhos maquiavelianos feitas por Gohory, Cappel e Gaspard d'Auvergne" notam-se na França as oposições, principalmente pelo fato de o florentino ter afirmado no *Ritracto di cose di Francia* (1512) que "os franceses não entendiam de stato".

[29] "...em particular o 'maquiavelismo' de Bodin (ou, se se prefere, paradoxalmente, devido à oscilação e às ambiguidades que caracterizam a leitura bodiniana do secretário florentino, o antimaquiavelismo de Bodin) pode ainda ser tido como um momento crucial da temática maquiaveliana". In.: Diego QUAGLIONI. *Op. cit.* p.111.

[30] Diego QUAGLIONI. *Op. cit.* p.117.

das histórias, o *Methodus* imediatamente capturou nossa atenção. Desde a apresentação da obra, Bodin mostra como a história ocupa o centro do conjunto das disciplinas do conhecimento. Ciente da pouca originalidade de sua perspectiva para a época, Bodin ocupa uma posição de destaque entre outros estudiosos da matéria, ao dizer que seu objetivo era propor um método para conhecer mais facilmente a disciplina. Estabelece, então, como alvo de seu projeto, defini-la, conhecer as principais divisões e a sucessão cronológica dos principais fatos, escolher os historiadores, criticar os escritos e, por consequência, conhecer as repúblicas, o *status rerum publicarum*.

Não obstante esse caminho de pesquisa tenha nos chamado a atenção, é preciso confessar que, ao primeiro contato, as teses apresentadas por Bodin causaram, e ainda causam em nós, certo desconforto. Não há como deixar de reconhecer a contundência dos argumentos que ele levanta contra certas perspectivas teóricas, posições que julgamos consistentes, principalmente as que defendem a liberdade no republicanismo italiano do século XVI. Em vez de refutarmos dogmaticamente as teses de Bodin, preferimos observar de perto suas razões. Ao aprofundar o *Methodus*, percebemos que vários de nossos alvos de pesquisa se encontravam lá, ainda que apresentados em outra chave que não aquela que até então havíamos estudado. Esperamos que este trabalho possa explicar com propriedade os argumentos de Bodin e que mostre como a confrontação teórica que ele propõe nos permite avaliar noções que ocupam o centro das discussões das filosofias políticas moderna e contemporânea, a saber: a soberania, a liberdade e a república.

PARTE I

O método no *Methodus*: congregar a história e a *civilis disciplina* para julgar as repúblicas

Na parte que abre este trabalho estudaremos o método no *Methodus* de Jean Bodin. Parte-se da perspectiva de que a abordagem do tema no texto bodiniano não se restringe à tentativa de reformulação da acepção com que fora compreendido pela tradição retórica – vinculado às artes da escrita. Para além do sentido de ser uma ferramenta para a formulação e a execução do discurso perfeito, os estudos do método no Renascimento incorporam elementos da lógica. Não mais para servir como instrumento de refinamento das artes de escrever e conceber o discurso, mas para que às funções ligadas à exposição de conteúdos fossem também incorporadas novas atividades: a de balisar e a de orientar o julgamento. Assim, quando comparado a outros textos renascentistas que se ocupam da disciplina de saber história, o *Methodus* traz a novidade de querer dotá-la de elementos para que, além de ser admitida como um conhecimento rigoroso, fosse classificada no conjunto das demais ciências.[1] Mas não apenas isso.

---

[1] Aqui não nos referimos à ciência em sentido moderno e, muito menos, positivista. Vamos mostrar que Bodin pretende apenas estabelecer critérios a partir dos quais a história seja reconhecida como um saber dotado de rigor como o direito, a geografia, a cosmologia e outras disciplinas consideradas científicas no Renascimento.

A história deve fornecer aos que por ela se interessam os critérios para que façam o julgamento acerca dos próprios conteúdos dela. O ato de julgar não é dos interesses que se observam com mais regularidade entre os estudiosos da disciplina. Mas Bodin nos faz ver que isso não é mais do que um modo, entre outros, de como podemos entender o conhecimento da história. Em sua acepção, este deve incorporar elementos do direito e possibilitar ao estudioso da matéria dar passos além do mero relato de fatos do passado. Antes de entender como será feita essa aproximação entre história, método e julgamento, observaremos como Bodin procura ajustar o método para o exercício de conhecimento das histórias.

Por meio dessa ferramenta para a construção do saber – o método –, o texto bodiniano procura congregar duas dimensões que os estudiosos contemporâneos do Renascimento identificam como os campos de saber que nos permitem traçar claros elementos distintivos desse período em relação à Idade Média: a *vita activa* – campo de preocupações mais afeito dos filósofos renascentistas – e a *vita contemplativa* – ideal de vida perfeita dos filósofos medievais.

Ao defender a importância de que o estudioso da história e o filósofo, em sentido restrito, se ocupassem igualmente de ambos os campos, Bodin nos deixa entrever que sua visão acerca da polaridade é ambígua. Por destacar a importância das duas dimensões, não lhe parece sensato decidir o que é mais importante entre estudar a ação humana e as obras que dela resultaram ou conhecer os princípios teóricos que orientaram os homens ao concebê-las. A estratégia do pensador francês é possibilitar, entre outros objetivos, um conhecimento dessas ações, apoiado nas duas dimensões: a prática, que se revela na história humana, e a teórica, que nos é fornecida pela ciência ou arquitetônica de todas as nossas ações, a filosofia política ou *civilis disciplina* como o próprio Bodin designa.

O julgamento da noção de República em face da tradição, bem como a contestação dos fundamentos teóricos do republicanismo italiano no Renascimento, dois temas que constituirão o centro desta pesquisa e serão aprofundados nas duas próximas partes do trabalho, têm como ponto de partida a discussão sobre o método e o conhecimento da história, o que se estudará nessa primeira parte. A "Epístola Dedicatória" e o *Proemium* anunciam como o pensador se posiciona numa perspectiva diferente da dos juristas e dos historiadores da época.

Educado segundo os padrões humanistas do Renascimento, Bodin apresenta-se como jurista crítico da escola italiana de ensinamento do direito. Certo de que a perspectiva teórica da escola francesa comportava avanços quanto à forma como eram avaliadas e concebidas as leis, ele manifesta a intenção de investigar as histórias dos povos com o objetivo de conhecer os melhores códigos jurídicos, as instituições e as repúblicas. O fato de a história estar mais próxima das artes da escrita do que das ciências poderia inviabilizar o intento original de Bodin. Apenas o estudo dos acontecimentos acompanhado do método pode não deixar dúvidas quanto ao rigor da investigação, e muito menos dos resultados a que ela pode nos conduzir.

A exposição da relação entre a história e o método discutirá, em primeiro lugar, a passagem da história do gênero das disciplinas ligadas à escrita e do sentido de memória da humanidade para o registro dos saberes reconhecidos como ciências. Em seguida, nos dedicaremos à demonstração de que o método é o instrumento que garante à história o estatuto de disciplina dotada de rigor científico. Avançaremos a discussão sobre a lógica segundo dois pensadores renascentistas e sua relação com a concepção bodiniana de método, e veremos a relação entre o estatuto do método no Renascimento francês e o conhecimento jurídico, para mostrar que, para Bodin, as raízes da noção de método se encontram também nos estudos do direito.

Esta constatação pode nos levar a pensar que Bodin considere a disciplina jurídica em vantagem sobre as demais. No entanto, o pensador propõe articular a investigação sobre o passado das repúblicas com o aprofundamento dos princípios da *civilis disci-*

plina. Essa investida, também em acordo com o debate teórico da época, nos possibilita entender por que, ao investigar as repúblicas, Bodin não mais o faz como jurista preocupado em fornecer os códigos de leis verdadeiros. Da atividade de jurista, conserva e reafirma a necessidade de julgar. Se enquanto jurista lhe interessavam as leis e seus princípios, como conhecedor das histórias, seu interesse está voltado para os fundamentos das instituições políticas. A investigação sobre o lugar da obra no Renascimento, a relação entre o método-história-direito e a *civilis disciplina* como ponto de partida do trabalho de julgar as repúblicas compõem, portanto, os três capítulos desta primeira parte.

Capítulo I

Anunciar o método: do relato das ações humanas à memória da humanidade

1. *Historiarum cognitio*: o caráter singular do *Methodus* no Renascimento

O *Methodus ad facilem historiarum cognitionem* (1566) de Jean Bodin constitui obra capital do Renascimento francês que se concentra no estudo de um método. Também, se o analisarmos como trabalho pertencente aos estudos sobre as artes da história – *artes historicae* – ou se o observarmos como obra que propõe a reformulação de alguns parâmetros da filosofia política, permitindo a reavaliação do conceito de República, concluiremos que o texto se compõe de inúmeros elementos que marcam sua singularidade em relação a outros tantos que se dedicaram às mesmas temáticas. Como estudo que visa à reformulação do modo como se compreende a história, a importância e os objetivos da disciplina, pretendendo que ela não se limite a um saber vinculado às artes da escrita e se torne de fato um conhecimento que representa uma "técnica de aquisição e, sobretudo, de domínio memorativo e crítico do dado histórico"[2], o *Methodus* é trabalho que inova a própria abrangência do pensamento sobre as artes no Renascimento. Se

---

[2] Marie-Dominique COUZINET. *Histoire et méthode à la renaissance – une lecture de la Methodus de Jean Bodin*. p. 35-6.

tomado como trabalho que põe em primeiro plano os temas que concernem à ação humana e ao que dela resulta, a obra filia-se claramente ao conjunto dos textos engajados em repensar o lugar do homem e o próprio sentido da vida humana no mundo de então.

A obra se distingue da maior parte dos textos renascentistas, entre outros vários aspectos, por não assumir posição marcadamente crítica em relação à contemplação. Mantém como uma das bases de seu empreendimento o interesse tanto pela ação humana – pertinente à *vita activa* – quanto pelo conhecimento dos princípios da filosofia, aqueles mais vinculados aos problemas da *pólis* – pertinentes à *vita contemplativa*. Bodin reconhece que, embora distintos, ambos os campos de preocupações devem fazer parte dos interesses mais prementes de investigação – ou do historiador ou do filósofo ou de ambos –, e nenhum de tais campos pode estar relegado à segunda ordem, pois "se estabelecemos a contemplação como o único bem, a felicidade dos homens e da cidade toda não será a mesma".[3] Esta conclusão segue a avaliação de que as duas dimensões são insubstituíveis e é próprio da composição da cidade que cada uma das atividades que a constituem caiba a homens distintos:

> [...]porque falta à vida civil uma ação perene, a cidade toda não pode se ocupar da contemplação, do mesmo modo que nem todos os homens podem compreender apenas o que é próprio do corpo ou da alma humanos.[4]

Não que o texto de Bodin, que declara seu intento de conhecer facilmente a história, tivesse a pretensão de realizar também a síntese entre essas, digamos, dimensões em que se expressam o empenho e os interesses humanos. Mas o pensador sabe que

---

[3] Jean BODIN. *Methodus*. In.: *Op. cit*. p.121b, L.8-10 (290a, L.33-35).
[4] Ibidem. In.: *Op. cit*. p.121b, L.5-9 (290a, L.28-33).

o estudo da história nos permite acessar tanto uma quanto a outra dessas dimensões e o que se ganha em privilegiar uma em detrimento da outra não compensa se comparado ao benefício que pode trazer o esforço de saber conciliar ambas no trabalho de conhecer. Afirma Bodin:

> Assim, apoiados na autoridade de Varrão, que Marsílio Ficino atribuiu também a Platão, não devemos definir o bem do homem nem pelo ócio nem pelo trabalho, mas por um gênero misto, se quisermos que seja o mesmo o bem de um único homem e o da cidade. Efetivamente, tanto a mente não pode ter desfrutado daquela pura contemplação, quanto pode ter estado totalmente separada do corpo.[5]

Essa, se não original, pelo menos surpreendente investida bodiniana sobre um tema de que se ocuparam vários filósofos renascentistas – o da oposição ou não entre *vita activa* e *vita contemplativa* – é digna de nota, se consideramos que se alia à perspectiva segundo a qual o conhecimento – da história – é trabalho a ser realizado com a orientação de um método.

Considerar a história como fonte de conhecimento para outros campos do saber é característico dos trabalhos de inúmeros estudiosos do Renascimento. Alguns textos sustentam que esse traço comum de interesse pela história decorre de uma franca disposição dos pensadores da época de se desvencilharem das posições teóricas do escolasticismo.[6] Justamente devido à força que essa afirmação comporta, e da provocação que lança contra a tradição medieval, erguem-se as controvérsias sobre as filiações e as matrizes dos pensadores renascentistas em relação aos medievais e aos antigos. O caso da obra de Jean Bodin é emblemático.

---

[5] Ibidem. In.: *Op. cit.* p.121b, L.12-19 (290a, L.33-48).
[6] Donald R. KELLEY. *Foundations of Modern Historical Scholarship – Language, Law, and History in the French Renaissance*. New York: Columbia University Press, 1970. p.23.

A peculiaridade do *Methodus* está em procurar deslocar o debate sobre a história para o campo dos saberes dotados de rigor, que pode ser admitido como científico. Por científico entenda-se aqui algo distante das acepções com que Bacon e Descartes vão entender o conhecimento rigoroso. Se considerarmos a concepção de cientificidade elaborada pela filosofia moderna desde seu início, concluiremos que o termo no texto bodiniano não se aplica aos resultados obtidos por aqueles trabalhos. Mas é justo reconhecer que as matrizes para o avanço e a ruptura operada pelos filósofos modernos em relação ao passado medieval e à escolástica, em específico, residem na Renascença; e que Bodin, com a idéia de método aliada a uma atividade de conhecimento, contribuiu de certa maneira para isso. Guardadas estas restrições, o que se vai entender por método no Renascimento remete primeiramente às noções ciceronianas de *ratio e via*, incorpora o sentido de um instrumento, ou mesmo um caminho (*hodós*), ou ainda uma arte (*ars*), muito próximo daquilo que entre os gregos fora conhecido como *téchne*. Do ponto de vista do uso desse instrumento para a aquisição de um conhecimento da história, sua prática implicava "a aquisição e a exposição do saber, recobrindo diversas operações lógicas tais como a divisão, a síntese e a definição".[7]

No *Methodus* observa-se tal cientificidade, ainda restrita, com a intenção de circunscrever ao campo dos conhecimetos, em sua maior parte, os objetos de estudo referentes a alguns campos específicos de saber: primordialmente, a história e a política. Se considerarmos outras disciplinas de estudo na época, como a filologia e o direito[8], veremos que o próprio trabalho de conhecer segundo critérios previamente estabelecidos já incorpora a exigência de tratamento do objeto de forma rigorosa e precisa. Nesse sentido, a intenção desta obra bodiniana acompanha um movimento teórico já esboçado e desenvolvido em outras áreas do saber no Renascimento.

---

[7] Marie-Dominique COUZINET. *Op. cit.* p. 20.
[8] Cf. *Ibidem*. p. 26.

CAPÍTULO I — ANUNCIAR O MÉTODO   41

No caso do conhecimento da história, o método seria um elemento decisivo para garantir maior exatidão de conhecimento dos fatos, dispersos e sujeitos à imprecisão do olhar do historiador. A intenção de Bodin foi, em princípio, alterar o registro do trabalho com a história, desde a escolha e o recolhimento dos eventos, até o modo como serão apresentados, dispostos numa certa ordem que pretenderá emitir ao perceptor um sentido de verdade. Este sentido é o que o pensador considera "a verdade dos fatos" (*vera narratio*), elemento caríssimo a tantos outros estudiosos de seu tempo.[9]

O resultado desse esforço para reposicionar o estudo da história torna o estudioso da matéria uma espécie de protetor da integridade da disciplina "contra as distorções das teorias".[10] Pela forma como o *Methodus* estrutura essa mudança, a obra representa um salto definitivo na direção de constituir os parâmetros de um saber rigoroso, em um período em que os limites que definiam os saberes eram demasiado elásticos e pouco institucionalizados, tanto entre conhecedores de outras matérias, como — talvez principalmente — entre os filósofos da Renascença. Não é por outra razão que estudiosos, como Marie-Dominique Couzinet, manifestam que essa posição marca o avanço da obra — se pensamos que o texto já nos permite vislumbrar elementos do pensamento moderno — em relação à filosofia medieval e aos estudos renascentistas que se ocupam da história. Exatamente pelo fato de que a história é um conjunto de relatos "inteiramente disponível no interior dos escritos dos historiadores", que demanda ser classificado, regulado, ordenado e estruturado. É nas regras de exposição que se verificará, portanto, o trabalho do método.[11]

---

[9] *Ibidem*. p. 21-2.
[10] Donald R. KELLEY. *Op. cit*. p. 22.
[11] Cf. *Ibidem*. p. 21-2.

No capítulo III do *Methodus*, por exemplo, Bodin vai estabelecer os lugares (*loci*) certos das histórias[12] para que se possa melhor compreendê-las. O que são esse *loci*? Eles caracterizam a necessidade de estabelecer certos momentos de um determinado relato como portadores de conteúdos que permitem acesso a um conhecimento amplificado, generalizado, ultrapassando os limites interpretativos de uma observação centrada nos fatos isolados. Justamente nessa passagem, que também remete à discussão sobre a *vita activa* e a *vita contemplativa*, o foco da análise se concentra nos fatos e nos gestos criados pelos homens, em detrimento das histórias divina e natural. A escolha dos *loci* é precisa. É interessante notar que, ao destacar a história humana, Bodin pretende mostrar que as duas dimensões – a ação e a contemplação – têm a mesma origem, a "vontade dos homens".[13] A vontade, de um lado, produz as ações e os impulsos para resistir ao que ameaça a sobrevivência humana e influi na busca pela melhoria das condições de vida. Por outro lado, a vontade explica o porquê das inclinações humanas ao repouso, do desinteresse pela sociedade, do desejo pelo isolamento e pelo desfrute da tranquilidade que apenas a natureza pode proporcionar.

> Mas, porque falta à vida civil uma ação contínua, a cidade toda não pode se ocupar da contemplação, assim como nem todos os homens podem compreender o próprio corpo ou a alma isoladamente. Se estabelecemos a contemplação como o único bem, a felicidade dos homens e da cidade toda não será a mesma. Isto perturbou muito Aristóteles, e esta dificuldade ele não pôde explicar.[14]

É claríssima no texto a tensão entre a *vita activa* e a *vita contemplativa*. Mas Bodin jamais sustentará, como dissemos aci-

---

[12] O título do capítulo III é "De locis historiarum recte instituendis". In.: Jean BODIN. *Methodus* In.: *Op. cit.* p. 167a, L.16-20 (349a, L.42-47).

[13] No original: "quae predeunt ab hominis voluntate, complectatur". Cf. *Ibidem*. p.119a, L.59-119b, L.01 (287b, L.14-15).

[14] Jean BODIN. *Methodus*. In.: *Op. cit.* p. 121b, L.5-19 (290a, L.28-48).

ma, a primazia de uma sobre a outra ou, a possibilidade de se constatar que essas dimensões sejam inconciliáveis, que uma possa ser descartada em favor da outra. Ao contrário, quando menciona as razões que levam os homens a se reunir em sociedade e estabelecer as melhores formas de convivência vemos que a intenção é preservar a integridade tanto da ação quanto da contemplação. Recordemos o que disse acima o próprio Bodin: "[...]não devemos definir o bem do homem nem pelo ócio nem pelo trabalho, mas por um gênero misto, se quisermos que seja o mesmo o bem de um único homem e o da cidade".

Assim como se deve pensar na satisfação dos indivíduos, é preciso levar em conta sua existência na *pólis*.

Os pares temáticos apontados no texto indicam os elementos portadores de um sentido disponível ao intérprete, o estudioso da história, que engendrará daí o conhecimento. Em oposição à contemplação como único bem, encontramos a felicidade associada também à incompletude. O bem não deve estar definido nem pelo ócio nem pelo trabalho. Por sua vez, homem e cidade, a unidade e o todo, embora se localizem em dimensões diametralmente opostas, devem aspirar ao bem juntamente. Contemplação e mente se completam em sua atividade, assim como ambas se distinguem do corpo, embora não estejam separadas dele. Ao mencionar a ação e o interesse da cidade pelo bem, Bodin estabelece indiretamente como *locus* portador de conteúdo de conhecimento histórico a própria política em sentido amplo. Aqui é importante destacar que, por colocar a política no centro das preocupações, o trabalho de Bodin se apresenta como um expoente do que Quentin Skinner denominou de o "Renascimento do norte".[15]

Mais disperso, mas não menos importante do que o movimento humanista que alterou decisivamente a vida social e política, a pintura, as artes em geral, as letras e os costumes em algumas cidades italianas no *quattrocento*, o momento renascentista francês se caracterizou por reaproveitar os elementos lançados pelos

---

[15] Quentin SKINNER. *As fundações do pensamento político moderno.* p. 216.

humanistas da península itálica. Para Skinner, não haveria como negar o vínculo entre os dois momentos renascentistas, ainda que diferenças importantes os distanciassem.[16] Essa investida do *Methodus* na direção de incorporar a temática sobre a cidade entre os *loci* privilegiados para o conhecimento histórico é outro aspecto importante para aprimorar nossa percepção do caráter singular desta obra no Renascimento. Várias razões, agora externas ao texto de Bodin, podem nos esclarecer sobre isso. Observemos algumas delas.

Em relação à política, a distância entre a obra de Bodin e a inovação proposta pelos humanistas italianos é flagrante. Os aspectos que explicam o distanciamento estão em que os teóricos franceses não adotaram os princípios que marcaram a experiência republicana da Itália e muito menos absorveram o sentido da ruptura com o passado proposta por esse momento renascentista.[17] Esta opção pode ser explicada, entre outros fatores, pela influência que a monarquia exerce sobre os intelectuais franceses, atentos ao que se passava nas cidades italianas. Além disso, a monarquia naquele país colocava-se como antípoda da nova experiência política

---

[16] O aspecto mais importante a ser destacado nessa diferença reside no fato de que o Renascimento francês se posicionou como crítico do italiano: "...é correto considerar a teoria política da renascença do Norte, em sua essência, a extensão e consolidação de uma gama de argumentos que começaram a ser estudados na Itália do *quattocento*. No entanto, é igualmente importante assinalar que o Norte jamais se limitou a repetir esses argumentos num estilo acrítico ou mecânico. [...] Para completar nosso quadro, necessitamos finalmente, observar que algumas teorias da lavra dos humanistas do Norte não devem tanto ser consideradas a continuação, porém antes a crítica, dos temas humanistas precedentes". Quentin SKINNER. *Op. cit.* p. 263.

[17] Comenta Quentin SKINNER: "E, dadas as instituições pós-feudais e monárquicas da França, Alemanha e Inglaterra, eles evidentemente sentiam bastante dificuldade em entender a obsessão italiana com a *libertas*, ou em simpatizar com a tendência anexa a proclamar a forma republicana de governo como a melhor de todas. Em conseqüência, notamos que nenhuma dessas duas preocupações jamais recebe uma atenção mais demorada por parte dos humanistas do Norte, nem mesmo dos mais entusiasmados em seu italianismo". In.: *Op. cit.* p.219.

CAPÍTULO I – ANUNCIAR O MÉTODO 45

republicana vivida por Florença, já tradicional em Veneza. A força e a predominância da monarquia sobre quaisquer outras tendências políticas se expressavam exatamente pelo rei francês conseguir manter a unidade territorial e concentrar o poder político em suas mãos, pelo menos no início e meados do século XVI. Mesmo que vários fatos da época nos informem outra realidade sobre a relação da monarquia com os súditos[18], cujo exemplo maior são as guerras de religião, não se pode negar, contudo, que a coroa francesa constituísse na época um dos exemplos maiores da monarquia européia desde a Idade Média. A presença marcante da figura real sobre a vida política e intelectual foi fator determinante da distância que separava os Renascimentos francês e italiano. Esta diferença sinalizava, no trabalho dos pensadores de então, uma conceituação totalmente diferente, tanto em relação ao conhecimento da história quanto da política e dos interesses envolvidos nas ações pública e privada.

O momento renascentista francês, seguindo a tradição medieval, não permitiu que os estudiosos do país rompessem com as hierarquias eternas e imutáveis da natureza e do cosmos, que classificavam os lugares para os homens no mundo de acordo com determinadas categorias sociais e espirituais. Essa compreensão do cosmos e da ordem a ele imanente reforçava a hierarquia universal dos seres [estando Deus na mais alta das posições]. Tal ordem hierárquica é também a matriz de todos os valores que orientam a ação e o pensamento humanos.[19] Seguindo por outra direção, a

---

[18] O que se pode confirmar pelos importantes estudos de J. H. M. SALMON. *The French religious wars in English Political Thought*. Oxford: Clarendom Press, 1959; *Society in crisis: France in the sixteeth century*. London: Ernest Ben Limited, 1975; *Renaissance and Revolt – Essays in the intelectual and social history of early modern France*. Cambridge: Cambridge University Press, 1987.

[19] Cf. J. G. A. POCOCK. *The Machiavellian Moment – Florentine Political Thought and the Atlantic Republican Tradition*. Princneton: Princenton University Press, 1975. p.49.

perspectiva republicana que brotou da experiência política em Florença e Veneza no Renascimento, e antes dele, reconhecia que as ordens política e social não podiam se vincular e se deixar determinar exclusivamente pelas ordens natural e divina.[20] Consequentemente, Deus era uma fonte inspiradora, entre outras, para a formação dos valores e dos princípios da ação e do pensamento adotados pelos homens.

Não obstante os fatores de distanciamento entre esses dois Renascimentos, há outro aspecto que lhes é comum e identifica as perspectivas do norte e do sul. Trata-se de que ambos são geralmente estudados no interior de um debate sobre a continuidade ou a descontinuidade em relação ao passado medieval e antigo. Muitas são as interpretações que procuram mostrar com exatidão o sentido e a extensão da ruptura, ou não, operada pelo Renascimento, principalmente, em relação à Idade Média.

A interpretação clássica de Hans Baron sustenta que o republicanismo italiano realizou de fato uma ruptura radical em relação ao período medieval, principalmente em relação às matrizes do pensamento e da política.[21] Convencido de que esta ruptura é a mais significativa contribuição dos renascentistas para livrar os homens das amarras que limitavam o pensamento, Baron avalia as conseqüências, digamos positivas, daquele movimento de revisão das propostas teóricas. Mas, da mesma maneira que enumerou os motivos consistentes para nos provar o sentido da ruptura, outros estudiosos sustentaram que isso não se pode observar tão facilmente. Por exemplo, Quentin Skinner e Paul O. Kristeller defendem a tese da continuidade temática entre a Idade Média e a Renascença, o que poderia ser confirmado com o estudo de diversos textos. Não é exagero dizer que a discussão sobre a continuidade ou a

---

[20] "o intelecto que aceitou a república e a cidadania como realidades primeiras deveria estar comprometido a implicitamente separar a política da ordem natural". In.: *Ibidem*. p.53.
[21] H. BARON. *The Crisis of the Early Italian Renaissance*. Princeton: Princeton University Press, 1966.

descontinuidade ocupou grande parte dos estudos sobre o Renascimento, posteriores ao texto de Baron, ganhando defensores em ambas as posições. Como posicionar a obra de Bodin nesse contexto e descortinar algo a mais de sua singularidade?

No caso do *Methodus*, o avanço, como já afirmamos acima, que o texto propõe quanto ao estudo da história, sua proposta de implementar o conhecimento da disciplina apoiado num método e com isso garantir maior cientificidade ao mesmo, é insuficiente para que possamos sustentar, com propriedade, algo sobre a continuidade ou a descontinuidade, ou mesmo ruptura em relação à Idade Média.[22] Avaliado sob outros aspectos, o mesmo trabalho representa para certos críticos um claro retrocesso, ou, para outros, não se desvincula ainda do universo de problemas e das abordagens medievais. Isso nos obriga, no mínimo, a adotar uma postura cautelosa quanto à rigidez das classificações.

Tal postura relutante diante da possibilidade de emitirmos conclusões definitivas sobre o lugar do *Methodus* na discussão sobre a continuidade ou a descontinuidade se ampara na observação da característica comum das obras rensacentistas, notada por J. G.

---

[22] Quanto aos estudiosos sobre Florença, é perfeitamente possível sustentar a descontinuidade dos republicanos em relação aos medievais ou afirmar que a conclusão da continuidade entre as duas épocas "não explicita seus limites e seus pressupostos filosóficos". Ao revisitar o problema, Newton Bignotto sustentou ser possível observarmos uma "dialética entre continuidade e descontinuidade". Sua interpretação se concentra na obra de pensadores que constituíram a matriz do pensamento político republicano. De acordo com ele, seriam legítimas – ainda que redutoras em certo sentido – as teses que tentam localizar a obra dos pensadores republicanos dentro das duas correntes de interpretação: a que observa a "descontinuidade" em relação à idade média – Hans Baron – e a que rejeita a perspectiva da ruptura entre as duas épocas, afirmando a continuidade – Paul O. Kristeller, Quentin Skinner e outros. A proposta de Bignotto se aplica com propriedade às obras dos florentinos Leonardo Bruni, Leon Battista Alberti e Colluccio Salutati. Cf. Newton BIGNOTTO. *As origens do republicanismo moderno*. Belo Horizonte: UFMG, 2001. p.30.

A. Pocock. Apoiando-se em outras interpretações que procuram mostrar "o caráter da consciência política humanista"[23], ele defende que nem sempre são tão evidentes os limites que demarcaram a diferença das posições dos textos renascentistas em relação à Idade Média. Sem fechar as portas para a possibilidade de encontrarmos tanto a continuidade quanto a descontinuidade entre teorias de épocas tão distintas, e tão próximas – posto que uma sucede a outra –, Pocock fornece outras razões que podem contribuir para entendermos a exata distância que as separam. A seu ver, um dos aspectos decisivos para se observar mais fielmente a característica de cada uma das escolas de pensamento é verificar o grau de adesão ou repulsão aos propósitos da *vita activa* ou da *vita contemplativa*. Teríamos aí um índice que se sustenta na observação do grau de importância que as teorias conferiram, tanto aos problemas teóricos quanto aos da vida prática, e àqueles ligados à *pólis*, em sentido mais amplo.

A alternativa proposta por Pocock procura tirar o acento do debate entre continuidade e ruptura, para se concentrar em uma discussão efetiva dos textos da época, fossem eles da Itália ou da França. Seu alvo era entender como as obras se portavam diante do tema da oposição entre teoria e ação. Uma das suas pretensões foi destruir o mito de que os trabalhos renascentistas demarcaram a fuga das preocupações com os problemas da vida contemplativa em benefício daqueles da vida prática. Pois, se nos concentrarmos nas influências sofridas pelas teorias políticas dos primeiros pensadores florentinos identificados com o humanismo – Bruni, Salutati e Petrarca –, poderemos concluir que, em relação à elaboração do caráter ativo e positivo da ação dos homens, a arte retórica[24] foi tão importante quanto a filosofia. Se observarmos como um traço

---

[23] Segundo J. G. A. POCOCK: "...the character of humanist political consciousness". In.: *Op. cit.* p. 58.

importante da retórica seu caráter teórico e abstrato, seria difícil sustentar, para não dizer indefensável, a tese da ruptura radical daqueles pensadores desta matéria com a *vita contemplativa* em favor da *vita activa*. Isto nos autoriza a pensar que os pensadores humanistas dos mais diferentes matizes teóricos podem assumir posicionamentos que não se encaixam nas classificações rígidas de Baron. O que significa dizer que não se pode desconsiderar a importância de todos os componentes da *vita contemplativa* na formação da perspectiva humanista em favor da *vita activa*. E Pocock conclui acerca do caráter nada restritivo do pensador ativista republicano:

> Optar pelos valores cívicos não parece comprometer a totalidade do próprio republicanismo com a causa política e optar pelos valores contemplativos não pareceu expressar uma total desilusão com a república. O humanista foi ambivalente entre ação e contemplação; foi seu *métier* como intelectual ser assim e ele deveria praticar isso perfeitamente dentro da estrutura da república[25].

---

[24] "A retórica, por outro lado, dizia respeito à persuasão do homem a agir, decidir, aprovar; era o intelecto em ação na sociedade, sempre pressupondo a presença de outros homens a quem o intelecto seria endereçado. Política por natureza, estava invariavelmente e necessariamente imersa nas situações particulares, decisões particulares e relações particulares; e estando imersa no mundo particular, devia sempre encarar a questão de que, uma vez comparada com a filosofia, propiciou conhecimento de algo. Deve ser observado, entretanto, que a retórica, ocupando um lugar no pensamento italiano comparável com o lugar ocupado pela experiência no pensamento de Fortescue, é, em virtude de seu caráter político, mais positivo e ativo; ela é visionária e persuade os homens a agirem, ao passo que a experiência resulta apenas na descoberta daquilo que já fizeram. Um mundo no qual a retórica ocupa a mesma posição que a filosofia é um mundo das decisões políticas face-a-face; um mundo onde a experiência e o costume ocupam seu lugar é um mundo das tradições institucionalizadas". In. : J. G. A. POCOCK. *Op. cit*. p. 58-9.

[25] *Ibidem*. p. 59.

Sem avançarmos ainda sobre os problemas relativos à república e ao republicanismo, que são de nosso interesse e ocupam o primeiro plano no trabalho de Pocock, nos interessa conservar a observação de que o humanista foi um "ambivalente em relação à ação e à contemplação". A chave interpretativa cunhada em *The machiavelian's moment* nos abre uma via para compreendermos parte da proposta de trabalho com a história e com os temas concernentes à ação humana no *Methodus*. Mais do que isso, podemos afirmar que a ambivalência do interesse pela ação e pela contemplação é o pano de fundo no qual Bodin coloca os temas relativos à *polis* no centro do debate, cujo ponto de partida é a compreensão da experiência dos homens por meio dos fatos históricos.

Não obstante a menção a esses aspectos internos e externos ao texto de Bodin nos faça vislumbrar e entender algo da singularidade do *Methodus* em relação a outros tantos que tratam da história no Renascimento, ela nos serve por enquanto apenas como pista informativa do projeto maior da obra. Para acessar os vários elementos que compõem tal projeto, cabe perguntar: o que Bodin entende por história? Que relação essa disciplina mantém com as artes e o conhecimento?

2. As artes da história (*artes historicae*): de modelos literários a fonte de saberes

A investigação sobre a história no *Methodus* nos remete a um debate maior sobre as artes da história no Renascimento. No contexto mais amplo da história da filosofia, o debate sobre as *artes* remonta à obra aristotélica, passa quase despercebido ao longo da Idade Média, retornando ao centro das discussões no Renascimento, fazendo parte do conjunto de preocupações dos *studia humanitatis*. A origem desse interesse se explica pela concepção secular dos escritos históricos renascentistas, que, ao lado dos estudos sobre os historiadores clássicos, formam o conjunto das *artes historicae*.[26]

Em sua acepção original, o termo *ars* se relaciona às atividades práticas, ao fazer, à experiência. Platão defendera que podemos identificar as artes na prática da política e da guerra.[27] Porém, na obra de Aristóteles a noção se torna melhor explicitada, talvez pela importância do termo para que se estabeleça a distinção entre os homens e os outros animais. Segundo o filósofo estagirita, os primeiros se caracterizam por possuir a arte e o raciocínio.[28] Embora não sejam apresentados em oposição, a arte se distancia do raciocínio porque é adquirida "pela experiência".[29] O raciocínio, e não a arte, coloca-se em oposição à experiência. Para Aristóteles, o homem que possui a arte tem o conhecimento das causas, ao contrário daquele que conhece as coisas apenas pela experiência, sem se interrogar pelas causas.[30] A arte é, então, uma espécie de conhecimento que se vincula de certo modo à prática, mas não se limita a ela. Enquanto a experiência é conhecimento dos particulares a arte o é dos universais.[31] Assim, embora transcenda o nível da experiência, a arte nunca se desvincula dela por completo. Por sempre se manter ligada ao fazer, à prática, ela se diferencia da ciência, que

---

[26] J. L. BROWN analisa sobre as *artes historicae*: "A nova concepção secular do escrito histórico surgida com a renascença e o estudo renovado dos historiadores clássicos veio a se interessar pela teoria da historiografia. Este interesse foi expresso pelas *artes historicae*". In.: *Methodus ad Facilem Historiarum Cognitionem of Jean Bodin – A Critical Study*. Washington: The Catolica University of America Press., 1939, p.46.

[27] PLATÃO. "Protagoras". Trad. C. J. LOVE. In.: PLATO – *Complete Works*. Ed. J. M. COOPER & D. S. HUTCHINSON, Indianapolis: Hackett, 1997. 322a.

[28] ARISTÓTELES. *Metaphysics*. Trad. Hught Tredennick. Edinburg: Loeb Classical Library. I, 1, 980b.

[29] *Ibidem*. I, 1, 980b.

[30] ARISTÓTELES. *Op. cit.* I, 1, 981a.

[31] *Ibidem*. I, 1, 981a.

se ocupará apenas das coisas eternas e universais, invariáveis, da busca pelos primeiros princípios.[32] Toda arte concerne, assim, ao fazer com que algo possa existir. Como afirma Aristóteles, possuir uma arte se assemelha a estudar como trazer à existência uma coisa que pode existir ou não, coisa cuja causa eficiente jaz no fabricante e não na coisa feita.[33] Se a distinção é relevante dentro do projeto da *Metafísica* e da *Ética a Nicômaco*, pode-se dizer que é com base nela que se procurará, com Aristóteles, classificar as áreas do saber, afastando-as definitivamente das atividades exclusivamente limitadas à experiência.

Cícero em *De Oratore* e Quintiliano em *Institutio Oratoria* confirmam essa constatação. Estes pensadores vão identificar a retórica e a poética às artes. A partir do século I, essas disciplinas, por assim dizer, passam a ser atividades dignas dos homens livres, por isso são denominadas artes liberais[34], em constraste com as atividades manuais. Com Cícero[35], a história enquanto atividade que envolve a escrita, a retórica e mesmo a poética se aproxima decisi-

---

[32] ARISTÓTELES. *Nicomachean Ethics*. Trad. H. Rackham. London: Loeb Classical Library-Harvard University Press, 1994. VI, 4, p. 335. A edição francesa, traduzida por Richard Bodéüs: *Éthique à Nicomaque*. Paris: Flammarion, 2004, traz a informação das páginas no original:1141a.

[33] *Ibidem*. VI, 4. p. 335; trad. francesa: 1141a.

[34] Por artes liberais entendam-se: a gramática, a retórica, a lógica, a aritmética, a geometria, a astronomia, a música, a arquitetura e a medicina.

[35] Cícero não se refere exclusivamente à história, mas na sua referência às artes compreendemos o sentido da história. Sobre a arte ele afirma: "um conjunto de conhecimentos dominados e aprofundados, subtraídos das coisas completamente examinadas e ainda distinguidas pelo julgamento e apreendidas pela ciência" (*ex rebus penitus perspectis planeque cognitis atque ab opinionis arbitrio seiunctis scientiaque comprehensis*). Também, valor que atribui à eloquência, nos remete diretamente à história, como na afirmação de Crassus: "Os dons da inteligência e da imaginação são esseciais, pois percebo a facilidade para receber as impressões vivas, de onde resultam a fineza penetrante da invenção, a abundância do desenvolvimento e da elocução, a firmeza e a solidez da memória". Cf. *De Oratore*. I, 24; 25.

vamente das artes. Ele afirma constituírem suas propriedades "a facilidade de receber impressões vivas, donde resultam a fineza penetrante da invenção,... a firmeza e a solidez da memória". Já com Quintiliano a história estará de fato associada à poesia e à filosofia moral.[36]

Dizer que a história é uma "arte" significava pensar que a atividade do historiador envolve a aplicação de uma técnica, ou conjunto delas; que o trabalho de escrita das histórias é uma atividade semelhante à do artesão, o qual, com instrumentos e a virtuosidade de sua técnica, dá nova forma a uma matéria recebida em estado bruto. Precisamente, é no âmbito da *ars historicae*, mesmo que não exclusivamente nele, que se observa claramente a retomada do pensamento clássico como inspiração das preocupações teóricas dos renascentistas.[37]

Na época da publicação do *Methodus*, a história vincula-se a quatro disciplinas de estudos. Enquanto método, ela se relaciona à

---

[36] QUINTILIANO. *Institutio Oratoria.* X, 1, 27-36. Também no livro XII, 4, o autor nos fala que a história é necessária ao ensino do orador e mostra que a disciplina histórica tem a mesma importância que a poesia neste aprendizado. Ele diz: "...é preciso que ele [orador] conheça o que está relatado nos livros de história, o que é transmitido por tradição oral, esta que se passa a cada dia, e também que ele não despreze as ficções dos poetas célebres".

[37] Por retorno aos clássicos na época em que Bodin concebe o *Methodus* deve-se entender: "o interesse renovado pelos princípios gerais do livro IX da *Poética* de Aristóteles, pelo trabalho de Brutus e pelo *De oratore* de Cícero, e também em razão da técnica especial se retomava o *De scribenda Historia* de Luciano de Samosata e o *De Thucydidis Historia Judicium* de Dionísio de Halicarnasso. Este filão metodológico, em analogia com a *ars poetica* e a com a *ars retorica*, propôs ditar os preceitos em matéria de leitura e composição entre os anos *quattrocento* e o *cinquecento*, o que se observou sobretudo na obra dos humanistas italianos. Estas influências demarcaram um expressivo desenvolvimento durante o qual se produziram grande número de obras como a *Economia* de Lorenzo Valla, os *Dialoghi* de Seprone Speroni e Francesco Patrizi, o *Actius* de Giovani Pontano e o *De historiae institutione* do espanhol Fox Morcillo". Cf. Girolamo COTRONEO. *Jean Bodin, Teorico della Storia.* Napoli: Edizoine Scientifiche Italiane, 1996, p.14.

arte da gramática; também se ligava à retórica; enquanto "filosofia que ensina por intermédio de exemplos", a história poderia ser identificada como um braço da filosofia moral; e, apesar do constraste com a poesia, muitos historiadores reconheciam que sua originalidade provinha das formas poéticas.[38] Pode-se inclusive afirmar que ela abrangia quase todos os saberes. O estudo da disciplina sempre se caracterizou pelo envolvimento com uma gama de saberes, conjunto que ele denominou de enciclopédico.[39]

Apesar da importância que se atribuía à história no Renascimento, ela ainda não fazia parte do grupo das disciplinas ditas científicas. Essas, por estarem livres da experiência e dotadas de rigor investigativo, voltavam-se exclusivamente para o conhecimento das coisas fixas e perenes. Os parâmetros propostos por Aristóteles demarcavam os limites entre as artes e as ciências. A história constitui, então, uma modalidade peculiar de saber, pois, se por um lado concerne à experiência[40], como todas as artes, por outro mantém relação com a teoria e as verdades imutáveis. Bodin está ciente dessa característica e, por essa razão, encaminhará a discussão no *Methodus* pela via do debate sobre as artes da história.[41] Ele pretende com isso desvincular seu projeto, o qual se esforça para con-

---

[38] Entre outras artes, não diretamente associadas à história, Cícero cita a música e a astronomia. É interessante notar que uma das partes da retórica é justamente o conhecimento da história: "sobre a gramática, a explicação dos poetas, o conhecimento da história, a significação das palavras, as entonações da récita". (*in grammaticis poetarum pertractatio, historiarum cognitio, verborum interpretatio, pronuntiandi quidam sonus*). Cf. *De Oratore*. I, 42.

[39] O estudo da história "ilustrou e conformou-se às aspirações enciclopédicas do humanismo renascentista e especialmente a esse aspecto escolar do humanismo chamado filosofia". In.: Donald R. KELLEY. "Humanism and History". In.: *The Writing of History and the Study of Law*. Aldershot: Variorum, 1997. p. 236.

[40] "...uma arte é a mesma coisa que uma qualidade racional, que concerne à prática..." In.: ARISTÓTELES. *Nicomachean Ethics*. Trad. H. Rackham. London: Loeb Classical Library-Harvard University Press, 1994. VI, 4, 1140a-1140b.

ferir cientificidade a uma arte, do lugar comum em que se localizavam os historiadores da época. O distanciamento do texto bodiniano é explícito em relação às artes da escrita, retórica e oratória, que então determinavam o estilo e a forma de composição das histórias.[42] Esse afastamento é reflexo da recusa em conceber no método de conhecimento das histórias um trabalho de historiografia, isto é "sobre a maneira de se fazer pesquisas históricas e de compor uma obra de história: '*de instituenda*' ou '*scribenda historia*'".[43]

A opção pelo uso de um estilo de trabalho diferente do retórico coloca por consequência a perspectiva de Bodin numa direção que não é a dos humanistas. A atitude dos humanistas em favor da retórica se justificava porque, ao contrário da filosofia, um saber basicamente não social (*domesticus* e *privatus*), ela concernia ao interesse público. O elogio da retórica torna-se um dos pilares do humanismo cívico, assim como o desejo de restauração da verdadeira filosofia (*repastinatio*).[44] Isso implicava em direcionar o interesse, tanto da retórica quanto da filosofia, para a discussão dos problemas de interesse público. Destoando dessa

---

[41] Marie-Dominique COUZINET. *Op. cit.* p. 39.
[42] J. L. BROWN comenta que esta obra está em franca oposição à retórica "na medida em que o Methodus foi escrito como protesto contra o ideal retórico da história expressa nestes tratados humanistas In.: *Methodus ad Facilem Historiarum Cognitionem of Jean Bodin – A Critical Study*. Washington: The Catolica University of America Press., 1939, p. 58. Em relação à oratória BROWN comenta que o pensador é igualmente radical: "Bodin repudia qualquer possível conexão entre a arte do orador e aquela do historiador. O bom orador não é o bom historiador; ele esmaga seu tema com elogios e dá uma falsa impressão". In: *Ibidem*. p. 63.
[43] Julien FREUND. "Quelques aperçus sur la conception de l'histoire de Jean Bodin". In.: Jean Bodin – *Actes du colloque International Jean Bodin à Munich*. Munich: Verlag, 1973. p. 105.
[44] Donald R. KELLEY. *Foundations of modern historical scholarship: language, law and history in the French Renaissance*. New York and London: Columbia university Press, 1970. p. 29.

opção, Bodin pretende explorar a vantagem da história sobre outros saberes. Essa disciplina, quando dotada de uma técnica de escrita sobre os fatos, relaciona-se tanto à investigação das causas desses fatos quanto ao relato da experiência humana produtora dos mesmos.

> Porque, quando estamos completamente instruídos pela história, (conhecemos) não apenas as técnicas (*artes*) necessárias à vida, mas também o que em verdade devemos esperar, o que recusar, o que é indigno, o que é bom, quais são as melhores leis, qual é a melhor *Respublica*, qual é a vida feliz.[45]

Bodin não se deixa iludir pela pretensão de saber tudo sobre as histórias. Aliás, sua reação diante da quantidade de dados e da diferença de formas para compreendê-los não poderia ser outra a não ser a de perplexidade. Nesse contexto percebe-se a importância de o pensador estar ciente dos limites que a arte de leitura das histórias comporta. O leitor pode muito bem não ultrapassar as barreiras impostas pela desordem dos fatos ou pode não se orientar no interior da diversidade de escritos.[46] Uma característica dos fatos históricos é a de "escapar a toda regulação" pressuposta na arte de escrever. E não havia como nos referirmos a tal arte, sem, ao mesmo tempo, pensar que ela não fosse tentar ligar os elementos dispersos.

Assim, enquanto arte voltada para a escrita, a história se envolve com problemas, ou melhor, dificuldades próprias da retórica e da poética, que se traduzem na insuficiência da intenção de abarcar a totalidade dos fatos. Nos limites das artes da escrita, o problema da busca pela verdade nas histórias se coloca dentro de parâmetros mais tímidos, restritos, do que os estabelecidos pela

---

[45] Jean BODIN. *Methodus*. In.: *Op. cit.* p. 114a, L.14-18 (280b, L.32-39).
[46] Julien FREUND. *Op. cit.* p. 106.

ciência, em sua acepção aristotélica. O sentido da verdade pode ser reinterpretado como veracidade, a correspondência possível entre os fatos e o discurso sobre os mesmos. O relato histórico "deve respeitar, por sua composição, a ordem e as modalidades da experiência que se encontra em sua origem".[47] A tentativa de formatar o dado histórico seguindo regras exige, ao mesmo tempo, a afirmação dos limites da regulação, pois,

> Quando fornecemos regras à história, é preciso saber então se isto é uma espécie de discurso que entendemos como regulamentar algo, ou se é o dado histórico por ele mesmo. O objeto da história, as ações humanas, na medida em que têm seu princípio na vontade livre, parecem escapar a toda regulamentação.[48]

A forma como Bodin aborda a história não admite, portanto, que a disciplina seja apenas o relato dos fatos singulares. Ele a toma como um objeto de estudo. As influências dessa mudança de perspectiva são o direito e a teologia. O interesse não mais está centrado sobre os fatos, mas sobre a forma como são utilizados na escrita.[49] A inspiração literária, por assim dizer, passa a ter menos valor do que as regras da exposição. O interesse pela arte de ler as

---

[47] Marie-Dominique COUZINET. *Op. cit.* p. 40.
[48] *Ibidem*. p. 39.
[49] Como afirma Couzinet: "A atenção dada à disciplina histórica é desde então indireta, posta a serviço de outro interesses: a coleta das legislações dos diferentes povos na perspectiva da elaboração de um direito universal sob a forma de um sistema de direitos políticos comparados; a constituição de uma história histórica (quer dizer também política) do reconhecimento pela procura dos traços da Providência divina na história, em uma perspectiva teológica reformada. A questão de um conhecimento histórico não se coloca mais doravante nos termos em que colocava o *histor*, que sabe por ter visto, no sentido que lhe atribuiu Heródoto, mas naqueles termos absolutamente indiretos de um julgamento sobre a história". In.: *Ibidem*. p. 41.

histórias, pela oratória ou pelas estratégias para melhor atrair a atenção sobre a singularidade dos fatos narrados desloca-se, então, para a "procura da causas" dos fatos arrolados, bem como para os "julgamentos sobre os fatos que ela relata".[50] Apesar de na "Epístola Dedicatória" e no *Proemium* do *Methodus* Bodin demonstrar respeito pelos cânones das artes da história, o que se verá a partir dos primeiros capítulos da obra é o distanciamento definitivo desse gênero de estudos.[51]

Um dos aspectos que ele ainda valoriza da tradição, o que revela sua admiração pelo texto de Cícero, é o reconhecimento do caráter ético da história no sentido de ser ela "a expressão do julgamento da posteridade.[52] Em relação aos demais aspectos Bodin se coloca como crítico do ato de historiar. Na "Epístola dedicatória", onde são enumerados os três tipos de escritores, nos deparamos com o espanto do pensador diante da grande quantidade de inventores de histórias, embora ele afirme que tenha havido tão poucos que o fizessem com arte e exatidão (*ratione*). Como historiadores ele reconhece "os inventores de histórias e aqueles que aumentam a matéria dos escritos abundantemente; os que colocam os dados em ordem e ficam polindo as formas, e por último aqueles que permanecem corrigindo (*eluendis*) os livros antigos".[53]

Mesmo quando, na mesma "Epístola dedicatória", o pensador avalia o direito, ele mantém ao alcance de sua mira o trabalho dos historiadores, que, com seus comentários, aumentaram muito o direito civil dos romanos. Bodin sabe que isso é reflexo de um

---

[50] *Ibidem.* p. 41.
[51] "O próprio Bodin anota no 'Proemium' que vários [estudiosos] tinham escrito tratados sobre a leitura e a composição da história; eles próprios tinham se ocupado da apresentação de regras para a *narratio*, para o *exordium*, para a elegância da expressão, quando o estilo histórico correto poderia ser melhor adquirido com a leitura de historiadores competentes". In.: J. L. BROWN. *Op. cit.* p. 59.
[52] *Ibidem.* p. 60.
[53] Jean BODIN. *Op. cit.* p. 107a, L.29-34 (273a, L.39-273b, L.01).

CAPÍTULO I — ANUNCIAR O MÉTODO

problema de estilo e de técnica de escrita, pois, se há uma arte que pode "dar uma unidade de visão sobre aquilo que está disperso nas obras [dos escritores]"[54] essa é justamente a história. Nessa parte, Bodin se dirige aos glosadores do direito, contestando a forma como avaliam os fatos recolhidos, incapaz de acrescentar algo de novo, tornando esses escritos documentos pouco significantes se comparados à extensão do seu trabalho: "nenhuma coisa de importante, assim como nenhuma desgraça, se observou tanto quanto a extensão de seu trabalho".[55]

A crítica aos glosadores do direito romano atinge também os historiadores. O distanciamento das técnicas características das ciências nos leva a confirmar a regra segundo a qual a quatidade não corresponde à qualidade, ou, nas palavras de Bodin, quanto maior o número de escritos inúteis, na mesma proporção se observava a quantidade de livros lançados.[56] A ausência de rigor e a extensão dos escritos justificava, portanto, a necessidade de reorientação da história, tanto em relação ao conteúdo quanto em relação à forma como deveria manipular seu objeto. Assim, dispersão, fragmentação dos temas ou ausência de uma perspectiva que desse conta da totalidade dos fatos arrolados, foram as características que fizeram Bodin concluir sobre a inutilidade das histórias mais envolvidas com os efeitos estilísticos do que com a eficácia da narrativa sobre os leitores. O motivo de o pensador francês adotar uma postura radical diante desse estilo de narrativas é que ele pretendia trabalhar com um modelo de histórias que, orientadas pelas artes, pudessem ser úteis aos homens, acrescentar-lhes algo ao julgamento das coisas do presente com base no conhecimento do passado.

---

[54] Julien FREUND. *Op. cit.* p. 107.
[55] Jean BODIN. *Op. cit.* p. 107a, L.39-40 (273b, L.09-11).
[56] *Ibidem.* p. 107a, L.41-42 (273b, L.11-13).

Ao incorporar os critérios de investigação, organização, explicação e exposição elaborados pelas artes, a história se qualificava, não para manifestar a verdade dos fatos, mas para explicá-los de acordo com uma perspectiva que ultrapassasse o particular. Artes e ciência trabalhavam sintonizadas num mesmo registro, mesmo que seus estatutos fossem diferentes, e se orientassem para produzir um conhecimento universal. Nas próprias palavras de Bodin: "os historiadores tanto se afastaram daquilo que expuseram, que sequer parecem suspeitar do que seja sua própria arte. Com efeito, as artes (*artes*) e as ciências (*scientiae*), como tu bem sabes, ocupam-se não dos particulares, mas sim dos universais".[57]

Todo o esforço em aproximar a história do campo de saberes rigorosos, dotando-a de novos instrumentos, pode ser caracterizado como "um exame crítico da literatura histórica".[58] A inspeção desse gênero de escrita implicava em estabelecer "julgamentos sobre as figuras mais representativas da historiografia antiga e moderna..."[59] Bodin reconhece com isso que a forma como um historiador se propõe conhecer os fatos tem muito a aprender com outras disciplinas que conferem rigor científico aos seus estudos. O direito é um exemplo.

Os juristas concebem as leis e os códigos, não baseados nos aspectos mutáveis dos homens, mas nas leis eternas, fundadas em princípios estáveis.[60] Considerando os limites da história em rela-

---

[57] *Ibidem*. p. 107b, L.03-07 (273b, L.18-23).
[58] Girolamo COTRONEO. "Le quatrième chapitre de la Methodus – Nouvelles analyses et perpectives historiographiques". In.: *Jean Bodin – Actes du Colloque Internacional Jean Bodin à Munich*. Munich: Verlag, 1973. p. 88.
[59] *Ibidem*. p. 88.
[60] "a natureza da justiça não é mutável conforme as vontades dos homens, mas sim definida pelas leis eternas, que tratam a norma da igualdade com sabedoria, deduzem as origens do direito a partir de um princípio último... por fim, circunscrevem a arte como um todo em seus limites, designam-na por gêneros, distribuem-na em partes, representam-na por palavras, ilustram-na por exemplos". Jean BODIN. *Op. cit.* p. 108b, L.30-43 (275b, L.05-24).

ção ao direito, o pensador não tem a ilusão de estabelecer um saber universal de todos os fatos. Esse aspecto demarca a diferença que a "Epístola" estabelece entre um saber que se refere ao particular – a história – e outro que diz respeito ao universal – o direito. O interesse do pensador francês ao reconhecer esses limites é centrar-se mais nos aspectos particulares, na variedade do que na uniformidade da natureza humana. Por isso é correto dizer que a disciplina história constitui-se de histórias. Seria um erro afirmar que há apenas uma história para toda a humanidade. Com isso, o pensador pretende "demolir o mito dos historiadores imperiais, a teoria das monarquias mundiais, que tinham ambos estabelecido um falso universalismo e uma falsa uniformidade de perspectiva".[61]

Nas últimas linhas da "Epístola", Bodin está seguro de que é possível "interligar todas as leis dispersas, reunindo-as em uma obra".[62] Ao aproximar a história do direito somos tentados a pensar que a história possui uma ordem sistemática, principalmente quando o pensador afirma que as regras universais do direito podem ser encontradas no interior dela. Mas, a diferença entre os dois domínios do saber é determinada, entre outras coisas, pela característica particular dos conteúdos da história e universal das regras do direito. Ele afirma que na história encontramos as melhores leis e os costumes dos povos. Além disso, pode-se observar na história o início, o crescimento, o apogeu, as revoluções e a morte de todas as coisas públicas.[63] A primeira advertência de que é importante saber distinguir exatamente os limites do particular e

---

[61] Donald R. KELLEY. "The development and context of Bodin's method". In.: *Jean Bodin – Actes du Collocque International Jean Bodin à Munich*, Munich: Verlag, 1973. p. 141.
[62] Jean BODIN. *Op. cit.* p. 109b, L.15-17 (276b, L.42-44).
[63] Girolamo COTRONEO analisa um outro aspecto da diferença do *Methodus* para as demais obras que trabalham com as *artes historicae*: "é o aparecimento nesta obra do conceito de estudo histórico em função político-institucional, do que quase não se encontra sinal nas obras italianas dessa mesma época". In.: Jean Bodin, *Teorico della Storia*. Napoli: Edizoine Scientifiche Italiane, 1996, p. 23.

do universal é um dos aspectos que constituem, para o próprio Bodin, "o argumento deste método" (*in quo praecipuum est hujus methodi argumentum*).[64]

Se as histórias enquanto arte de leitura possuem um caráter educativo ou até mesmo de divertimento, enquanto conhecimento útil, elas se transformam em uma ferramenta de orientação dos homens, pois "pela história não apenas se explica o presente apropriadamente, mas se infere o futuro e se constituem os mais certos preceitos das coisas a desejar e a evitar".[65] A passagem do sentido educativo e lúdico para o de instrumento útil demarca outra aproximação da história dos conhecimentos precisos. Por isso, o pensador considera necessário que sejam comparados os relatos dos historiadores.[66] Tais escritos por si mesmos não poderiam provar sua utilidade, a não ser que o historiador lançasse mão dos instumentos necessários e os tornassem evidentes ao leitor. Bodin reconhece que entre tantos relatos, muitos seriam dignos de admiração, e até de louvor; outros mereceriam repreensão, mas, de todas as histórias se poderiam tirar alguns frutos. Os relatos de Tácito, por exemplo, devido à extrema acuidade do historiador com as palavras, seriam de grande utilidade para nos inflamar o interesse pela escrita e pela leitura.[67]

Mais importante do que o elogio, a observação acima apresenta a utilidade relacionada à escrita e à leitura de relatos. Além do fato de a disciplina procurar as causas dos acontecimentos, ela pode ainda se antecipar ao futuro e facilitar a ação dos homens. Observa-se a vinculação e o comprometimento da história com

---

[64] Jean BODIN. *Op. cit.* p. 109b, L.22-23 (276b, L.50).
[65] *Ibidem*. p. 112a, L.16-19 (278a, L.22-26).
[66] Bodin se confessa espantado com a multidão de escritores sem que "Em tempos tão esclarecidos, ainda ninguém surgiu que tivesse comparado a maior parte das ilustres histórias de nossos antepassados, entre si e com os atos e feitos dos antigos". *Ibidem*. p. 112a, L.21-23 (278a, L.26-30).
[67] *Ibidem*. p. 112b, L.35 (279a, L.17).

duas dimensões fundamentais das artes: a teoria e a experiência. O pensador se refere às formas de se disporem e se organizarem os fatos. Não está em discussão a especificidade das histórias e do seu conteúdo, mas a capacidade que têm de decifrar o passado e antever o futuro. É a seleção e a ordem de apresentação dos fatos, portanto, a estrutura lógica das histórias, que define o seu grau de importância e as distingue.[68] Outro aspecto importante é a acessibilidade das histórias, ou a suposta facilidade com que podem ser aprendidas. Tal característica indica sua independência em relação às demais disciplinas do saber, pois ela possui suas ferramentas próprias. Dessa autonomia conclui-se também que a história é superior em relação a outros saberes que não possuem instrumentos suficientes para se provarem úteis, sendo, assim, dependentes de ferramentas características de outros domínios.

Estabelecidos os critérios de afirmação da singularidade da história, o elogio se completa: no entender de Bodin, não há forma de conhecimento mais simples de se realizar e de se absorver do que esta: "por isso a história está localizada, por assim dizer, acima de todas as outras ciências, em altíssimo grau de dignidade, não carece de nada, nem sequer dos escritos, pois foi transmitida à posteridade apenas com a audição, como que trazida de mão em mão".[69] Não obstante a sinuosidade do texto bodiniano, as declarações sobre as vantagens e a qualidade da história não escondem a crítica ao caráter, digamos, literário da disciplina. Sobre esse ponto o pensador chega a opor o caráter prazeroso das histórias à sua finalidade prática. Ele declara ser necessário abandonar os divertimentos da história e recuperar sua utilidade[70]. Desse momento em diante notamos que lhe interessa alterar definitiva-

---

[68] "...a posteridade liga o futuro a observações passadas, compara entre si as causas de fatos ocultos e seus causadores, considera ter considerado atenciosamente sob a observação todos os fins". *Ibidem.* p. 112b, L.40-45 (279a, L.24-28).
[69] *Ibidem.* p. 113a, L.15-19 (279a, L.51-55).
[70] *Ibidem.* p. 113b, L.16-17 (280a, L.09-11).

mente o estatuto das histórias: de discurso lúdico à arte. A mudança de estatuto implica também em uma alteração no sentido da verdade histórica, ou seja, sua identidade enquanto narrativa verdadeira dos fatos (*vera narratio*). Bodin se apropria da distinção estabelecida por Platão entre *epistéme* e *dóxa*, para aproximar o sentido de arte do conhecimento verdadeiro, ou da ciência. Ele afirma: "Platão tinha visto que, de fato, todos os discursos dizem ou a verdade ou o falso: estes são chamados de poesia, aqueles em verdade se chamam histórias".[71] Na sequência, Bodin se pergunta: quanto, então, não teríamos a ganhar com a verdadeira história?

Ao deslocar o foco de observação sobre a história do caráter poético (*poesim*) para o que se poderia entender por científico, Bodin amplia o sentido da verdade da mesma para além da adequação e da fidelidade aos fatos. Assim podemos dizer que na abertura do *Methodus* ("Epístola Dedicatória" e *Proemium*) a insistência sobre a utilidade da história não tem outro motivo além do de realçar que o objetivo da disciplina é conhecer "o soberano bem do homem, cujo foco recai sobre o que perimite a aquisição, ou a organização, as instituições e a história política".[72] Muito mais do que a explicação dos fatos por eles mesmos, o sentido da *vera narratio* visa à compreensão de outras dimensões da ação humana, ou como afirma o próprio pensador: "explica a ação do homem que vive em sociedade".[73] Não por outra razão, ele a reconhece como "a que governa a vida humana, a partir do que manda a razão e da prática do que se deve fazer".[74] Qual outro tipo de história, além da hu-

---

[71] "ut Platoni visum est is enim omnem orationem ait veram esse aut falsam: hanc appellat poesim, illam vero historiam". Cf.: *Ibidem*. p. 114a, L.08-11 (280b, L.24-27).

[72] Marie-Dominique COUZINET. *Op. cit.* p. 42.

[73] "...actionem hominis in societate vitam agentis explicat". In.: Jean BODIN. *Op. cit.* p. 114b, L.09-10 (281a, L.53-54),

[74] *Ibidem*. p. 114b, L.19-21 (281b, L.08-10).

mana[75], poderia ser útil aos homens? Bodin não tem dúvidas: as outras duas – natural e divina "são importantes, mas nenhuma pode nos ajudar a compreender os sinais lançados por nossas ações no passado". Bodin restringirá seu interesse quase exclusivamente às ações humanas e aos costumes dos povos, pois, o que se entende por história é tão somente "a narração verdadeira das coisas produzidas no passado".[76]

A história alçada ao campo das artes contempla as duas dimensões fundamentais inerentes a todas: a prática, que provém do conhecimento dos fatos e de sua utilidade para orientar nossas ações; a teórica, resultante da procura pelas causas dos acontecimentos e da lógica que possibilita estruturar a exposição do discurso. Deixando o problema da estrutura lógica para outro momento do texto, convém agora entender melhor essa particularidade da história, a saber, a intenção de transportar para o plano discursivo o que encontramos na realidade fatual. Para isso é preciso entender como a história é percebida como a memória da humanidade.

3. As artes da memória (*artes memoriae*): dos fatos ao discurso enquanto memória da humanidade

A história enquanto investigação dos acontecimentos do passado está fortemente associada à noção de memória.[77] Esse é um elemento insubstituível de qualquer conhecimento que pretenda se estabelecer por parâmetros rigorosos. A memória é a garantia de que o conhecimento se dá por acúmulo de experiências.

---

[75] *Ibidem*. p. 115a, L.31 (282a, L.34).
[76] *Ibidem*. p. 119a, L.16-28 (287a, L.18-31).
[77] A respeito da discussão entre os estudiosos do Renascimento para a busca de um método e sua vinculação com a arte da memória cf. F. A. YATES. *L'art de la mémoire*. Trad. Daniel Arasse, Paris: Gallimard, 1975.

A idéia de conceber um método para bem selecionar os dados da experiência e dispô-los de forma que reflitam os fatos com exatidão constitui o melhor caminho para se observar a história, não apenas como narrativa da experiência humana, mas como memória da humanidade. É dessa forma que podemos compreender melhor como o sentido de *vera narratio* se amplia quando o estatuto da história é alterado de gênero de escrita para arte comprometida com o conhecimento. Como analisa Julien Freund, conhecer a experiência humana implica em entender as nossas ações em todas as suas dimensões e resguardá-las da deterioração que o tempo impõe a todas as coisas.[78]

Ao mostrar a importância do uso da memória se enveredar pelo campo das ciências, Bodin pode afirmar com maior consistência a possibilidade de uma ciência das histórias. Ele pretende posicioná-la no interior do conjunto das ciências como o direito, a astronomia, a geometria, a aritmética. Porém, ao pensar a história como memória, deve-se restituir o valor da retórica, ao contrário do que se poderia pensar. Ela não seria mais o elemento determinante da prática de fazer as histórias, mas complemento o seu sentido, pois, "separar a memória da retórica é privá-la do poder da imaginação produtiva e reduzi-la à catalogação e ao ordenamento dos dados".[79] Se, por um lado, a história toma o rigor como fator indispensável para que tenha alguma utilidade aos homens, por outro lado, ela não descarta que a retórica também possa contribuir nesse sentido, mesmo que com menor destaque.

A dificuldade encontrada nesse caso é saber como transportar ao plano do discurso, ou do relato, toda a complexidade e riqueza dos fatos, conservando o rigor quanto ao que é relatado. Em relação às demais disciplinas dos saberes humanos, a história leva

---

[78] Cf.: Julien FREUND. *Op. cit.* p. 111. Cf. Jean BODIN. *Op. cit.* p. 120a, L.23-53 (288a, L.15-288b, L.33).
[79] Marie-Dominique COUZINET. *Op. cit.* p. 64.

vantagem por ter a escrita como aliada. A crítica à característica literária, por assim dizer, se mantém, embora Bodin reconheça a eficácia dos instrumentos retóricos que tornam o texto atraente, fácil de ser memorizado por qualquer leitor ou ouvinte. Esse é o ponto: a retórica permite a fácil memorização das histórias. Mesmo que percam em importância, as artes de escrever também exercerão sua função nessa passagem para o registro das ciências. Não há como deixarmos de pensar que essa arte "seja capaz de se exercer sem outro instrumento que não seja a palavra e sem o aprendizado".[80] Bodin está certo de que a importância dos instrumentos da escrita vai além do fato de contribuírem para a confecção dos textos. Essas ferramentas são relevantes porque fixam o passado da humanidade no espírito dos homens: "a menos que se dê a morte do gênero humano, jamais as histórias devem morrer, mas elas permanecerão fixadas eternamente nos espíritos (*animis*) dos rústicos e dos ignorantes".[81]

A idéia de "fixar os fatos nos espíritos" já é uma referência direta à memória. Desde que trabalha a divisão da história em humana, natural e divina, Bodin destaca esse tema. Para as duas últimas histórias, o problema da procura pelas causas de todos os acontecimentos não se aplica. Na história divina todas as causas remontam a Deus. Como as leis eternas que vigoram sobre a natureza são também criações Dele, na história natural sempre se chegará em última instância ao Altíssimo. Nos dois casos, Deus tanto é causa, como também o fim para onde todas as coisas se orientam.[82] Tanto as causas quanto os efeitos são estáveis e necessários.[83] Já em relação à história humana o mesmo não se observa. A investigação das origens dos acontecimentos pressupõe o retorno aos períodos mais remotos, a reconstituição de teias dos aconteci-

---

[80] *Ibidem*. p. 60.
[81] Jean BODIN. *Op. cit*. p. 113a, L.30-33 (279b, L.15-18).
[82] *Ibidem*. p. 115a, L.34-35 (282a, L.37-38).
[83] *Ibidem*. p. 115a, L.35-36 (282a, L.39-40).

mentos que se interligam, o acesso a um universo de ações e obras humanas, ao que só se tem acesso com a ajuda da memória da humanidade. Pois, são de tal forma variadas as histórias que é preciso saber com precisão o que se vai conhecer delas. Recuperamos aqui a noção, já mencionada, dos *loci*, aqueles lugares comuns portadores de um sentido que ultrapassa o presente. Como vimos, de um sentido que mantém relações com o passado, pois, que se conecta e se identifica de algum modo com ele, e é, enfim, aquele ponto de encontro entre o passado e o presente.

> A variedade e a complexidade das coisas humanas é tão grande, tão abundante a quantidade dos relatos que, se as ações e os assuntos humanos não forem distribuídas em gêneros humanos bem estabelecidos, será impossível compreendê-los como história e retê-los por muito tempo na memória. Será preciso, portanto, realizar na história o que os doutos costumam fazer em outras ciências (*artibus*) para aliviar a memória, isto é, dispor numa ordem determinada lugares comuns (*loci communes*) dos fatos dignos de memorização a fim de que possamos extrair deles, como se o fizéssemos de tesouros, os inúmeros exemplos para nossas ações. Certamente não ignoramos o trabalho destes eruditos que, pela leitura das histórias, formaram engenhosas conclusões a que chamam de apotegmas.[84]

A memória possui, em relação à história humana, função correspondente à da providência em relação às histórias divina e natural. Como nessas a ordem da natureza e de todo o universo é determinada pelos ditames divinos, em relação aos fatos produzidos pelos homens, só é possível extrair-lhes alguma ordem por meio da rememoração. Se não dispuséssemos dela, não haveria como reorganizar os fatos, e menos ainda, como expô-los de forma que se tornassem compreesíveis para qualquer leitor. Desprovida da memória, a história se limita à invenção e à seleção das ações hu-

---

[84] *Ibidem.* p. 119a, L.16-31 (287a, L.18-31).

manas. As causas dos acontecimentos se perdem na noite dos tempos. Sem o uso da memória nos arriscamos a nos desorientar quanto à sucessão dos fatos e muito mais em relação ao sentido que se pode extrair deles, pois,

> Na história humana o mais importante decorre da vontade humana, que sempre é distinta e não tem qualquer resultado definitivo; mas surgem todos os dias novas leis, novos costumes, novas instituições, novos ritos religiosos; e as novas ações humanas sempre estão ligadas a novos erros, a menos que sejam guiadas pela natureza, isto é, pela reta razão (*recta ratio*), ou, quando esta razão começar a se corromper, por aquela que está mais próxima do princípio original, a divina prudência, não completa a conexão das causas; se dela nos distanciamos, caímos precipitados em toda desonra.[85]

A advertência acima pretende nos chamar a atenção para o perigo de nos concentrarmos apenas na percepção do presente, do imediato, sem que possamos remontar às causas dos acontecimentos e a todo o passado que lhe deu origem. Outro aspecto a ser destacado é a insistência de Bodin em que a história é o território onde habita a novidade. Como o que resulta da vontade humana não pode ser definitivo, na história se encontram as novas leis, novas instituições, novas crenças, assim como novos equívocos de ação. Apenas a reta razão (*recta ratio*) pode guiar a vontade humana na história de modo a que os homens reencontrem nela as causas para o acerto ou o fracasso das ações. Segundo a avaliação de Bodin, ou bem estamos orientados pela reta razão ou bem nos encontramos perdidos na desordem dos fatos, imersos nas mazelas terrestres, impotentes quanto à compreensão das causas dos eventos e dos motores de nossas vontades. Nesse caso devemos nos valer da memória para que a história adquira relevância. Para o pensador é da relação que mantemos com a história, de nossa percepção

---

[85] *Ibidem*. p. 115a, L.46-57 (282a, L.55- 282b, L.09).

de certa ordem do tempo, que concebemos a justiça, o útil e o honesto. A memória é a segurança que os homens têm de não se perderem completamente na desordem dos acontecimentos passados e presentes. Sem ela, estamos "soterrados por imagens falsas", ou, como ele próprio analisa,

> De fato, ainda que a mente do homen, emanada da mente divina e eterna, se distancie o mais possível dessa queda terrestre, porque ainda está imersa profundamente na matéria impura, é, pelo contágio dela, de tal modo afetada e a tal ponto dividida pelas perturbações que a ela se opõem, que não se pode, sem a ajuda divina, nem recobrar-se, nem obter nenhuma parte da justiça, nem nada fazer completamente de acordo com a natureza. Assim, por todo o tempo em que estamos sobrecarregados pelos obstáculos dos sentidos e pela imagem falsa das coisas, não podemos discernir nem o útil nem o verdadeiro do falso nem o torpe do bom: mas por abuso das palavras atribuímos prudência a quem é menos enganado por isso.[86]

Distinguir o útil do inútil, o justo do injusto, o honesto do desonesto, enfim, adquirir a prudência necessária em todas as ações é o objetivo do uso da memória. O conhecimento da regularidade das histórias se entrelaça ao imperativo moral para a ação humana. O aprendizado da prudência está condicionado à percepção de uma ordem no tempo, de certa noção de repetição e até de circularidade dos eventos. Se o círculo remete à ordem da natureza, por outro lado, a importância da repetição dos fatos está em que com ela podemos avaliar as razões dos acertos e dos erros quanto à interpretação e ao julgamento dos mesmos. O pressuposto do argumento bodiniano é que o aprendizado da prudência resulta, enfim, de um exercício continuado da memória, a busca pela regularidade das causas dos eventos do presente. O homem prudente é aquele que, ao observar o presente, se volta ao passado, à busca de

---

[86] *Ibidem*. p. 115a, L.58-115b, L.12 (282b, L.11- 28).

um ponto em que o antes e o agora colidem, se assemelham, se identificam.

> Na verdade, para que se possa adquirir a prudência, nada é mais importante ou mais necessário do que a história, em razão dos acontecimentos humanos se repetirem como num círculo, em que se retorna sempre ao mesmo ponto: julgamos que sobretudo a ela devem aplicar-se aqueles que não vivam uma vida solitária, mas por homens reunidos e adaptados em sociedade.[87]

Deve-se à repetição e à memória todo o conhecimento que se tem das sociedades. O seu passado constitui-se de fatos memoráveis reunidos (*memoratu digna complecitur*). Bodin pretende afirmar que desde a história de sociedades particulares até aquela que compara vários povos, "como os persas, os gregos e os egípcios", todas dependem de nossa capacidade de localizar os fatos no tempo, saber em que momento eles se fixam, entender a ordem de sucessão dos acontecimentos. A memória, dissemos, nos permite remontar às origens, não apenas para que possamos localizar os fatos no tempo, cristalizando-os no passado, mas também para que nos seja possível reconstituir a relação entre a vontade humana e os acontecimentos, pois, "ou se retorna ao que está no nascimento das cidades ou ao fim destas, ou se conhece, pela recordação dos fatos reunidos, o início, o fortalecimento, o apogeu, a decadência e o fim das repúblicas".[88]

O reconhecimento da história como memória da humanidade nos permite concluir que esta é a mais elevada consideração que se pode conferir à disciplina. Porém, o fato de Bodin tê-la dividido em três – divina, natural e humana – impõe a pergunta: qual delas melhor incorpora a memória da humanidade? É possível afirmar que para ele não cabe separá-las tão radicalmente, porque há

---

[87] *Ibidem*. p. 115b, L.12-19 (282b, L.29- 38).
[88] *Ibidem*. p. 115b, L.37-41 (283a, L. 05-09).

uma continuidade entre elas. O mundo e os homens ainda refletem a ordem preconcebida por Deus. Não se pode separá-las também porque não há distinção entre as memórias. Se alguma distinção existe, é apenas relativa aos conteúdos das histórias, aos fatos que as compõem. É a uniformidade da memória que define a história em sentido amplo, pois a variação nos conteúdos reflete muito mais os interesses particulares de conhecimento.[89] [90]

A arte da memória é, portanto, um elemento que antecipa a discussão sobre a importância do aprimoramento metódico. A insistência sobre o tema da memória, mais do que "fazer referência a uma faculdade do espírito"[91], nos leva também à discussão sobre a mudança da técnica das artes, debate que teve lugar entre os séculos XIV e XVI. Preservando os princípios das teses já defendidas pelos clássicos – Platão, Aristóteles, Cícero e Quintiliano –, a nova exigência de se aprofundar em outras técnicas altera, principalmente, as finalidades do conhecimento. Se antes as artes tinham por objetivo o aprimoramento da intervenção prática, no Renascimento, elas buscam ultrapassar os limites da experiência e passam a visar a elaboração teórica universal.[92]

---

[89] "...Bodin no *Methodus* estava mais interessado nas espécies do que nos gêneros da história do mundo..." Cf. Donald R. KELLEY. "The development and context of Bodin's method". p. 141.

[90] A história, enquanto memória e conteúdo da memória, é constitutiva de todo saber: saber sobre as ações humanas (coisa fácil de se representar), sobre a natureza como memorial ou monumento da criação e do poder divino, enfim, saber sobre as religiões nas suas manifestações sociais e seus oráculos. Dito de outra maneira, todo conhecimento não pode se referir a não ser em termos de recordação. "...toda história é memória e é, sem dúvida, nesse sentido que é preciso compreender a continuidade entre as três histórias e a possibilidade de passar de uma à outra". In.: Marie-Dominique COUZINET. *Op. cit.* p. 60.

[91] *Ibidem.*

[92] "as técnicas da memória artificial se encontram assim transferidas do domínio da retórica e de uma finalidade prática (pois são os instrumentos mnemotécnicos e de ajuda para a produção de um discurso mais e mais abundante), para aquele mais vasto da lógica como saber universal". In.: *Ibidem.* p. 62.

Não por outra razão, as primeiras linhas do capítulo II do *Methodus* –"Sobre a ordem das histórias" (*De ordine historiarum*) – trazem a intenção de aplicar às histórias o rigor que é próprio das artes.[93] Ao propor esse reajuste, o pensador quer tornar acessível, e o mais amplo possível, o conhecimento da disciplina, ou, como ele próprio diz "tornar, então, plena e fácil a ciência das histórias" (*...ut igitur plena sit & facilis historiarum scientia.*).[94] A análise da forma como se recolhem e organizam os fatos figura como o primeiro elemento necessário para que se possa atingir tal objetivo: "aquela mestra das artes que se devem ensinar, a qual é chamada análise".

A preocupação é conservar a integridade das duas dimensões características das artes: o estudo do particular por meio do ensinamento dos fatos; conhecer o universal, com o aprendizado das origens e das causas dos acontecimentos. Por isso, ao provar a importância de não tomar a história como uma totalidade, mas dividi-la em partes menores, e essas em outras partes, Bodin pretende enfatizar a necessidade de que todas as partes estejam coerentemente organizadas de tal forma que a ordem facilite o aprendizado sobre as ações humanas.[95] O que podemos pensar como dimensões contrárias, o particular e o universal, na perspectiva bodiniana tornam-se complementares. A necessidade de extrair uma síntese é suplantada pela ordem que conserva os fatos disponíveis ao aprendizado e interligados em um mesmo relato:

---

[93] A necessidade que o pensador traz à tona acompanha as advertências lançadas contra os glosadores, pois "que não satisfaz então acumular um número tão grande de historiadores, se não sabemos como usá-los, sendo então necessário saber em qual ordem e em qual modo deveriam ser lidos". O objetivo desta advertência é evitar a confusão quanto à ordem das histórias. O manuseio destas, sem o rigor necessário oriundo das artes, pode fazer com que nada seja possível aprender, assim como pode tornar ruinoso ou insignificante o uso da memória. Cf. Jean BODIN. *Op. cit.* p. 116a, L.31-34 (283b, L.14-18).

[94] *Ibidem*. p. 116a, L.43 (283b, L.28).

[95] *Ibidem*. p. 116a, L.45-49 (283b, L.28-36).

> Não é preciso se realizar nenhuma síntese, já que as partes de quase todas as histórias estão entre si ligadas e reunidas pelos eruditos com grande aplicação como se fossem um só corpo; contudo, foram por alguns separadas de modo inábil. Mas há tanta coerência entre as partes e o todo, que de modo algum poderiam manter-se, se fossem separadas por si próprias.[96]

Mas o que Bodin entende por história universal? Como indicamos em outras partes, não poderá ser a história de todos os acontecimentos do passado. Este, digamos, universal limitado, se caracteriza pelas histórias de relatos dos povos mais notáveis, desde sua origem, incluindo todos os fatos ocorridos na guerra e na paz. Porém, os acontecimentos omitidos, reconhece o pensador, são mais numerosos do que os relatados, em razão da quantidade e da variedade de fatores a considerar para cada povo. Isso torna claro por que o trabalho de recolher os fatos nos obriga ao uso de um método. Somente com a ajuda desse instrumento é possível construir um quadro (*communem velut omnium temporum tabulam*)[97] a partir do qual se contemplem as origens do mundo e das religiões, assim como as origens dos povos, seu apogeu, decadência e queda, bem como nos permita observar as qualidades das repúblicas.[98]

Não é o método que define as histórias, mas é ele que avalisa o trabalho do historiador, sustentando seu valor, uma vez que pode abranger o maior número de fatos. O método é o que confere a visão de conjunto aos particulares incompletos e desconexos. Por isso, a história também não se reduz à memória, mas constitui uma etapa de todo um trabalho metódico que objetiva decifrar os dados da realidade concreta, de maneira que, ordenados, permi-

---

[96] *Ibidem.* p. 116a, L.49-55 (283b, L.36-46).
[97] *Ibidem.* p. 116b, L.26 (284a, L.23).
[98] *Ibidem.* p. 116b, L.42-46 (284a, L.44-49).

tam aos homens entender o passado, perceber o presente e utilizá-los em proveito dos interesses futuros. Comenta Couzinet:

> Com efeito, como arte da história, o *Methodus* faz da memória histórica a primeira etapa de um método que deve estender a capacidade da memória ao conjunto do conhecimento: não somente à história humana, mais às histórias natural e divina [...] No *Methodus*, Bodin tem por finalidade construir uma visão de conjunto da história, sintética e ordenada, permitindo aos leitores seu bom uso.[99]

Se forem fornecidos os elementos que tornam evidentes a história como ciência, poderemos diferenciar então a proximidade da ordem das histórias daquela da cosmografia.[100] Muito do que escrevem os historiadores mais completos é tomado de empréstimo dos geógrafos. Como afirma o pensador, "de sorte que se uma arte é necessária aos historiadores, observa-se que a geografia é de suma importância".[101] Quando história e geografia se entrelaçam, elas se confundem também sob o mesmo signo da ciência.

4. A História e as ciências

Conclui-se que a história e a geografia se identificam como disciplinas do conhecimento, porque estão comprometidas com o procura da verdade de seus objetos de estudo; e porque para chegarem a seus objetivos valem-se de instrumentos que lhes garantem o rigor próprio das ciências. A aproximação entre a história e a geografia é tão decisiva no *Methodus*, que é com base nesta última que

---

[99] Marie-Dominique COUZINET. *Op. cit.* p. 75.
[100] Jean BODIN. *Op. cit.* p. 118a, L.17-28 (285b, L.59-286a, L.14).
[101] *Ibidem.* p. 118a, L.17-28 (285b, L.59-286a, L.14).

julgamos a primeira: "na medida em que a 'natureza dos povos' se destaca na geografia, é a geografia que fornecerá o critério de julgamento da história narrada pelos historiadores".[102]

Mesmo que se apropriando de elementos de outras ciências e se valendo das suas ferramentas metódicas, a história comporta limites que nos impedem de reconhecê-la como ciência verdadeira, isenta de quaisquer imprecisões. Como dissemos, Bodin está ciente desses limites desde o instante em que descarta a possibilidade da ordenação das histórias representar a totalidade dos acontecimentos do passado. Ao insistir na aproximação com outras ciências, o pensador pretende fazer com que as afirmações da história sejam, tanto quanto possível, as mais consistentes e críveis quanto podem ser naquelas. O que Bodin pretende é, pela história, "estabelecer as condições de possibilidade de uma afirmação"[103] confiável sobre as ações humanas e o que delas resulta.

A cosmografia é tão importante quanto a geografia para demonstrar que o método, enquanto fator estruturador das histórias, pode levar a resultados mais precisos. Elas fornecem ao estudioso, por exemplo, uma lógica local sob a forma de uma teoria dos climas.[104] É justo apontar que uma das bases teóricas da noção de ordem bodiniana é a cosmografia ptolomaica.[105] Essa ciência acentua a supremacia do global sobre o local, "que insiste sobre a importância da visão das relações das partes entre elas e com o todo, no sentido de que apenas a consideração do todo pode dar

---

[102] Marie-Dominique COUZINET. *Op. cit.* p. 163. Sobre esse tema o livro de Couzinet fornece a mais completa análise.
[103] *Ibidem.* p. 165.
[104] *Ibidem.* p. 205.
[105] Cf. Frank LESTRIGNANT. "Jean Bodin, cosmógrafo". In.: *Jean Bodin. Actes du colloque interdisciplinaire d'Angers*, t. I, p. 133-145; Marie-Dominique COUZINET. *Op. cit.* p. 205-221. Por analisar a fundo como Bodin pensa a aproximação da história com outras ciências, a intepretação de Couzinet contribui para esclarecer em que sentido a cosmografia é uma das chaves para entendermos a passagem da história para o registro das ciências.

razão à disposição das partes".[106] A cosmografia nos leva também a entender o universal obtido pela observação de sua relação com os particulares. Bodin tem claro que não se pode aleatoriamente conhecer o particular pelo universal, e, ainda menos, estabelecer o último com base no conhecimento do primeiro. Ele exige que se mantenha a análise com vistas a uma relação entre as duas dimensões:

> Que não se divida de outro modo o todo da história. E assim como se enganaram os que observaram os registros das regiões antes que tenham declarado cuidadosamente, do todo, a relação das partes singulares entre si e com o todo, assim também não erram menos os que julgam que possam compreender as histórias singulares antes que tenham julgado, como num quadro exposto, ordem e série da história toda e de todas as épocas.[107]

Para uma análise das ações humanas e de seus desdobramentos na política, o conhecimento teórico, tanto da geografia quanto da cosmografia, pode nos ajudar a entender como é possível afirmar uma universalidade, sem descartar inteiramente a observação do particular. A interpretação de Couzinet sobre a cosmografia e a geografia no *Methodus* nos abre caminho para pensar que, mesmo transitando sobre um terreno movediço, como o das ações humanas, a observação do particular mira a produção de um conhecimento universal, ainda que este universal seja pensado dentro de certos limites.

A opção pela história humana não significa, é preciso destacar, o desprezo pelas outras histórias. Embora isso deva ter relação com o elogio da *vita activa* e com o interesse pelas ações humanas e pela política, esta uma das mais intrigantes obras do engenho humano, Bodin evita com essa priorização incorrer nos erros de

---

[106] Marie-Dominique COUZINET. *Op. cit.* p. 206.
[107] Jean BODIN. *Op. cit.* p. 118b, L.28-37 (286b, L.22-33).

que acusa e critica os historiadores. Isto é, não saber dividir corretamente a variedade de temas e não conseguir apresentá-los segundo uma ordem coerente. Para Couzinet, é preciso não se deixar levar pela alternativa fácil de reduzir a teoria bodiniana sobre a história a uma teoria das ações humanas.[108] A confiança no método advém do fato de se tornar, ao mesmo tempo, objeto e produto de conhecimento, o que em princípio são "as coisas humanas" plenas de "obscuridade e confusão". Com base nisso, o pensador estabelece os objetivos: primeiro, ordenar as coisas humanas e as ações, separadas por partes; depois indicar, entre tantos, os fatos mais importantes, acomodando-os em lugares determinados (*loci*).[109] E o que são as ações humanas? Bodin as entende assim:

> [...] definem ação, aproximadamente, como aquela mudança em relação ao estado atual que não deixa nada para trás, com exceção, é verdade, daquela que produz uma obra, como o escrever, mas, por uma estranha sutileza das palavras, visto que todo nosso discurso diz respeito ao interesse do povo, devemos definir a palavra [ação] de modo mais amplo, para que abarque decisões, ditos, feitos, os quais são produzidos pela vontade do homem.[110]

O estudo da história nos faz concentrar a atenção sobre o que é produzido pela vontade do homem (*ab hominis voluntate*). São as ações que conduzirão, portanto, o interesse da investigação à temática política – "visto que todo nosso discurso diz respeito ao regime do povo". Bem entendido, a análise da compreensão de

---

[108] "Não confundir a história humana com outras histórias não tem por resultado a autonomização das ações humanas, mas a determinação mais precisa de seus campos, de suas interferências com as ações natural e divina e dos limites de seus exercícios". In.: Marie-Dominique COUZINET. *Op. cit.* p. 78. Cf. Jean BODIN. *Op. cit.* p. 119a, L.42-44 (287a, L.51-53).
[109] Jean BODIN. *Op. cit.* p. 119a, L.46-56 (287a, L.57-287b, L.06).
[110] *Ibidem.* p. 119a, L.53-119b-01 (287b, L.06-17).

Bodin da história é o que nos permite entender o interesse de seu *Methodus* pelos problemas que envolvem a *pólis* e, em sentido amplo, as repúblicas. Mas, antes de passarmos a essa discussão, resta ainda uma questão a ser respondida: qual o estatuto do método no texto de Bodin?

Um ponto de partida para responder à dúvida é buscarmos um sentido diferente daquele que nos foi dado pela filosofia moderna, após Bacon e Descartes. Como o foco bodiniano se concentra na história, isso já é uma clara demonstração da diferença entre as acepções de Bodin e aquelas dos filósofos contemporâneos a sua obra. Assim, certas exigências que a perspectiva moderna comporta não se verificam no pensamento de Bodin. Por exemplo, "ele nunca fez uma distinção consistente entre a história como objeto (*actio*) e a história como tema (*narratio*)".[111] Exatamente por se referir ao método, conceito que maracará profundamente a filosofia a partir do século XVII, é automático que recuperemos no passado um pouco sobre a origem do debate. A inspiração bodiniana tem origem nos clássicos humanistas, pois,

> ele adota o modelo da lógica humanista, com ênfase no tópico da *distributio* devido à referência prática para a resolução de problemas particulares. O seu propósito foi literalmente definir os lugares comuns da história (*loci communes*) e, sem dar muita atenção ao contexto, relocar a evidência histórica em um caminho racional ou, pelo menos, útil.[112]

Vejamos a seguir em que sentido o debate sobre a lógica conflui para que obtenhamos um conhecimento que congregue a investigação do particular e do universal das histórias segundo o método.

---

[111] Donald R. KELLEY. *Op. cit.* p. 139.
[112] *Ibidem.* p. 139.

Capítulo II

Conceber o método: da retórica ao julgamento das histórias

1. Conhecer as histórias: a necessidade do método

O alvo do método no *Methodus* é estabelecer um conhecimento de nossas ações. Na abertura do capítulo III – *De locis historiarum recte instituendis* –, Bodin explica a característica das histórias e os limites da nossa memória para que se possa conhecê-las. Ele afirma:

> Mas as ações humanas são tão variadas e desordenadas, as histórias tão abundantes e fecundas que, a não ser que ações e coisas humanas sejam classificadas por gêneros precisos de homens, não podem as histórias ser claramente compreendidas nem, se compreendidas, podem por muito tempo ser mantidas pela memória.[1]

A constatação da dificuldade para se conhecer a história não traz implícita qualquer conotação negativa quanto ao seu conteúdo. O fato de serem variados contrasta com a propriedade de serem fecundos. A referência à importância da distribuição é a chave para entendermos como o método procederá em sua tarefa de esta-

---

[1] Jean BODIN. *Methodus*. In: *Op. cit.* p. 119a, L.16-21 (287a, L.18-24).

belecer uma ordem. Seguindo o argumento, Bodin nos fala da organização dos diversos tipos de ação em lugares comuns (*loci communes*). Para relembrar, o método tem por função apropriar-se da desordem e da dispersão dos fatos para fazer com que deles brote algum tipo de conhecimento e a própria expressão *loci* é "frequentemente usada no século XVI como um tipo de arranjo sistemático de materiais..."[2] O reconhecimento dos limites humanos para estabelecer o conhecimento da história já abre caminho para a proposição do método:

> A sua [de Bodin] útil passagem pelo passado 'civil' do gênero humano exigia, então, um guia certo e um 'método' próprio, capaz de recolher e ordenar todos os objetos do saber histórico e jurídico; um procedimento de tal forma simples, claro, fácil e profícuo, que permitisse reenviar qualquer noção particular aos princípios universais e transportar-se à multiplicidade inesaurível de eventos, fatos e 'exemplos'.[3]

Ao mencionar a necessidade da distribuição e da organização das ações em *loci*, Bodin apenas põe ênfase na dificuldade inerente ao trabalho do historiador. Os problemas que enfrenta no estudo de sua matéria podem se resumir em duas noções: a objetividade e a veracidade.[4] No momento em que se apropria dos fatos para conhecê-los, o historiador se defronta com o seguinte dilema: em se mantendo fiel à descrição dos acontecimentos, não pode julgá-los; lançando toda sorte de juízos sobre as ações humanas, pode tanto interferir no conteúdo do que é historiado, como in-

---

[2] Cf. Marie-Dominique COUZINET. *Histoire et méthode à la renaissance – une lecture de la* Methodus *de Jean Bodin*. p. 316.
[3] Cesare VASOLI. "Il metodo ne 'La République'". In: *La République di Jean Bodin – Atti del convegno di Perugia*. Firenze: Leo S. Olschki, 1980. p. 8.
[4] Girolamo COTRONEO. "Le quatrieme chapitre de la Methodus – Nouvelles analyses et perpectives historiographiques". In: *Actes du colloque Internacional Jean Bodin à Munich*. Munich: Verlag, 1973. p. 89.

fluenciar e alterar a opinião daquele que lê as histórias, não deixando que apenas o fato opere essa mudança. Cabe, então, perguntar: qual dessas opções esse estudioso deverá satisfazer? Não devemos encarar as duas alternativas como excludentes entre si. Ele vai reivindicar as duas posições como características do seu trabalho.

Pensando nas dificuldades aventadas até aqui, é preciso indagar também por que o uso do método pode contribur para o melhor conhecimento e aprendizado da história. A ferramenta deverá se concentrar, portanto, na análise dos eventos do passado, apesar de Bodin o dividir em vários níveis, ao se aprofundar nos estágios de desenvolvimento da humanidade. Ele não menciona explicitamente o que o leva a estabelecer tal classificação, mas seu objetivo é o de ordenar segundo uma escala a diversidade dos acontecimentos para que se possa compreendê-los mais facilmente. Priorizando o estudo da história humana nos deparamos com o problema de que a vontade livre constitui o princípio de toda ação humana.[5] Isso não quer dizer, no entanto, que o homem esteja livre dos desígnios da providência, mas é um dado importante para que entendamos a complexa posição renascentista do pensador francês.

De um lado, o filósofo se concentra no tema das ações humanas e no que já produziram. De outro, conclui que nossas ações se orientam na direção da paz e da felicidade. Nesse ponto elas se relacionam com Deus, posto que tais finalidades se identificam a Ele.[6] Não obstante possamos aqui reconhecer certa filiação ao ne-

---

[5] Marie-Dominique COUZINET. "La philosophie morale de Jean Bodin dans le paradoxe de 1596. Un hypothèse de lecture". Texto ainda não publicado. p. 8.

[6] Embora a afirmação nos faça pressupor a proximidade entre as perspectivas de santo Agostinho e de Bodin, o pensador francês não se distancia neste aspecto da perspectiva renascentista para assumir um ponto de vista francamente favorável à idéia de que as finalidades últimas do Estado sejam a paz e a sujeição dos homens à proteção do rei. As conclusões de Bodin acerca das finalidades da República, veremos em outras partes do trabalho, nos fazem supor a influência daquele sobre este. Cf. S. AGOSTINHO. *Cidade*

oplatonismo, Bodin não defende que as ações humanas necessariamente devam se orientar para Deus e que essa opção seja a garantia de se atingir o bem supremo. A relação do homem perante o Altíssimo é a de submissão, mas a felicidade humana não depende apenas da proximidade ou do afastamento em relação a Deus.[7] O amor a Ele não é condição necessária para que se distinga o bom e o mau cidadãos, o justo e o injusto.

Conclui-se daí que os homens mantêm certo grau de autonomia em relação às determinações de Deus, por isso as ações são definidas em função do que podem ou não realizar e não porque realizam ou não a vontade Dele. Isto exigirá que alteremos a compreensão sobre a extensão das ações para incorporar tudo o que provém da vontade humana, a mestra de todos os nossos atos que "se orienta pela razão ou por alguma faculdade inferior da alma para transformar coisas que se devem desejar ou evitar".[8] Nosso interesse pela contemplação das idéias, assim como pelas coisas

---

de Deus. Lisboa: Calouste Goulbenkian, 1999. XIX,13. Jacques Krynen também interpreta assim o tema da paz e da estabilidade do corpo político em Agostinho: "os súditos devem fidelidade, ajuda e sustentação ao príncipe, aquele que lhes deve proteção e defesa. A bondade de uns requer a do outro. A paz está no amor recíproco do rei e dos súditos. Tendo assegurado a estabilidade e o fundamento do corpo político, o rei pode então estender todas as suas energias ao serviço de sua missão de paz, tão inerente à sua função". In: Jacques KRYNEN. *Idéal du prince et pouvoir royal en France à la fin du Moyen Age (1380-1440). Étude de la littérature politique du temps.* Paris: Éditions A. Et J. Picard, 1981. p. 165-66.

[7] "Bodin formula a questão em termos de *oficium*: o que deve fazer o homem para atingir a felicidade? Sua resposta é a seguinte: ele deve obedecer a Deus. Mas constatamos aqui que Bodin não diz que ele deve amar a Deus. Como já o sabemos, a teoria segundo a qual o soberano bem pode ser atingido pelo amor é o ponto que o neoplatonismo mais influenciou ao longo da Renascença. Bodin não se situa nesta perspectiva; ele definiu por amor apenas o último degrau da ascensão". In: Marie-Dominique COUZINET. "La philosophie morale de Jean Bodin dans le paradoxe de 1596. Un hypothèse de lecture". Texto ainda não publicado. p. 9.

[8] Jean BODIN. *Op. cit.* p. 119b, L.27-29 (287b, L.50-52).

práticas, não resulta de uma disposição inerente ao homem e menos ainda de uma orientação divina, mas tão somente de um impulso da vontade. Esta referência torna mais clara a passagem em que está mencionado o tema da identidade entre ação e vida feliz. "E como a contemplação fosse menos propriamente reconhecida como ação, mesmo assim Aristóteles a denominou deste modo; sem se contradizer, definiu a vida feliz (*beatam*) do mesmo modo que uma ação".[9] Como destacamos em passagens anteriores, contemplação e ação se complementam, mas aqui passarão a se relacionar com os móbeis da vontade humana. O fato de os homens contemplarem e aspirarem à felicidade é já uma ação, um movimento da vontade que incorpora tanto um elemento particular, que diz respeito ao interesse pessoal de quem deseja, quanto universal, que é a orientação do espírito e do corpo na direção de um fim a que desejam todos os homens.

Com o uso do método será possível entendermos como obter um conhecimento capaz de envolver o particular e o universal sem apresentar estes domínios como opostos um ao outro. Por ora, deixamos a discussão sobre a aplicação do método para avaliar seu estatuto no contexto de um debate sobre a lógica no Renascimento.

2. O debate sobre a lógica e o método: matrizes do *Methodus*

Alguns motivos foram mencionados acima para sustentarmos a posição de que é inovadora no Renascimento a defesa de que pelo método se poderá conhecer as histórias de forma completa, isto é, incorporando um saber desde as experiênias mais particulares dos homens até o universal das ações humanas. O pensador francês não é o primeiro a se manifestar acerca do tema. Christophe

---

[9] *Ibidem*. p. 120a, L.19-22 (288a, L.52-56).

Milieu (Mylaeus), ao publicar em 1548 o *De Scribenda universitatis rerum historia*, atribui um caráter universal ao conhecimento, tornando seu o conjunto "correspondente a três graus progressivos do saber, a natureza, a prudência e a sapiência".[10] A perspectiva bodiniana é distinta, mas é pelo estabelecimento desses graus progressivos, dos mais simples aos mais complexos da história humana, passando em seguida pela história natural até a divina, que se produzirá um conhecimento que possa ser tido como completo. Pois, a história humana

> é somente a primeira etapa de um processo que deve conduzir cada homem de um grau inferior de saber para os graus superiores, designados respectivamente por Bodin como 'história natural' e história divina'. No processo humano de conhecimento, que vai dos conhecimentos mais simples e mais acessíveis aos mais complexos e das artes às ciências, reconhecemos a progressão metódica do conhecido ao não conhecido, definida por Ramus.[11]

Pierre de la Ramée[12] – Ramus – foi decisivo para demonstrar a passagem da acepção de arte (*ars*) em sentido clássico para

---

[10] Cf. Marie-Dominique COUZINET. *Histoire et méthode à la renaissance – une lecture de la* Methodus *de Jean Bodin*. p. 22.

[11] *Ibidem*. p. 22.; Donald R. Kelley avalia também que Bodin: "faz uma analise similar [à feita por Milieu], mas relaciona estes estágios de desenvolvimento aos vários níveis da vontade humana (*voluntas*), que se relaciona primeiro ao problema da subsistência (*necessitas*), ao problema do conforto (*commoditas*) e finalmente, aos produtos do lazer (*splendor* e *voluptas*). Estes motivos, tomados em conjunto com os processos social e político para complementá-los, constituem as rubricas gerais nas quais as histórias das nações, em particular, poderiam estar todas inseridas". Cf.: "The development and context of Bodin's method". In: *Jean Bodin – Actes du colloque international Jean Bodin à Munich*, Munich: Verlag, 1973. p. 140.

[12] Nascido em 1515, vai estudar em Paris em 1527. Aprofunda os conhecimentos em filosofia e matemática, publicando seu primeiro tratado sobre Aristóteles em 1543 (*Aristotelicae animadversiones*). Professor adorado e fortemente contestado desde jovem, adquire mais opositores quando se

aquele renascentista, vinculado à lógica e, indiretamente, à ciência. Observamos que a transição teve como momento decisivo a mudança de perspectiva em relação à memória, se a compararmos com o sentido que lhe conferiram Quintiliano[13] e Cícero.[14] Na acepção de Ramus[15], a memória não pertence ao gênero retórico, mas é parte constituinte de um método que está apto a trabalhar sobre qualquer objeto.[16] Isso reflete o antigo embate da filosofia, a saber, que a retórica refere-se às opiniões, enquanto a lógica diz respeito à ciência. Na discussão proposta por Ramus, os elementos da dialética – *inventio* e *dispositio* – distinguem-se daqueles da retórica – *elocutio* e *persuasio*. No trabalho do lógico a memória é absorvida pela dialética. Ela aparece associada ao julgamento, muito mais do que ao exercício da persuasão, exclusivamente retórico. Porém, o fundamental da proposta de Ramus foi mostrar que não

---

torna, em 1551, titular das cadeiras de filosofia e de eloquência no Collège Royal [futuramente Collège de France]. A partir de 1562 envolve-se com os acontecimentos político-religiosos que agitaram Paris e a França. Converte-se ao calvinismo neste mesmo ano e propõe maiores reformas ao ensino e à estrutura da Universidade de Paris. Temendo pela própria vida, em razão do envolvimento com a causa dos protestantes (Huguenotes), no final de 1562 deixa Paris, iniciando então um longo período de fugas e retornos a essa cidade. Em 1570, retorna a Paris definitivamente visto que o rei lhe havia assegurado proteção à vida. É morto em 1572, na noite de São Bartolomeu (24/08), juntamente com aproximadamente outros três mil protestantes que se reuniam em Paris para celebrar o casamento de Marguerite de Valois com Henri de Navarra.

[13] QUINTILIANO. *Instituitiones oratoriae*. XI, 2, 40.
[14] CÍCERO. *De oratore*. Paris: Belles Lettres, 1927. L. II.
[15] Pierre de la RAMÉE. *Dialectique 1555 – un manifeste de la Pléiade*, Nelly Bruyère, Paris: Vrin, 1996.
[16] Sobre o que comenta Couzinet: "Quintiliano propõe sua própria arte da memória, que repousa, em essência, sobre a divisão e o arranjo (*divisio* e *compositio*) das palavras. Sobre esse modelo, Ramus excluiu a memória enquanto parte da retórica e, além disso, as técnicas da memória artificial, em proveito de um 'método' consistindo em atuar, sobre todas as matérias, do geral ao particular por meio de uma série de divisões". In: *Op. cit.* p. 62.

existem duas lógicas – a retórica e a dialética –, mas apenas uma dividida em duas etapas absolutamente distintas:

> a dialética, constituída pela *inventio* e a *dispositio* e a retórica, dividida em *elocutio* e *persuasio*. Na tradição de Cícero e Quintiliano, Ramus identifica *dispositio* e o julgamento (*judicium*). Mas em muitos textos de Ramus, P. Rossi [cf. *Clavis Universalis. Arti della memoria e logica combinatoria da Lullo a Leibniz*] nota igualmente a associação da memória à *inventio* e à *dispositio*, constituindo assim a terceira parte da dialética e como elemento comum a todas as artes, com a mesma importância que a *inventio* e a *dispositio*, diríamos, também, como condição de possibilidade de todas as artes. A memória é, segundo a expressão de Ramus, 'um tipo de sombra da disposição', intercambiável com as expressões de *dispositio* e de *judicium*. Ela aparece, assim, como o instrumento próprio para introduzir uma ordem no conhecimento e no discurso e se realiza, assim, de maneira privilegiada na doutrina do 'método' quando esta tende a ser substituída, na obra de Ramus, pela teoria dos primeiros e dos segundos julgamentos.[17]

A memória aparece, portanto, como elemento que participa de todas as partes da lógica. Sua importância para qualquer uma destas fases, se pensarmos que o exercício da lógica pressupõe um desenvolvimento, reside no fato dela estabelecer a ordem ao conhecimento. Um elemento fundamental a ser destacado aqui é a associação da *dispositio* (disposição ou ordenamento dos elementos na análise) ao julgamento. A *dispositio* e o julgamento são intercambiáveis com a memória porque esta diz respeito às técnicas de recolhimento dos dados que servirão de matéria ao trabalho da lógica e do método. Desta perspectiva Bodin absorverá a idéia de que o ordenamento que pressupõe o método de conhecimento é já um ato de julgamento: ordenar o conhecimento do objeto é também, e talvez, primordialmente, julgar.

---

[17] *Ibidem*. p. 63.

CAPÍTULO II – CONCEBER O MÉTODO

Quando da abertura do capítulo III do *Methodus*, Bodin afirmava que os fatos, dos quais as histórias se servem, encontravam-se desordenados e, sem um esforço considerável da memória, não poderíamos extrair deles qualquer sentido, o que ele quer afirmar também é que além de contribuir com a ordenação precisa dos elementos, fornecer uma técnica de escolha dos fatos e coleta dos mesmos, o método deverá também julgá-los. É importante lembrar que essa preocupação já está presente nos trabalhos de outras artes, bem antes de Ramus levantar a discussão. Enquanto o trabalho do lógico se orientava na direção de conceber um único método, capaz de produzir um conhecimento universal, as artes ressaltavam a importância da memória para que se pudesse distinguir, separar os diferentes dados históricos e agrupar aqueles que estivessem próximos. Estes agrupamentos, como mencionamos, também eram reconhecidos como lugares comuns, no interior dos quais se poderia estabelecer um conhecimento mais preciso.[18] As pistas que levam a reconhecer a proximidade entre a discussão proposta por Ramus e a perspectiva teórica de Bodin nos parecem claras, mas para aprofundarmos sutilezas dessa proximidade é necessário estudarmos outra perspectiva sobre o mesmo tema.

---

[18] "Esta divisão autoriza o emprego de uma técnica de recolhimento da informação adotando um procedimento memorativo não pertinente ao ramismo. Trata-se de um procedimento memorativo até então empregado somente em outras artes, a elaboração de 'lugares comuns de coisas memoráveis'. Seu emprego é justificado pela 'variedade e a confusão' do material histórico. Ele consiste em distribuir (*distribuere*) tudo o que é humano(*actiones ac res humanae*) segundo os 'gêneros' definidos, para favorecer, em um primeiro tempo, a percepção das histórias e, em um segundo, a memorização delas. Compõem-se (*componantur*) os lugares segundo uma ordem (*certo quodam ordine*), para fazer um 'tesouro' de exemplos variados, próprios para guiar a ação". In: *Ibidem*. p. 76.

O *De metodo*[19], escrito pelo lógico Adrien Turnèbe[20], é outro trabalho decisivo para que entendamos a posição bodiniana no debate renascentista francês. Uma alternativa para se compreender melhor as nuances destas perspectivas e da relação de influência que mantêm entre si é estabelecer primeiro as distinções entre os trabalhos de Ramus e Turnèbe. Isto nos permitirá entender em que aspectos a proposta de Bodin de fato inova; e como as distinções entre os lógicos possibilitam-no realizar um conhecimento.

O interesse pelo trabalho de Turnèbe vem do fato de seu texto constituir uma crítica à proposta de Ramus. Tomado como um "guia para o estudante desorientado pelo jargão dos pedagogos

---

[19] O texto é um curto tratado de 9 páginas, publicado em 1600. Assim, Bodin não o conheceu de forma impressa, mas a referência ao mesmo é importante se consideramos que ele é uma crítica a Ramus. Couzinet justifica a análise do texto: "Utilizamos somente como uma exposição particularmente clara das apostas filosóficas da noção de *methodus*, tais como poderiam ter sido formuladas no contexto francês renascentista, dominado pelo ramismo. Ele aparece como uma aposta essencial da reflexão sobre o método e a questão da origem e da natureza do conhecimento". In: *Ibidem*. p. 84.

[20] Couzinet informa: "O personagem de Turnèbe é aquele de um grande humanista que possui algo da obscuridade sobre o período tolousano de Bodin. Primeiro, ele vive em Toulouse, depois em Paris. Nascido em 1512, ensina humanidades em Toulouse. A partir de 1547, ocupa a cadeira de grego e depois de filosofia grega no Collège Royal [mais tarde Collège de France] em Paris. De 1552 a 1556, dirige a imprensa reaL. Morre em 1565, ano que precede a publicação do *Methodus*". Além disso, ressalte-se que Turnèbe e Bodin frequentaram os mesmos meios intelectuais, embora não se possa afirmar que tenham mantido relação próxima. Pelo contrário, em 1555, Turnèbe acusa de plágio o editor anônimo da tradução da *Cynergetica* de Ulpiano [atribuída a Bodin] que ele publicara em 1549. Daí se infere que após tal declaração, a convivência entre ambos não possa ter sido próxima. O fato interessante é que, em 1555, Bodin também publica uma tradução com comentário sobre a mesma obra, com o título *Oppiani de venatione libri IIII*. Cf. : *Op. cit.* p. 83-84. Para a análise da oposição entre os lógicos Ramus e Turnèbe nos valemos do trabalho de Couzinet, cuja pesquisa pôde consultar os textos originais dos lógicos e por este motivo aproveitamos as suas citações dos mesmos.

da moda", avalia Couzinet, essa crítica "tem a vantagem de não se engajar nas discussões técnicas, dando uma clara visão dos problemas teóricos postos pela adoção de um método único..."[21], como é o caso de Ramus. Turnèbe nos orienta na discussão sobre a lógica travada naquela época porque ataca um texto do presente, munido de uma avaliação elaborada pelas acepções antigas de método.[22]

A oposição entre os dois lógicos se observa desde os alvos onde os seus trabalhos miram. Se, por um lado, o ramismo e, particularmente, a *Dialética* de 1555, representam a inovação, por outro, a perspectiva de Turnèbe adota uma postura conservadora. Isto é, em relação à proposta sobre o método, a resistência à inovação pressupunha o retorno ao sentido primitivo do termo, próximo daquele elaborado por Platão e Aristóteles.[23] Embora o uso do termo estivesse associado à idéia de precisão e rigor, Turnèbe faz questão de acentuar o caráter ambíguo do método. Ele pretende afirmar a impossibilidade de se reduzir a sua definição a uma formulação apenas:

> Para começar, é preciso estabelecer (e este me parece ser o caminho a seguir a respeito das matérias sobre as quais as opiniões são divididas por uma ambiguidade) que não compreendemos o termo método em um só sentido e que ele não recobre uma idéia (*notio*) única.[24]

De acordo com a acepção aristotélica, o *método* pode ser compreendido segundo dois sentidos: *via ac ratio disquisitio* (caminho para a pesquisa ou conhecimento) e *ipsa disputatio ac dis-*

---

[21] *Ibidem*. p. 83.
[22] *Ibidem*. p. 85.
[23] *Ibidem*. p. 85.
[24] Adrièn TURNÈBE. *Opera*, Strasbourg, 1600, t.III, p. 1. Apud.: Marie-Dominique COUZINET. *Op. cit.* p. 85.

quisitio (o exame preciso para a pesquisa ou conhecimento).[25] É importante tomar esses dois sentidos como distintos, pois, embora pareçam sutilmente diferentes, os seus significados comportam uma distância quanto à função que operam. Enquanto o primeiro – *via ac ratio* – refere-se à noção de instrumento que possibilita a realização de uma tarefa, o segundo – *disputatio ac disquisitio* – está relacionado à forma como se procede para que se possa realizar essa tarefa. Turnèbe teria adotado o segundo sentido. Seu objetivo foi estabelecer uma distinção entre método de descoberta e método de exposição. Esta perspectiva envolve a ideia de "arte ou doutrina particular", sendo reconhecida também como um ensinamento "como é o caso do método lógico de Galeno".[26] A aproximação com o método médico nos faz pensar nos dois critérios que possibilitam o julgamento: a razão e a experiência. Ainda que Turnèbe não desenvolva o problema nos termos do médico grego, o questionamento a respeito da "natureza empírica ou racional do método" está no centro das preocupações do lógico.[27]

A definição de Turnèbe procura destacar não apenas o caráter de organização do método, mas que os efeitos que esses instrumentos operam nos objetos no nível abstrato do conhecimento podem ser observados de modo concreto. Assim, por meio do método, os sentidos dos homens podem perceber melhor aquilo que se vai expor. A ordem que ele impõe aos objetos facilita a apreensão, assim como torna esse ato um momento de prazer e, mesmo, de êxtase. Como afirma o lógico:

---

[25] Cf. ARISTÓTELES. *Nicomachean Ethics*. I, 1, 1094a. A indicação desses sentidos foi feita por Hermann BONITZ. *Index Aristotelicus*, Berlin, 1870. É também valiosa outra indicação fornecida pelo próprio trabalho de COUZINET: Jean-Marie LE BLOND. *Logique et méthode chez Aristote*, Paris, 1939. p. XXVII.

[26] Adrièn TURNÈBE. *Opera*, Strasbourg, 1600, t.III, p. 1. Apud.: Marie-Dominique COUZINET. *Op. cit.* p. 86.

[27] Marie-Dominique COUZINET. *Op. cit.* p. 87.

Enfim, o modo (*ratio* e *via*) de exposição das coisas, apresenta-se como certa ordem e disposição (*collocatio*). Ele não mistura ao acaso os objetos e os preceitos, mas os descreve como distribuídos nos lugares e divididos em série, por ordem de importância e segundo uma certa disposição. Nós o chamamos também de método: é diante dele que os ouvintes ficam boquiabertos, admirando-o e contemplando-o, os encanta e seduz seus ouvidos, insinua-se ao mais profundo de seus sentidos e os penetra tão levemente que, quando escutam seu nome, acreditam estar nas ilhas paradisíacas com os heróis ou colocados no céu entre os seres celestes.[28]

Ao insistir que o método é um modo de exposição, observamos por que ele é mais uma forma de agir sobre o objeto para se atingir um objetivo do que uma *via ac ratio*. Turnèbe não o indentifica, contudo, como uma técnica de discurso. Orientar-se de acordo com o método é "seguir, no sentido em que a via metódica persegue seu objeto para conhecê-lo".[29] Como o lógico não especifica os objetos aos quais o método melhor se aplica, somos levados a considerar Turnèbe "como partidário, não de um método único, mas de um método comum a vários saberes. Ele empresta seus exemplos de método a um conjunto de disciplinas consideradas como ciências: o direito, a filosofia da natureza e a medicina".[30]

Referindo-se ao caráter forte e rigoroso do ato de "fixar limites", este lógico pretende também imprimir um sentido de superioridade e de algo inquestionável à representação do método. Não que tal instrumento possuísse qualquer conotação divina, mas para indicar que o método ocupa lugar superior em importância, para toda e qualquer arte, instituição ou disciplina:

---

[28] Adrien TURNÈBE. *De metodo. Op. cit.*, p. 01. *Apud*.: Marie-Dominique COUZINET. *Op. cit.* p. 87.
[29] Marie-Dominique COUZINET. *Op. cit.* p. 88.
[30] *Ibidem.* p. 87-88.

Eis o belo e nobre método, mais reinante do que a Vênus dos poetas, valendo-se do qual os autores pensam poder fixar os limites das artes melhor do que todos os juristas e que todos os testemunhos produzidos pelo Pretor. Eles esperam, a partir de alguma severidade de Censor, reconduzir os autores que ultrapassam os limites de suas profissões e de suas artes aos territórios e aos domínios deles, após tê-los condenado e criticado, após ter colocado toda disciplina, toda instituição e toda arte dentro de um campo, cujos limites seria ímpio ultrapassar e extirpar.[31]

A posição de Turnèbe propõe também um questionamento em relação à tradição. Ele reluta quanto à possibilidade do método ser tomado como uma espécie de legislador do conjunto das disciplinas de conhecimentos, ou das artes em geral. Isto revela certa discordância em relação às perspectivas, tanto de Aristóteles, quanto de Platão.[32] No entanto, embora se dirija ao passado, essa observação alcança também o debate com os lógicos de então.

A tradição de lógicos na qual se inscreve Ramus não vê com maus olhos o fato de o método ser entendido como universal e único para todas as artes. Já para Turnèbe, essa perspectiva constitui um erro teórico gravíssimo. A ambiguidade que envolve a definição do método corresponde à discussão sobre seu caráter unívoco,

---

[31] Adrien TURNÈBE. *De metodo. Op. cit.*, p. 01-2. *Apud*.: Marie-Dominique COUZINET. *Op. cit.* p. 88.

[32] Couzinet comenta sobre a posição de Turnèbe diante da tradição: "O problema [do método como legislador universal] está posto por Platão assim como por Aristóteles. Com efeito, a pretensão de um método de legiferar sobre todas as coisas é própria do método platônico, tal como a descreveu Galeno no livro IX do *De placitis Hippocratis et Platonis*. O método analisado por Galeno nos textos de Hipócrates e de Platão tem também por objetivo uma exposição sistemática das artes em sua composição interna e em suas relações entre elas, com outras palavras, um sistema de disciplinas. É o caso do método ramista e, enfim, do método bodiniano no *Methodus*, na medida em que, aplicado às três histórias, cubra todos os campos de saber". In: Marie-Dominique COUZINET. *Op. cit.* p. 89.

ou não. A posição que afirma a univocidade, segundo a crítica de Turnèbe, aproxima dimensões que não se confundem. Mas, de fato, o que caracteriza essas dimensões diferentes e dispostas no mesmo método é o engano quanto a suas propriedades. O problema principal em questão é a tentativa, ou erro, de identificar o conhecimento humano e o conhecimento natural, pois,

> ser partidário de um método único é confundir o conhecimento humano (*nobis nota*) com o conhecimento natural (*naturae nota*). É considerar-se como um deus ou, pelo menos, como um herói do conhecimento e cometer um pecado filosófico que tem consequências desastrosas até para a ordem social. Com efeito, é misturar saber humano e saber divino e então confundir o céu e a terra, desorganizando a harmonia do mundo. É misturar os sentidos e a alma, confundir os ofícios e os deveres de cada um e desorganizar todos os lugares.[33]

O sentido de Turnèbe sustentar a separação entre os *nobis notiora* e os *natura notiora* está em que os dois conhecimentos apontam a impossibilidade de se conceber um método que permita envolver ambas as dimensões. A conclusão a que ele chega remonta à discussão clássica, segundo a qual um dos caminhos para o conhecimento é o que tem início nos princípios e o outro é o que tem os princípios como ponto de chegada: "Haveria, então, dois métodos: um que partiria dos *nobis notiora* e se elevaria em direção aos princípios e outro, inverso, partiria dos *natura notiora* e dos princípios"[34].

Nesse quadro, os singulares correspondem aos conhecimentos do que resulta das ações humanas, enquanto que aqueles da natureza correspondem aos universais. O que é identificado como mistura, confusão e desorganização dos conhecimentos se compreende pela "tentação de reduzir as duas etapas a uma só e de fazer da

---

[33] *Ibidem*. p. 89.
[34] *Ibidem*. p. 91.

análise o instrumento único do saber".³⁵ Retomando a preocupação fundamental quanto à distinção entre o empírico e o racional, a chave da crítica de Turnèbe a Ramus é "estabelecer uma continuidade entre a pesquisa analítica dos princípios e a dedução a partir dos princípios. Isto não é, como poderíamos acreditar, dar a todo conhecimento uma origem sensível, mas ao contrário pretender ultrapassar os sentidos".³⁶ O trabalho de Ramus é decisivo para entendermos como se ultrapassará a dicotomia entre o particular e o universal. Também a preocupação de Turnèbe em distinguir, de um lado, a origem do conhecimento particular – empírico – e, de outro, a origem do conhecimento universal – os princípios –, exercerá enorme influência sobre a perspectiva bodiniana.

Quando dissemos acima que as teses de Ramus eram inovadoras, isso não nos autorizava concluir que as mesmas desconsideravam o debate com a tradição. Isso é importante para que não caiamos no erro de entender que a perspectiva de Turnèbe seja mais consistente por se apoiar, desde o início, no diálogo com a tradição. A *Dialética* de 1555 propõe também a discussão sobre a lógica nos clássicos. Os termos nos quais Ramuas identifica as partes da dialética, ou do método, podem ser encotrados também em Cícero e Quintiliano; e no tangente às artes, podem-se observar inspirações que remontam a Platão e a Aristóteles. Entre outros aspectos, ao propor que se considerem a *inventio*, ou descoberta, em oposição à *dispositio* ou julgamento, Ramus demarca sua posição tanto em relação à tradição quanto ao debate presente. Diz ele:

> As partes da *Dialética* são duas: invenção e julgamento. A primeira declara as partes separadas a partir das quais toda sentença é composta. A segunda mostra as matérias e os modos de organizá-las, tanto é assim que a primeira parte da Gramática ensina as partes da oração e a sintaxe descreve sua construção. E essas partes são assim

---

³⁵ *Ibidem*. p. 91.
³⁶ *Ibidem*. p. 92.

nomeadas para que as primeiras não sejam também um tipo de julgamento, porque ela [gramática] permite conhecer as partes separadas, ou que a segunda [sintaxe] não seja um tipo de invenção, porque através dela [sintaxe] encontram-se as maneiras de dispor as coisas inventadas e, geralmente (como disse Platão no *Minos*), toda doutrina é invenção de verdade, mas, como estimo, estas partes são denominadas invenção e julgamento a partir de suas maiores forças e virtudes, porque há em uma mais invenção e na outra mais julgamento.[37]

A insistência em distinguir as duas partes da lógica decorre da necessidade de diferenciar os graus, ou melhor, as funções de cada uma delas no método. Nota-se, pelo exemplo da gramática que elas estão em oposição. A distinção proposta corresponde àquela clássica entre a parte e o todo. Isso nos faz pensar que elas se diferenciam quanto à extensão, sem diferenciar-se quanto à sua própria natureza.[38] Não nos esqueçamos de que Ramus não poderá afirmar que alguma das partes possa pertencer a algum outro método, pois ele defende o método único de conhecimento.

Para preservar essa noção de que a *inventio* e a *dispositio* (julgamento) pertencem ao mesmo método Kenneth MacRae procura defini-las como dois compartimentos distintos de um mesmo conjunto. O primeiro compartimento seria

---

[37] RAMÉE, Pierre de la. *Dialectique* (1555). Ed. Michel Dassonville. Genève, 1964. p. 63. Apud.: Marie-Dominique COUZINET. *Op. cit.* p. 92.
[38] Couzinet afirma: "A distinção entre invenção e julgamento operada aqui por Ramus corresponde à distinção entre a parte e o todo, mas se trata de uma distinção de graus na precisão do tratamento e não de uma distinção de natureza. É dizer que entre uma doutrina constituída e seu estabelecimeto, não há diferença fundamental, como não haveria entre uma gramática e uma sintaxe que se limitariam a ser descritivas". In: Marie-Dominique COUZINET. *Op. cit.* p. 92-3.

'colocar a nu os componentes irredutíveis que vão construir qualquer proposição, da mesma forma como se estivessem fazendo blocos que são usados para construir uma casa'; o segundo 'concerne ao próprio uso destes componentes básicos, ou argumentos, como eles são usualmente chamados, no processo de racionalização (*raciocination*)'.[39]

Ao trabalho de operacionalização do método MacRae dá o nome de técnica. Usada na *inventio*, é um hábil instrumento para determinar os sucessivos estágios lógicos, "a começar dos mais gerais e progredindo gradualmente aos mais detalhados aspectos".[40] O primeiro passo para que se coloque a técnica em operação é a definição dos termos gerais, proposta que se constitui em "estabelecer claramente a extensão e os limites do tema" a ser desenvolvido. Daí dizermos que a *inventio* se constitui na definição. Quanto mais precisa ela for, maior seu alcance sobre os particulares que se deseja conhecer. A verdadeira definição é a mais breve possível: "sua função foi tornar clara a essência real da coisa que está sendo examinada".[41] No processo de clarificação do tema a ser investigado, o próximo passo é a sua divisão "nos seus compartimentos principais, tecnicamente conhecida como *distributio*".[42] Realizados os dois momentos da *inventio*, o tema está pronto para ser submetido a julgamento, pois

> quando uma *distributio* em particular estava completa cada uma das classes assim obtidas deveriam ser definidas e, por sua vez, subdivididas da mesma maneira. Foi como em um artigo de fé que, quando a divisão tinha sido realizada apropriadamente no estágio mais avançado possível, todos os argumentos apropriados ao exame do assunto

---

[39] Kenneth MAC RAE. "Ramist Tendencies in the Thought of Jean Bodin". In: *Journal of the History of Ideas*. V.16, june 1955. p. 309.
[40] Ibidem. p. 309.
[41] Ibidem. p. 310.
[42] Ibidem.

estudado tornar-se-iam claramente evidentes por esse simples exercício da razão humana.[43]

Se a diferença entre *inventio* e *dispositio* é de graus, mas não de natureza das funções que realizam, elas não podem se encaixar no esquema lógico da indução e da dedução.[44]

Tal argumento é inaceitável na acepção de Turnèbe. Afirmar a oposição entre essas duas partes do método, atribuindo caráter universal a uma e particular à outra, é reconhecê-las como procedimentos (*démarches*) absolutamente diversos. Já na acepção de Ramus, as duas partes são a mesma forma de responder a problemas diferentes: "o problema reside na determinação do objeto ele mesmo, na sua definição e sua divisão; no caso do método, todos os elementos são dados, mas misturados, e trata-se de ordená-los".[45]

Ramus identifica o método de natureza com a determinação do objeto. O método de natureza seria distinto do método de prudência. "O método de natureza regula o objeto, enquanto o método de prudência regula o interlocutor, o qual se pretende convencer; a oposição entre os dois métodos reproduz quase aquela entre dialética e retórica na obra de Platão".[46]

A diferença indica uma clara disparidade quanto às dimensões que comportam. Dizer que um método regula o objeto, como faz Ramus, significa afirmar que ele se aplica a qualquer elemento da natureza; o que regula o interlocutor deverá se aplicar a qualquer discurso. Daí a intenção em conceber um procedimento de caráter universal. O interesse primordial é que se possa "conhecer

---

[43] *Ibidem*.
[44] A *inventio*, assinala Couzinet "se apresenta, na obra de Ramus, como uma *démarche* analítica de tipo dedutivo idêntica à *dispositio*. Ela parte de uma definição do objeto e o persegue por uma 'dedução' deste mesmo objeto a partir de seus elementos compostos". In: Marie-Dominique COUZINET. *Op. cit.* p. 93.
[45] *Ibidem*. p. 93.; Cf.: MACRAE, Kenneth. *Op. cit.* p. 306-323.
[46] Cf. Marie-Dominique COUZINET. *Op. cit.* p. 94.

todas as coisas". O mesmo método nos permite que estejam regulados todos os objetos – tanto aqueles dados pela natureza quanto os provenientes do discurso. Uma vez que os homens estabelecem os princípios do conhecimento, pois podem "inventar os seus gêneros", torna-se possível estabelecer a regulação e o reconhecimento de todas as espécies – os particulares. Para Ramus,

> Enquanto ele [o homem] tiver diante de seus olhos a arte de inventar a partir de seus gêneros universais, como algum espelho lhe representando imagens universais e gerais de todas as coisas, será mais fácil para reconhecer as espécies singulares e, por consequência, inventar o que ele irá procurar. Mas é preciso, por meio de vários exemplos, por um grande exercício e por um longo uso, limpar e polir este espelho, antes que ele possa reluzir sem reproduzir suas imagens.[47]

A posição de Ramus se distancia da de Platão, pois, afirma o reconhecimento do objeto e não sua reminiscência.[48] Caso estivéssemos circunscritos à teoria platônica, a recordação forneceria todo o percurso de conhecimento verdadeiro do objeto. Mesmo evitando essa perspectiva, não se pode deixar de perguntar: onde se origina o conhecimento na acepção de Ramus? A indagação passa ao segundo plano na explicação dos elementos que constituem o conhecer. Interessa antes apresentar a invenção das noções gerais e observar como estas se aplicam ao conhecimento dos particulares:

> ...a invenção resulta sempre de um ensinamento. Este consiste de noções ou de regras gerais, mas também de uma 'disposição' e uma orientação conferida ao espírito. Nesse processo único de conhecimento, no qual a questão do princípio passa ao segundo plano, um outro conceito assume um lugar central: o de exercício [...]. Trata-se

---

[47] Cf. RAMÉE, Pierre de la. *Dialectique* (1555). Ed. Michel Dassonville. Genève, 1964. p. 63. Apud.: Marie-Dominique COUZINET. *Op. cit.* p. 98.
[48] Marie-Dominique COUZINET. *Op. cit.* p. 98.

do único exercício que garante a eficácia das regras e das noções gerais e de sua adaptação à prática.[49]

Colocado como problema posterior, o princípio do conhecimento cede lugar à preocupação quanto ao procedimento do espírito. Isto é, o interesse maior é saber que o exercício do método é verificar como as noções gerais podem se adaptar aos particulares, ou à prática. Nesse ponto a perspectiva de Ramus responde a um movimento, o processo do conhecimento oscila entre "a descrição de uma prática e a pergunta sobre sua origem no espírito humano. Apenas um ir e vir entre a natureza (as noções gerais dadas) e o exercício que produziria o conhecimento" dos particulares.[50]

Mas em que constitui tal exercício? Ele coloca à prova as regras que possibilitam identificar tais particulares dados e nossa experiência concreta. Assim, conhecer é o ato no qual as regras permitem o acesso ao concreto, ao específico, aos casos singulares, que de fato constituem todo o mundo. As regras valem quando são aplicadas aos fatos e os explicam. Esta inversão de lugares nas respostas sobre o conhecimento evidencia a primazia das preocupações pedagógicas – como se dá o conhecimento? – em detrimento das questões filosóficas – qual a origem do conhecimento? Mas, para todos os efeitos, Ramus não vê seu projeto como menor por não satisfazer as exigências e indagações mais nobres da filosofia. Ele se mantém fiel ao propósito de nos fornecer as bases e justificar as virtudes do método único.

Estabelecidas as diferenças entre os métodos de conhecimento cabe a pergunta mais importante para nosso intento: como essas perspectivas nos permitem entender o método bodiniano? Se por um lado a posição de Turnèbe nos possibilita observar com maior clareza aquela de Ramus, por outro, a perspectiva ramusiana nos habilita a entender a intenção de Bodin ao defender um método

---

[49] *Ibidem*. p. 98.
[50] *Ibidem*.

que observe os particulares, o concreto, as ações humanas singulares, sem desconsiderar que estas devam se avaliadas em face de noções universais. A pretensão de que um único método possa conhecer tanto quanto possível as histórias particulares é o reflexo da intenção de ultrapassar os limites da experiência humana singular, fazendo que o conhecimento desta se deixe regular por noções universais previamente concebidas.[51]

> A compreensão e o ensino do material, asssim como as noções simplificadas se colocariam antes e o mais complexo viria depois. Na estrutura de conhecimento este teve por intenção, com efeito, que os conceitos mais gerais, como também as definições, como os entendimentos mais simples e os primeiros a serem apresentados, devem ser colocados em primeiro lugar. O restante deveria estar arranjado de acordo com seus próprios níveis de generalidade, com os exemplos, mesmo do mais especial de todos, no final.[52]

A perspectiva do método único se aplica perfeitamente ao caso dos sistematizadores do direito, que se empenham em extrair regras da observação das leis elaboradas pelos mais diferentes povos. Tais regras, códigos, ou noções gerais, devem contemplar universalmente todos os particulares. Não podemos nos esquecer de que o pensador que escreve o *Methodus* é o jurista Jean Bodin. Ele foi educado por juristas e humanistas, compartilhando das pretensões de construção de um direito universal. As raízes da idéia de que o estabelecimento das regras do direito nos explica a diversidade dos códigos particulares encontram-se no pensamento tanto dos juristas franceses quanto de Cícero.[53]

---

[51] Couzinet utiliza a expressão "sobre-humana" para definir a pretensão de universalidade da investigação. In: *Op. cit.* p. 100.
[52] Kenneth MAC RAE. *Op. cit.* p. 312.
[53] "...o que está em jogo aqui é primeiramente a natureza do enciclopedismo originário de Cícero e pensado pelo direito; a corrente sistemática dos juristas franceses, no interior da qual podemos localizar Bodin, parece se colocar no campo do método único tal como Turnèbe o definiu para criticá-lo". In: Marie-Dominique COUZINET. *Op. cit.* p. 100.

A proximidade entre a perspectiva metódica do direito e o projeto bodiniano pode ser observada em dois momentos, na "Epístola dedicatória" do *Méthodus* e na *Juris Universi Distributio* (1578). Não é ao acaso que a idéia de disposição (*distributio*), encontrada na lógica de Ramus, aparece no título desta obra de Bodin dedicada à sistematização do direito. Várias outras idéias do lógico são aproveitadas posteriormente pelo pensador francês em contextos, às vezes, muito diferentes daqueles de origem. A noção de disposição pode ser definida "como o próprio arranjo de coisas descobertas, isto é, dos arranjos revelados pela invenção".[54] Já na *Dialectique* de Ramus observa-se que a idéia se aproxima do propósito de constituir uma técnica para se elaborar uma ordem dos objetos.

O que se pretendeu, portanto, com o aproveitamento da proposta de Ramus é que o método ultrapassasse a condição "técnica lógica fundamental comum a todas as ciências" e fosse tomado como instrumento a ser "utilizado por *qualquer corpo de material* (grifo nosso) que 'deseje ensinar com clareza e facilidade'".[55] Na acepção de Bodin o "método de conhecimento das histórias", utilizando os elementos da lógica de Ramus, tem seu ponto de partida num "projeto primitivo de exposição sistemática do direito..."[56] Trata-se da transposição do trabalho de metodização das leis, a tentativa de estabelecer um código universal que legisle todos os povos em particular, para o campo dos relatos de acontecimentos do passado. A passagem do direito à história não implica, na obra de Bodin, em qualquer ruptura metódica entre os dois campos de saberes:

> Somos tentados a compreender a relação entre o direito e a história como a pesquisa de uma ordem jurídica nas suas manifestações históricas. No recurso à história se manifesta a ambiguidade da natureza

---

[54] Kenneth MAC RAE. *Op. cit.* p. 311.
[55] *Ibidem.* p. 312-13.
[56] Marie-Dominique COUZINET. *Op. cit.* p.101.

do direito, por vezes racional devido a sua origem divina e suscetível a uma exposição lógica; e irracional por causa da origem humana e da infinidade de suas manifestações históricas singulares.[57]

A descoberta da relação instínseca entre o método e o direito se deve também a Turnèbe. Foi ele o primeiro a acusar que desde Cícero nutre-se a intenção de sistematizar o direito seguindo um método. Ele apenas não concorda que esse método seja único e se aplique a todo e qualquer campo de saber. O alvo do lógico não é o pensamento clássico mas o dos juristas que constituíram o campo teórico de Bodin.

Vários estudiosos do momento renascentista francês e da obra bodiniana classificam o trabalho dos juristas como "corrente sistemática do direito". Essa corrente se caracteriza por priorizar a sistematização do direito em detrimento das preocupações filológicas.[58] No entanto, não se pode deixar de considerar que o vínculo do método com o direito não impediu os juristas de se interessarem pelas histórias. Expoentes como Budé, Connan[59], Baron e Duaren não veem a exposição sistemática como absoluta-

---

[57] *Ibidem*. p. 101.
[58] Comenta Couzinet: consideram que o trabalho destes juristas como "Turnèbe mostra que a adoção de um método único de conhecimento tem um caráter jurídico intrínseco que se traduz na França, na época em que ele escreve, pela emergência de uma corrente sistemática de direito, caracterizada pela ordem dedutiva que certos juristas impõem à exposição do direito. Donald R. Kelley descreveu esta corrente na qual ele localiza Bodin: alguns juristas, onde os representantes principais são Le Douaren, Doneau e Connan, privilegiam uma preocupação sistemática ao contrário das preocupações filológicas e têm como tarefa notadamente reordenar o *Digesto* sob uma forma metódica. Esta corrente chegou à codificação do direito francês e a 'uma ciência sistemática da política' que encontra seu apogeu na *República* de Bodin". In: *Op. cit.* p. 90.
[59] "François CONNAN (1509-1551): ... antigo aluno de Alciato, teve como iniciativa a sistematização do *Corpus juris*. Sua obra de comentador e compilador foi seguida e editada por François Hotman". Cf.: Jean BODIN. *Op. cit.* nota n.7, p. 275.

mente dissociada da preocupação com as manifestações históricas. Pois,

> existe um elemento de continuidade entre a aplicação do método ao direito e sua aplicação à história tal como Bodin a realiza no *Methodus*. Se a idéia de um método único é primeiro aplicada ao direito, não o é por oposição frontal com a história. Dito de outra forma, na acepção dos juristas, a ordem de exposição dedutiva dos sistemas juridicos é acompanhada pela consciência da natureza histórica do direito.[60]

O que se observa acima como a "consciência da natureza histórica do direito" é, com outras palavras, a certeza dos juristas de que a história seria o lugar por excelência de observação dos códigos jurídicos e das leis. Ali as constituições têm de se provar aplicáveis e eficazes; as normas têm de se fazer valer frente aos interesses humanos. É na história, enfim, que o jurista encontra o material que lhe servirá de base para a construção do sistema. A afirmação acima segundo a qual há continuidade entre "a aplicação do método ao direito e a aplicação à história", nos mostra que, assim como o particular no direito é revelador dos princípios que fundamentam os sistemas, da mesma forma, o particular das histórias pode nos ajudar a decifrar os princípios que norteiam as ações dos homens, os interesses dos povos, a organização das repúblicas.

A indicação é avançar diretamente sobre o *Methodus* para aprofundar os vínculos e as tensões que a obra mantém diante da perspectiva teórica dos juristas franceses e, também, como o pensador passará ao conhecimento das histórias. Além da "Epístola dedicatória", o capítulo III é outro campo privilegiado para observarmos estes aspectos.[61] No entanto, o fato de Bodin assumir uma

---

[60] Marie-Dominique COUZINET. *Op. cit.* p. 90.
[61] Cf. Kenneth MAC RAE. "Ramist Tendencies in the Thought of Jean Bodin". In: *Journal of the History of Ideas*. V.16, june 1955.

perspectiva original na época da publicação de seus trabalhos nos obriga saber qual a posição dos juristas contra os quais ele se coloca. Qual lugar ele ocupa entre os juristas de seu tempo? Essa pergunta nos abre à pesquisa de dois flancos distintos.

Primeiro, é preciso esclarecer que os juristas franceses já assumem uma pespectiva distinta em relação à tradição italiana. A oposição entre a escola italiana *"mos italicus"* e a francesa "o *mos gallicus"* de ensinamento do *Corpus juris civilis*, e do direito em sentido amplo é fundamental para se entender o ponto de vista dos juristas franceses.[62] Segundo, é preciso notar que a originalidade de Bodin já se encontra nessa perspectiva, porém, seu projeto aponta para alvos completamente distintos de seus pares. A crítica que ele ergue contra o trabalho dos juristas não o exime da dívida nada desprezível que tem para com essas teorias. Por ora concentremo-nos em saber que aspectos caracterizam as escolas italiana e francesa de estudo do direito e as diferenças entre elas e a peculiaridade dos juristas que formaram o meio intelectual de Jean Bodin.

3. *Mos gallicus iura docendi*: a escola jurídica francesa e a crítica ao *mos italicus*

Uma das consequências da aplicação do método, antes de podermos sustentar conclusões mais específicas, está em que permitiu a ampliação dos limites dos conhecimentos das histórias assim como do direito sem que isso ocorresse em detrimento do trabalho rigoroso. Para que isto se desse com êxito, o pensador francês percebeu que era preciso superar os pressupostos do *mos gallicus* "e

---

[62] Philipe DESAN analisa que: o *mos gallicus* ou "a escola dos juristas franceses funda o *mos docendi gallicus* (modo francês de ensinar) em oposição ao *mos docendi italicus* que era idenfificado ao bartolismo". In: *Naissance de la méthode, Machiavel, La Ramée, Bodin, Montaigne, Descartes*. Paris: Librairie A.-G. Nizet, 1987. p. 97.

que um método somente, dito universal, permitiria a ele colocar em ordem este novo *corpus* recentemente acumulado por Budé, Cujas, Baudoin e Hotman".[63] Para aprofundarmos nessa posição e avaliar os seus reflexos sobre os textos bodinianos somos obrigados a compreender aspectos que concerniram às escolas jurídicas da época.

O debate sobre a diferença entre as escolas de ensino do direito, a escola francesa *"mos gallicus"* e a escola italiana *"mos italicus"*, nos faz remontar ao século XI, quando os juristas professores da escola de Bolonha optaram por trabalhar diretamente sobre as fontes da jurisprudência romana. A novidade da perspectiva desses juristas é que eles tinham a "preocupação analítica, voltada para a lógica interna dos textos (*litera*) detalhadamente lidos (*lectura*) e acompanhados de explicações literais (*gloses*)".[64] A intenção dos legistas era estabelecer a correta interpretação do conjunto das leis romanas, compilado pelo imperador Justiniano, o *Corpus Juris Civilis*.[65] O sentido tradicional da glosa é expor de forma simples

---

[63] Idem. "Jean Bodin et l'idée de méthode au XVIe siècle". In: *Jean Bodin – Actes du Colloque Intardisciplinaire d'Angers*. Angers:Presses de l'Université d'Angers, 1985, p. 119.

[64] Alberto Ribeiro de BARROS. *A teoria da soberania de Jean Bodin*. São Paulo: Unimarco, 2001. p. 39. Ainda completa sobre a característica das glosas: "Diferentemente do tradicional comentário teológico (*comentum*), que buscava o sentido e o significado do texto, as glosas atentavam para a análise de cada palavra, no afã da correta compreensão de cada passagem. Mas, se no início, o método consistia em apenas substituir palavras por brevíssimas anotações (*interlineare*), logo depois, começaram a ser colocadas, na margem, notas (*marginale*) que procuravam dar uma explicação mais detalhada, tornando a distinção escolástica entre glosa e comentário praticamente irrelevante no mundo jurídico". Cf. *Op. cit.*, p. 39.

[65] "A codificação monumental do direito ordenada pelo imperador Justiniano (527-565) terminou com a redação de quatro coletâneas. Primeiramente o *Code*, publicado em 529, que agrupa mais de quatro mil e quinhentas *leges* ou constituições imperiais. O *Digesto*, em seguida, publicado em 533, composto de fragmentos das obras de trinta e oito juristas clássicos. Trata-se

o conteúdo dos textos jurídicos. A maior parte dos glosadores não vai além do sentido literal na explicação de termos, para não perverter o sentido original do texto de Justiniano[66].

A fonte dos glosadores, o *Corpus Juris*, fora redescoberta no ano 1046, mas chegara a Bolonha apenas em 1070. A partir de então, Irnerius funda a escola de direito, que leva o mesmo nome da cidade, com ele próprio ensinando de 1088 a 1125[67]. Depois dele, o jurista de maior destaque teria sido Accursius que resume a massa de comentários em uma Grande Glosa, *magna glossa* ou *glossa ordinaria*.[68] É, portanto, com a escola de Bolonha e a partir dela,

---

de uma coletânea de opiniões doutrinais (*jus*) precisas, elegantes e frequentemente sutis. Ao mesmo tempo foram redigidas as *Institutas*, breve manual de ensinamentos. Por fim, as *Novas*, publicadas em 556, reunindo constituições imperiais posteriores ao ano da redação do *Code*. A amplitude das compilações justinianas prejudicou sua difusão no ocidente bárbaro. Um manuscrito redescoberto em 1.046 chega a Bolonha em 1.070 onde um *magister artium*, Irnerius, compreende (o primeiro?) o valor da descoberta. Assim, conhecemos primeiro o *Code*, depois o *Digesto* que dividimos em três volumes, o *Digestum vetus* (dos livro 1, título 1 ao livro 24, título 2), a *infortiatum* (D. 24.3 a 38.17) e o *Digestum novum* (D. 39.1 a 50.17). Em razão dos acasos da descoberta e das práticas de ensino viemos a distinguir o *Codex* (livros 1 a 9 du *Code*) do *Volumen*, o qual compreende os três últimos livros do *Code* (*Les tres libri*). As *Novas* reagrupadas em nove *collationes* constituiriam a *autentique*. As *Institutas* conservaram esta denominação". Cf. Jacques KRYNEN. *L'Empire du Roi*. Paris: Gallimard, 1993. p. 72-73.

[66] Como avalia KELLEY: o comentador "evita ir além do sentido literal dos termos, violando na interpretação as proibições de Justiniano, embora eles fossem de fato capazes de produzir emendas textuais num nível elementar". In: "Civil Science in the Renaissance: the problem of interpretation". In: *The Writing of History and the Study of Law*. Aldershot: Variorum, 1997. p. 59.

[67] Segundo informa KRYNEN, Irnerius, *primus iluminator, lucerna juris*, forma os "quatro Doutores": Bulgarus (1.166-?), Martinus (antes de 1166-?), Hugo (por volta de 1170-?) e Jacobus (1178-?). Em seguida se impõem Rogerius (antes de 1192-?), Placentin (1192-?) Azon (vers 1230-?) et Accursius (1258-?)". Cf. Jacques KRYNEN. *Op. cit*; p. 72-73.

[68] KELLEY denolmina também os glosadores de primeiros civilistas. Além de considerar o *Corpus* ele nos fala que, com a coleção da lei imperial medieval,

que se renova a "ciência do direito". O espírito dessa *renovatio*, como entende Jacques Krynen, é marcado pela alteração na forma como se entende e se aplica o direito.[69]

Com Cynus de Pistóia alteram-se significativamente os propósitos dos estudos jurídicos. Foi ele quem consolidou o novo método dialético de intepretação das leis romanas, a partir do qual a teoria jurídica passa a ser confrontada com as situações particulares das práticas de governo da época.[70] Os mais importantes seguidores do método de Cynus foram Bartolus de Saxoferrato e Baldus de Ubaldis. O primeiro fora exímio intérprete e profundo conhecedor do *Corpus Juris*. Utilizando o instrumental lógico da escolástica tomista, Bartolo dá início a uma escola de intérpretes que procuravam "interpretar e adaptar o direito romano às necessidades legais introduzidas pelas novas relações sociais, econômicas e políticas".[71] Os bartolistas, também conhecidos como juristas escolásticos, ao influenciarem todo o ensino jurídico italiano criaram com os demais juristas da península o *mos italicus iura docendi*.

Enquanto os italianos se caracterizavam pela textualidade, uma nova geração de estudiosos das leis, educados dentro dos padrões dos *studia humanitatis*, apresenta reação ainda na Itália. Por volta do século XV, aparecem aqueles que seriam conhecidos por juristas humanistas. Ao confrontarem os princípios do método bartolista, eles reivindicavam o retorno às fontes do direito, a fim

---

chamada *Consuetudines feudorum*, esse conjunto de códigos incluía todos os maiores textos das leis civis existentes. Cf. Donald R. KELLEY. "Civil Science in the Renaissance: the problem of interpretation". In: *The Writing of History and the Study of Law*. Aldershot: Variorum, 1997. p. 59.

[69] "No espaço de alguns decênios, um corpo completo de regras e técnicas torna-se manipulável, graças ao trabalho paciente dos glosadores, substituindo a rusticidade e a imprecisão jurídicas. [...] Aos seus olhos, o novo direito materializaria a razão escrita (*ratio scripta*) e viria a se tornar o novo instrumento da paz, aplicável universalmente (*lex generalis omnium*)". In: Jacques KRYNEN. *Op. cit.* p. 72-73.

[70] Alberto R. de BARROS. *Op. cit.* p. 41.

[71] *Ibidem*. p. 41.

de que fossem superadas todas as imprecisões trazidas pelos equívocos de interpretação. Como alternativa metodológica, os humanistas propunham "reconstruir o sentido histórico dos textos", isto é, procuravam entender o que diziam os códigos e as leis romanas, segundo o contexto em que foram elaborados. Esses juristas anteciparam um debate sobre o que entendiam ser a "intencionalidade":

> a tentativa de ler literalmente a 'mente' ou a 'intenção' do autor original, que foi adotada para coincidir com o sentido da lei (*mens*, *voluntas* ou *sententia* eram termos aplicados indiferentemente por ambos). No entanto, este tipo literal de mente do criticismo – ou literalidade – era marginal em relação à crença em geral da jurisprudência profissional, que continuava a estar na direção da interpretação 'exaustiva'.[72]

Na atmosfera de crítica entre os italianos, o humanista Lorenzo Valla denuncia a superficialidade e a falta de formação ampla (poética, história, filosofia moral) dos bartolistas. A forma como ele os acusa nos faz pensar que o método de análise cunhado pelos glosadores se resumiria a uma técnica incapaz de produzir algo além da interpretação literal, ou da repetição dos temas com a alteração no texto de alguns termos e expressões em relação ao original. Dois outos críticos dos bartolistas devem também ser destacados: Maffeo Vegio e Angelo Poliziano. Esse último, ao confrontar "um manuscrito florentino do *Corpus Juris* com a vulgata medieval muito usada pelos juristas[73], apontou várias imprecisões no uso dos termos. A conseqüência dessa reação foi a adesão de outros juristas à nova proposta metodológica humanista. André Alciato é o de maior destaque entre aqueles que se posicionarão contra o estilo interpretativo dos bartolistas, até porque ele não deixará de

---

[72] Donald R. KELLEY. *Op. cit.* p. 60.
[73] Alberto R. de BARROS. *Op. cit.* p. 45.

reconhecer as virtudes destes estudiosos. Sua preocupação principal ao tecer a crítica era a de restabelecer a originalidade dos textos romanos, corrigindo as imperfeições dos comentadores.[74]

Não obstante a influência do humanismo renascentista no ensinanemto do direito romano ter se observado primeiro na Itália, foi na França que a influência dos *studia humanitatis* sobre os juristas se fez notar com toda a força. Na acepção dos humanistas franceses, o *Corpus Juris* deveria ser tomado para além dos limites de uma obra jurídica, podendo nos revelar muito sobre o contexto intelectual e histórico da sociedade e da época em que fora escrito. O primeiro jurista humanista francês foi Guillaume Budé, na opinião de estudiosos, o principal expoente dessa escola. Conhecida como o *mos gallicus iura docendi*, dedica especial atenção para a "comparação entre as leis romanas e a conjuntura histórica na qual elas foram escritas e aplicadas".[75] Budé teria levado o propósito de historicizar as leis de forma tão radical que termina por esvaziar o sentido totalizante que possuiríam as leis romanas, tornando-as reféns dos contextos particulares.

> Budé recoloca as leis romanas em seus contexto social e, desde então, o aspecto universal destas leis se desmorona rapidamente. Em lugar de considerar o *Copus juris* como um sistema perfeito, estático e homogêneo, Budé demonstra ao contrário que este conjunto era formado de um apanhado de leis, correspondendo todas a circunstâncias históricas diferentes.[76]

---

[74] "Alciato considerava os estudos lógicos, históricos e filosóficos instrumentos indispensáveis à atividade intelectual dos juristas e não o seu objetivo final. Sem deixar de sublinhar os limites do trabalho dos bartolistas, reconheceu os seus aspectos positivos, principalmente no que se referia à construção dogmática do direito vigente". In: *Ibidem*. p. 45-46.
[75] Philipe DESAN. *Naissance de la méthode, Machiavel, La Ramée, Bodin, Montaigne, Descartes*. p. 97.
[76] *Ibidem*. p. 97.

A característica do trabalho de Budé foi determinante para a formação do humanismo jurídico francês. Não se pode dizer, contudo, que ela fora a única, pois outros juristas que merecem destaque adotaram posições que, embora não confrontassem a perspectiva do mestre, variavam em relação a aspectos importantes. Se considerarmos que entre os juristas franceses, os humanistas congregavam os gramáticos, os alciatianos, os cujacianos, os doutores da lei e outros epítetos[77], não seria razoável imaginar que todos seguissem a mesma orientação. Um exemplo é o próprio Jacques Cujas, jurista da geração posterior a Budé, que não hesitou em adotar o método escolástico, mas para aprofundar as qualidades das ferramentas pedagógicas, visando assim realçar o sentido histórico e a influência dos acontecimentos na concepção do *Corpus juris*. No caso de Charles Dumoulin[78], considerado por Bodin "a glória de nossa profissão", e também de François Hotman pode-se dizer que a erudição adquirida com os *studia humanitatis* proporcionou-lhes forjar um método menos interessado nos formalismos da linguagem do que na extensão do uso dos conceitos.

As distinções entre os caminhos metodológicos eram marcantes, mas não podemos dizer que os humanistas anunciavam uma ruptura radical em relação aos bartolistas. Vicenzo Piano-Mortari aponta a esterilidade da discussão que insiste em afirmar a oposição entre o *mos italicus* e o *mos gallicus*. A seu ver, os

---

[77] Donald R. KELLEY. "The development and context of Bodin's method". In: Jean Bodin – *Actes du colloque international Jean Bodin à Munich*, Munich: Verlag, 1973. p. 127.

[78] "Charles Du Moulin: célebre jurisconsulto parisiense. Seu *Commentaire sur les matières féodales de la coutume de Paris* (1539) é a obra mais importante do direito costumeiro. Suas *Observations sur l'édit du roy Henri II contre les petites dates* (1551) – são um verdadeiro breviário do galicanismo. Sua simpatia, muito comentada, pelo protestantismo e a independência absoluta lhe valem um sem número de perseguições. Ele morre ainda profundamente católico". Cf.: Jean BODIN. *Op. cit.* Nota n.10, p. 275.

humanistas trabalhavam para esclarecer, não para refutar.[79] O mais relevante ao se obrervarem as duas escolas é notar que "entre o *mos italicus* e o *mos gallicus* existem elementos metodológicos de continuidade quanto à forma de importar e resolver os problemas jurídicos, não elementos de ruptura".[80] A diferença que as duas escolas apresentam residiria mais no campo da ideologia do que no da metodologia.[81] Esta observação é importante porque mostra que o debate entre elas vai muito além dos problemas acerca da intepretação do *Corpus juris*. É este contexto mais amplo da discussão que interesssa a Bodin e que se reflete em suas obras, pois, "estava interessado menos na linguagem do que nos conceitos – menos em fazer *restitutiones* do que em discutir as *opiniones* – da lei civil".[82] Assim, é importante advertir sobre a necessidade de evitarmos aspectos obscurecedores e nos concentrarmos nos ganhos

---

[79] "esclarecer melhor, mas não no sentido de refutar-lhes [aos bartolistas] de maneira radical seja por aquilo que concernia ao seu conteúdo seja por aquilo que se considerava o procedimento intelectual seguido de recolha". In: Vicenzo PIANO-MORTARI. "Il diritto positivo in Francia nell'epoca del *Mos Gallicus*". In: *Dritto, logica, metodo nel secolo XVI*, Napoli: Jovene, 1978. p. 7.

[80] Como característica fundamental da escola italiana, Piano-Mortari destaca os "...critérios hermenêuticos dos bartolistas no desenvolver de sua obra exegética, que, por outro lado representava sempre uma atividade criadora de direito positivo". Do lado dos franceses ele destaca que "[o *mos gallicus*] coloca em relevo de maneira evidente a consciêcia da relatividade histórica das instituições, como também a ideia de estudar com um perfil historiográfico essas instituições do passado para colocar em evidência, através dessa perspectiva, a adaptabilidade ou, em menor medida, as perturbações do presente e, portanto, melhor justificar, quando for o caso, as propostas para modificá-las ou substitui-las completamente". In: *Ibidem*. p. 7-9.

[81] Ele afirma que "a metodologia tornou-se uma questão menos divisora do que a ideologia". Ele avalia assim o conflito entre italianos, também chamados *doctores* italici, ou *ultramontani* (aqui, num sentido político frequentemente pejorativo), e os Gallicus (*doctores citamontani*). Cf. Donald R. KELLEY. *Op. cit*. p. 127-28.

[82] *Ibidem*. p. 127-28.

metodológicos, por assim dizer, da influência dos *studia humanitatis* sobre as opiniões dos juristas.[83]

Não obstante o debate que suscitaram essas duas escolas jurídicas, a França contava ainda com uma classe de juristas muito ligada aos temas da política: os advogados do rei (*les avocats du roi*). Estes tinham por princípio sustentar a rejeição da autoridade da lei romana. Para os juristas italianos (Bartolus e Alciato incluídos) "seu imperador era o senhor do mundo (*dominus mundi*) e sua lei era universal". Já os críticos franceses, "tanto humanistas, como Cujas, quanto bartolistas, como Chasseneuz[84], adotaram a regra na direção contraditória segundo a qual 'o rei da França não tem superior entre as coisas terrenas".[85] Por conseqüência: o imperador não poderia ser o senhor do mundo. Esta posição tem como corolário a postura "anti-universalista (e anti-imperialista)" dos juristas fran-

---

[83] "O 'humanismo legal' não foi uma escola de pensamento simples e coerente. Certas dificuldades podem ser evitadas colocando-se à parte algumas implicações ideológicas (tais como a incidência e a significância do 'humanismo cívico' sobre a erudição jurídica, embora esse, de fato, seja um tema interessante e quase totalmente rejeitado, o qual vale a pena ser pesquisado), observando esse movimento de forma mais neutra, isto é, como uma combinação, tanto numa forma quanto na outra, de erudição jurídica com *studia humanitais*, ou, melhor, com a 'enciclopédia' completa dos temas necessários para um conhecimento próprio, quer dizer, histórico, da lei". In: *Ibidem*. p. 128.

[84] "Barthélemy de Chasseneuz (1480-1541): presidente do parlamento da província. Seus *Comentarii in consuet. du cat. Burgundiae* (1523) são admirados por um outro jurista, André Tiraqueau – célebre jurista da província, que influencia até mesmo Rabelais". Cf.: Jean BODIN. *Op. cit.* notas n.4; 8, p. 275.

[85] Donald R. KELLEY. *Op. cit.* p. 133. E conclui assim sobre a característica da escola francesa: "[a principal característica era]...a rejeição unânime da 'autoridade' da lei romana. Enquanto os juristas 'ultramontanos', incluindo Alciato e Bartolus, tinham de acreditar que seu imperador era o senhor do mundo (*dominus mundi*) e que 'sua' lei era universal, seus críticos franceses, incluindo os humanistas como Cujas e os bartolistas como Chasseneuz, foram obrigados pela regra contraditória a afirmar que 'o rei da França não tem superior em se tratando de assuntos temporais'". In: *Op. cit.* p. 134-135.

ceses, que vai determinar a sua orientação "para tecer comparações entre a lei civil e as instituições, antigas e modernas, com aquelas da sociedade francesa".[86]

A resistência dos juristas, defensores do rei, à idéia de um direito universal ressoa também na obra de historiadores, ou mesmo em obras históricas elaboradas pelos próprios juristas. Isso pode ser observado nos textos que se aprofundam na história da França, sobretudo porque se dedicam à análise das instituições políticas do ponto de vista francês. Um exemplo são os trabalhos de Du Haillan, *Dela Fortune et vertu de la France* (Paris, 1570) e também de *L'estat et succez des affaires de France* (Paris, 1570). Mesmo que não possamos atribuir essa postura como característica decisiva da escola jurídica francesa[87], podemos considerá-la um dado importante sobre o debate intelectual no momento da publicação do *Methodus*.[88]

---

[86] *Ibidem*. p. 135.

[87] Kelley fornece outros elementos importantes sobre o *mos galicus*: "Havia outras sérias razões óbvias para isso [que os juristas se opusessem ao universalismo]: primeiro, porque os juristas franceses foram: 1) de fato treinados nas leis dentro das universidades; porque 2) a distinção entre lei civil e leis canônicas estava cada vez mais marcada. Segundo, porque a lei civil foi um modelo plausível, alternativo e corretivo, somente para a lei costumeira da França (de fato, esta era *jus commune* nas tão chamadas províncias de lei escrita). Terceiro, porque a lei costumeira se sustentava logicamente na categoria civil de *jus non scriptum* [direito não escrito] ou *consuetudo* [hábito, costume] e foi frequentemente debatida nesse contexto. Quarto, porque para a necessidade de crescimento (e repercussão) da polêmica, [os anti-universalistas] incentivam a independência e, freqüentemente, a superioridade da monarquia francesa e de suas tradições". Cf.: *Ibidem*. p. 135.

[88] "Foi exatamente durante o período da vida de Bodin que, de fato, ergueu-se um novo tipo de trabalho devotado à comparação dos expedientes particulares na França, a saber, instituições e leis, com os seus equivalentes romanos, reais ou hipotéticos. Isso foi útil para fornecer alguns exemplos, o que merece posterior investigação quanto ao próprio direito assim como em relação ao contexto do pensamento de Bodin". In: *Ibidem*. p. 135.

No grupo dos juristas que seguem a linha do debate sobre o direito, acompanhado da análise da história e das particularidades das instituições francesas, encontram-se Charles Dumolin, que "intercalou seus comentários com referências à prática contemporânea (*hodie, apud nos...*)[89]; Tiraqueau, que "mostrou grande interesse particularmente pelos costumes e instituições de outras sociedades"[90]; Chasseneuz, "que teve a coragem de tomar o costume dos burgundianos como uma verdadeira enciclopédia de aprendizado filosófico e bíblico assim como histórico e literário".[91] Embora essa perspectiva se apresente com mais evidência na metade do século XVI, a comparação entre as leis romanas e as instituições francesas pode ser notada desde os primeiros juristas humanistas da França. Budé, em seu *Anotationes in Digesto*, traz anotações a esse respeito, e François Hotman também dedica partes de seu *Anti-Triboniano* a demarcar as singularidades francesas.[92]

A perspectiva que o jurista Jean Bodin assume no momento da publicação do *Methodus* pode ser caracterizada como um novo momento de distanciamento da forma como seus colegas juristas pensam o direito e suas relações com a história e a política. Se o primeiro distanciamento foi o do *mos gallicus* em relação ao *mos italicus*, Bodin vai se colocar como crítico também da forma como seus pares pensavam as relações entre esses elementos fundamen-

---

[89] *Ibidem*. p. 136.
[90] *Ibidem*. p. 136.
[91] "sua proposta foi enriquecer o texto vernacular por meio de comparações, alheias ao original mas dotadas de conceitos logicamente similares [...] tentou estabelecer alguma ordem entre a lei costumeira e a introdução (na apresentação bartolista) das categorias aristotélicas, tal como entre gênero e espécies, para as propostas de classificação e a noção de causa final, na explanação do proêmio destes hábitos". In: *Ibidem*. p. 136.
[92] Como bem caracteriza Kelley: "com base em seus modos individuais, aplicando brilhantemente o método comparativo para uma exposição dos problemas, envolvendo as duas reformas legais e a interpretação da história". In: *Ibidem*. p. 137.

tais: direito, história e política. É verdade, por um lado, que ele vai partilhar inúmeros elementos característicos da escola francesa, mas, por outro lado, procura pensar os problemas inerentes a esses domínios além dos limites da descrição fatual. Um exemplo é que Bodin vai transformar essa atitude de negação do universalismo da lei romana e da suprema autoridade do imperador com base em um "princípio metodológico, segundo o qual nenhuma tradição nacional poderia pretender representar a humanidade em sua totalidade".[93]

> ...o que ele pretendia era não simplesmente estabelecer comparações entre as instiuições romanas e francesas, mas se perguntar sobre essas em uma infinidade de sociedades e, eventualmente, contruir um sistema legal que deveria abranger todas elas. Somente obtendo um conhecimento das espécies, através da investigação das espécimes individuais, se poderia atingir o conhecimento da lei universal pela lei positiva – isto é, dos *jus naturale* através do *jus gentium*.[94]

Se para alguns juristas franceses a perspectiva original de interpetação da história e das leis era um ponto de afirmação da sua tradição e ideologia políticas, para Bodin era o contexto que lhe abria as portas para a apresentação de um método para a análise da história das instituições e da política em última instância. Como estava certo de que o rei da França não estava submetido ao imperador romano, ele decide valer-se do método comparativo para avaliar essas instituições em seu contexto próprio.[95] É preciso reconhecer que um estudo das leis e da história de outros povos não encontrava resistência entre os teóricos do direito da época. Bodin tem a favor de seu intento não apenas as ferramentas, fornecidas pelos estudos sobre a lógica de Ramus e de Turnèbe, mas também

---

[93] *Ibidem.* p. 134.
[94] *Ibidem.* p. 138.
[95] *Ibidem.* p. 134-35.

o contexto intelectual perante o qual ele vai apresentar sua avaliação sobre as melhores instituições, leis e repúblicas. Como a aplicação do método possibilitará essa nova abordagem da história e de outros saberes?

4. Jean Bodin jurista: crítico dos juristas e defensor do método

A crítica de Bodin aos juristas constitui, na verdade, um momento de apresentação e de defesa intransigente do uso do método único. Ele não se desfaz do que aprendera com as duas escolas. Ao contrário, o pensador reconhece a importância dos trabalhos, tanto dos juristas humanistas, quanto dos bartolistas, por nos fornecerem um quadro da lei romana.[96] A restrição às duas escolas vem do fato de que não apresentam soluções consistentes para observar o particular em conexão com o universal e concebendo o universal com base nos acontecimentos. Na acepção crítica de Bodin, ou os juristas mantinham-se atados à análise exaustiva de termos específicos e à repetição dos textos clássicos do direito, mostrando vasta erudição; ou avaliavam os problemas circunstanciais das instituições da época, desconsiderando as noções universais nas quais todas as práticas vinculadas ao poder político deveriam se espelhar. Enfim, o problema é que, nem os juristas humanistas nem os bartolistas

> ofereciam bases adequadas para construir um sistema de jurisprudência ou tirar sempre conclusões gerais sobre as instituições. Em geral, ele [Bodin] assumiu ser falacioso pensar que a experiência de qualquer grupo individual fosse suficiente para a filosofia política. Esse foi um dos axiomas não afirmados no método de Bodin, segundo o qual o universal nunca estava adequadamente representado no particular.[97]

---

[96] *Ibidem.* p. 132-33.
[97] *Ibidem.* p. 132-33.

De fato, o distanciamanto de Bodin em relação aos colegas juristas franceses se observa desde o seu primeiro texto publicado, a *Oratio de institurenda in republica juventude ad senatum populumque Tolosatem* (1559).[98] Nessa obra o autor se posiciona contra o trabalho dos glosadores ao afirmar que Triboniano[99] seria um uma espécie de criminoso (*scelere*) e, embora tenha criticado os juristas ele o fez indiretamente.[100] Além disso, Bodin faz referência à impossibilidade de se conhecer as leis romanas por intermédio da leitura dos comentários e das glosas. Seu ponto de ancoragem é claro desde o instante em que menciona a importância de Guilhaume Budé – "o inimigo da barbárie". Ao longo de várias

---

[98] Jean BODIN havia escrito outros tratados – *De imperio, De decretis, De iurisdictione, De legis actionibus* – antes da publicação do *Discurso*, em 1559. Tem-se notícia de que foram todos queimados após a sua morte. Cf. Alberto R. BARROS. *Op. Cit.*, p. 49. A *Oratio* figura como o trabalho que marca o período em que Jean BODIN permaneceu em Toulouse. Nessa cidade ele realizou seus estudos jurídicos e tornou-se professor assistente da cadeira de direito civil em 1558. Sobre os detalhes da vida de BODIN e da experiência em Toulouse, assim como as circunstâncias que o levaram a escrever esse texto ver Alberto R. BARROS. *Op. Cit.*, p. 48-54; M.-D. COUZINET. "Note Biographique sur Jean Bodin". In: *Jean Bodin – Nature, Histoire e Droit Politique*. Paris: P.U.F. 1996. p. 233-244.; Pierre MESNARD. "Jean Bodin à Toulouse". In: *Bibliothèque d'Humanisme et Renaissance*. N. 12, 1950, p. 31-59. Sobre esse texto, consultamos: "Oratio de Instituendo in republicae juventute". In: *Oeuvres philosophiques*, texto estabelecido e publicado por Pierre Mesnard, t.I, Paris: P.U.F., 1951.

[99] Nascido em Bizâncio (545), Triboniano teria sido o primeiro compilador do Código de Justiniano – *Corpus juris civilis*. Também foi conselheiro e ministro da justiça desse imperador.

[100] "os quais conturbaram os rios que corriam de maneira tal que, fora estes, ninguém podia recolher a água sem trazer junto muita lama" ("qui superarant rivo ita conturbarunt, ut ex iis nemo haurire, sine multo coeno, potuerit"). Cf. Jean BODIN. *Oratio*. In: *Op. cit.* p. 09b, L.43-45 (37a, L.16-20). Pierre MESRNARD comenta: "Bodin reprova em Triboniano sobretudo o fato de ele ter misturado o direito romano com a adição de glosas tardias e de ter manipulado o texto original de uma forma arbitrária, colocando todos os textos no mesmo plano". In: *Ibidem*. Nota 09 da tradução francesa. p. 37.

páginas, Bodin nos explicará o valor dos *studia humanitatis*, assim como os benefícios que as artes liberais trouxeram para a compreensão da Grécia e de Roma antigas e até da França de então.[101]

Pensando na importância da educação dos jovens, Bodin se vangloria de pertencer à comunidade de estudiosos em Toulouse. Empenhado em tocar o espírito dos políticos locais, ele manifesta a vontade de ver os estudantes aprenderem o direito romano (*jus civile*) e se prepararem para governar as cidades (*ad gubernandas civitates*).[102] Apenas as belas letras poderiam fazer com que os jovens não se tornassem bárbaros e ineptos como os juristas. Esses inflaram suas obras com eloquência, mas, desprovidos de uma instrução brilhante (*literarum floribus*)[103], tornaram seus textos áridos, e impermeáveis àqueles que pretendiam conhecê-los. O título de jurista correspondia a uma horrível mácula (*macula foedam*) e uma indecorosa profissão (*indecoram, quae in jurisconsultum nomine insederat*). Não obstante terem escrito numerosos textos, glosas igualmente volumosas, Bodin conclui que eles "empregaram todo o seu tempo para escrever e nenhum momento para ler".[104]

Também nas primeiras linhas da "Epístola dedicatória" do *Methodus* observamos com maior clareza a crítica de Bodin aos juristas. Ele afirma que, desde o momento em que passa a dedicar-se à prática forense[105], dedica-se também aos estudos sobre a re-

---

[101] Comentando sobre esse fenômeno, V. Piano-Mortari resume o argumento bodiniano: [os *studia humanitatis*] tinham por "objetivo contribuir com os novos modos da cultura humanística para alargar, aprofundar e superar – mantendo como finalidade a aplicação do direito – os resultados exegéticos já colhidos nos séculos anteriores". In: *Op. cit.* p. 7.

[102] Jean BODIN. *Oratio*. In: *Op. cit.* p. 16b, L.45-50 (46b, L.15-20).

[103] Jean BODIN. *Op. cit.* p. 17a, L.59-17b, L.01 (47a, L.44).

[104] Jean BODIN. *Op. cit.* p. 17b, L.13-14 (47b, L.16-17).

[105] No início dos anos 1560, Bodin muda-se para Paris. O motivo que o leva a deixar Toulouse foi sua certeza quanto à pequena possibilidade de ser promovido a professor na universidade desta cidade. Resolve, então, dedicar-se à prática forense como advogado no Parlamento. Cf. Alberto R. de BARROS. *Op. cit.*, p. 55.

pública.¹⁰⁶ Como adiantamos acima, não é sem importância que a afirmação sobre a prática de advogado venha acompanhada do interesse pelo conhecimento dos temas políticos. Seu diagnóstico era de que, ao estudar e escrever sobre o direito, diversos autores utilizam-se bastante da invenção, equanto poucos se preocupam com a arte e o método. Como exemplo, ele cita os autores que enriqueceram o direito romano com seus comentários. Porém, nada lhe pareceu pior do que a imensidão desses escritos. Bodin é taxativo ao julgar os glosadores do direito: "de fato, quanto mais cada um se mostrava inepto para escrever, na mesma proporção estes indivíduos lançavam uma imensidão de livros".¹⁰⁷

A suspeita quanto à qualidade dos livros advém do fato de que os comentadores estavam de tal modo distantes da arte de conhecer as leis e de transmiti-las que pareciam não questionar o que escreviam. Se a intenção dos comentadores era ensinar a arte do direito civil, por seu lado, o pensador atesta o limite desses comentários, pois, devido à preocupação em se manterem fiéis aos escritos jurídicos, eles se distanciavam muito do trabalho de pensar.¹⁰⁸ Outro limite que Bodin aponta está no fato de os juristas não terem considerado as leis de nenhum outro povo, além daquelas que constavam do direito romano. A tentativa de estabelecer o direito universal, tendo por base o conjunto das leis romanas, era

---

[106] Jean BODIN. *Methodus*. In: *op. cit.* p. 107a, L.27-29 (273a, L.36-37). COTRONEO analisa a distinção entre as perspectivas da *Oratio* e do *Methodus*: "... a constatação de que, já havia alguns anos, antes de publicar o *Methodus*, o sentido de historicidade dos eventos e a convicção de que a história não devia ter outro tema a não ser os que estavam já profundamente enraizados em seu pensamento [Bodin], permitem concluir sobre a radical mudança de posição de Bodin nos confrontos com o direito romano, e, o mais importante, dos motivos que o impulsionam, teórico do direito, a dedicar um poderoso volume aos problemas historiográficos". In: Girolamo COTRONEO, *Jean Bodin, Teorico della Storia*. p. 18-19.
[107] Jean BODIN. *Op. cit.* p. 107a, L.41-42 (273b, L.12-13).
[108] *Ibidem*. p. 107b, L.09-10 (273b, L.29-30).

um erro absurdo. Tal empreitada era impossível, dado o grande número de decretos e a mutabilidade das leis. Como erguer uma legislação universal tendo por base a irregularidade?

A inquietação de Bodin com essa perspectiva adianta a saída que ele vai procurar para sanar o equívoco, a saber, reunir as leis dos povos que se destacaram pelas armas e pela disciplina, fazendo uso das influências dos juristas e dos historiadores.[109] Essa era, aliás, uma solução muito próxima da postura teórica assumida pelo humanismo jurídico em relação ao *mos italicus*. O pensador estava certo de que o conhecimento das leis e das histórias se tornaria, ao final das contas, mais claro e venerável. Bodin utiliza o termo arte para se referir ao seu trabalho com as leis, mas, de fato, ele pretende distinguir a forma como pensa o direito da forma descritiva e literal, característica dos glosadores. O distanciamento em relação aos glosadores torna-se evidente quando o pensador se refere ao gênero de juristas formados no exercício da advocacia e aqueles pensam as leis pelo estudo da filosofia e pelos princípios da justiça.

> [Tais juristas] deduzem a origem do direito de um princípio último, mantêm plenamente a autoridade e poder do governante, do senado, do povo e dos magistrados romanos; trazem as disputas dos filósofos para as leis e a república, e para a interpretação do direito; não ignoram as línguas grega e latina, nas quais as leis foram transcritas; por fim, circunscrevem a arte como um todo em seus limites, designam-na por gêneros, distribuem-na em partes, representam-na por palavras e ilustram-na por exemplos.[110]

A perspectiva teórica adotada por Bodin no contexto toulousano não aponta para uma ruptura. O peso da crítica e a força do juízo do pensador sobre os juristas revelam muito mais a

---

[109] In: *Ibidem*. p. 108a, L.04-05 (274a, L.35-36).
[110] Jean BODIN. *Op. cit.* p. 108b, L.30-43 (275b, L.10-20).

posição de quem está vinculado fortemente aos princípios da nova jurisprudência.[111] No momento da publicação da *Oratio*, o *mos gallicus* – cujos pioneiros foram Budé e Francis Connan, a quem Bodin tece elogios insuspeitos[112] – já está plenamente difundido nas escolas de direito francesas, ainda que inúmeros juristas nessas escolas seguissem a orientação do *mos italicus*. Sobre esse aspecto, a escola de Toulouse é emblemática.[113]

Ao criticar a perspectiva dos glosadores, Bodin deixa transparecer que seu foco de preocupações está centrado muito mais nos problemas originados pelo modo como se pensam o direito e seus princípios, do que nas questões de interpretação dos glosadores. É preciso notar a proximidade dessa posição com a de François Baudouin, na idéia de que "o ideal do *homo politicus* é

---

[111] Kelley comenta sobre esse distanciamento dos ideais do humanismo já expresso na *Oratio*: "...enquanto falava de forma calorosa do casamento das leis com as letras na sua *Oratio* de Toulouse (1559), ele dentro em pouco começa a se voltar contra muitos dos ideais do humanismo legal. De alguma maneira ele concebeu uma aversão quase pessoal pelos *scholars* que prefeririam ser observados como gramáticos em vez de juristas (*qui se grammaticos malunt quam jurisconsultos haberi*) e que posicionavam sua ciência inferior acima da própria justiça". In: *Foundations of modern historical scholarship: language, law and history in the French Renaissance*. p. 137.

[112] Jean BODIN. *Op. cit.* p. 17b, L.02-06 (47b, L.03-10).

[113] Como avalia Kelley, "a cidade não foi particularmente cordial para com o 'humanismo jurídico', mas foi lá, no entanto, que Bodin, assim como Cujas e Le Roy[113] tornaram-se seguidores desta nova escola, que, como ele então pensava, tinha enriquecido o estudo da lei com a filosofia bem como com os ensinamentos clássicos. Isto é significante talvez porque Bodin já enfatizava o aspecto filosófico em vez do filológico da 'jurisprudência reformada', que ele não credita aos reais fundadores da escola (Lorenzo Valla e Angelo Poliziano) e que, para todos os importantes discípulos de Alciato, ele destacou não um dos juristas da universidade mas uma prática de advocacia interessada na reforma legal". In: Donald R. KELLEY. "The development and context of Bodin's method". p. 126.

também o do jurista" (*homo politicus, hoc est jurisconsultus*).[114] É importante acentuarmos que o interesse menor pelo aspecto exegético e maior pelo filosófico e pelo político da jurisprudência aproxima as preocupações bodinianas dos problemas que ele está certo de melhor compreender com o conhecimento das histórias.

Bodin faz questão de aproximar a opinião dos filósofos da interpretação do direito e afirmar a importância do conhecimento da política e das letras como aspectos determinantes desta nova perspectiva. A afirmação de que as artes jurídicas devem se circunscrever em limites, de que se separam por gêneros e são distribuídas em partes é decisiva para destacar o trabalho de Bodin diante da escola do humanismo jurídico. Isso nos remete diretamente à discussão sobre a necessidade de se recorrer ao método. O pensador reconhece que, mesmo não mais limitado ao manuseio repetitivo dos comentários, o jurista deve se munir de instrumentos que lhe possam auxiliar no trabalho de conhecer as leis e os povos aos quais elas se referem.

A atividade do jurista deve ter o método como instrumento para que ele possa conhecer a própria a justiça. Couzinet ressaltou, pela análise dos lógicos Turnèbe e Ramus, que já se anunciava de certa maneira "o direito como o domínio de aplicação privilegiada do método único".[115] É com base na exigência de uniformi-

---

[114] Kelley afirma: "Ele devia acreditar no ideal de Baudouin, segundo o qual o 'homo politicus, hoc est jurisconsultus'". Cf.: Ibidem. p. 123. O comentário de Vicenzo Piano-Mortari sobre a obra de Baoudouin – *De institutione historiae universa et eius cum jusrisprudentia coniunctione* – também explicita essa proximidade: "Para Baudouin a história universal é aquela que leva em consideração os eventos dos povos preferidos e, ao mesmo tempo, reconstrói os diversos aspectos políticos, religiosos, militares e culturais na sua estreita concatenação ideal e sucessão histórica". Cf.: Vicenzo PIANO-MORTARI. *Diritto romano e diritto nazionale in Francia nela prima metà del secolo XVI*. Milano: Giuffrè, 1962. p. 118.

[115] Marie-Dominique COUZINET. *Op. cit*. p. 101.

dade e universalidade do direito que esse domínio do saber se aproxima da noção de método. Ainda na "Epístola dedicatória", Bodin adverte que os juristas comentadores deveriam ter lido Platão, pois teriam aprendido que não havia outra forma para se estabelecer as leis e o governo das cidades, a não ser a que "tendo sido reunidas todas as leis de todas, ou das mais ilustres repúblicas, os homens prudentes entre si as comparassem e delas forjassem um gênero supremo".[116]

O estabelecimento de uma legislação universal se coloca como finalidade do estudo das melhores leis. Bodin nos adverte que estivera trabalhando nesse projeto, que resultou mais tarde na já mencionada *Juris Universi Distributio* (1580).[117] Ele afirma que interrompe esse trabalho para se dedicar à elaboração do *Methodus*, deixando para outro momento desenvolver o esboço de um quadro do direito universal. Aqui, dois aspectos de seu comentário em relação ao direito são significativos: um, o fato desse gênero de saber ser tomado como matéria para a construção de um ordenamento, ao mesmo tempo, universal e único; o outro, que a forma na qual se estruturam as leis e os ordenamentos jurídicos se prestam muito mais como exemplo de unidade e coerência pelos princípios do que outras disciplinas do conhecimento. Como a natureza do direito é única, esse fundamento orienta Bodin para o estabelecimento do princípio do método de conhecimento de outras disciplinas, inclusive da história.[118]

---

[116] Jean BODIN. *Op. cit.* p. 107b, L.25-28 (274a, L.10-14).
[117] Jean BODIN. *Juris Universi Distributio*. Édition et traduction de Pierre MESNARD. In: *Op. Cit.*, p. 69-80 ; 81-97.
[118] "pelo fato dele ser único, pretende legislar sobre todos os domínios do saber. [Isto é] definir o saber universal em termos de jurisdição e a ordem metódica imposta às disciplinas como uma ordem justa correspondendo a uma visão profundamente jurídica da ordem natural em todos os seus graus". In: Marie-Dominique COUZINET. *Op. cit.* p. 101.

Se o objetivo do pensador era conceber uma legislação universal, como o jurista vai iniciar esta tarefa? Ao se referir à importância da leitura dos textos de Platão, Bodin já nos trouxe parte da resposta: observar as leis das repúblicas mais ilustres.[119] Em outra parte ele nos falara também que o jurista devia conhecer os princípios do poder político e não desprezar em seus juízos as opiniões dos filósofos. Aos poucos, observamos que Bodin vai compondo o quadro dos elementos que poderão auxiliá-lo. O pensador está convencido da contribuição que a escola francesa, e não apenas o filósofo ateniense, poderia dar à ciência jurídica (*legun scientia*). E por que ele está tão certo disso? Seu *Methodus* propõe que se abandonem os trabalhos dos comentadores e todas as atenções estejam voltadas para a história. Por meio do conhecimento desta disciplina teremos acesso ao que há de melhor nas leis e no direito. Estão na história não apenas o que há de mais ilustre, como todos os elementos da vida pública: o principal objeto de seu método.

> Assim, reunimos aqui e ali , leis dispersas dos antigos, como reunimos também para esta obra; e em verdade a melhor parte do direito universal se esconde na história: porque é de grande importância e autoridade para o melhor julgamento das leis, dela derivam os costumes dos povos, o início de todas as repúblicas, seus desenvolvimentos, constituição, revoluções e fim. Nisso está o principal argumento deste método, pois nenhum fruto há emais fecundo na história do que os que se costumam colher do *status* das repúblicas.[120]

---

[119] A este respeito comenta Couzinet que "o próprio de uma boa exposição é de não falhar em relação à definição de arte da qual ela trata. Tomando o singular pelo universal, os juristas ignoram a natureza de sua disciplina. [Isto é] dizer que eles são incapazes de proceder ao estabelecimento da universalidade do direito. Contra eles, Bodin invoca Platão em razão do estabelecimento do universal jurídico pelos direitos singulares nas suas manifestações históricas, tarefa à qual ele assegura ter consagrado todos os esforços". In: *Ibidem*. p. 102. Ver também Jean BODIN. *Op. cit.* p. 107b, L.23-29 (274a, L.08-15).
[120] Jean BODIN. *Op. cit.* p. 109b, L.15-25 (276b, L.42-277a. L.02).

CAPÍTULO II — CONCEBER O MÉTODO

O que o pensador chama de direito universal não é um conjunto de regras concebidas em abstrato, mas as que são formuladas com base nas ações humanas. O caráter específico que Bodin confere ao direito universal determina a função do mesmo diantes dos fatos. Os acontecimentos são julgados pelos princípios universais fornecidos pelo direito. Assim, dizemos que esse saber assume o lugar do juiz de determinados aspectos da história, sendo então mais importantes os que se relacionam com a vida das repúblicas.

É essa relação do direito com a história que vai completar o argumento sobre o método no *Methodus*. A complementaridade entre as duas ciências é observada no fato de o direito se constituir pela história e, ao mesmo tempo, ela ser julgada pelo direito, por intermédio de certos princípios universais. Tal disciplina é vista como um momento de passagem para o conhecimento do universal. Mesmo que ela corresponda ao nível do particular, para se conhecer as melhores leis das melhores repúblicas é necessário partir da observação das leis e dos códigos jurídicos específicos.

> O interesse de Bodin pela história não teria sentido a não ser na medida em que ela deveria permiti-lo recolher os direitos dos principais povos passados e presentes para extrair de sua comparação o direito universal. Parece então que, por indução, a história intervém num esquema de pesquisa do universal na multiplicidade dos direitos históricos. Esta impressão parece confirmada pela maneira como Bodin, sempre na carta dedicatória, apresenta seu projeto como uma resposta à incapacidade dos juristas de considerar o direito universal.[121]

O exame do direito não está, em momento algum nessa obra, dissociado da análise precisa dos acontecimentos históricos. Os pontos de partida da observação bodiniana da experiência jurídica, assim como do conhecimento das nossas ações "são os

---

[121] Marie-Dominique COUZINET. *Op. cit.* p. 102.

caracteres históricos relacionados ao direito".[122] Nessa acepção, os fatos particulares constituem o dado concreto do conhecimento e são tomados integralmente. Bodin não busca adaptar as realidades isoladas dos povos e das civilizações a uma concepção do direito pretensamente universal, previamente concebida. Não por outra razão, o pensador acusa o equívoco dos historiadores que tentaram extrair uma legislação universal do direito e da história dos romanos.[123]

Bodin não nega, contudo, que uma legislação universal possa existir. O próprio texto que ele declara já ter esboçado – a *Distributio* – pretenderá nos apresentar um modelo dessa legislação.[124] Porém, o caminho pelo qual ele nos fará conhecer tal modelo é francamente inverso ao que parte dos fatos particulares para conhecer as melhores leis. Ao mencionar a história, Bodin se refere aos particulares; ao afirmar a estrutura que o permitirá deduzir o direito universal, pensa num fundamento que se antepõe à experiência concreta dos fatos. Como ele próprio afirma:

> De início, esboçamos a configuração do direito universal num quadro, que exibimos à tua observação, de modo que deduzimos das pró-

---

[122] Quando se fala em conhecimento dos acontecimentos relativos ao direito, sempre se deve incluir os vários povos e a "impossibilidade de prever o conhecimento efetivo dos fenômenos jurídicos, se não o que se inclui no conjunto dos acontecimentos descritos pela civilização romana deve ser estudado na sua relação com a sociedade e a cultura da qual faz parte". Cf. Vicenzo PIANO-MORTARI. *Diritto romano e diritto nazionale in Francia nela prima metà del secolo XVI*. p. 118. Sobre este aspecto COUZINET também comenta que "a aplicação da dialética à exposição do direito não faz outra coisa a não ser impor a esta arte a ordem correspondente a uma racionalidade, na qual ele [o direito] é parte predominante enquanto produção humana. É supor a possibilidade de uma inteira racionalização do direito pela razão humana". In: *Op. cit.* p. 109.
[123] Jean BODIN. *Op. cit.* p. 107b, L.11-14 (273b, L.31-36).
[124] Jean BODIN. *Op. cit.* p. 107b, L.11-14 (273b, L.31-36). Cf. também a Introdução à *Juris Universi Distributio*. In: *Op. cit.* p. 71; 84.

prias causas os gêneros máximos e a divisão dos gêneros, até as menores partes; e por esta razão [fazemos], de modo que todos os membros se ajustem, entre si, de forma coerente.[125]

Não é completamente sem sentido afirmar que a intenção expressa por Bodin nos dois trabalhos os coloquem em planos opostos. Na *Juris universi distributio*, o pensador procura demonstrar a "descendência analítica do universal, definido como a forma ou a essência do direito".[126] No *Methodus* o que se vai observar é o movimento de ascensão do particular histórico em direção ao universal, bem como o julgamento do singular pelos princípios gerais precisos.[127] Não se trata aqui de dizer que a história seja um apêndice para a formulação dos códigos de leis por parte dos juristas; mas é por meio dela que se confirma a eficácia dos princípios que os juristas concebem. Entende-se essa relação como movimento duplo, em que cada uma das partes se complementa na mesma atividade, pois, "a arte do direito se estenderá em toda a sua máxima extensão, do universal ao singular; a história fornecerá os exemplos próprios para ilustrar os casos gerais e para tornar o singular inteligível".[128]

É o método que possibilita pensarmos a complementaridade entre o direito e a história.[129] Por meio dele se pode não apenas

---

[125] Idem. *Methodus*. In: *Op. cit.* p. 107b, L.30-34 (274a, L.15-20).
[126] Marie-Dominique COUZINET. *Op. cit.* p. 103.
[127] No entanto, o que na "Epístola dedicatória" é apresentado como sua intenção não se verifica depois. A *Juris universi distributio* não constituirá um direito universal, mas tão somente dos princípios jurídicos, pois, uma vez estabelecido este quadro, o direito deverá posteriormente ser localizado na história.
[128] Marie-Dominique COUZINET. *Op. cit.* p. 104.
[129] COTRONEO anota o caráter inovador da perspectiva bodiniana, inclusive em relação aos continuadores do renascimento italiano. Ele comenta que "Essa complementaridade entre as duas ciências, se de um lado permitia a Bodin descobrir qual era o tema específico da história, de outro impunha-lhe não empenhar-se tanto em seus estudos jurídicos, pois, como ele mesmo declarava, deste muito já se ocupavam e haviam tratado de forma "na verdade

observar os princípios do direito, como também estabelecer suas relações com os acontecimentos do passado. De fato, essa ferramenta permite que se conservem e se determinem o universal e o particular dentro do mesmo processo de investigação das repúblicas e, num sentido mais amplo, da política. Como sintetiza Cotroneo, "o método comparativo permitia a Bodin unir o raciocínio à experiência, a análise jurídica à observação concreta".[130]

Mais do que isso, uma avaliação amparada nessa alternativa metódica é o ponto que demarca dois distanciamentos do pensador em relação às tradições a que ele se vincula. Primeiro, em relação aos historiadores que entendem a história como mais próxima das artes da escrita. A eles Bodin responde que o maior interesse em conhecer o passado está em conseguir, em seguida, decifrar os

---

pequena e insignificante" ("pauci et quidem frigide"). É evidente a ruptura com as *artes historicae* tradicionais diante das quais o *Methodus* se põe como uma obra inovadora por atribuir à história uma tarefa precisa, conferindo-lhe implicações políticas e, além disso, naturalmente aquelas jurídicas. Estas eram totalmente desconhecidas dos epígonos do humanismo italiano, entre os quais exemplificamos Robortello e Viperano, a todo tempo ancoradosem considerações moralístico-oratórias. O primeiro deles recuperou expressamente a velha distinção aristotélica entre história e poesia, limitando-se a atribuir à história um caráter genérico de utilidade. Já para o segundo a história era a simples narração ornada de fatos expostos brevemente nas crônicas". In: *Jean Bodin, Teorico della Storia*. p. 22-23.

[130] Cf. *Jean Bodin, Teorico della Storia*. Napoli: Edizoine Scientifiche Italiane, 1996, p. 21-23. Comentando sobre o problema do método na *République*, Cesare Vasoli nos leva a pensar que a mesma perspectiva adotada por Bodin no *Methodus* se verificava na obra publicada dez anos depois. Ele propõe "a elaboaração de uma teoria geral, capaz de estabelecer os princípios universais da ciência jurídica e, ao mesmo tempo, de sua consciência histórica. Sobretudo, é mais necessário que o intérprete adote-a no confronto de sua capacidade de estudioso e de teórico, em vez de fazê-lo na prática real dos problema jurídicos, das instituições políticas e das diversas formas da vida civil". In: Cesare VASOLI. "Il metodo ne 'La République'". In: La République di Jean Bodin – *Atti del convegno di Perugia*. Firenze: Leo S. Olschki, 1980. p. 9.

enigmas da *pólis*. Segundo, em relação aos juristas de seu tempo, o pensador vai sustentar que a investigação sobre os princípios das leis não está imune e, de modo algum, desconectada de uma investigação dos fundamentos das repúblicas. Com o uso do método se poderá buscar o sentido da historicidade do direito e extrair os elementos da história que nos permitam acesso ao universal do direito e da política.[131] Aprender que a história não concerne exclusivamente ao singular implica, ao mesmo tempo, entender que a investigação sobre os fundamentos do direito não nos exime da necessidade de confrontá-los com os acontecimentos, com a contingência histórica.[132] Como nos explica Couzinet,

> a aplicação do método à história não repousa somente sobre a transformação das técnicas memorativas, mas também sobre uma transferência de procedimentos. Bodin aplicava às histórias um procedimento de exposição sistemática irradiado do direito: o método. Assim, compreendemos que nos primeiros capítulos do *Methodus*, ele procede de maneira analítica e dedutiva, quer dizer, sob a forma da *distributio* (ou a ordenação da história como conhecimento e do dado histórico sob diferentes rubricas, indo das mais gerais para as mais particulares).[133]

---

[131] COUZINET comenta a respeito: "...no *Methodus*, o conhecimento das histórias não é exclusivamente aquele da gênese empírica da regra; ele corresponde também a um saber sobre a natureza jurídica da realidade. Este saber superior é obtido pela operacionalização do método: o ordenamento e a memorização tornam o leitor das histórias um juiz da realidade dada". In: Marie-Dominique COUZINET. "Histoire et Méthode chez Bodin". In: *Jean Bodin a 400 anni dalla morte – Atti del Convegno intenazionale per il quarto centenario della morte di Jean Bodin*". p. 222.

[132] Como afirma Vicenzo PIANO-MORTARI, "...confrontar os problemas interpretativos da doutrina e da jurisprudência com todo o complexo de seu conhecimento e dever indicá-lo e utilizá-lo segundo critérios de natureza nacional". In: "Il diritto positivo in Francia nell'epoca del *Mos Gallicus*". In: *Dritto, logica, metodo nel secolo XVI*, Napoli: Jovene, 1978. p. 6-7.

[133] Marie-Dominique COUZINET. "Histoire et Méthode chez Bodin". In: *Jean Bodin a 400 anni dalla morte – Atti del Convegno intenazionale per il quarto centenario della morte di Jean Bodin*". p. 223.

Afora toda a formulação do método que embasa e justifica a complementaridade entre o direito e a história, é preciso reconhecer, quase ao final desse percurso de análise, que as raízes desta perspectiva bodiniana podem ser encontradas já nas obras de Cícero. A continuidade entre as abordagens clássicas e da Renascença sobre os temas da universalidade e dos princípios do direito, está no fato de ambas aspirarem à concepção de um sistema jurídico fundado sobre uma ordem lógica e racional. Essa perspectiva não implica necessariamente em se reeditar a oposição entre a origem do direito e os princípios que o constituem. Em contrapartida, a pretensão de constituir um direito universal não deve ser confundida com a necessidade de imposição de um modelo verdadeiro sobre todas as formulações particulares dos códigos de leis.[134]

Ao afirmar que o direito romano não tem o "monopólio da encarnação do direito universal", Couzinet identifica que a postura não apenas pertence a Bodin exclusivamente, mas é a de outros juristas do *mos gallicus jura docendi*, que se negam a pensar que o universal no direito se refira a um povo – os romanos – e não exclusivamente aos seus princípios.[135] A alteração que o *Methodus* oferece está em que a universalidade até então afirmada foi, em

---

[134] "A consideração da origem do direito, humano, não coloca em questão a unidade do método de exposição e da constituição do direito em arte. Mas o problema é de saber o que vem a ser o modelo ciceroniano quando o aplicamos ao direito universal. Porque a grande mudança é a idéia que se desenvolve, pouco a pouco, segundo a qual o direito civil, no caso em relação ao direito romano, não tem o monopólio da encarnação do direito universal; trata-se de uma codificação do direito inscrita no espaço e no tempo e, pelo fato de sua singularidade, ela [a codificação] não é suscetível de ser ordenada como uma arte". In: *Ibidem*. p. 114.

[135] Comenta COUZINET: "A proposição de Bodin corresponde a uma realidade característica da *scientia juris* na segunda metade do século XVI na França: a afirmação dos direitos nacionais contra a exclusividade do direito romano e a redação dos costumes em língua nacional" [...] "A diversidade das leis remete a uma diversidade natural e humana, na qual as razões devem ser pesquisadas

certo sentido, relativizada.[136] A exposição dos códigos de leis e dos princípios que os norteiam não está desvinculada do estudo, nem da exposição ou dos conteúdos históricos, nos quais esses mesmos códigos foram desenvolvidos. A inovação da perspectiva de Bodin está em que "uma exposição do direito universal repousa, então, sobre a dupla exigência de uma concepção racional e histórica do direito".[137] Não é por outra razão que, na "Epístola dedicatória" do *Methodus*, depois de mencionar a intenção de conceber um sistema do direito universal, o pensador, destaca a outra parte (*altera ex parte*) que complementaria a investigação. Para ele, é preciso:

> Por outro lado, reuni, coligidas por toda parte, as leis dos povos que brilharam pelas armas e pela civilidade. Nesta tarefa aproveitei da autoridade dos jurisconsultos assim como da dos historiadores, a fim

---

em seu sentido nas histórias humana, natural e divina. O conhecimento do direito universal parece então dever se fundar sobre a recolha e a comparação dos direitos de todos os povos". In: *Ibidem*. p. 116. Em outro trabalho, COUZINET comenta que a reflexão sobre a história comporta ao mesmo tempo o pensar sobre o direito: "O alargamento de perspectiva que faz das histórias a fonte de todo saber e de toda sabedoria está também estreitamente ligado, na obra de Bodin, a uma reflexão sobre o direito. Humano, natural e divino, o direito ocupa um campo que corresponde ao real em sua totalidade. Do momento no qual o direito romano não é mais o apanágio da universalidade, compreendemos que a pesquisa sobre os direitos humano, natural e divino se faça na história. Nós somos, então, tentados a compreender a história como a matéria da qual um pensamento humano produz o direito universal". In: "Histoire et Méthode chez Bodin". In: *Jean Bodin a 400 anni dalla morte – Atti del Convegno intenazionale per il quarto centenario della morte di Jean Bodin*". Firenze: Leo S. Olschki, 1996. p. 221.

[136] Ao comentar uma característica do trabalho do jurista CONAN, COUZINET apresenta o centro da discussão sobre a relativização da idéia de um direito universal: "...a universalidade do direito não concene à universalidade da matéria do direito". In: Marie-Dominique COUZINET. *Histoire et méthode à la renaissance – une lecture de la* Methodus *de Jean Bodin*. p. 114.

[137] Marie-Dominique COUZINET. *Op. cit.* p. 115.

de dar às leis dos persas, dos gregos e dos egípcios, um reconhecimento igual àquelas dos romanos.[138]

A igual importância que se atribui aos povos não implica que tenham a mesma história. O que se exige no trabalho de investigção de seus códigos e de suas histórias é que sejam avaliados uns em relação aos outros, sem que qualquer um prevaleça. Couzinet recupera sobre esse aspecto a idéia da diversidade geográfica para que esta nos leve a pensar também na diversidade das histórias e dos códigos jurídicos.[139]

O que foi afirmado sobre o relativismo jurídico constitui a idéia segundo a qual o direito tem sua origem em diferentes sociedades e se altera na medida em que se alteram os povos que concebem cada um dos diferentes códigos. Bodin entendia que os estudos do direito e da história deveriam ser concebidos simultaneamente, isto é, com os princípios atuando no julgamento das ações humanas particulares.[140] Assim, entendemos claramente por que ele afirma que "o melhor do direito universal se esconde na

---

[138] Jean BODIN. *Methodus*. In: *Op. cit.* p. 118a, L.01-06 (274a, L.32-38).

[139] "A diversidade histórica e geográfica dos direitos remete à diversidade das histórias, no sentido de que apenas a diversidade das histórias é capaz de dizer que um direito difere de outro". Cf.: Marie-Dominique COUZINET. *Op. cit.* p. 115.

[140] COTRONEO comenta a respeito do direito romano que estava, "então, confinado a um simples momento da história do direito, enquadrado num contexto muito mais vasto que compreenderia ainda o *Pandette* dos Hebreus, as leis da Espanha e da Inglaterra, as normas legislativas das cidades da Alemanha e da Itália e, por fim, o direito público dos turcos. Encontramo-nos diante de uma concepção metodológica completamente nova, que consiste na programação de um estudo comparado dos sistemas legislativos de todos os estados, ou dos mais ilustres (*aut magis illuestrium*)". Cf. *Jean Bodin, Teorico della Storia*. p. 21-23.

história".[141] Por seu turno, o maior valor da história está em que por meio dela podemos entender as melhores leis as mais apropriadas instituições que estruturam a vida dos povos.[142]

A "Epístola dedicatória", juntamente com a *Oratio* e a *Distributio* constituem, como vimos, textos chave para que entendamos a posição de Bodin diante dos juristas e a alternativa teórica de propor um método de julgamento, que é também de conhecimento das histórias. Diferentemente do "Proemium", onde o pensador se dedica a apresentar as razões por que se devem conhecer as histórias, a "Epístola" adianta a alteração da perspectiva do pensador como jurista metódico. Daí por diante nos será possível entender por que, no *Methodus*, o ponto de partida daquele que investiga as histórias e se coloca frente aos problemas concernentes à lei e aos princípios do direito, não será nem o do jurista nem o do historiador. Assim como o ato de investigar com o método implica um afastamento das finalidades próprias do historiador ou do jurista, esse mesmo ato também conserva os elementos fundamentais que constiuem as duas atividades: ordenar/memorizar e julgar. Essa percepção quanto ao papel do método nos certifica que o olhar do investigador não é o de quem concebe as leis ou relata o passado. Da atividade de historiar, o investigador aprende como ordenar e memorizar os fatos; o conhecimento das leis capacita-o ao exercício de julgar. Esse investigador, em posse do método, é o juiz dos fatos que escolhe e ordena.

---

[141] "& quidem in historia iuris universi pars optima latet". In: Jean BODIN. *Op. cit.* p. 109a, L.17-18 (276b, L.44-45).

[142] *Ibidem.* p. 109a, L.23-25 (276b, L.51-277a. L.2). Ver também: Marie-Dominique COUZINET. "Histoire et Méthode chez Bodin". In: *Jean Bodin a 400 anni dalla morte – Atti del Convegno intenazionale per il quarto centenario della morte di Jean Bodin"*. p. 221.

Capítulo III

Aplicar o método: do Direito à *Scientia Politica*

1. Civilis disciplina, non jurisprudentia

O julgamento de alguns aspectos das *histórias* dos mais diversos povos é a nova finalidade daquele que investiga o passado orientado pelo método. Ao tomar posse dessa ferramenta, Bodin antevê a *possibilidade* dele ir além dos objetivos do historiador, concentrando-se nos problemas das instituições políticas e da república como um todo. Ele ultrapassará os limites do jurista quando, ao se colocar como juiz, testar a força dos princípios do direito pelo confronto com esses mesmos fatos que investiga. Mas, por que o conhecedor das histórias procurará estender o trabalho de julgamento para além dos limites do direito? Por que ele terá em vista a política como alvo de sua investigação? Afirma Bodin:

> Invoco a *civilis disciplina* (grifos nossos) e não, como a maioria, a ciência do direito (*jurisprudentia*) (pois esta é uma pequena parte daquela), mas sim aquela, que governa todas as artes e ações humanas, cujas principais partes são três: poder, deliberação e execução.[1]

---

[1] Jean BODIN. *Methodus*. In: *Op. cit.* p. 120b, L.24-30 (289a, L.17-23).

Antes de entendermos o que o pensador quer dizer com a preferência pela *civilis disciplina*, quando se trata de pensar a condução (*illa...moderatrix*) das artes e das ações humanas, devemos lançar nossa atenção para a constatação de que o direito é parte da primeira. Tal idéia reforça o movimento argumentativo que segue na direção da investigação dos problemas da República e da política em termos gerais e demanda que pensemos a relação intercambiável, para não dizer de identidade, entre essas duas disciplinas. A afirmação de que se orienta pela *civilis disciplina* e não pelo direito por si mesma não mereceria maior atenção, não tivéssemos trabalhado até aqui a aplicação do método de conhecimento das histórias, tendo como ponto de partida os princípios do direito, e estabelecido como objetos do conhecimento as legislações forjadas por diferentes povos ao longo da história da humanidade. Mais do que uma mudança de campos de saberes, o pensador opera nesse momento uma alteração quanto aos objetivos do trabalho de conhecer.

O conhecimento com o método agora vai confrontar nossas ações expressas nas histórias com os princípios universais da *civilis disciplina*.[2] O ponto de partida são os exemplos dos principais lugares comuns (*loci*) nos quais os temas da política se apresentam. É a própria história que nos exige a alteração dos princípios. As leis que as histórias nos permitem conhecer nos remetem aos problemas fundamentais do poder, porque é a *civilis discilina*, a filosofia política, e não o direito que nos pode pôr diante deles.

---

[2] "A leitura da história humana tal como entende Bodin não se limita mais a gravar as palavras, passando ao segundo plano as ações, como o faziam os imitadores da antigüidade, curiosos de saber como escrevemos a história. Ela [a leitura da história humana] leva em consideração também as intenções (*consilia*), 'do que depende frequentemente o bem da república'. Porque este é o fim último dos extratos: o bem último da república, no sentido em que ele [fim] repousa sobre uma ação guiada e iluminada pela leitura organizada das histórias". Cf. Marie-Dominique COUZINET. *Op. cit*. p. 78.

CAPÍTULO III — APLICAR O MÉTODO

Porque, se a realidade é bem regulada, o conhecimento da história mostra que não o é mais à maneira como o direito ensina: não é preciso considerar somente uma lei natural única, presente no espírito de todo homem, que se traduz sob a forma do direito dos povos e de uma multidão de direitos civis. A história mostra que essas leis se realizam somente quando são impostas, da forma como o fazem os poderes civis. Desse momento em diante, é a ciência política (*civilis disciplina*) e não mais o direito (*jurisprudentia*) que regulamenta todas as ciências e todas as artes no interior de cada república considerada como uma realidade ao mesmo tempo humana, natural e divina.[3]

Não se trata aqui, como dissemos, de descartar uma ciência em favor da outra. O fato de entendermos que a *civilis disciplina* nos possibilita ampliar o campo de influência sobre as artes que se referem à vida dos homens não nos desautoriza reconhecer que, sob outra perspectiva, direito e *civilis disciplina* apresentem elementos confluentes. Elas perseguem um mesmo fim: "contribuem para regular as ações humanas".[4] Mas, qual lugar caberia ao direito depois de realizada essa alteração? Ao nos mostrar que os princípios teóricos universais também podem se vincular diretamente às ações humanas e julgá-las, ele assume o lugar "de uma disciplina propedêutica que abre o caminho para todas as outras e que, neste sentido, engloba-as quase ao ponto de substituí-las".[5] Se, de um lado, a história é o lugar perfeito para conhecermos como as sociedades criam as leis e os códigos jurídicos, por outro, a intenção de

---

[3] Marie-Dominique COUZINET. "Histoire et Méthode chez Bodin". In: *Jean Bodin a 400 anni dalla morte – Atti del Convegno intenazionale per il quarto centenario della morte di Jean Bodin*". p. 222.
[4] *Ibidem*. p. 223.
[5] Ainda comenta Couzinet: "Estamos assim em presença de uma disciplina por vezes *nobis notior* (conhecimento sobre os homens) e *naturae notior* (conhecimento sobre os princípios) que contempla todas as condições para constituir o objeto do método, tal como entende Ramus e na condição em que Turnèbe observou na origem do método composto por um movimento único. Há apenas um só movimento, porque as categorias, servindo à

conhecê-la exige que a observemos com base nos princípios de uma ciência que lhe seja mais próxima. O conhecimento das leis universais do direito demanda uma investigação de como os povos as concebem.[6] Por outro lado, ao conhecer as histórias somos atraídos ao campo da ciência que melhor pode decifrar o sentido conjunto das ações humanas para intervir no seu curso.[7]

Bodin frisa sua preferência pela *civilis disciplina* no momento em que o método é posto em ato. Ele escolhe os tópicos nos quais serão agrupadas as descobertas obtidas da leitura das histórias[8] e lança alguns sinais desta operação. A menção aos *loci communes* é um exemplo. A história aparece como um meio pelo qual se podem conhecer os problemas relativos ao governo e à política em sentido amplo.[9]

Por mais explícita que nos possa parecer sua avaliação quanto à relevância da *civilis disciplina*, vários estudiosos do *Methodus* insistem em afirmar que a perspectiva do direito é a que prevalece nos escritos políticos de Bodin. A posição dos intérpretes talvez reflita o fato de que a importância do direito nas teorias políticas

---

classificação, são impostas do exterior e porque elas pertencem a outra disciplina, mas também porque, no caso do direito, não podemos falar de invenção: o material já está lá, dado, no espaço cotidiano e nos livros. Em Bodin, este papel será devolvido à história". In: *Idem. Histoire et méthode à la renaissance – une lecture de la* Methodus *de Jean Bodin.* p. 110.

[6] Cf.:Vicenzo PIANO-MORTARI. "Il diritto positivo in Francia nell'epoca del *Mos Gallicus*". In: *Dritto, logica, metodo nel secolo XVI*, Napoli: Jovene, 1978. p. 6-7.

[7] "De fato, apesar desta manifestação da originalidade de seu objetivo, Bodin está mais diretamete influenciado por seus predecessores no campo do método histórico do que ele trata de admitir." In: Kenneth MacRAE. "Ramist Tendencies in the Thought of Jean Bodin". In: *Journal of the History of Ideas*. V.16, june 1955. p. 316.

[8] Kenneth MAC RAE. *Op. cit.* p. 316.

[9] "...o arranjo tópico serve como estrutura para os capítulos sobre o meio, e o governo constitui o elemento mais distintivo do ensaio. Os outros capítulos o conduzem [a Bodin] a questões controversas discutidas por outros historiadores". In: *Ibidem.* p. 316.

do século XVI seja superdimensionada.[10] Também se pode pensar que encontramos aí um dos primeiros resquícios do posicionamento teórico – característico das obras de filosofia política moderna como a de Hobbes, Rousseau até Kant – que visam a circunscrever o pensamento sobre a política, assim como a fundamentação de seus princípios, nos limites da reflexão sobre o direito.

    Julian H. Franklin confirma a impressão acima ao avaliar que no *Methodus* "um tema suplementar, particularmente importante a Bodin, foi a idéia de remediar as deficiências do sistema de direito romano, consultando os dados universais da história universal".[11] O interesse pelo conhecimento da história remete, primordialmente, ao estabelecimento de reparos nos códigos das leis romanas. Daí ser-nos possível já vislumbrar que a exposição sobre o conceito de soberania, a ser desenvolvida no capítulo VI, responde ao intento de repensar os fundamentos jurídicos clássicos: "...um empreemdimento que começa verdadeiramente como uma pesquisa sobre as prerrogativas dos antigos imperadores romanos e dos reis da França se transforma em um estudo da soberania para todo gênero de Estado".[12]

    Segundo esta acepção, o método estabelece a comparação entre os estados para explicar os princípios do direito sobre os quais se constituíram cada um deles. Da mesma forma, a soberania de cada estado é avaliada em função do que se conclui a respeito dos fundamentos jurídicos. Tal observação se ampara numa avaliação do *Corpus Juris Civilis*, levando também em conta a posição crítica de Bodin, como vimos, em relação aos juristas e aos glosadores da

---

[10] John. L. BROWN, *Methodus ad Facilem Historiarum Cognitionem of Jean Bodin – A Critical Study*. Washington: The Catolica University of America Press., 1939, p. 29-30.

[11] Julian H. FRANKLIN. "La souveraineté et la constitution mixte: Bodin et ses critiques". p. 272. Cf. Idem. *Jean Bodin and the sixteenth-century revolution in the methodology of law and history*. New York: 1963, p. 59.

[12] *Idem*. "La souveraineté et la constitution mixte: Bodin et ses critiques". p. 273.

época. Para ela, o conjunto das leis romanas "não propunha virtualmente nada concernente à teoria dos poderes públicos..."[13] Por isso, o pensador francês teria pretendido estabelecer princípios legais que pudessem fundamentá-los. Poder-se-ia afirmar inclusive que o *Corpus Juris* carecia de um sistema logicamente coerente, que nos poderia tornar evidentes tanto os pontos de partida da teoria de Bodin quanto a eficácia da aplicação das leis sobre as mais diversas situações concretas. Pelo fato de o pensador assumir a crítica à matriz clássica do direito, estaríamos, segundo a perspectiva de Franklin, autorizados a concluir que as preocupações bodinianas gravitavam prioritariamente na órbita dos temas jurídicos. Com isso ele lançou os elementos suficientes para nos convencer da importância de fundamentar o poder político sobre novas bases, mais amplas do que aquelas que nos permitiam o direito, porém solidamente amparadas nele.[14]

De fato, Bodin dedica parte considerável de sua investigação no *Methodus* ao tema dos fundamentos jurídicos do poder político.[15] Mas, ao fim e ao cabo, a discussão sobre os fundamentos do direito propõe as soluções para os problemas de ordem política.[16] A primazia do debate sobre os princípios do direito se observa quando o que está em destaque é a pergunta pelas matrizes teó-

---

[13] *Ibidem*. p. 273.
[14] "a autoridade intelectual do direito romano foi abalada, o que trouxe muitas conseqüências importantes". In: *Idem. Jean Bodin and the sixteenth-century revolution in the methodology of law and history*. New York: 1963, p. 36.
[15] "Procurando determinar a forma do Estado da antiga Roma e de certas outras repúblicas da época clássica consideradas como mistas, Bodin foi finalmente conduzido a buscar, em termos estritamente jurídicos, o lugar da soberania em uma constituição mista – quer dizer em uma constituição na qual diríamos que a soberania era um composto de monarquia, aristocracia e democracia, ou de uma ou outra destas". *Idem*. "La souveraineté et la constitution mixte: Bodin et ses critiques". p. 274.
[16] "...aos olhos de Bodin, a unidade de um sistema jurídico parecia exigir logicamente a unificação do poder em um só dirigente ou apenas em um grupo dirigente". In: *Ibidem*. p. 274.

CAPÍTULO III — APLICAR O MÉTODO   143

ricas da concepção do método para o conhecimento das histórias. O direito nos ensina que o universal – as leis – pode ser conhecido desde que busquemos no particular – os códigos jurídicos do diferentes povos –, os elementos que nos remetem aos princípios do conhecimento. É nesse caso que a história está disponível ao conhecimento dos fundamentos jurídicos. Pois,

> ...o estudo do direito romano através dos historiadores pôde lhes [aos juristas] fornecer o modelo de uma utilização geral da história para todo o desenvolvimento das instituições. Mas esta idéia do direito universal se exprime aqui como o reflexo da história universal do direito. Sob este olhar, nada é mais revelador desta tendência a universalizar os dados jurídicos, pela aproximação das evoluções históricas análogas, que as reflexões apresentadas por Bodin sobre os historiadores da antigüidade.[17]

A dificuldade em tornar precisos os contornos que o tema do direito e sua relação com a história adquirem no *Methodus* reside também em fatores externos à obra bodiniana. A exclusiva observação da posição social dos juristas e seu interesse pela política talvez não contemplem todos os aspectos necessários para entender o problema no texto bodiniano. Um exemplo está na afirmação do jurista Baudouin, que, como vimos, coloca lado a lado os idais do político e dos juristas (*homo politicus, hoc est jurisconsultus*)[18], levando-nos a pensar que os interesses dos dois domínios do saber se encerram um no outro. No caso de Baudouin é preciso fazer justiça: seu pensamento nunca esteve tão distante do que já se afirmou aqui sobre o projeto do *Methodus*.[19]

O intercâmbio entre os dois domínios de conhecimento – o direito e a história – explica-se também pela própria definição do

---

[17] Jean MOUREAU-REIBEL. *Jean Bodin et le droit public comparé dans ses rapports avec la philosophie de l'histoire*. Paris: Vrin, 1933. p. 45.
[18] *Ibidem*. p. 123.
[19] O comentário de Vicenzo PIANO-MORTARI sobre a obra de BAUDOUIN – *De institutione historiae universa et eius cum jusrisprudentia coniunctione* –

termo "legista".[20] Na Idade Média, legista correspondia àquele que ensinava ou estudava a lei romana. Porém, se observarmos a abordagem dos historiadores veremos que o estudioso das leis adquire caráter político, enquanto "servidor do poder", com a tarefa de defender o monarca imperial.[21] No século XVI, os juristas formavam um tipo de intelectual secular que, atuando como corporação, orientava seus interesses de ofício para a análise das ações humanas. Isso explica por que muitos legistas do Renascimento se interessam tanto pela *scientia politica*.

> Eles eram devotos não do sagrado mas sim da 'ciência civil' e, como tal, não eram somente legisladores, administradores e apologistas de causas particulares, mas também críticos da tradição, árbitros sociais e reformadores, defensores leigos da fé, teóricos políticos e, finalmente, filósofos com as mais exaltadas pretensões. Mais do que qualquer outro grupo, eles alimentavam uma estrutura intelectual para a emergência do movimento ideológico moderno e para entender que isso era necessário para considerar suas percepções e julgamentos sobre o mundo.[22]

---

explicita essa proximidade: "Para Baudouin a história universal é aquela que leva em consideração os eventos dos povos preferidos e, ao mesmo tempo, reconstrói os diversos aspectos políticos, religiosos, militares e culturais na sua estreita concatenação ideal e sucessão histórica". Cf.: Vicenzo PIANO-MORTARI. *Diritto romano e diritto nazionale in Francia nela prima metà del secolo XVI*. p. 118.

[20] O termo *légiste* é utilizado no francês como definição para jurista. Conservamos seu emprego em nosso texto por se tratar de um comentário que se baseia no estudo de Jacques KRYNEN. "Les legistes 'Tyrans de la France?' – Le temoinage de Juvenal de Ursins, Docteur *in utroque*". In: *Droits savants et pratiques françaises de pouvoir (XI –XV siècles)*. Bordeux: Presses Universitaires de Bordeaux, 1992.

[21] Como observa Krynen: "'legista' designa o servidor do poder, imbuído do direito romano, entusiasmado para defender, em benefício do monarca, os princípios antigos da soberania imperial". Cf. Jacques KRYNEN. *Op. cit.* p. 280.

[22] Donald R. KELLEY. *The Begginiging of ideology – conciousness and society in the French reformation*. Cambridge: Cambridge University Press, 1981. p. 185.

No momento da publicação do *Methodus* e durante os anos seguintes, marcados por vários confrontos civis, cujo ápice foram as guerras entre católicos e protestantes, os juristas se mantiveram ativos na discussão tanto dos problemas da política eclesiástica como dos da civil. O papel do jurista nessa difícil conjuntura da história francesa era parte do "ideal da lei como a 'verdadeira filosofia'". Era inerente ao exercício da justiça, o envolvimento com os problemas do cotidiano dos cidadãos. A dupla representação do intelectual, que atua em nome da justiça e toma posições em relação aos conflitos políticos é um composto do "ideal renascentista de erudição e utilidade social, do aprendizado privado e da virtude pública".[23] Muito facilmente o jurista altera os registros da sua ação. Como figura intelectual, o jurista se nutria da filosofia e do conhecimento das leis; como homem de ação, ele conservava a primeira como fonte de inspiração e substituía a segunda pelo conhecimento dos princípios da política. Quanto a esse aspecto, há uma alteração decisiva nos registros teóricos do jurista renascentista francês: "'a filosofia verdadeira' foi transformada em 'ciência política' – e o *philosophe* em *politique*".[24]

Considerando esses fatores exteriores ao trabalho de Bodin, é mais fácil entender como foi possível o interesse de um intelectual conhecedor de leis como ele reorientar seus objetivos enquanto jurista, sem que isso implicasse uma ruptura radical. A princípio, suas observações acerca da importância do direito e da *scientia politica* são legítimas, uma vez que a política ocupa no *Methodus* uma parte no conjunto de interesses do jurista. Mas, em que sentido se pode entender no *Methodus* e no contexto de sua publicação o termo *scientia politica*?

---

[23] *Ibidem*. p. 203.
[24] *Ibidem*. p. 203.

2. *Scientia Politica* no Renascimento francês e no *Methodus*

A matriz da noção de *scientia politica* do Renascimento francês é a obra de Aristóteles.[25] A introdução do conceito de *science des politiques* na França se deu no século XIV, mas é no XVI que o termo (*la science politique*) é mais utilizado, primeiramente por humanistas, como Budé, e depois por seus discípulos Louis Le Roy e Louis Le Caron.[26] Seria injusto deixar de reconhecer, entretanto, que, desde a Idade Média, as traduções de *A Política*[27] de Aristóteles permitem aos estudiosos referirem-se aos temas da política de um ângulo distinto daquele tradicional dos juristas. De acordo com Krynen, foi a primeira vez que a *science politique* foi vista como disciplina autônoma, inclusive trabalhada fora das universidades.[28]

Para Nicolau Oresme[29], o primeiro autor a traduzir *A Política* para o francês em 1489, era precico situar a ciência do pensa-

---

[25] Cf. ARISTÓTELES. *Politics*. Trad. H. Rackham. London: Loeb Classical Library. 1990. I, 1. 1252a. Também utilizamos a edição francesa: *Les Politiques*. Trad. Pierre PELLEGRIN. Paris: Flammarion, 1993.

[26] Donald R. KELLEY. *The Beginniging of ideology – conciousness and society in the French reformation*. p. 193.

[27] A tradução brasileira considera como título desta obra de Aristóteles *A Política*, todavia o que sugere a tradução francesa – *Les Politiques*–, indicada acima (nota 25), tem sido mais utilizado pelos especialistas nesta obra aristotélica. A meu ver, as razões que levam ao emprego do título no plural nos parecem muito consistentes (Cf. "Introduction". In: *Les Politiques*. Trad. Pierre PELLEGRIN. Paris: Flammarion, 1993. p. 5-76), embora o mencionemos daqui em diante no singular.

[28] "pela primeira vez, proclama-se fora da Universidade que a política é uma ciência, autônoma, que se nutre dos recursos da razão natural". In: KRYNEN, J. *L'Empire du Roi*. p. 111-112.

[29] Igualmente tradutor e comentador da *Ética* de Aristóteles. Cf. A. D. MENUT, *Le livre des Etiques d'Aristote*. New York, 1940. Oresme é aquele que mais trabalha para a difusão do aristotelismo na França. Porém, outra importante tradução deve ser lembrada: a italiana, de Leonardo Bruni (1498), elaborada com comentários. Na França destacou-se também o comentário sobre a tradução de Bruni, feito por Lefévre d'Etaples, provavelmente escrito entre

dor grego em um patamar de destaque. Mas entre todas as ciências superiores, merece maior atenção de nossa parte aquela que o tradutor considera uma "ciência ativa", a serviço da felicidade coletiva, voltada ao governo dos soldados (*policiers*) e dos reinos, enfim, uma arte superior em relação à contemplação. Alguns comentários do próprio Oresme nos dão uma noção precisa de quanto o texto de Aristóteles foi decisvo para a sedimentação da idéia de uma ciência da política, entendida nos termos da filosofia.

> É a esta 'ciência das políticas' que o maior dos filósofos dedica a maior preocupação, para considerar ele mesmo a *Política* como a principal e decisiva de suas obras'. 'Este é também como um livro de leis quase naturais, universais e perpétuas, motivo porque todas as outras leis particulares, locais ou temporais são ordenadas, instituídas, moderadas, interpretadas corrigidas ou mudadas'.[30]

A outra fonte em que os humanistas franceses se inspiravam para afirmar a superioridade da *scientia politica* é o *De Oratore* de Cícero: é o que os filósofos gregos chamavam de ciência das coisas superiores.[31] Porém, com Guillaume Budé o termo fora difundido entre os estudiosos e *A Política* apareceu como um dos textos indispensáveis para a formação humanística na França. Inicialmente conhecido como filólogo, com a publicação de *De L'institution du Prince* (1547)[32] Budé tornou-se reconhecido também como estu-

---

506 e 1511. A tradução feita por Louis Le Roy (1568) é também acompanhada de um abundante comentário, que foi complementado em 1576". Cf.: H. WEBER. "Utilisation et critique de la *Politique* d'Aristote dans la *République* de Jean Bodin". In: *Classical Influences on European Culture A. D. 1500-1700*. Cambridge: Cambridge University Press, 1976, p. 305.

[30] Apud.: J. KRYNEN. *Op. cit.* p. 111-112.

[31] "aquela que os filósofos políticos gregos chamavam a ciência excelente das coisas superiores" (*Illi, propter eximiam rerum maximarum scientiam, a Graecis politici philosophi appellati*). In: CÍCERO. *De Oratore*. I, 28, p. 109.

[32] O reconhecimento de Budé como grande estudiosos do direito se deu com a publicação de *Anotaciones in Pandectas* (1508), texto no qual, comenta

dioso preocupado com a educação dos príncipes. O *L'institution* teria sido elaborado para apresentar os ensinamentos de Aristóteles ao filho do rei Francisco I.[33] Não obstante trazer uma larga lista de temas, é significativa a defesa que o humanista faz da ciência e da política. Budé sustenta que a ciência tem por função estabelecer a ordem em tudo o que diz respeito à vida humana, assim como à natureza. Ciência nessa acepção é

> a investigação e a procura dos remédios, das luzes do conhecimento e das advertências salutares, contra as obscuridades da ignorância, engano e escamoteamento do mundo, que pervertem a ordem das criaturas e as desviam do reto caminho da razão.[34]

Ele estabelece como finalidade da ciência "extirpar as faltas que estão em nós", as quais são introduzidas em nosso entendimento para se colocarem contra o direito natural, usurpando e proscrevendo a doação e a dominação que há no direito humano,

---

KELLEY, ele "...rendeu muitas homenagens às instituições da França, o que representou uma tentativa consciente de transferir a liderança da nova jurisprudência humanista para a França". In: Donald R. KELLEY. *Foundations of modern historical scholarship: language, law and history in the French Renaissance*. New York and London: Columbia university Press, 1970. p. 60. A intenção de Budé em escrever um texto sobre a educação do príncipe nos remete à tradição dos espelhos dos príncipes (*specula principum*) que eram manuais destinados à instrução moral do príncipe tendo em vista o bem comum. Cf.: Michel SENELLART. *Machiavelisme et raison d'Etat*. Paris: P. U. F.: 1989. p. 19. Cf.: Quentin SKINNER. *As fundações do pensamento político moderno*. p. 235.

[33] Donald R. KELLEY. *Op. cit*. p. 60.
[34] "...n'est autre chose, que l'investigation & inquisition de remèdes, & lumières de cognaissances & advertissements salutaires, contre les tenèbres de l'ignorance, abusion, & elusion du monde, qui pervertissent l'ordre des creatures, & les devoyent hors du chemin de la raison". In: Guillaume BUDÉ. *De l'Intitution du Prince*, 1547. p. 17.

estabelecidas por Virgílio e Tito Lívio.[35] Mostrando que não abandona os princípios da jurisprudência humanista francesa, Budé afirma que essa mesma ciência nos permite interpretar e julgar as sentenças, de acordo com a opinião e os costumes do lugar. Ele sustenta que ela nos faz conhecer os erros e as faltas sobre os julgamentos "tanto civil quanto canônicos".[36]

É pela ciência que se conhecem os "fundamentos dos direitos civis e políticos" que, junto com o direito canônico, estabelecem a autoridade que concerne à majestade e aos impérios. A justiça, também nos ensina Budé, se conhece na doutrina da filosofia (*doctrine de Philosophie*). Ele insiste que a fonte do conhecimento da justiça encontra-se exatamente no pensamento de Aristóteles, na *Ethica Nicomachea* (*des Etiques*).[37] De acordo com sua interpretação, a justiça se constitui do "vigor e da observância para manter a verdade". Também, é uma espécie de "vontade constante e propósito não mutável, dando a cada um o que lhe pertence". Enfim, como aprendemos com o pensador grego, ela "é a excelência de todas as virtudes". Apesar da supremacia da justiça sobre as demais virtudes, Budé nos lembra que ela "é muito difícil de ser administrada e contida em seus limites: a qual não pode ser execida a não ser segundo o dever do mérito, um grande conhecimento da antigüidade e sem a ciência perfeita adquirida pela virtude das boas letras...[38] Budé parece ter como objetivo claro destacar as vantagens da *scientia politica* para conhecermos as ações humanas. A

---

[35] "Voulans usurper par leur siège & domicile, le coeur & iugement des humains, & confondre & prescrire la donation & domination par le droict humain par Virgile, & par Tite Live". In: Guillaume BUDÉ. *De l'Intitution du Prince*, 1547. p. 17.

[36] "Laquelle faict cognoistre tous les iours les erreurs & faultes que lon trouve aux iugements tant civils, que canonicques". In: Guillaume BUDÉ. *De l'Intitution du Prince*, 1547. p. 17.

[37] As razões de utilizarmos o título segundo a tradução dos especialistas são as mesmas apresentadas na nota 27.

[38] Guillaume BUDÉ. *De l'Intitution du Prince*, 1547. p. 18.

prudência civil decorre do próprio uso da razão. Isto porque esta é mais afeita aos assuntos políticos e públicos (*de la police*), do que especificamente privados, relativos à moral. Nesse sentido, a política satisfaz mais ao interesse da razão e da ciência do que a própria ética. O envolvimento com os problemas da vida prática é o critério que nos possibilita inclusive certificar a eficácia da ciência.[39]

Enquanto Bodin apresenta um método para embasar o caráter rigoroso do conhecimento da história, Budé, mesmo sem afirmar que ela não faz parte do conjunto das ciências, sustenta que a excelência em seu uso pertence aos que têm o conhecimento da retórica. A diferença não influi, no entanto, na opinião de ambos sobre a relevância do estudo da história: ela também nos encaminha para a mais nobre das ciências: a que investiga a política. Argumenta Budé,

> Por isto é necessário a um autor completo e perfeito, que tenha o conhecimento de todas as ciências, as memórias de todas as antiguidades e a inteligência das histórias. E que tenha ainda (com isto) graças de estilo e composição, invenção (criatividade) para o comando, discreção e prudência, para escutar e dicernir a quem ele fala, para conservar as circunstâncias do tempo, dos lugares, das pessoas, das qualidades e das igualdades destas. Por isto, pouco se encontra de proveito (mesmo no presente, que não tem nenhum efeito sobre a autoridade desta excelente profissão, na qual o aprendizado é tão difícil de adquirir) em relação ao que antigamente os grandes oradores tinham freqüentemente o manuseio soberano e às grandes honras na coisa pública.[40]

A proximidade entre a política e a história é reafirmada quando, a seguir, Budé concentra o argumento sobre a figura do grego Péricles, exemplo de orador e homem público. Na opinião de Budé,

---

[39] *Ibidem*. p. 19.
[40] *Ibidem*. p. 56.

a arte do dirscurso, que implica o conhecimento da história, está entre os requisitos fundamentais para se adquirir a arte de governar. É emblemático que evoque Péricles citando o segundo livro de Tucídides.[41] Ele mostra que a arte da política nos foi ensinada pela leitura de um livro sobre a história do povo grego. O principal político de Atenas teria sido o homem mais importante se considerarmos quatro fatores:

> a saber, entender e conceber o que toca à utilidade pública e saber colocá-lo em discurso, e fazer com que o seja bem compreendido. Mostrar [a Budé e aos homens em geral], por conseguinte, a ter caridade e cuidado pelo bem da cidade, e se resguardar de ser sobreposto pelo desejo de dinheiro e de tomar em proveito próprio os cargos públicos. Pois, aquele que entende e não tem a faculdade de tornar bem compreendido o que concebeu, merece fazer parte da mesma estirpe daqueles que nada sabem. E aquele que tem estas duas faculdades juntas (se ele não tem as outras duas) não pode ser um administrador público útil e não poderia governar bem nem uma comunidade nem uma república, porque um tal governo exige todas as boas virtudes e aquilo que se disse acima.[42]

Outra referência importante sobre o modo como se abordou a noção de *scientia politica* no Renascimento francês é um texto de Louis Le Roy.[43] Trata-se de uma introdução para *A Política* de Aristóteles que, embora seja de 1568, dois anos após a publicação do *Methodus*, é de capital importância para observarmos os termos que os estudiosos mais davam importância à época. Diego

---

[41] Cf. TUCÍDIDES. *Histoire de la guerre du Péloponnèse*. Trad. Jacqueline de ROMILLY, Paris: Robert Lafont, 1990.
[42] Guillaume BUDÉ. *De l'Intitution du Prince*, 1547. p. 56-7.
[43] Como Bodin, graduou-se na escola de direito de Toulouse. Depois, em Paris, torna-se professor, ocupando a cadeira de grego clássico no Collège Royal, futuramente Collège de France. In. : P. BAYLE. *Dictionnaire historique et critique*. Genève: Slaktine Reprints, 1969. T.XVI, p. 539.

Quaglioni analisa que a importância do texto de Le Roy está em que seu objetivo era também propor a revisão dos termos da teoria e da prática políticas, colocando a *sciencia politica* à frente de todos os demais conhecimentos.[44] Em 1576, na nova edição de *A Política*, Le Roy amplia a avaliação sobre o tema. O texto *De l'origine, antiquité, progrès, excelence et utilité de l'art politique* constitui a "Epístola dicatória" da tradução endereçada ao rei Henrique III e nos dá uma idéia mais precisa e completa de sua percepção tanto da obra do filósofo grego, quanto da noção de *scientia politica*. Desde a primeira definição, o texto nos faz lembrar aspectos da perspectiva bodiniana sobre o tema. Le Roy considera a política como a ciência do governo, a qual deve se guiar pelos exemplos que encontramos nas histórias e também pelo que nos ensinam os argumentos dos filósofos.[45]

Nesse texto de 1576, Le Roy não apenas mira aprofundar os aspectos do pensamento de Aristóteles como também comenta a filosofia de Platão. Seu objetivo era "mostrar o quanto era necessário o conhecimento da *scientia politica*", pois, sem ele, "os homens não podem manter-se de nenhuma forma em companhia e em assembléias".[46] Essa ciência é superior a todas as outras porque comporta tanto a teoria quanto a prática. Le Roy faz questão de colocar em destaque essa característica da política, pois fundamen-

---

[44] "destacando que, com respeito ao fato de as outras ciências afirmarem que a política fosse alocada atrás (*demouree en arrière*), ele indicava o conhecimento do mundo e do saber (*sçavoir et exigence ensemble*) como os dois pilares de uma ciência política renovada". In: Diego QUAGLIONI. *I limiti della sovranitá: il pensiero di Jean Bodin nella cultura politica e giuridica dell'etá moderna*. p. 112.

[45] Louis LE ROY, "Première Epistre Dedicatoire de L. Regius au Fev Roy de France et de Pologne, Henry III". In: ARISTÓTELES, *Politiques*. Edição publicada em 1576.

[46] Louis LE ROY, "De la politique et des legislateurs". In: ARISTÓTELES, *Politiques*. Como dissemos este trecho foi extraído da edição publicada em 1576. O comentário já constrava da tradução de 1568, mas fora complementado. Cf. LE ROY. *Op. cit.* p. 4.

ta também a importância da filosofia de Aristóteles, o primeiro filósofo a retirar a filosofia da contemplação para orientá-la na direção dos problemas concretos da política.[47] Portanto, a excelência da *scientia politica* está em que sua utilidade se reflete imediatamente sobre o bem comum:

> É ela que ensina o que é conveniente ao gênero humano segundo a natureza dos países e dos povos, e segundo a diversidade dos tempos; como os estados devem ser estabelecidos, mantidos e reformados quando for necessário; como se podem conduzir as repúblicas, os reinos e os impérios sem proveito dos súditos e conforme a honra dos magistrados. Ela [*scientia politica*] nos mostrou primeiramente a forma do direito natural e do civil, do humano e do divino, do privado e do público, do escrito e do não escrito; que nos convidou a viver amigavelmente juntos, para prover as indigências comuns; que nos ensinou o começo e a finalidade da sociedade humana e que há uma lei universal e perpétua para determinar os destinos humanos, semeando os entendimentos entre as pessoas, muito tempo antes de haver qualquer ordem escrita ou cidade constituída e em relação à

---

[47] "Ce fut le premier entre les philosophes grecs, qui retira la philosophie de la contemplation celeste & naturelle pour l'accommoder au gouvernement des familles, & des Republiques...". Louis LE ROY, "De la politique et des legislateurs". In: ARISTÓTELES, *Politiques*. Edição de 1576. p. 11. Na página 5, LE ROY já comentava: "Mais la politique les comprenant & reiglant toutes, qui plus meritoit d'estre cultivee, a esté delaisse sans recevoir encores aucune lumière des lettres. La cause est à mon advis, que les gents sçavâns qui l'eussent peu decorer par leurs escrits, ont delaissé entierement le maniement des affaires pour s'adôner tout à l'inquisition de verité, mettans en la contemplation leur souveraine felicité. Et ceux qui ont esté appellez aux charges & administrations publiques s'ont pas eu communément grand sçavoir, ou s'ils en ont eu, le loisir leur a defailly pour escrire. Tellement que les doctes dellaissants la negociation, & les negociateurs l'estude: ceste science qui est imparfaite sans le sçavoir & experience ensemble, est demouree, comme ie disois, en arriere".

qual todas as outras leis particulares, locais ou temporais devem ser dirigidas, reguladas, moderadas e expostas.[48]

Retornando ao *Methodus*, observaremos que o texto não nos apresenta um elogio à política, tal como os encontramos em Budé e Le Roy. Mas pode-se afirmar que esse texto de Bodin contribui

---

[48] Louis LE ROY, "De la politique et des legislateurs". In. : ARISTÓTELES, *Politiques*. Edição de 1576. p. 05-06. Quando comparada às demais ciências e artes, LE ROY enfatiza ainda mais a supremacia da política: "Mais la Politique est la principale reigle des tous arts liberaux & mechaniques, conduicte de tous exercices humains, mere de discipline, maistresse des moeurs, utiles és escoles, & és negoces, utile és champs & és villes, utile par mer & par terre, utile en guerre & en paix: n'y a maison, n'y a navire flottant, n'y a cité, n'y a nation, ou peuple tant barbare & rude, qui ne consiste de commandans & obeissans, & partant ne retienne quelque forme de police, qui se trouve mesmes en l'univers, & particulierement en chapersonne, commandant la patrie superieure à l'inferieure, & l'ame au corps. Elle nourrit liberalement les enfans en bonnes moeurs & disciplines: esleve le coeur des ieunes hommes, par l'esperance des charges & digntez futures: adoucit les modesties des plus à agez, par auctorité & respect de leur conseil & experience: soustient les pauvres, conserve les riches, plaist aux bons, contente les sages, guide les Magistrats, conduict les roys & Empereurs, regit les estats, entretenant par equité les inferieurs avec les superieurs: orne la prosperité, console l'adversité, promettant aux vrays politiques perpetuelle louange en recompense de leurs extremes labeurs, & des indignitez qu'ils reçoivent souvent par brigues & envies: maintient iustice, garde le droict, observe les loix, appaise plaids & proces, apporte douceur, chasse rudesse, retient bienveillance, & envoye malveillance, excite l'industrie, blasme l'oisivité, bannit superfluité, oste l'avarice, honore vertu, chastie le vice: modeste en actions, grave en paroles, facile en audiences, dscrete en responses, audisee és executions, magnifique és affaires publiques, constante en perils, inflexible par faveur, incorruptible par argent, invincible contre des amis. Ils estoict appelez en paix & en guerre: au moyen de quoy furent appelez Prudents, & leur art Iurisprudence: d'autant que telle profession ne pouvoit estre conduite sans grande prudence, sans avoir beaucoup veu, leu, ouy, sçeu, sans cognoistre l'antiquité, sans entendre la comune disposition du genre humain, la nature du droict & de l'equité, snas observer les moeurs de plusieurs nations, specialement de la leur". p. 19-20.

também para colocar em destaque a utilidade da *scientia política*. Embora isso não seja tão destacado pelos estudiosos da obra bodiniana[49], enfatizamos que, se, por um lado, o ramismo nos fez entender a matriz jurídica do método, por outro, com ele podemos esclarecer por que o conhecimento das histórias demanda, ao mesmo tempo, que se investiguem prioritariamente os problemas que envolvem a *pólis*.[50] Para os ramistas, como Bodin, interessava conhecer os dados concretos e as definições gerais, ou princípios, que nos possibilitam conhecer os fatos. Cesare Vasoli destaca entre os críticos dessa perspectiva os "teóricos aristotélicos", que contestavam a preocupação ramista com o particular. Para esses estudiosos, a ciência deve estar ordenada seguindo um sistema de definições "seguro e coerente", o que obriga a elaboração exclusiva de conceitos gerais ou universais.[51] A preocupação com os princípios e com o conhecimento pelos fatos recolhidos da experiência são os dois aspectos que também definem a condição de Bodin não mais como estudioso da *scientia política* mas já como filósofo da políti-

---

[49] McRAE avalia que "em vez disso, sua contribuição para o desenvolvimento da disciplina ciência política atraiu, até o momento, pouca atenção". In: Kenneth McRAE. "Bodin and the Development of Empirical Political Science". In: *Jean Bodin Actes du colloque international* Jean Bodin *à Munich*. p. 333.

[50] Afirma McRAE: "Eu penso ser evidente que as fundações ramistas são um componente central do sistema intelectual de Bodin e que constituem, portanto, os pontos fortes e facos da metodologia política de Bodin". In: *Ibidem*. p. 335.

[51] Acrescenta VASOLI para explicar o método: "Uma vez definido o 'conceito mais geral', que serve de fundamento à arte ou ciência, é ainda necessário que se prossiga com a distinção das 'partes' que o compõem, utilizando sempre o procedimento, 'princípio' da 'análise'. Desta forma, na verdade, se pode colocar em destaque o princípio interno mais evidente e observado pela própria natureza daquele conceito e, também, de toda a ciência, que é a 'finalidade'; de lá este [conceito geral] moveria as noções que lhe são mais próximas, dando à 'doutrina' uma 'disposição' efetivamente funcional'" In: *Idem*. p. 13.

ca.⁵² Falar dos princípios e dos dados da experiência na *scientia política* renascentista implica referir-se a quê?

Por um lado, formular conceitos que possam nos explicar o problema dos limites da autoridade ou os "princípios de governo que tenham validade universal".⁵³ Por outro, do ponto de vista da experiência, significa fazer com que o método opere sobre os dados do presente e do passado permitindo-nos, como dissemos, estabelecer a conexão entre os dois momentos distintos.⁵⁴

Para Bodin, a política torna-se o tema de maior interesse quando analisa a relação que os homens travam entre si e o que eles constroem em comum para proteger (*tuendam hominus vitam*) suas próprias vidas. Reconhecer as ações humanas como variadas significa admitir que o interesse pelo o passado reflete mais a importância das espécies de ações, do particular, do que do seu gênero. Para que se entenda o que o pensador francês diz com espécies, é preci-

---

[52] "Os ramistas, freqüentemente, enfatizaram que estavam interessados em 'coisas', não em 'palavras'. O teste real de validade das definições gerais era sua capacidade para acomodar os fatos da experiência idealmente na estrutura lógica que eles desenvolveram. Havia, no entanto, um ponto frágil nestes procedimentos: as definições gerais não avançaram a partir do dado individual por um processo de indução, mas antes foram formuladas independentemente e prioritariamente da consideração dos dados detalhados. Eles se tornaram, então, o início do processo dedutivo que progrediu para divisão dos conceitos globais em componentes menores, que deveriam ser, esperançosamente, a informação fatual nua e crua do mundo real. [...] estes dois componentes do movimento rámista, seu universalismo e sua preocupação com o 'dia-a-dia' ou o mundo real, nos traz ao coração do problema de Bodin como um cientista político". Kenneth McRAE. *Op. cit.* p. 337.

[53] *Ibidem.* p. 337.

[54] "Por um lado ele procurou desenvolver um conceito de autoridade e princípios de governo tendo validade universal, como única base para a ciência verdadeira. De outro lado, ele abraçou avidamente a vasta quantidade de evidência empírica que se abria ao mundo intelectual de seu tempo em rápida expansão. O ajuste complexo da quantidade de informações diversas em sua estrutura universalista é um problema central do sistema político de Bodin e uma medida de sua estatura como cientista social." *Ibidem.* p. 337.

so atentarmo-nos para os lugares comuns (*loci comunes*) nos quais nossas ações são mais visíveis. Por exemplo, a cidade, o lar e a moral. Bodin afirma que nos três domínios pode-se verificar a vontade dos homens para a conservação de si próprios e da comunidade.[55] Os lugares comuns são estabelecidos pelo conhecimento ou, ciência (*disciplina*), correspondente a cada um deles. Eles nos ensinam sobre o governo, as famílias e a república[56], respectivamente. Com esse agumento, Bodin pretende nos convencer definitivamente da importância da filosofia política como disciplina que nos permite pensar as ações e a melhor condução das mesmas (lembremo-nos de *illa...moderatrix*). Pois,

> De fato, em primeiro lugar, é apropriado estabelecer que a razão se encontre próxima do poder supremo (*imperium*). Na verdade, nisto consiste a justiça completa e a totalidade das leis, como poder comandar a esposa, os homens livres e os escravos. Primeiramente, deve-se ter o governo da família assim como o da República. Antes, é certo considerar que o homem está junto de outros homens; em seguida, um [homem] junto com vários [homerns], qual a afeição do marido pela esposa, qual o afeto dos pais pelos filhos, que o poder deve governar os servos dos senhores, então, que daí possa preparar os recursos para guarnecer a vida e fazer uso de todas as partes com moderação.[57]

A *civilis disciplina*, centrada em *loci comunes*, nos permite realizar um conhecimento completo das ações humanas.[58] Ter acesso a aspectos que dizem respeito diretamente ao exercício da autoridade, à capacidade de deliberar, assim como à decisão ou à sanção. Para Bodin, por meio desses lugares comuns se pode perceber

---

[55] Jean BODIN. *Methodus*. In: *Op. cit.* p. 120a, L.53-120b, L.10 (288b, L.34-54).
[56] *Ibidem.* p. 120b, L.05-10 (288b, L.46-54).
[57] *Ibidem.* p. 120b, L.10-20 (288b, L.55-289a-08).
[58] *Ibidem.* p. 120b, L.20-30 (289a, L.09-23).

o que motiva a vontade humana e as estratégias que utilizamos para realizar tais interesses. Assim, ao investigar como se manifesta a autoridade, nos dedicamos a conhecer como ela mesma cria os magistrados, promulga e revoga as leis, declara a guerra e a paz, e atribui recompensas e penas.[59] Mais do que nos mostrar que a *civilis disciplina* poissibilita um conhecimeto da vida pública, Bodin sustenta que ela é uma arquitetônica[60]: "que prescreve a todos os mestres de todas as artes que dirijam suas ações e que construam comodidades para o bem comum e não contra a república. E de cada uma [dessas artes] a filosofia política (*civilis scientia*) define a função".[61]

No trecho acima, a constatação de que é uma ciência mestra de todas as artes nos remete a pensar como funções que concernem à filosofia política a concepção de uma estrutura, de uma organização dos elementos, da disposição dos mesmos segundo uma lógica estabelecida. O detalhe importante da explicação de Bodin é que a *civilis disciplina* pode até extrapolar o limite daquilo que diz respeito à política, embora se concentre prioritariamente sobre esse tema. Como a vida civil demanda uma ação contínua, não é um absurdo que a arte da estruturação, da organização, do governo, refira-se até a aspectos não muito relevantes se comparados aos problemas do poder, mas que influem nos assuntos de interesse coletivo. Poder-se-iam incluir aí os aspectos que concernem à vida comezinha, tais como a relação dos maridos com as esposas, o afeto dos pais pelos filhos, os elementos necessários para a boa convivência entre os homens. Enquanto disciplina que abarca o direito

---

[59] *Ibidem*. p. 120b, L.33-37 (289a, L.24-34).
[60] KRYNEN cita um comentário de Oresme sobre a *scientia politica*: "'Celleci, 'la meilleur science mundaine qui puisse estre', peut être qualifiée d'architectonique, 'c'est à dire princesse sur toutes'". In: *L'Empire du Roi*. p. 111-112.
[61] In: Jean BODIN. *Op. cit*. p. 121a, L.18-22 (289b, L.17-23).

— *Civilem disciplinam voco, non jurisprudentiam, ut plerique (est enim illius particula)* –, ela não se refere apenas aos princípios da vida pública mas se estende aos interesses gerais e específicos da vida dos homens.

Tomando o conjunto de princípios que nos podem explicar o particular das histórias; e pensando na importância deste para testar a eficácia dos princípios e compreender nossas ações, conclui-se que esta ciência se apresenta definitivamente como arquitetônica para os demais saberes. O conhecimento das leis, por exemplo, tem valor enquanto se relaciona à avaliação da importância das repúblicas.[62] Bodin afirma que no "livro sobre a história humana" ele tratará dos temas do nascimento e da morte, da vida doméstica e da vida pública. Ao se referir aos aspectos desta última, ele não fará qualquer distinção entre os elementos que concernem ao direito e àqueles próprios da política.[63] A seu ver, todos se congregam na *civilis scientia*. Estão circunscritos ao mesmo campo, tanto a constituição dos estados, como a reforma das leis; tanto as artes, quanto os julgamentos públicos e privados. O pensador não mais se preocupa em distinguir o que corresponde ao direito, ou não, mas em que medida cada um dos elementos que ele cita reporta aos princípios da arquitetônica, inclusive as

---

[62] *Ibidem*. p. 118.
[63] "A descoberta de um sujeito universal da história impõe a Bodin o repensar em termos completamente novos a arte de apresentar a história. Assim, supera os limites que a tradição aristotélico-ciceroniana continuava a impor, assinalando simplesmente aqueles caracteres de 'imitação do particular' e da 'eficacia ética', que os dois mestres do mundo clássico tinham-lhe atribuído. Desta forma, a política se torna, no texto bodiniano, a dimensão principal da história, acentuando o caráter imanente contra os esquemas teológicos, entre os quais a haviam confinado a historiografia medievaL. À definição clássica da história como *magistra vitae* segue a exigência de uma autêntica revolução da metodologia histórica, e será propriamente esta revolução que Bodin se propôs cumprir no ato em que se pôs a escrever sua primeira grande obra". In: Girolamo COTRONEO, *Jean Bodin, Teorico della Storia*. p. 16.

artes aparentemente distantes como a agricultura, a arquitetura, o comércio, a medicina e a farmacopéia, e a arte "da escrita, da interpretação do direito divino e do direito humano, da filosofia e da matemática, da poesia e da gramática".[64] Porque,

> a atividade legisladora da ciência política estende-se a todos os níveis da sociedade, muito mais do que o faz o direito. O estado, quer dizer a República, é a norma suprema e a fonte de toda regulamentação, no sentido de que é nele que se encontra regulada a vida em sociedade sob todos os aspectos: todas as ações humanas enquanto podem ser reguladas, de modo destacado, as artes. A República é também a norma dos conhecimentos e das crenças. A ciência política regula todas as artes, no sentido de que ela os regulamenta, mas também no sentido de que ela lhes confere um objetivo comum. Ela realiza a unidade de todas as artes na escala da República. Eis uma questão de redução de todas as artes, não mais ao direito, mas à ciência política.[65]

A leitura das histórias nos mostra, então, que as ações humanas, principalmente os conselhos e as máximas, dividem-se entre as úteis e as honrosas (*honestum*). Embora possamos relatar inúmeros exemplos que nos mostram que essas qualidades são inconciliáveis para uma mesma ação, Bodin sustenta que elas são congruentes.[66] Adiantando a discussão sobre o problema dos princípios que devem orientar as ações, o pensador pretende indicar que os valores que fundamentam a ação pública orientam também a conduta individual. Em outras palavras, Bodin afirma que também a *civilis disciplina* comporta e integra a discussão tanto dos princípios e do particular da política quanto dos fundamentos éticos da ação humana.

---

[64] Jean BODIN. *Op. cit.* p. 121b, L.43-122a-08 (290b, L.18-47).
[65] Marie-Dominique COUZINET. *Op. cit.* p. 118.
[66] Jean BODIN. *Op. cit.* p. 122b, L.16-18 (291b, L.18-21).

Em relação a esse aspecto, o pensador, de certa forma, remonta à tradição recuperando as principais teses sobre as virtudes e os vícios para explicitar como ele amplia o enfoque dos problemas relativos à ação humana. Bodin cita Sêneca, mas insiste que se pode compreender o problema da ampliação do conhecimento das histórias apenas observando os gêneros em que este moralista divide a sua investigação. Esclarecendo este seu ponto de partida, Bodin reafirma quase que literalmente as quatro virtudes cardeais da ação humana, estabelecidas por Cícero. Enquanto o romano nos falara da "verdade, obrigação, nobreza e moderação"[67], o francês divide as virtudes em prudência, temperança, coragem e integridade.[68] O texto parece antecipar uma reflexão mais apurada sobre o tema das virtudes, mas Bodin deixa claro que seu objetivo é novamente fixar outros lugares comuns para que se possa melhor percorrer as histórias e delas fazer julgamento. Antes disso, porém, ele nos recorda da indissociabilidade entre a ética e a política, ao advertir que, se tivéssemos observado, não o que diz o povo, mas o que ensinaram os sábios, sobre o bem e o mal, nos enganaríamos menos no governo da república.[69] Nesse ponto do texto, temos um dos primeiros momentos em que o julgamento se torna explícito e os elementos que o constituem (princípios, *loci*, relatos) se põem à prova.

3. Aplicar o método: questionar os relatos, julgar as histórias

O capítulo IV – "*De historiarum delectu* (Da escolha das histórias)"[70] – encaminha a discussão do conhecimento das histó-

---

[67] CÍCERO. *De oficiis*. I, 4-5, p. 17.
[68] Jean BODIN. *Op. cit.* p. 123a, L.49-53 (292b, L.24-27).
[69] *Ibidem.* p. 124a, L.01-04 (293a, L.51-56).
[70] Jean BODIN. *Op. cit.* p. 124a, L.13-14 (293b, L.09-10). COTRONEO avalia que está evidente a partir deste capítulo a reptura de Bodin com a tradição historiográfica: "a história não se apresenta mais como crônica, como

rias nos termos da importância de se estabelecer a organização dos relatos. O método atua para nos facilitar a escolha das histórias, assim como dos historiadores. Bodin se pergunta sobre a verdade das histórias. O tema parece levantar dúvidas quanto à importância das mesmas, pois a advertência se vale de uma suposta opinião de Aristóteles, segundo a qual, "lendo as histórias, é conveniente ser nem crédulo, nem explicitamente incrédulo".[71] O filósofo grego, tal como expõe Bodin, talvez quisesse nos alertar para o perigo de tomar-se o falso pelo verdadeiro. O leitor prudente (*prudens*) das histórias não emitirá qualquer opinião sobre as mesmas, sem antes ter conhecido "claramente os valores e o intelecto do historiador". Vale notar que a mestria de quem lê as histórias está em saber avaliar os escritos. Isto significa que a suspeita e o julgamento são insubstituíveis na investigação. Mais do que advertência, a disposição para julgar é uma pré-condição para que a leitura das histórias possa trazer algum benefício. Afirma Bodin:

> Importa à república que os julgamentos disseminados sobre os escritores se mostrem íntegros e o menos depravados; do contrário, nós desvirtuaremos da escrita os melhores cidadãos, enquanto de nossa parte propomos apenas pôr fim a uma atividade inoportuna.[72]

A ênfase com que o pensador se refere ao julgamento e a importância que deposita no trabalho de buscar os melhores historiadores mostra que, neste momento, ele próprio se apresenta como

---

narração pura e simples dos fatos; ao contrário, está agora desmentido que, sob diversos aspectos, [a história] ainda seduzia Bodin por causa de seu caráter sistemático e porque o conduziria em direção da 'nua historia': a abertura bodiniana para as forma de historiografia política constitui o fato novo de toda esta parte do *Methodus*". In: Girolamo COTRONEO. "Le quatrième chapitre de la Methodus – Nouvelles analyses et perspectives historiographiques". In: *Actes du colloque International Jean Bodin à Munich*. p. 96.

[71] Jean BODIN. *Op. cit.* p. 124b, L.14-16 (294a, L.25-30).
[72] *Ibidem*. p.124b, L.42-46 (294b, L.08-14).

juiz dos relatos. Há aqui uma alteração de perspectiva: Bodin, leitor de histórias já é também juiz delas. Exatamente por colocar em dúvida os relatos, ele reforça a importância do leitor de histórias saber julgar corretamente o que lê. À medida que cita os historiadores, ele levanta as principais características dos textos, distinguindo as virtudes e os equívocos que se encontram em cada um. O pensador busca organizar para o leitor a massa de escritos, a fim de que avalie quais deles se aproximam da verdade e quais podem nos enganar. A figura de Políbio emerge como exemplo maior dos que produzem relatos verídicos. Não obstante o reconhecimento da importância do historiador, do ponto de vista do leitor das histórias interessa que estas sejam a imagem da verdade (*veritatis imago*), de forma que "todas as ações estejam dispostas em um quadro, como se estivessem iluminadas por uma luz claríssima, para o julgamento".[73]

Mesmo que nos possa parecer estranha a citação de inúmeros historiadores, Bodin se empenha para dispô-los, assim como suas histórias, em um quadro, deixando evidentes todas as características disponíveis, a fim de que o leitor possa julgá-las por si mesmo. A classificação que se realiza no capítulo IV prepara e contém parte da exposição de sua teoria sobre o julgamento, a ser apresentada no capítulo V – *De recto historiarum juditio*.[74] [75]

Uma das partes em que Bodin mais deixa claro que o julgamento ocupa o centro de suas preocupações é a passagem em que cita Plutarco, ainda no capítulo IV. Vale lembrar que lhe interes-

---

[73] *Ibidem*. p.127b, L.38-42 (298a, L.51-54).
[74] In: *Ibidem*. p.140a, L.11(313b, L.24).
[75] Couzinet já nos adverte sobre essa característica dos dois capítulos: "Bodin começa o capítulo IV por uma classificação das histórias em três gêneros, e faz em seguida, a revisão crítica. Em todo o caso, a definição e a análise são os procedimentos gerais de exposição. O capítulo V se apresenta sob a forma de uma tópica geográfica e astronômica que Bodin designa como uma *distributio*. Ele desenvolve a teoria do julgamento, que deve premitir ao leitor de histórias aplicar o método. [...] Nos capítulos seguintes, Bodin aplica sua teoria do julgamento". Marie-Dominique COUZINET. *Op. cit.* p. 104-05.

sa tanto mostrar como os historiadores também julgam, quanto apontar quais entre eles sabem fazê-lo. O destaque em relação ao romano se dá por seus "juízos satisfazerem todos os que tinham examinado as opiniões".[76] Isso porque nos seus julgamentos encontramos menos um historiador do que um censor. Para o pensador francês, Plutarco é o grande exemplo do juiz das histórias. Outros, como Guicciardini, também receberam especial destaque.

Mas como o leitor poderá julgar as histórias? Por meio da confrontação de pontos de vista. Outro dado a destacar é a importância que Bodin atribui à imitação dos historiadores gregos da história romana. Eles são "os objetos e os modelos de uma teoria do julgamento".[77] E por que a história de Roma, e não outra, seria digna de tamanho destaque? Todos os fatos que se podem encontrar na história de qualquer povo já estão dados de algum modo nessa sociedade.[78] É importante frisar que isto não implicava, contudo, em se admitir Roma como modelo universal. Mas em historiadores como Políbio se poderiam encontrar todos os elementos necessários à constituição de uma história universal, embora eles próprios não a tenham feito.[79] O perigo de nos esquecermos que há sempre o ponto de vista do leitor de histórias e, portanto, que se deve sempre colocar em dúvida os seus relatos, é o de crermos que o que afirmam quaisquer historiadores corresponde exatamente às histórias verdadeiras.[80]

---

[76] Jean BODIN. *Op. cit.* p. 132a, L.43-45 (304a, L.31-33).
[77] Marie-Dominique COUZINET. *Op. cit.* p. 150.
[78] "a conquista romana unia, sobre uma mesma dominação e no interior de um teatro único de ação, os povos mais importantes da terra habitada". In: Marie-Dominique COUZINET. *Op. cit.* p. 151.
[79] Cf. *Ibidem.* p. 150-52. É notável a explicação de COUZINET da importância dos historiadores gregos da história romana, tema que perpassa a exposição de todo o capítulo IV do *Methodus*.
[80] "Eles assumem somente para si próprios todo o trabalho de estabelecimento da relação do relato com a verdade. Resta tão somente classificar o conteúdo de seus relatos para recolher, sem qualquer problema, os frutos de seus trabalhos". In: *Ibidem.* p. 135.

As histórias podem ser observadas, então, sob a ótica de duas compreensões distintas da verdade dos relatos. Uma é esta do historiador e a outra é a do leitor, que apresenta a dúvida e a confrontação dos relatos com os fatos. O historiador é produtor de verdade desde o momento em que apresenta seus relatos. Mas ao se colocar ao mesmo tempo como construtor e juiz das histórias, a dupla função do historiador caracterizaria o contexto profundamente jurídico pensado por Bodin, no qual se inserem os que se ocupam do conhecimento. Para os antigos, o fato de uma mesma pessoa produzir relatos históricos e emitir sentenças sobre os mesmos não era um absurdo. Talvez porque sobre a figura do juiz ainda não pairassem as atmosferas da neutralidade e do distanciamento em relação aos acontecimentos, que posteriormente lhe foram exigidas. Na historiografia grega o juiz não apenas concebe as histórias, como, em muitos momentos, ele faz parte e atua na história que produz.[81] Tucídides é o exemplo por excelência.

O distanciamento de Bodin em relação à historiografia antiga é importante também porque possibilita promover a figura do leitor juiz das histórias. O que ele faz nessa distinção é deslocar, do historiador para o leitor, o trabalho de julgar. Já entre os antigos, esse deslocamento era tanto para o escritor quanto para o leitor de histórias.

Há produção da verdade, mas esta produção é, por sua vez, garantida pela verdade dos escritos dos historiadores. Se a verdade se formula como um julgamento verdadeiro ou falso, conforme à virtù, ou não, é então a realidade à qual ela [verdade] se refere que deve ser de natureza jurídica. Na medida em que é o historiador-redator das histórias que escreve a história, para que ela reproduza a realidade tal como é, a ele é dado assumir, antes do super-leitor

---

[81] COTRONEO se pergunta ao intepretar a intenção de Bodin no capítulo IV: "L'historien sera-t-il en mesure de juger?" In: "Le quatrieme chapitre de la Methodus – Nouvelles analyses et perpectives historiographiques". In: *Actes du colloque International Jean Bodin à* Munich. p. 94.

Bodin, a função de juíz. Ou então encontramos traços de concepções desse tipo na historiografia grega que é uma referência privilegiada de Bodin. Formula-se a hipótese de que Bodin atribui ao leitor de histórias, munido do instrumento metódico, um lugar que foi teorizado na historiografia grega como aquele do historiador redator de histórias.[82]

Além da importância que Bodin confere a esses historiadores, não se pode deixar de notar quais aspectos de suas histórias mais se poderiam destacar. Dionísio de Halicarnasso e Plutarco são louvados pela maneira como trataram a "história civil", assim como Políbio que, além disso, se dedica aos relatos de "história militar". Os pontos em comum dos historiadores gregos da história romana concentram-se na fronteira com a política ou estão dentro desse campo, envolvendo todos os aspectos daquela civilização.[83] Não há dúvidas de que, pelos nomes que Bodin destaca da massa de historiadores, a política seja um critério de escolha decisiva. A leitura do capítulo IV, mais do que organizar os historiadores, em vários momentos nos remete ao interesse das histórias pelos problemas da vida pública, assim como aqueles da república. Pois,

> ...o elemento político tenderia agora a suplantar, no relato histórico, a dimensão literária, e, como já mencionamos, o caráter 'desinteressado' do estudo histórico que havia perdido, após Maquiavel e Guicciardini, após a introdução do estudo histórico do direito, após a dimensão 'científico-naturalista da história' – que o próprio Bodin preparou para introduzir –, havia perdido, como dizíamos, todo seu vigor, para ser substituído, pelo menos no espírito dos escritores mais esclarecidos e dos mais racionais à época, por uma historiografia

---

[82] In: Marie-Dominique COUZINET. *Op. cit.* p. 135.
[83] "eles [os historiadores] cobrem todos os aspectos da vida romana ou do que chamamos civilização: a guerra e a política, mas também as instituições, as maneiras de viver e os ritos". In: *Ibidem*. p. 154.

engajada, na qual o valor residiria não na forma mas no fundo, na utilidade imediata, nas vantagens que ela poderia trazer para definir os termos do inflamado debate que teve lugar naqueles anos.[84]

O que está em jogo para quem avalia qualquer historiador ou relato histórico é o compromisso que deve ter com a apresentação da verdade da história. Do ponto de vista do exercício prático de historiar, a exigência ultrapassa os limites do aprimoramento necessário da técnica de aquisição, organização e exposição dos fatos, passando a constituir-se no próprio *ethos* do historiador. Há sobre esse ponto uma confluência entre a prática de selecionar e relatar os acontecimentos e o referido caráter ético do historiador.[85] É a exigência da verdade (*vera narratio*) que iguala a posição do historiador à do filósofo "em uma associação inédita entre história, direito e filosofia".[86] As hesitações de Bodin em apontar o modelo do historiador perfeito, na longa exposição do capítulo IV, é uma declaração indireta de que seu trabalho depende da capacidade do leitor de histórias. Não é o historiador quem nos apresenta as verdades, mas o leitor-juiz que aponta o verdadeiro historiador, graças ao seu compromisso ético em nos fornecer um relato verossímil.[87]

As inconsistências nos textos dos historiadores levam o leitor a manter-se sempre atento e disponível a confrontar o que lê com os fatos, a fim de responder à exigência da veracidade históri-

---

[84] G. COTRONEO, In: "Le quatrieme chapitre de la Methodus – Nouvelles analyses et perpectives historiographiques". In: *Actes du colloque International Jean Bodin à Munich*. p. 94.*Ibidem*. p. 94.

[85] Sobre a postura do historiador Couzinet avalia assim a "técnica de estabelecimentos dos fatos e um discurso sobre o eqoz do historiador. Antes de ser os fatos relatados, é a prórpia atitude que é a verdadeira garantia de sua verdade". In: Marie-Dominique COUZINET. *Op. cit.* p. 156.

[86] *Ibidem*. p. 158.

[87] COUZINET comenta que o leitor de histórias é o único habilitado a julgar. In: *Ibidem*. p. 158.

ca. No entanto, se deslocarmos nossa observação para o campo da geografia, councluiremos o quanto a natureza nos pode fornecer critérios mais precisos para o julgamento. No capítulo V Bodin se propõe apresentar o "julgamento correto dos historiadores" (*recto historiarum juditio*).[88] Ele buscará explicar certas características humanas, pela influência de fatores próprios da geografia, como clima e espaço. Seu objetivo é "examinar as verdades da história através de justos exames e julgar corretamente as coisas singulares".[89] Mas, por que localizar essas verdades com base na geografia? Porque as diferentes leis e religiões, as instituições diversas não nos podem fornecer nada tão definitivo como a natureza o pode. Por meio da observação da natureza é que encontramos algo de estável, duradouro, enfim, um fundamento que nos permita um conhecimento mais completo da história[90]. Bodin frisa que os homens estão submetidos às leis da natureza e não podem suplantá-las senão com a ajuda de Deus ou por um longo esforço metódico (*aut diuturna disciplina superare*).[91]

A referência ao método é significativa, pois, nos remete às afirmações anteriores de acordo com as quais a vontade teria impulsionado os homens a viver juntos e criar instrumentos necessários à sua proteção. Isso mostra que, para Bodin, a relação do homem com a natureza, principalmente quando relacionada à sua proteção, envolve o uso do intelecto orientado para uma finalidade prática. Daí os atos de criação humana, que visam à intervenção sobre a natureza, estarem sempre associados à idéia de utilidade.[92]

---

[88] Jean BODIN. *Op. cit.* p. 140a, L.14-15 (313b, L.28-30).
[89] Jean BODIN. *Op. cit.* p. 140a, L.25-28 (313b, L.41-45).
[90] *Ibidem.* p. 140a, L.56-59 (314a, L.21-24).
[91] *Ibidem.* p. 140b, L.04-05 (314a, L.30-32).
[92] "A associação do método com a história tem, na obra de Bodin, um objetivo declarado: tornar a história eficaz. Tendo dado conta da utilidade da história, podemos nos perguntar em que consiste sua eficácia. Trata-se de uma ação normativa na qual o método é o instrumento porque ele é propriamente um dispositivo de julgamento". In. : Marie-Dominique COUZINET. *Op. cit.* p. 129.

Sem se preocupar em aprofundar o tema, Bodin mostra como algumas características humanas, mutáveis, são determinadas pelas condições naturais, imutáveis. Por várias páginas ele nos apresenta a relação entre o calor e a preguiça, o inverno e a disposição ao trabalho, entre o calor e o humor dos povos, a quantidade de trabalho que alguns homens realizam e a temperatura dos dias, a diferença de caráter entre os homens dos trópicos e os do norte, a relação inversamente proporcional entre a força do corpo e a sagacidade do espírito, enfim, a geografia nos fornecerá tópicos universais e imutáveis de inteligibilidade da história.

Não se trata de submeter a história aos *loci* e critérios da geografia. A preocupação de Bodin é ainda nos apresentar uma teoria sobre o julgamento, levar a todos os gêneros de história um julgamento melhor e mais verdadeiro[93] (*multo verius ac melius judicabit*). Por meio de uma ciência mais regular, o passado e o presente tendem a se identificar num todo uniforme.[94] Não se pode concluir, com isso, que a insistência do pensador na regularidade do julgamento pela geografia implique em se desacreditar do rigor dos juízos extraídos da história humana. A nosso ver, a intenção de Bodin é tão somente mostrar que a aplicação do método leva às ciências, então consideradas rigorosas. Assim como a geografia apresenta seus *topoi* imutáveis, da mesma maneira a história

---

[93] Jean BODIN. *Op. cit.* p. 167a, L.10 (349a, L.33-34).
[94] "Trata-se de um princípio de estabilidade que inscreve o presente em uma relação de identidade absoluta com o passado, mas limitado geograficamente: o que está no mesmo lugar guarda a mesma natureza. Por este caminho, ele indica precisamente o ponto sobre o qual o presente é idêntico ao passado: a natureza permanece idêntica a ela mesma. Em função dessa identidade, poderemos às vezes determinar recorrências e diferenças, e fazer a parte do que é atribuível à natureza em termos de espaço e do que é atribuível aos homens: deslocamento no espaço ou mudança no tempo e fornecer a si próprio os princípios de inteligibilidade e de interpretação da história". In: Marie-Dominique COUZINET. *Op. cit.* p. 166.

teria que apresentar os seus. Outro exemplo disso é a aproximação que o pensador faz entre a história e a cosmografia.[95]

Da uniformidade dos critérios gerais nos certificamos de que o julgamento do passado não será feito pelas medidas do presente, mas por aqueles critérios que se aplicam a quaisquer fatos em todos os tempos e aos mais diferentes lugares. O problema que se coloca com essa recorrência à geografia e à cosmologia é saber como Bodin conseguirá estabelecer julgamentos tão precisos sobre as ações humanas e a política.

Não por outra razão, no capítulo VI – *De statu rerum publicarum* –[96], Bodin vai examinar as histórias com base nos princípios da *civilis disciplina*.[97] Ele vai estabelecer o melhor gênero das repúblicas, assim como das instituições que lhe dão sustentação.[98] Em vez de nos concentrarmos exclusivamente no trabalho

---

[95] Cf. Marie-Dominique COUZINET. *Op. cit.* cap. VII-XII. Comenta Couzinet: "estes dados estão longe de se limitar aos relatos de viagem que os contemporâneos de Bodin souberam cadastrar. Eles incluem medidas por intermédio das quais Bodin que dar correspondentes astronômicos e geométricos para as investigações nas quais o campo cobre, de agora em diante, toda a superfície da terra". Cf. *Op. cit.* p. 171

[96] Jean BODIN. *Op. cit.* p. 167a, L.11-12 (349a, L.40-42).

[97] "O capítulo VI, no qual sobretudo buscamos uma repetição geral da *República*, é apenas indiretamente consagrado à procura do direito universal a partir dos diferentes direitos públicos. Ele trata primeiro de uma "ciência do governo", que teria faltado até mesmo a Platão, e do conhecimento da história universal das Repúblicas". In: Marie-Dominique COUZINET. *Op. cit.* p. 119.

[98] Jean MOUREAU-REIBEL anota essa característica da renascença, a qual se observa claramente no *Methodus*: "Esta percepção sobre as diversas tendências da ciência política no tempo da renascença nos parece uma luz viva sobre um aspecto essecial de nosso objeto de pesquisa, e além disso muito negligenciado, que é preparatório a todo estudo comparativo: o desenvolvimento dos estudos de diversos estados a partir de seu funcionamento real, não somente de seus aspectos puramente públicos, mas também no jogo de suas instituições...". In: *Jean Bodin et le droit public comparé dans ses rapports avec la philosophie de l'histoire*. p. 52.

dos historiadores passamos ao registro dos filósofos como Platão e Aristóteles. Em vários momentos serão convocados ao debate alguns pensadores que realizam suas análises com base nos fundamentos da *scientia politica*, mas nutrem grande apreço pela história, quando não se colocam, eles próprios, como historiadores. Destacam-se nesse grupo: os historiadores gregos e latinos e, notadamente, Cícero e Maquiavel. Para servir aos propósitos da filosofia política, esta ciência não natural, o papel da história não é somente servir

> como fonte dos dados singulares, mas como história natural, conhecimento das recorrências nas histórias dos estados, conhecimento dos diferentes povos, tornando possível a ciência política antes que aquela do direito, que é apenas um caso particular. A consequência é o recentramento do conhecimento histórico sobre a ciência política em detrimento do direito.[99]

O que Couzinet denomina recentramento pode ser entendido como uma orientação mais assertiva da relação estreita entre o conhecimento das histórias e a compreensão dos problemas da política. Os princípios universais, pelos quais se avaliam os fatos, são aqueles fornecidos pelos filósofos e pelos historiadores que se ocuparam dos mesmos temas. A partir de então, o problema da veracidade dos relatos que serão investigados não mais existirá. O leitor das histórias é responsável por encontrar a verdade pela confrontação dos escritos com os fatos. Bodin tem, assim, disponíveis os intrumentos com os quais realizará a tarefa que nos parece a mais ambiciosa e a que mais despertou o nosso interesse sobre o seu projeto no *Methodus*: julgar a república.

---

[99] Marie-Dominique COUZINET. *Op. cit*. p. 119.

PARTE II

Julgar a República

Passamos nesta parte à análise da República no *Methodus*. Assumimos que o capítulo VI – *De statu rerumpublicarum* –, no qual se concentra a discussão sobre o tema, é parte do projeto de aplicar o método para o conhecimento das histórias. Essa perspectiva comporta uma diferença fundamental em relação ao ponto de partida adotado por importantes trabalhos sobre a obra bodiniana. Para a maioria dos intérpretes, esse texto de 1566 constitui um resumo das teses que serão desenvolvidas na *République* ou, pelo menos, é uma preparação para a teoria sobre a soberania, que viria a ser apresentada integralmente em 1576. Demonstraremos, nesta parte II deste trabalho, que a investigação sobre a República no *De statu rerumpublicarum* constitui um momento necessário da realização do método: estabelecer o julgamento dos dados particulares, as histórias dos diversos povos, por intermédio dos princípios teóricos fornecidos pela *civilis disciplina*.

O conhecimento da história política orienta-se não mais para a busca dos relatos como verdade, mas para o conhecimento da organização política mais segura. Assim, a análise que Bodin desenvolverá por mais de um terço do *Methodus* tem como suportes: organizar os principais lugares comuns para a discussão dos temas, estabelecer os princípios em torno dos quais se avaliarão os problemas e julgar as diferentes repúblicas constituídas ao longo da história.

O processo de escolha dos lugares comuns para a discussão e também a apresentação dos princípios da república farão parte de uma primeira etapa do método aplicado às histórias políticas. Veremos como principais *loci* a relação entre o *merum imperium* e os demais poderes no interior da república e as consequências da participação do povo nas decisões do poder, isto é, a capacidade de realização da justiça enquanto igualdade na dominação política. Isto não quer dizer, como no caso da escolha das histórias, que ele não vá julgar cada um desses momentos. Ao contrário, veremos que desde as primeiras linhas do capítulo VI do *Methodus* Bodin testa seus argumentos em face dos de outros pensadores, chamando ao debate uma importante tradição da filosofia, que serviu como base teórica ao pensamento político renascentista e moderno.

Figuram na linha de frente desses pensadores, tanto filósofos, quanto historiadores, Platão, Aristóteles, Cícero, Xenofonte e Políbio entre outros. O exemplo mais significativo do propósito de confrontação teórica está na própria introdução ao capítulo VI. Em uma declaração sobre Maquiavel, que pode ser observada tanto como elogio quanto como reprovação, o pensador reconhece que o florentino foi o primeiro a escrever sobre a república, depois de séculos de barbárie, embora tenha feito isso sem reunir a verdade dos filósofos e os escritos dos historiadores à experiência.[1]

O propósito de Bodin é, portanto, não apenas confrontar suas teorias, como estabelecer um diálogo, bem ao modo da filosofia, mostrando em que aspectos seus argumentos seriam consistentes e em quais os da tradição da filosofia, bem como dos historiadores, falharam na tentativa de estabelecer os princípios do ordenamento político verdadeiro. A exposição dos fundamentos da República é o momento no qual a discussão sobre os princípios da *civilis disciplina* ocupa o centro da análise. Ao longo da investi-

---

[1] Jean BODIN. *Methodus*. In: *Op. cit.* p. 167a, L.50-57 (349b, L.24-32).

CAPÍTULO IV — OS PRINCÍPIOS DO PODER POLÍTICO

gação Bodin vai avaliar esses princípios, valendo-se também dos exemplos trazidos pelas histórias. O pensador recorre a esse expediente de avaliar ou julgar os fundamentos, confrontando-os com os fatos relatados pelos historiadores.

Isso poderá ser observado na parte em que Bodin trata do julgamento do *status* das repúblicas. Ele investiga, com base no critério da justiça, por que algumas repúblicas chegaram à dissolução e outras permaneceram fortes. Veremos ainda que o julgamento das soberanias pela sua efetivação histórica não apenas responde à exigência do método, de confrontar os princípios com o particular, mas expõe o problema da relação das soberanias ou dos princípios da política com o tempo. Quanto a esse aspecto é primordial avaliarmos como as transformações nas repúblicas resultam da exigência dos súditos por justiça ou em que sentido a demanda por liberdade é para Bodin um elemento que carrega em si os germes das revoluções políticas. Também, tais transformações podem ser entendidas segundo a perspectiva de que o desenvolvimento das soberanias na história se submete à sentença da justiça: o tempo engendra as mudanças como se fossem uma exigência para a realização da igualdade na dominação sobre os cidadãos.

O maior benefício da investigação sobre o conceito de república, assim como de outros conceitos a ele vinculados, é abrir a discussão sobre as filiações teóricas do pensamento bodiniano. Veremos, no final desta parte, que a sua proposta nos permite acessar de uma vez por todas não apenas as histórias políticas, mas uma formulação particular da história do pensamento político. Como a característica da crítica de Bodin é que a história não pode se limitar às descrições de modelos das instituições, ele se coloca também como juiz das teorias políticas, trabalhando em sua avaliação com os princípios destas. É justo reconhecer que se trata aqui de uma empreitada eminentemente característica do filósofo da política. É fato que ressalvas devem ser consideradas quanto a essa condição se compararmos o trabalho de Bodin com o de filósofos consagradamente modernos.

Aqui não reconstituiremos todo o debate que o texto bodiniano propõe com historiadores. Priorizaremos a discussão com os filósofos tendo em vista a realização dos objetivos traçados no início deste trabalho. Pretendemos observar como alguns desses confrontos teóricos nos permitem aprofundar a noção de República e os demais conceitos que a discussão comporta na história da filosofia política.

Capítulo IV

Os princípios do poder político e a lógica para apresentação do conceito de *Res publica*

1. O conceito de cidadão e a crítica a Aristóteles

A Introdução ao capítulo VI do *Methodus* esquadrinha alguns dos aspectos importantes abordados por Bodin em toda a análise das repúblicas. Entre outros fatores, o pensador destaca que temas como a origem, o fortalecimento, o apogeu, o declínio e a ruína das cidades é o que de mais "verdadeiro a leitura das histórias nos tornou conhecido".[2] Conhecer verdadeiramente, argumenta Bodin, implicava em seguir os critérios da ciência (*scientia*), acessando "aquilo que é mais necessário, tanto que Aristóteles não conhece nada mais eficaz para fundar e conservar as cidades do que ser instruído pela ciência política (*moderandae scientia*)".[3]

Em outra parte analisamos como a discussão sobre a *civilis disciplina* no Renascimento nos permite remontar à filosofia de Aristóteles. No caso da avaliação bodiniana dos fundamentos da república é correto dizer que *A Política* está entre os principais textos, se não for o principal, com os quais o pensador discute. Por exemplo, nessa mesma Introdução, Bodin esclarece que o alvo

---

[2] Cf.: *Ibidem*. p. 167a, L.25-31 (349a, L.52-59).
[3] *Ibidem*. p. 167a, L.25-31 (349a, L.52-59).

do debate é a república e quando ele emite nova apreciação crítica aos juristas e às ciências jurídicas, a ênfase sobre o tema da *civilis disciplina* remete à terminologia eminentemente aristotélica.[4]

Os textos de Platão, por sua vez, são observados com restrições devido ao fato de ignorarem a importância da "ciência do governo das repúblicas" (*Republicae gerendae scientiam*). A razão do distanciamento em relação ao mestre de Aristóteles, apesar de a quase totalidade dos escritos platônicos remeterem a temas próprios da política, deve-se a Bodin considerar que, por ser de tão difícil compreensão, ninguém poderia conhecer o pensamento platônico efetivamente.[5] Ainda que o intento bodiniano seja apresentar os princípios da república, o que sobressai no início do capítulo VI é o tom fortemente crítico em relação à parte da tradição mais expressiva da filosofia política.

O confronto com as teses de Aristóteles praticamente abre o argumento bodiniano sobre a avaliação da república. Assumindo um tom ousado, o ataque se inicia com a recusa da falácia de apelo à autoridade, sobre a qual os argumentos aristotélicos teriam se sustentado. Mais do que uma reprimenda retórica, a declaração é importante porque adianta como ele se colocará face a esse pensamento. Na mesma advertência, Bodin aponta as bases da disputa:

---

[4] Sobre esse aspecto veremos inclusive que Bodin procura localizar a idéia de justiça no âmbito da política. A inspiração nos parece o texto aristotélico. Cf. ARISTÓTELES. *Politics*. I, 2. 1253a. Não obstante a influência e a proximidade da discussão com o texto do filósofo grego, por outro lado, é preciso reconhecer que muito das discussões levantadas por Bodin tem por base textos e comentários tomistas à obra de Aristóteles, amplamente difundidos e estudados pelos renascentistas. As referências do pensador francês à obra do grego devem, portanto, ser tomadas com certa distância. Isso, no entanto, não nos impede de apontar em que aspectos a análise bodiniana se projeta sobre o conjunto de conceitos clássicos e torna fecunda a discussão sobre eles, ao longo do texto.

[5] Jean BODIN. *Op. cit.* p. 167a, L.35-38 (349b, L.06-08).

as definições de cidadão, de cidade, de república, de soberania (*summum imperium*) e de magistrado.⁶ A surpresa da investida bodiniana não está apenas em contestar Aristóteles, mas principalmente na escolha dos conceitos que vai redefinir pela formulação do grego.

Ao conclamar os filósofos ao debate e centrar a discussão sobre alguns temas centrais (*loci*), Bodin cumpre uma exigência do processo metódico. Há aqui uma clara diferença de tratamento daquela que observamos em relação à história. A preocupação com os relatos se desloca para o debate de conceitos, embora a menção às histórias seja recorrente. Trata-se, dissemos, da estratégia bodiniana de se valer de conceitos e testá-los no julgamento daqueles já expressos nos textos dos filósofos clássicos:

> ele avançou com essa idiossincrasia habitual, recusando-se a ser empurrado para as conclusões de Aristóteles ou a descartar qualquer uma delas do material que havia previamente acumulado; antes, ele constituiu um amplo conjunto de categorias para acomodar suas fontes.⁷

De fato, esse avanço se constitui então do movimento de avaliação das categorias aristotélicas. Primeiro, Bodin as traz à discussão para, em seguida, confrontá-las, sem descartá-las definitivamente, mas para mostrar antes sua insuficiência em dar uma solução a uma questão como: qual seria o fundamento das repúblicas? Isso fica explícito quando o pensador ataca a definição de cidadão. A estratégia de recuperar a tese original de Aristóteles é, na verdade, um pressuposto para introduzir o debate sobre o conceito de república. Trata-se a nosso ver aqui de um recuo lógico da argumentação. Bodin apenas inicia a explicação sobre o cidadão (*Quid*

---

⁶ *Ibidem*. p. 167b, L.29-34 (350a, L.13-20).

⁷ Donald R. KELLEY. "The development and context of Bodin's method". p. 144.

Civis?), tal como Aristóteles em *A Política*, passando, na seqüência, a outro tema, sem que tenha concluído a exposição sobre o primeiro. Realiza um corte abrupto na exposição, especulando sobre o fundamento da república. Haveria algum equívoco em relação à ordem de apresentação do argumento? Bodin, orientado pelo método, teria desencaminhado sua própria exposição? As razões que explicam esse movimento não estão explícitas no texto. No entanto, uma primeira justificativa a se levantar é que antes de dizer quem é o cidadão, seria preciso responder à questão sobre o lugar a que pertence, sem o qual não podemos dizer que ele existe. Assim, a indagação sobre quem é o cidadão demanda antes que se responda a pergunta: "o que é a república" (*Quid rempublicam*)?

A referência à definição aristotélica de cidadão se antecipa portanto à avaliação do quão limitada seria a definição do grego, para quem o título de cidadão se aplicaria indistintamente àqueles "reponsáveis por estabelecer a justiça, aos magistrados e aos que pertencem aos conselhos que avaliam as decisões do poder (*consilii capiendi potestate*)".[8] Na avaliação do francês, essa concepção pressupõe haver cidadãos apenas onde houver democracia, pois, seriam aqueles que participam da vida pública. Isso revelaria o caráter particular da perspectiva aristotélica para uma noção central em qualquer forma de organização política, que exige, portanto, uma formulação universal.

Caso tomássemos o conceito exclusivamente nessa acepção, deveríamos considerar que segundo Aristóteles apenas os nascidos em Atenas seriam cidadãos – o que efetivamente se conclui com a leitura da *Política* (III, 1; 2 e 5). Os demais que lá habitassem, mesmo submetendo-se às mesmas leis e aos mesmos governantes, seriam estrangeiros. É importante notar que Bodin se refere à definição e não à discussão sobre a excelência do cidadão.[9] Aristóteles

---

[8] Jean BODIN. *Op. cit.* p. 167b, L.41-44 (350a, L.27-30).
[9] ARISTÓTELES. *Politics*. III, 2. 1276b.

reconhece que se podem encontrar diferentes tipos de cidadãos, a depender das diferentes definições dadas pelas constituições.[10] O que interessa a Bodin, no entanto, é a constatação de que tal definição se aplica na maioria dos casos às democracias, mais do que a outras espécies de ordenamento político. Isto reforçaria a impressão de que as teses de Aristóteles nos dão uma falsa idéia de universalidade. Mesmo para o caso dos que nasceram em Atenas, a definição de cidadão não poderia ser aplicada aos estratos sociais menos favorecidos (*quarta classis infimorum*). Não alterava a opinião do grego, entretanto, o fato destes desfavorecidos representarem a maioria dos habitantes assim como estarem eles longe das honras e dos lugares ocupados pelos magistrados.[11]

Seguindo o mesmo raciocínio, Bodin acusa o equívoco também da concepção aristotélica de magistrado: "a autoridade, ou os responsáveis pela jurisdição e participantes dos conselhos dos julgamentos".[12] Ele não aceita que apenas quem recebe o título de cidadão possa ser magistrado. Valendo essa regra, a participação em cargos públicos se restringe a poucos.[13] Além disso, parece ser inaceitável a Bodin que a condição de cidadão correspondesse a um título por aptidão ou privilégio. Ao distinguir os equívocos da teoria aristotélica com base nessas sutilezas conceituais, ele pre-

---

[10] *Ibidem.* III, 1. 1275a.

[11] Jean BODIN. *Op. cit.* p. 168a, L.04-09 (350a, L.55-350b, L.02).

[12] *Ibidem.* p. 168a, L.09-11 (350b, L.02-05). Cf. ARISTÓTELES. *Politics.* IV, 15. 1299a.

[13] H. WEBER. "Utilisation et critique de *La Politique* d'Aristote dans la *République* de Jean Bodin". In: *Classical Influences on European Culture A.D. 1500-1700.* Cambridge: Cambridge University Press, 1976, p. 308. Ele destaca esse aspecto: "a definição de cidadão a partir do 'poder de fazer justiça, de exercer a magistratura e de participar das deliberações', convém, segundo Bodin, apenas aos estados democráticos e tende a confundir os cidadãos e o magistrado. Para ele os cidadãos são os súditos incontestes por oposição aos escravos e aos estrangeiros".

tende mostrar que essas concepções acarretariam equívocos para a verdadeira definição da república. A análise da noção de cidadão, que se estende à de magistrado, constitui um dos momentos da, digamos, estratégia lógica de demonstração da soberania. Apesar de Bodin estar avaliando a extensão de um conceito – o de cidadão –, a crítica visa reorientar a exposição, mirando a possível demonstração de outro – o de república. Tal estratégia lhe permite denunciar os limites da perspectiva aristotélica em relação a elementos constituintes do ordenamento político como um todo.

A opção por esse movimento na argumentação, em que Bodin deixa em aberto a avaliação do tema do cidadão sem que tenha esgotado a investigação sobre o mesmo, pretende ancorar toda a argumentação num mesmo princípio: a autoridade que detém o poder político, a soberania. Como na argumentação bodiniana as definições aristotélicas dos elementos fundamentais são particulares e, portanto, pouco científicas em sentido propriamente aristotélico, o próprio Bodin buscaria um princípio universal que, uma vez posto, nos possibilitaria redefinir cidadãos, magistrados e outros componentes da república. Ele se ocupa, não apenas de mostrar que investiga ao modo da *civilis disciplina*, mas de afirmar que sua perspectiva é mais rigorosa e verdadeira do que a de Aristóteles.

Outra razão da suposta fragilidade dos argumentos aristotélicos, na avaliação de Bodin, é que o grego não percebera que a pergunta sobre a república se desdobra em duas questões importantes, e, radicalmente distintas: uma sobre o fundamento da república e a outra sobre sua origem. Bodin argumenta que Aristóteles não deixa clara essa distinção quando responde ao problema do princípio afirmando que a cidade representa o estágio original da república:

> Quando [Aristóteles] denomina verdadeiramente a república a partir dos cidadãos e dos magistrados, seguramente torna a cidade anterior à república, de modo que a cidade seja uma multidão de homens sem autoridades e magistrados [...] Mas, se vários se reúnem no mesmo

CAPÍTULO IV — OS PRINCÍPIOS DO PODER POLÍTICO   183

lugar sem leis e autoridades; se ninguém olha para o que é comum, que nada seria, mas para o que é privado; se nenhuma pena há para os ímprobos, nenhuma recompensa estabelecida para os bons, onde então pode haver imagem da cidade?[14]

O problema consiste em que a definição de república, a partir de seu fundamento, não pode ser obtida pela pergunta sobre a origem da mesma. A investigação da origem nos remete à história, o que implica a observação do particular. Seguindo o raciocínio aristotélico, somos levados a concluir, portanto, que a república seria um estágio ampliado em relação à cidade, à vila, ao povoado. Isso implica considerar que a história de todas as comunidades políticas, desde sua origem até o momento em que se tornam repúblicas, é compreendida pelo mesmo percurso. Nada é explicado sobre o fundamento das repúblicas e nada além se teria do que uma explicação sobre o desenvolvimento de todas as formas de comunidades políticas. A prova de que Aristóteles estaria equivocado quanto ao princípio, acredita o pensador francês, reside no fato de que a estrutura da cidade por si mesma, com cidadãos e magistrados, não nos autoriza a concluir que haja ou possa haver ali uma república. Esse critério é por demais particularista. O pensador francês tem por objetivo mostrar que o fator determinante da existência ou não de uma república é anterior e universal se posto em face do problema da estrutura do governo e premente em relação à pergunta sobre sua origem.

Quanto ao fato de que Aristóteles estabelece o bem comum como princípio necessário e finalidade de qualquer república, Bodin parece estar em pleno acordo.[15] Mas, para o francês, não se pode

---

[14] Jean BODIN. *Op. cit.* p. 168a, L. 25-36 (350b, L.25-38).

[15] Cf. H. WEBER. "Utilisation et critique de *La Politique* d'Aristote dans la *République* de Jean Bodin". In: *Classical Influences on European Culture A.D. 1500-1700*, Cambridge: Cambridge University Press, 1976, p. 306-307. Cf.: ARISTÓTELES. *Politics*. III, 11, 1280b.

pensar que o princípio das repúblicas esteja relacionado a outro fator que não o da autoridade suprema da organização política, que, por si mesmo, envolve a própria idéia de bem, pois trata do fundamento das *res publica*. Essa sutil oposição a Aristóteles pode ser analisada sob dois aspectos: um, que diz respeito à orientação teórica; outro, relacionado à sintonia que a teoria bodiniana mantém com o seu tempo. Quanto ao primeiro, pode-se dizer que as análises feitas pelo pensador francês têm por base os governos existentes e não a procura do governo ideal.[16] O segundo está ligado à diferença entre os mundos políticos em que viveram.[17]

Quando analisamos, por exemplo, o fundamento da relações entre os homens observamos nitidamente o quanto essas posições se distanciam. Se para Aristóteles o ideal da "vida boa" justifica a ligação que os homens estabelecem entre si e a formação da cidade[18], para Bodin é a amizade que nos levaria a estabelecer os primeiros laços interpessoais, que estariam na origem das relações sociais mais amplas. Ele reconhece ainda que o interesse em se formarem as cidades está vinculado ao "poder de comandar, que tem sua origem natural no poder do pai de família sobre os filhos..."[19] Observamos com nitidez como a discussão bodiniana sobre os elementos que constituem a república está orientada para o tema do fundamento do poder. Por isso, o francês não hesita em reconhecer que, embora seja constituída de cidadãos e até de magistrados, uma cidade sem a

---

[16] H. WEBER. *Op. cit.* p. 306-307.

[17] "... a cidade grega para Aristóteles, as monarquias centralizadas para Bodin. Todo o esforço de Aristóteles se orienta na direção da procura de um equilíbrio ou de um compromisso entre aristocracia e democracia [...] todo o trabalho de Bodin visa à segurança da autoridade de um monarca absoluto..." In: Ibidem. p. 307.

[18] Cf. ARISTÓTELES. *Politics*. I, 1, 1252b.

[19] H. WEBER. *Op. cit.* p. 308.

autoridade que concentra todo o poder político se aproxima mais de uma anarquia do que de uma república.[20]

Isso também explicaria, segundo avaliação bodiniana, o fato de Aristóteles não ter definido o poder supremo, que o próprio Bodin denomina *kurion politeûma e kurion arché*.[21] Não fornecer essa definição da forma mais precisa possível é tornar frágil qualquer observação sobre o ordenamento político. Bodin indica que sobre esse tema não poderiam pairar ambiguidades. A concepção de soberania deveria comportar o poder e a forma da república, cuja ausência nos levaria à compreensão de que o poder supremo da república, em vez de se concentrar em um, se dividiria em três: o conselho dos responsáveis pelas decisões, os encarregados pela criação dos magistrados e os incumbidos de fazer a jurisdição.[22] Enfim, não se poderia identificar nessa tripartição quem exerce o poder supremo efetivamente.

A passagem da definição de cidadão para a análise do poder supremo respeitou, como apontamos, uma estratégia lógica para que Bodin apresentasse o princípio da república, a saber, a soberania. Ele pretende apenas eliminar possíveis imprecisões que dariam margem a dúvidas. Por exemplo, se o poder supremo fosse atribuído aos magistrados, qualquer cidadão poderia, em tese, constituí-lo também, da mesma forma que todo cidadão poderia, de algum modo, participar das decisões do poder. Sendo assim, o pensador francês exige que fique claro se o poder é supremo, ou se reside entre os magistrados e os conselheiros.[23] A autoridade suprema cria e escolhe os magistrados, mas também proclama a guerra, ordena e anula as leis, tem o direito sobre a vida e a morte dos cidadãos e sobre a distribuição das penas.[24]

---

[20] Jean BODIN. *Op. cit.* p. 168a, L. 35-37 (350b, L.37-41).

[21] *Ibidem.* p. 168a, L. 41-42 (350b, L.44-45).

[22] *Ibidem.* p. 168a, L. 45-48 (350b, L.47-50).

[23] *Ibidem.* p. 168a, L. 53-56 (351a, L.01-05).

[24] *Ibidem.* p. 168b, L. 01-05 (351a, L.12-17).

Ao enfatizar a importância de se conceber os termos com exatidão, Bodin não quer apenas destacar que a diferença de sua posição centra-se em que ele define república pelo seu fundamento, pelo princípio da autoridade suprema. A distância em relação à perspectiva de Aristóteles amplia-se quando o francês afirma que a preocupação deste volta-se primordialmente para os problemas da administração da república (*republicae administratio*) do que para aqueles que concernem ao seu princípio. Em momento algum o grego afirma que a presença da autoridade política determina se a comunidade política será, ou não, uma república. Quanto ao governo, a quem, segundo Bodin, cabe a tarefa de administrar, se pode dizer que sobre ele recai a responsabilidade pela definição dos decretos, dos editos e das execuções.[25] Seria um problema secundário distinguir as atribuições da administração da república. Entretanto, imprescindível é saber qual princípio permite separar "a autoridade que concentra o poder político" e a multidão. Essa distinção demarca a diferença entre a república constituída e o momento anterior a ela ou aquele posterior à sua destruição. Os homens imersos na multidão caracterizam-se por jamais terem colocado o interesse comum acima do particular. Como a dispersão das vontades e dos interesses é a marca da multidão de homens, nesse estágio, anterior ou posterior à instituição da república, não estabelecem ligações mínimas que possam demandar ou responder a qualquer interesse coletivo. Como afirma Bodin:

> Assim, a multidão reunida não deve ser denominada uma cidade, mas uma anarquia, ou então deve-se chamar por outro nome que não cidade: porque homens que desta forma estão sem poder comum (*apolides*), como afirma Homero, não têm ligações civis ou jurídicas.[26]

---

[25] *Ibidem*. p. 168b, L. 12-13 (351a, L.26-27).
[26] *Ibidem*. p. 168a, L.36-40 (350b, L.38-40).

Cabe notar aqui que a relações civis e jurídicas constituem o amálgama da condição de um cidadão. Por relações civis entenda-se a condição de igualdade de cada homem em relação ao poder político, e as jurídicas concernem à igualdade de submissão às leis. Mas, com base em quê, ele distingue a multidão (*multitudo*) daqueles homens que se inserem nos contexto das ligações civis e jurídicas? É por intermédio da autoridade que cria a soberania, ou o *summum imperium*, que se sabe quem é cidadão e quem imerge na *multitudo*. Não é pela quantidade de indivíduos em algum local, nem pela estrutura social e, menos ainda, pela estrutura do governo que se identifica um agrupamento como cidade ou como república. Todo o argumento não admite que se pense a segunda, sem que antes se reconheça a presença do *summum imperium*. Ao fim e ao cabo, a discordância em relação ao pensador grego tem por base a falta de precisão quanto ao princípio necessário para a identificação de uma república. Ao atribuir a autoridade aos magistrados e aos cidadãos, o grego termina por confundir quem deve concentrar efetivamente o poder. Para Bodin, Aristóteles parece, por vezes, ser um democrata. Seu principal descontentamento resume-se, por enquanto, ao fato de não encontrar a definição de poder supremo, ou do fundamento da república, em parte alguma na obra desse filósofo ateniense.[27]

2. O princípio da república e a proximidade com o pensamento aristotélico

Por mais que Bodin pretenda se distanciar da perspectiva do filósofo grego e lançar ataques contra o que considera serem lacunas na teoria aristotélica do poder político é cristalina, a nosso ver, a proximidade entre as duas perspectivas quando analisadas

---

[27] *Ibidem*. p. 168a, L.40-45 (350b, L.45-47).

sob outros pontos de vista.[28] Pelo que já observamos, é possível afirmar que a exposição da soberania como princípio da república se espelha na teoria das causas.[29] Aristóteles concebe o estudo de todos os tipos de causas como sendo próprio da ciência.[30] Esse conhecimento se define pela procura dos princípios de todas as coisas. Ao argumentar sobre a ciência dos princípios, ele afirma que sua demonstração deve considerar que

> deverá haver alguns gêneros [de princípios] subjacentes, e alguns dos princípios serão derivados de axiomas, outros não deverão ser comprovados (pois não pode haver demonstração para tudo), uma vez que a demonstração deve proceder de algo, ter algo como conteúdo e provar algo. Assim segue-se que há algum gênero (*genus*) de coisas demonstráveis, pois todas as ciências demonstrativas empregam axiomas.[31]

Tanto quanto conhecer os princípios, Aristóteles assinala ser imprescindível demonstrá-los. E as ciências conhecerão princípios mais universais ao demonstrarem os axiomas verdadeiros.[32] Ele considera também que a pergunta pela causa de tudo o que é gerado se refere, na verdade, às causas em vários sentidos, motivo por que devemos exprimi-las em todas as causas possíveis.[33] Assim, o que é gerado possui uma causa material, uma causa eficien-

---

[28] Aqui podemos notar melhor por que não é possível saber se o texto ao qual se refere Bodin corresponde diretamente àquele de Aristóteles ou se é uma versão tomista medieval. Afora essa dificuldade para distinguir o texto de referência da crítica bodiniana, o mais importante segundo alguns estudiosos é notar os aspectos em que os mesmos convergem.

[29] Cf. ARISTÓTELES. *Metaphysics*. VII, 4, 1044a-1044b.

[30] *Ibidem*. III, I, 996a-b.

[31] ARISTÓTELES. *Metaphysics*. III, 2, 997a.

[32] *Ibidem*. III, 2, 997a.

[33] *Ibidem*. VIII, 4, 1044a-1044b.

te, uma causa formal e uma causa final.³⁴ E conclui-se que a tese sobre as causas se aplica a todas as coisas geradas naturalmente.

A cidade existe para permitir a vida, por isso diz-se que existe naturalmente para isto, ou seja, sua finalidade é preservar a "vida boa".³⁵ Também gerado pela natureza, o homem é animal político, está naturalmente inclinado a viver em comunidade. Destacando-se a importância da idéia de finalidade na teoria aristotélica da política, sem levarmos em conta ainda o mesmo tema na *Ética Nicomaqueia*, o que se observa é que Bodin toma para si a moldura conceitual do filósofo ateniense. Ao se concentrar no tema da república, ele estabelece como sua causa primeira a própria soberania; a causa material, as condições em que se dá a origem dela; a causa eficiente, a paz e a justiça praticadas pelo soberano e a causa final, a felicidade.³⁶

O fato de Bodin não definir o cidadão e também não tomá-lo como o princípio da república não representa uma fratura na argumentação proposta por Aristóteles. Isso se dá porque o pensador francês se vale do arcabouço argumentativo, afirmando então que a causa formal da república só pode ser a soberania. É este o critério com base em que se pode distinguir então a ordem política constituída e a multidão, condição esta em que os homens são desprovidos de qualquer compromisso de submissão com uma autoridade suprema. A intenção bodiniana de diferenciar duas

---

[34] Pela tradução de TREDENNICK: "...what is the material cause of a man? The menses. What is the moving cause? The semen. What is the formal cause? The essence. What is the final cause? The end. (But perhaps both the latter are the same). We must, however, state the most proximate causes. What is the matter? Not fire or earth, but the matter proper to man". In: *Ibidem*. III, 4, 1044a-1044b.

[35] *Idem. Politics*. I, 1, 1252b-1253a.

[36] Janine CHANTEUR. "L'idée de loi naturelle dans la République de Jean Bodin". In: *Actes du colloque international Jean Bodin à Munich*. p. 198. A análise é feita a partir da *République*, mas como veremos ela se ajusta perfeitamente ao que está no *Methodus*.

noções capitais: o *summum imperium* – a soberania ou autoridade que se impõe sobre a multidão – e a *Republicae administratio* – o governo da república responde ao que chamamos acima estratégia lógica que visa à demarcação de prioridade dos temas. Isto é, não se pretende apenas aplicar a teoria das causas ao tema da república – posto que o próprio texto já denuncia que este é o quadro teórico em que será desenvolvida a perspectiva bodiniana –, mas tão somente conduzir o raciocínio ao problema do princípio para que seja afirmada a centralidade do *summum imperium*, o fundamento da república. A apresentação do conceito de soberania corresponde, portanto, à investigação axiomática da república. Assim, a soberania se apresenta como pré-condição para que compreendamos o ordenamento político universal, na ausência da qual não há como diferenciá-la das outras organizações humanas particulares possíveis: a cidade, um povoado, uma vila, a família, entre outras. Após o conceito de soberania nos ser apresentado, permanece clara a distinção entre os elementos universais e os particulares da análise bodiniana. Ele recusa a distinção aristotélica entre república e cidade. Pretendia colocar os elementos relativos ao governo da república distantes e abaixo daquele que poderia efetivamente defini-la, o seu princípio. É a soberania que responde, portanto, à pergunta sobre o princípio a-histórico das repúblicas. Aí sim, a apresentação da soberania cumpre a referida estratégia lógica na exposição da teoria bodiniana. Aqui estamos tratando do tema da república completamente fora do âmbito das histórias. Sua definição nos mantém enredados no problema da fundação do poder político. Mas veremos em outro momento que, mesmo se concentrando no tema da soberania, Bodin está com vistas para a história política das repúblicas históricas, assim como para "a explicação de seus programas de direito público".[37]

---

[37] "Segundo o projeto de Bodin, a base de comparação entre os estados e a explicação de seus programas de direito público consistia em determinar e

CAPÍTULO IV — OS PRINCÍPIOS DO PODER POLÍTICO

Ao estabelecer a soberania como princípio da república, Bodin não apenas forja o conceito basilar das filosofias políticas modernas contratualistas – embora o tema do contrato ainda não tenha relevância em sua perspectiva. Em termos filosóficos, é neste momento do texto e em relação à história da filosofia política que a soberania adquire o estatuto de um conceito basilar.[38] Fernando Gil argumenta que a importância da abordagem bodiniana do tema do poder supremo constitui uma revolução[39] em relação à tradição da filosofia, pois, ele extrai "o fundamento mesmo do poder do político [entendido aqui o político como campo de saber específico]. A soberania realiza uma transcendência a partir da imanência".[40] A ênfase na especificidade do conceito afirmada aqui por Gil vai ao encontro de nossa reflexão sobre a preocupação de se aprofundar a temática da república nos limites da *civilis disciplina*. A polarização entre o transcendental, segundo a expressão de Gil, e o imanente corresponde ao que analisamos acerca do empenho metódico de Bodin de pensar os princípios da república sem perder de vista a importância das histórias políticas dos povos. Trata-se de conciliar essas duas dimensões, embora neste momento do

---

descrever o lugar da soberania para cada um. Ele foi, então, obrigado a estabelecer os princípios comuns da soberania que se aplicam tanto às democracias e às aristocracias quanto às monarquias e às variantes de cada uma delas, em diferentes épocas e lugares". Julian H. FRANKLIN. "La souveraineté et la constitution mixte: Bodin et ses critiques". p. 272. Cf. Idem. *Jean Bodin and the sixteenth-century revolution in the methodology of law and history*. New York: 1963, p. 59.

[38] Cf. Fernando GIL. *La Conviction*. Paris : Flammarion, 2000. p. 157.

[39] Estaria Gil pensando aqui em termos kuhnianos de uma revolução paradigmática? Sem dúvida podemos compreender a visada de Bodin dentro desses parâmetros, mas não é por esse caminho que seguiremos neste trabalho.

[40] Cf. Fernando GIL. *Op. Cit.* p. 157.

Methodus note-se que o interesse pela reflexão do conceito como princípio se sobressai em relação à avaliação do mesmo no plano da imanência, na história. A estratégia que pressupõe este recuo lógico, para além dos limites da avaliação no plano dos relatos históricos, permite a Bodin explicar o problema da mudança das condições de existência dos indivíduos, sem recorrer a descrições particularistas, o que talvez o impossibilitasse, neste ponto de seu argumento, de se concentrar no tema da soberania. Se antes de pensar o poder sem considerar esse conceito, a existência coletiva dos homens se identificava com a *multitudo*, na ocasião de sua criação – instituição do poder supremo, fundação da república – os mesmos homens passam a outra condição: além de se tornarem cidadãos, formam uma comunidade inserida efetivamente num corpo político. A passagem dos homens por esses estágios possibilitará a Bodin efetuar a transição da análise ao tema da gênese da república, um retorno ao plano da imanência, segundo a perspectiva de Gil. Não cristalizando sua investigação da soberania no plano transcendente, se atendo apenas à definição do conceito, Bodin pensa em algo além da simples elaboração tomada em abstrato. A análise da origem das repúblicas, portanto, regula a investigação dos aspectos universais da teoria com o plano particular. Do recuo lógico sugerido acima, retornamos no texto bodiniano, em novo movimento argumentativo, à avaliação da república e da soberania, tal como está nos relatos dos historiadores.

A imagem da família passa ao primeiro plano da investigação. Depois de definir a soberania, esse exemplo vai nos explicitar que o exercício da autoridade é o centro do problema sobre o poder e, portanto, mais importante do que toda definição sobre a estrutura da organização ou sobre os membros que a constituem. Bodin opta por buscar elementos que nos façam reconhecer a importância do objeto em questão:

> Assim, estabeleço que a família ou uma associação delas (*collegium*) é a verdadeira imagem da república. E, assim como a família não pode consistir no isolamento de um único homem, da mesma forma a re-

CAPÍTULO IV — OS PRINCÍPIOS DO PODER POLÍTICO 193

pública não pode consistir em uma família apenas ou uma associação delas (*collegio*).[41]

Também, a família corresponde à imagem da república sob determinadas condições. Utilizá-la como símbolo revela, a nosso ver, a intenção de Bodin de obter uma demonstração didática dos contornos da república. Cabe ainda perguntar por que a representação da república pode ser mais importante do que apresentação de seu conceito. É a representação imagética que traduz no nível da imanência, mais do que o conceito, o caráter central da autoridade suprema no interior da comunidade. De qualquer perspectiva que observemos a família, ela nos deixa entrever algo sobre a identidade da relação entre a soberania e os súditos. A autoridade que se estabelece sobre os homens, onde quer que estes se encontrem – sob o mesmo teto ou em qualquer outro lugar –, prevalece e remete à idéia de coesão na comunidade: "...se várias pessoas, por exemplo, o homem, a mulher, os filhos e os servos ou muitos companheiros são mantidos pela autoridade privada e poder doméstico de um mesmo, eles formam ou uma família ou uma associação".[42] A figura do chefe é central na família, ou no conjunto delas. A autoridade é um elemento de destaque, pois mantém unidos os componentes e confere uma forma ao todo, afastando esse ordenamento de qualquer semelhança com a multidão. Admitindo o pai no cume da hierarquia, a família reproduz segundo Bodin a ordem perfeita estabelecida pela natureza.[43] Ele afirma:

---

[41] Jean BODIN. *Op. cit.* p. 168b, L.27-32 (351a, L.47-53).

[42] *Ibidem.* p. 168b, L.37-42 (351b, L.05-11).

[43] A idéia de que a ordem política reproduz a ordem natural é outra demonstração de quanto as teses de Bodin ainda se filiam à perspectiva medieval. Em outro momento veremos por que o pensador não realiza essa aproximação ao acaso.

Assim também foi dito que república é o mesmo que a fusão de várias famílias e ainda que estejam separadas mutuamente nos lugares e nas residências, todas encontram-se reunidas sob o poder da mesma autoridade, quer esteja o poder nas mãos de um, quer nas mãos de poucos. Disso resulta que a república não é outra coisa senão inúmeras famílias ou associações (*collegioroum*) submetidas a um e mesmo poder. Além disso, o cidadão é aquele que usufrui da liberdade comum e da proteção do poder.[44]

Se ampliarmos o raciocínio e o transportarmos para o contexto político pode-se entender que, uma vez constituída a autoridade política, nela reconheceremos o poder supremo – *summum imperium* ou soberania. Neste instante estará criada a república. Um mesmo ato origina múltiplas conseqüências. Instituída a soberania, cria-se a república: os homens tornam-se cidadãos e deixam a condição de pertencentes à multidão. Mas, como poderíamos entender que o mesmo ato possa legitimar a criação de dois elementos distintos, a soberania e a república? Para Bodin não se trata de uma pergunta simples, pois, exige que se demonstre que, nem sempre, a existência de uma autoridade implica na criação da soberania ou da república.

Ao reconhecer a autoridade da soberania como legítima (*legitima imperii potestate*), Bodin demonstra que os fatores que determinam a criação da soberania resguardam um interesse coletivo. Na tirania, por exemplo, o exercício do poder político responde às vontades particulares do tirano. No caso da soberania pensada por Bodin, a legitimidade do poder está em que a autoridade se constitui não em nome de um mas de todos indistintamente, pois estão unidos sob seu poder. A condição de existência da república ampara-se nesta dupla relação: da autoridade para com os súditos e destes para com a autoridade. A existência da autoridade, por si

---

[44] *Ibidem*. p. 169a, L.6-15 (351b, L.42-54).

mesma, não implica a passagem dos indivíduos à condição de cidadãos. Ao contrário, a ausência dessa complementaridade entre os súditos e o soberano, o que legitima qualquer autoridade pública, faz com que todos vivam, ou sob a autoridade do tirano, ou sob a mais completa anarquia:

> Portanto, três famílias ou mais, ou cinco associações (*collegium*) ou mais constituem uma república[45], se estão ao mesmo tempo reunidos pelo poder legítimo de uma autoridade; se as famílias ou as associações tiverem sido desunidas reciprocamente e não tiverem obedecido a um poder comum, a isto deve-se chamar anarquia (anarcia) e não república.[46]

Uma vez instituída a soberania, não importa que os súditos habitem o mesmo lugar ou estejam dispersos[47]: a legitimidade do poder é reconhecida por todos. Do mesmo modo, o fato de o pai viver separado dos filhos não impede que seja reconhecido como a figura central do poder doméstico. A importância de se legitimar a autoridade demonstra que o poder político não é criado apenas para instituir a submissão ou limitar as vontades dos súditos. Bodin não apresenta o elemento em função do qual a autoridade se torna legítima. No entanto, o empenho para destacar a importância da legitimidade se justifica pela possibilidade de nos equivocarmos e admitirmos que qualquer força que se imponha sobre a multidão seja o mesmo que a instituição da soberania.

---

[45] Na tradução de Mesnard encontramos "État". Cf. Jean BODIN. *Op. cit.* p. 168b, L.52 (351b, L.26).
[46] *Ibidem.* p. 168b, L.50-56 (351b, L.24-31).
[47] *Ibidem.* p. 168b, L.56-57 (351b, L.31-33).

Aceitar essa possibilidade é igualar a soberania da república à tirania.[48] Bodin não se deixa envolver pela armadilha, pois sabe que o impulso que leva os homens a instituir o poder político comporta diferenças, se comparado às forças que levam o tirano a obrigar os homens à submissão cega e desmedida. A prova disso é o cuidado que ele tem ao distinguir o caráter da autoridade privada em relação à pública. Mesmo que tenha evocado a imagem da família, admitindo certa identidade simbólica com o poder supremo da república, ele vai distinguir os poderes que definem esses elementos, a partir do princípio que explica a instituição de cada um deles.[49] A distinção entre o caráter público do poder (supremo) na república e (privado) na família mostra que a aproximação que Bodin estabelece entre eles constitui apenas uma analogia. Essa afirmação afasta a possibilidade de encontrarmos alguma legitimidade na instituição da tirania. Se o poder supremo não se legitima nem se fundamenta pelos interesses privados do soberano, então a vontade do tirano jamais pode se confundir com o poder na república. Em outro momento Bodin explicará suas razões desse juízo sobre a diferença entre o poder do soberano legítimo e o do tirano. Neste momento, a analogia entre a imagem da família e a soberania da república é decisiva, portanto, para que se possa entender o caráter público e legítimo da autoridade suprema. No entanto, tomando como ponto de partida a soberania, é preciso constatar que a polarização do público em relação ao privado não implica em que sejam considerados como pertencentes ao mesmo nível, que este último não deva portanto se submeter ao primeiro. Bodin faz questão de mostrar que, assim como todos os cidadãos, a família pertence à república e não deve ser vista como um ordenamento político em gestação.

---

[48] Sobre a noção de tirania, o texto de Margherita ISNARDI-PARENTE é esclarecedor. "Jean Bodin su tirannide e signoria nella 'République'". In: *La République di Jean Bodin – Atti del convegno di Perugia*. Firenze: L.O.S., 1981. p. 60-77.

[49] Jean BODIN. *Op. cit.* p. 169a, L.3-6 (351b, L. 39-42).

3. A crítica a Cícero e a insistência na redefinição da república

Da mesma forma que aponta o que seriam incongruências no pensamento de Aristóteles, Bodin se volta contra o que identifica como sendo a tese de Cícero.[50] O argumento reposiciona no centro do debate a finalidade da ordem política. Segundo Bodin, a definição do pensador romano[51] também inverte o problema central da investigação sobre as repúblicas. Cícero define-a a partir da finalidade, e não, do princípio: "De fato, como Cícero definiu: a república (*Respublica*) é a multidão de homens reunidos pelo mo-

---

[50] A edição inglesa a *De Republica — On the Commonwealth* (Cambridge: University Press, 1999.) –, preparada por James E. G. ZETZEL, afirma na introdução que os palimpsestos dos primeiros dois livros dessa obra de Cícero foram descobertos apenas em 1819. Nesses primeiros livros concentra-se a discussão sobre o fundamento e a finalidade da república, assim como sua origem e formação, as formas políticas e as transformações. Isso nos coloca diante de um grande problema, pois, tanto o que está nestes livros quanto a discussão que consta dos outros quatro livros restantes contém os elementos que Bodin discute em suas citações de Cícero, porém, não se pode deixar de mecionar que estas sejam referências indiretas. É razoável supor, então, que Bodin cite o texto do pensador romano por intermédio dos textos de outros pensadores.

[51] CÍCERO. *The Republic*. Trad. Clinton Walker KEYES. Londres: Loeb Classical, 1988. I, 39. Utilizamos também a tradução de James E. G. ZETZEL: *On the Commonwealth*. Cambridge: University Press, 1999. Citamos a partir da primeira por trazer o texto original em latim, o qual consultamos. Há diferenças importantes entre as duas traduções. Por exemplo, em relação à própria definição de república KEYES traduz "...sed coetus multitudinis iuris consensu et utilitatis communione sociatus" como: "but an assemblage of people in large numbers associated in an agreement with respect to justice and a partnership for the common good". ZETZEL traduz por: "...but an assemblage of some size associated with one another through agreement on law and community of interest".

tivo de viver bem. Na verdade, isto significa o fim perfeito da república e não a sua natureza e o seu princípio".[52]

Para Bodin não parece consistente aceitar como fundamento da república o desejo natural humano. Menos sustentável lhe parece admitir o "viver bem" como a finalidade mais importante da associação. A oposição ao argumento de Cícero é justificável porque o que ele identifica como finalidade é menos importante do que as razões que, efetivamente, levam os homens à criação da soberania.[53] O francês pensa ser inadmissível que qualquer grupo reunido com a finalidade de viver bem possa constituir uma república. Se aceitássemos isso, o que diríamos daqueles que se reunem para desfrutar dos prazeres? Poderiam ser considerados fundadores de uma república? Ele argumenta:

> Com efeito, esta definição envolve também a união dos pitagóricos e todos os que igualmente se uniram pelo motivo de viver bem. Portanto, não se pode dizer que constituem uma república, sem que se faça uma enorme confusão entre república e associações (collegii).[54]

---

[52] Jean BODIN. *Op. cit.* p. 168a, L.15-19 (351b, L.55-59)

[53] Cesare VASOLI comenta sobre a idéia de finalidade da soberania, demarcando a diferença entre Bodin e os outros pensadores. VASOLI se refere à *République* mas a discussão vale para o *Methodus*: "Porque o conceito de 'governo justo', parte essencial da definição, requer um exame preliminar que fixe a diferença existente entre o *Stato* e os bandos de ladrões ou de piratas, assim como, de outra parte, impõe que discuta e se recuse as concepções de Aristóteles e Cícero que identificaram o *Stato* com uma 'sociedade de homens reunidos para viver bem e de maneira feliz'. Uma definição dessa forma peca logicamente por excesso e por defeito: não compreende, de fato, os três conceitos fundamentais -'família, soberania e bem comum' – para sua união à sociedade, enquanto compreende aquela expressão 'de maneira feliz' tornando-a extremamente problemática e suscetível das mais diversas interpretações. Bodin não contesta, certamente, que a felicidade seja uma conseqüência do 'bom governo' e da 'ordem civil'". In: Cesare VASOLI. "Il método ne *La République*". p. 14.

[54] Jean BODIN. *Op. cit.* p. 169a, L.19-23 (351b, 59-352a, L.1-5).

CAPÍTULO IV — OS PRINCÍPIOS DO PODER POLÍTICO   199

O equívoco que Bodin aponta aqui diz respeito à dimensão que se pretende dar à república. O "viver bem" se aplica a grupos restritos, até mesmo a grupos que se unem por outros interesses que não são propriamente políticos. Em contrapartida, se destacamos a supremacia da soberania, os interesses que motivam a união dos homens serão exclusivamente políticos, bem como o será a finalidade de sua criação. De fato, o que explica a instituição da soberania é a necessidade de os indivíduos se unirem para oferecer resistência a um estado de coisas, ou mesmo negá-lo e opor-se a uma condição desfavorável de existência.

Pela conclusão se pode observar, mais uma vez, que Bodin delineia a teoria da soberania e da república, prioritariamente no domínio da política. Ele pretende que sua tese circunscreva a submissão dos homens a um poder público superior. Essa opção argumentativa tornará mais consistente a comprovação da universalidade do conceito. Assim, a definição de república se aplica aos burgos, às vilas, às cidades, aos principados, desde que eles se submetam à mesma autoridade.[55] Analisando o problema do ponto de vista do método, as definições universais respeitam, na visão de Mac Rae, a exigência de se conceber uma teoria cientificamente aceitável:

> Para Bodin a formulação de definições universais representa o primeiro estágio, apenas na construção de uma teoria válida. O processo teórico inclui a aplicação das definições ao mundo real. Somente quando todos os casos marginais, difíceis e duvidosos forem satisfatoriamente dispostos, o trabalho estará completo. Isso está completamente de acordo com os princípios do ramismo.[56]

---

[55] *Ibidem*. p. 169a, L.29-33 (352a, L.13-17).
[56] Kenneth McRAE. "Bodin and the Development of Empirical Political Science". p. 338.

Segundo a perspectiva de Bodin, a certeza de que essa definição de soberania abrange todos os contornos de associações humanas pode fundamentar-se no princípio da autoridade. Se, no início do argumento, a autoridade demarcava a mudança entre os estágios da multidão para a comunidade política, agora ela nos serve exclusivamente à definição da própria república, isto é, aos cidadãos que consentem se submeter à mesma autoridade pública. Como o texto ainda não fornece uma definição mais exata sobre os temas — talvez mais do que uma característica, isso seja uma estratégia —, uma explicação sobre isso seria que as tentativas de definição mais obscurecem do que facilitam a resposta ao problema. Elas frequentemente se equivocam e misturam o problema do princípio com o da origem, assim como confundem os motivos que explicam a criação e a finalidade das repúblicas.

Para ilustrar essa afirmação e reposicionando a investigação no plano da história, Bodin lança mão do exemplo da Babilônia. Ele vai constatar como se pode desviar a investigação sobre o fundamento da república para problemas secundários e que é preciso evitá-los:

> Eis por que é um absurdo que Aristóteles tenha afirmado que uma vasta multidão de homens como a Babilônia não constitua uma república mas seja um povo.[57] Nenhum povo se reconhece a si próprio por possuir autoridade comum, nem mesmo por qualquer lei verdadeira. De outra parte, eu digo que os babilônios não apenas encontram-se sob a mesma autoridade, como possuem os mesmos magistrados, mesmas leis, e também estão cercados pelas mesmas muralhas: nestas circustâncias, o que é isto senão uma república?[58]

---

[57] Mesnard traduz "gentem" por "nation". In: Jean BODIN. *Op. cit.* p. 169a, L.41-48 (352a, L.25-36)

[58] *Ibidem.* p. 169a, L.41-48 (352a, L.25-36).

CAPÍTULO IV — OS PRINCÍPIOS DO PODER POLÍTICO 201

O tom da crítica de Bodin oscila entre apontar os equívocos dos argumentos e a acusação da falta de clareza nos critérios. O que para muitos seria o aspecto relevante do argumento de Cícero, para ele, é exatamente o que o torna obscuro: a associação da multidão de homens conforme o direito e sua união em benefício da comunidade de interesses nada informam sobre o princípio da república.[59] A obscuridade a que se refere o pensador francês está em supor uma definição fora do âmbito da política, como a de Cícero, que nos desvia do tema da autoridade central, do *summum imperium*. Ao afirmar que o direito leva os cidadãos a formar a soberania, este filósofo reconhece como causa um elemento existente apenas quando a república está plenamente constituída.

Aceitar o direito como princípio implica em entender que os demais elementos da república derivam dele. Seria necessário que houvesse, no instante de formação da república, um grupo organizado, criador de uma ordem jurídica, com condições de avaliar as ambições dos indivíduos em relação à lei que deve regê-los, para que se pudesse depois escolher a autoridade central do poder. Pelos argumentos de Bodin isso seria inadmissível. A razão dessa recusa é evidente: em plena anarquia, os homens não têm condições e interesses para criar tal ordem jurídica. Mais do que uma substituição de princípios da soberania, a inversão proposta por Cícero ofusca o sentido que o argumento bodiniano quer dar à submissão. O que marca a criação da república é a formação da soberania, e não que seja representada pela existência dos cidadãos ou das leis: "porque, em verdade, se isso for admitido, não haverá

---

[59] *Ibidem*. p. 169a, L.48-51 (352a, L.36-40). Se a constatação Zetzel estiver correta acerca do fato de que parte do texto ciceroniano permaneceu desconhecida até o século XVII, e, mesmo que Bodin não tenha conhecido os palimpsestos dos livros I e II da *República*, não se pode deixar de destacar que neste ponto é surpreendente que o texto do francês seja muito próximo do texto original latino, tal como escrito por Cícero. Cf. *The Republic*. Trad. Clinton Walker KEYES. Londres: Loeb Classical, 1988. I, 39.

de modo satisfatório cidadãos sob a mesma autoridade, a não ser que sejam unidos simultaneamente pelas mesmas leis".[60]

Bodin levanta restrições quanto à possibilidade de o soberano estar identificado às por leis, de que sua autoridade seja enfim despersonalizada. Estas não conseguem conferir ao poder político um sentido tão concreto quanto a autoridade suprema, encarnada em uma pessoa ou um grupo. Dizendo com outras palavras, para se concluir que a soberania foi instituída, é preciso que os cidadãos estejam certos da presença de uma autoridade, muito mais do que das leis. Com esta constatação, Bodin não abre as portas para a aceitação do poder do tirano. Aqui o argumento em favor da legitimidade é decisivo, mas apenas enquanto ela ampara a condição do soberano. Mais do que aspirar à criação das leis, não se pode esquecer que os indivíduos instituem a soberania como reação a uma realidade que lhes é desfavorável. Por isso, antes é necessário que o soberano seja legítimo. Para nos confirmar seu ponto de vista, Bodin menciona o império Turco, o qual reconhecera como república. O pensador assinala que, mesmo sem qualquer estatuto jurídico comum, algumas comunidades turcas estavam reunidas sob os mesmos magistrados e, o mais importante, sob a mesma autoridade política[61], por isso constituíam a mesma república.

Se a soberania não se define a partir do direito ou do cidadão, é preciso admitir que esses elementos são derivados dela. Bodin explica esses elementos, observando que são um desdobramento da soberania. Ela, por sua vez, permitirá, tanto estabelecer quais conceitos são fundamentais, quanto a relação das leis com os cidadãos, a fim de que se entenda o lugar de cada membro da república, em função de seu princípio. Para explicitar a supremacia do poder e a relação dos membros que formam uma república, Bodin afirma:

---

[60] Jean BODIN. *Op. cit.* p. 169a, L.48-54 (352a, L.40-43).
[61] *Ibidem.* p. 169a, L.54-59 (352a, L.43-51).

Disto se segue que a república se define pela mesma autoridade, pela autoridade e direito de cidadão. Mas o espaço urbano (*urbs*) não reúne os seus cidadãos apenas pelas autoridades mas pelas mesmas muralhas. Assim, o espaço urbano (*urbs*) abarca quarteirões e a cidade distritos às vezes ainda espaços urbanos e fortificações reunidas pela comunidade da lei; o principado ou dinastia – utilizemos esta palavra –, abarca várias cidades; a república, enfim abarca tudo isso como um gênero.[62]

A distinção entre a república e a *urbe* esclarece a gradação que Bodin estabelece entre o que é fundamento e o que a ele se vincula posteriormente. No entender do pensador francês, a noção de cidade remete mais ao tamanho da organização política do que a um fundamento da república. Quando nos referimos à república afirmamos necessariamente a existência da soberania. No conjunto dos argumentos, a cidade serve, da mesma forma que o direito, para dizer que determinados componentes da ordem política não constituem a autoridade suprema, embora dependam dela. Apenas destacando a soberania podemos distinguir e estabelecer a relação de hierarquia, entre o *summum imperium* e outras instâncias de governo ou gêneros de associação entre os homens. À medida que o argumento avança, Bodin acentua o caráter universal da soberania em relação às mais diferentes repúblicas.

No entanto, alguém poderia objetar que pela dimensão e complexidade da estrutura do governo, algumas cidades poderiam ser mais importantes do que várias repúblicas. Não teríamos aqui um contrasenso? Bodin vai à história para mostrar que o critério para que se identifique a república não é a dimensão territorial. Os exemplos de Cícero, Bartolus, Apiano, não esclarecem tanto quanto o de Roma, cidade que envolveu várias vilas, cidades, províncias, povos de territórios diferentes, todos sob as mesmas leis, cos-

---

[62] *Ibidem.* p. 169a, L. 59-169b, L.04 (352a, L.51-352b, L.4).

tumes e autoridades.[63] A soberania e a garantia da proteção dos cidadãos são os fundamentos de qualquer comunidade política, não importando onde se localiza e, menos ainda, o seu tamanho enquanto república. Não seria um absurdo dizer que cada cidade tenha as suas leis, mas jamais podemos afirmar que as cidades de uma mesma república possuem suas próprias soberanias. Para que a idéia de república se mantenha, é contraditório haver várias soberanias no seu interior; mas, não, que haja várias cidades, um sem número de vilas e outras tantas famílias. O pensador francês vai retornar a esse problema em outros momentos. Por enquanto interessa-lhe acentuar o caráter único e a supremacia da soberania. Ele cita Apiano para mostrar que as leis das cidades variam sem que isso abale a força da autoridade suprema. Com base no princípio da soberania o argumento de Bodin afirma, sem incorrer em erro, que os cidadãos pertencem à mesma república sem, contudo, fazer parte da mesma cidade.[64]

A investida bodiniana para definir a soberania e sustentar a definição de república não pode ser entendida fora da intenção de tratar o problema nos limites de uma teoria política universal. Os diversos exemplos que o pensador enumera para exemplificar a primeira abordagem da soberania servem para ilustrar sua intenção. A análise da soberania fornece uma primeira mostra de como pretende confrontar o universal, proveniente da *civilis disciplina* com o particular, das histórias. Bodin prossegue a investigação sobre o *merum imperium* pela perspectiva dos juristas. Como veremos, ele não se propõe a aprofundar um debate sobre a história do direito romano ou a alimentar uma disputa quanto às minúcias que a investigação sobre as leis comporta. Para Gilmore, no caso do texto de Bodin, a discussão específica sobre a lei romana, que exige a investigação sobre o *merum imperium*, serve muito mais à sua proposta política, do que a um acerto de contas com seus pares.[65]

---

[63] *Ibidem.* p. 170a, L. 01-02 (353a, L.14-15).
[64] *Ibidem.* p. 170a, L. 11-13 (353a, L.25-28).

CAPÍTULO IV — OS PRINCÍPIOS DO PODER POLÍTICO   205

Depois de esclarecido o problema sobre o princípio das repúblicas, Bodin vai mostrar como a história confirma a formulação teórica. Roma, sob vários aspectos, ensina que, embora os estatutos que governavam os cidadãos se alterassem entre cidades, vilas, regiões, mesmo assim, permaneciam sob o governo da mesma autoridade, pertenciam à mesma república.[66] Ao desenvolver seu argumento, por mais que recorra a diferentes fontes históricas ou cite como exemplo outros países, Bodin sempre retorna ao problema central: a autoridade suprema é a pré-condição para se afirmar a existência de uma república. Mesmo entre indivíduos de classes diferentes, separados pelo direito, por leis, cargos, acesso aos sufrágios, honras, priviégios, ou estatutos, todos terão o título de "cidadãos da república, pois são iguais enquanto membros de seu corpo".[67] Como as partes que constituem um corpo qualquer, os cidadãos formam a república, apenas enquanto se ligam à mesma unidade: "Então, a aliança de cidades diversas, o comércio, direito, leis, religiões não constituem a mesma república, mas sim a conjunção da mesma autoridade.[68]

Além de explicar os vários contornos do princípio da república, haveria algum outro ganho na estratégia escolhida por Bodin nessa parte do texto? Em primeiro lugar é surpreendente a forma

---

[65] "Claro que Bodin não aceitou todas as distinções dos humanistas e do ponto de vista de uma interpretação acurada da lei romana, ele aceitou até alguns equívocos deles. Mas, a abordagem fundamental ao problema do *imperium* estava associada com a tentativa de estabelecer uma teoria política universal, em vez de entender a história da lei romana. A distinção e os argumentos dos juristas humanistas das escolas foi muito utilizado por ele e ele, sem dúvida, encontrou uma constante inspiração nesses escritos". Myron P. GILMORE. *Arguments from Roman Law in Political Thought: 1200–1600.* Cambridge: Harvard University Press, 1941. p. 99.

[66] J ean BODIN. *Op. cit.* p. 171a, L. 38-45 (354b, L.50-55).

[67] *Ibidem.* p. 171a, L. 09-12 (354b, L.09-11).

como ele redimensiona os conceitos que dependem da definição de república. Bodin aproxima dois conceitos "república" e "soberania" concluindo que a condição para que haja uma é haver a outra. A partir daí, o problema é pensar a relação dos demais *membra corporis* da república com a soberania. Tal estratégia não é mais um problema relativo ao princípio, mas deve ser pensada a partir da origem e realização da soberania na história. O método em ato é o que possibilita este retorno com mais ênfase ao plano da história sem que a investigação descumpra o proposto desde o início.

---

[68] *Ibidem.* p. 173a, L. 07-10 (357a, L.33-37).

Capítulo V

A república na história

1. A soberania e sua origem: história e contexto

Na investigação sobre o poder supremo da república no *Methodus* encontramos a primeira definição ao conceito de soberania (*suverenitas*).[1] É Bodin quem introduz esta noção na filosofia política moderna e ele próprio está certo disso: "É necessário aqui formar a definição de soberania, porque nenhum jurista e nenhum filósofo político a definiu: sei que é o ponto principal e o mais necessário de ser entendido no tratado da República".[2] A novidade da definição, que condiciona a existência da república à instituição da soberania, exige que observemos alguns aspectos sobre a história do debate que envolveu o conceito.

Quando a investigação se concentra exclusivamente na obra de Bodin, a discussão sobre as raízes da noção de soberania entre

---

[1] "*to kúrion políteuma*, a saber, *kurían archèn*, para os gregos; *signoria*, italiana; *suverenitatem*, nossa (francesa); *summum rerum* & *summum imperium*, dos latinos". Cf. Jean BODIN. *Op. cit.* p. 174b, L.26-31 (359b, L.01-07).

[2] Cf. Ibidem. A tese segundo a qual Bodin é o primeiro a definir o conceito de soberania encontra fortes resistências entre os estudiosos contemporâneos do pensamento político medieval, principalmente aqueles que concentram suas investigações sobre o tema da *plenitudo potestatis*, que discutiremos a seguir.

estudiosos se divide em dois grupos: há quem afirme que, com a soberania o pensador francês atualiza a discussão medieval em torno da *plenitudo potestatis*[3]; outros sustentam que, não obstante a proximidade destes termos, não há dúvidas de que Bodin é o primeiro a definir, com exatidão, a soberania da república. Nossa opinião vai ao encontro do que afirma o segundo grupo, mas é preciso reconhecer a importância de recuperarmos alguns aspectos da discussão travada antes da publicação dos textos de Bodin, para entendermos um pouco de sua originalidade.

Para confirmar as posições do primeiro grupo acima, Greenleaf[4] afirma que Bodin transferiu o conceito de *plenitudo potestatis*, medieval, para a pessoa do monarca temporal.[5] No interior da Igreja teria se forjado a idéia de um monarca absoluto.[6] Esse debate, surgido por volta do século XII, demarca, para mui-

---

[3] Sobre a discussão das raízes medievais do conceito de soberania não podemos deixar de citar o trabalho de Walter ULLMANN, e, em particular, "The development of the medieval idea of sovereignty". In: *English historical review*. N. 61, 1949. p. 1-34. Ver também: J. P. CANNING. "Loi, souveraineté et théorie corporative". In: *Histoire de la pensée politique médiévale*. Paris: P.U.F., 1988. p. 428-449.

[4] "[Bodin] transferiu este conceito de soberania [*plenitudo potestatis*], o qual está implícito na visão de mundo ordenado [segundo o pensamento teológico cristão medieval], para o monarca temporal. Neste sentido, a noção de soberania é derivada destas suposições". In: William H. GREENLEAF. "Diskussion – Bodins politische philosophie". In: *Actes du Collocque international Jean Bodin à Munich*, Munich: Verlag, 1973. p. 463.

[5] A respeito da disputa teórica entre o papado e o império, como também dos fatos determinantes, a partir do século XII, para a formação do conceito de soberania, vale mancionar do trabalho de Raquel KRITSCH: *Soberania – a construção de um conceito*. São Paulo: Humanitas/Imprensa Oficial, 2002.

[6] Otto VON GIERKE avalia que "foi no interior da Igreja que a idéia do monarca absoluto apareceu pela primeira vez". In: *Political theories of the Middle Age*. Cambridge: University Press, 1951. p. 36.

tos historiadores da filosofia política, o início da formação do conceito de soberania. A disputa que envolveu os imperadores e os papas se deu nos limites da política e da teologia, com o imperador defendendo o domínio sobre os assuntos civis e temporais e o papa o comando dos assuntos espirituais.

A tese que afirmava a identidade entre a *plenitudo potestatis* e a soberania sustentava que a autoridade papal ultrapassava os limites da divisão entre os poderes espiritual e temporal. Assim, apoiado nas premissas da doutrina católica sobre o poder supremo do Altíssimo[7], o papa seria o legítimo representante na terra do poder de Deus e à sua autoridade deveriam reportar-se os cristãos e os que detivessem os poderes temporais.[8] Ao longo dos séculos

---

[7] Cf. "Epístola de São Paulo aos romanos", 13, 1-3. In: *A Bíblia de Jerusalém*. São Paulo: Paulus, 1985.

[8] Um dos momentos cruciais em que se observa a defesa desta tese se deu no pontificado de Inocêncio IV (1243-1254), o qual defende a "suprema jurisdição, tanto espiritual quanto material, sobre toda a humanidade, fortalecendo a concepção do Papado como uma monarquia universal. Sua superioridade, segundo ele, estava assegurada pelo fato de o papa possuir as duas espadas: a espiritual *in habitu* e *in actu*, e a temporal *in habitu*, conferindo-a *in actu* ao imperador, o que lhe permitia retomá-la, quando este não cumprisse sua missão". In: Albero R. de BARROS. *A teoria da soberania de Jean Bodin*. São Paulo: Unimarco, 2001. p. 175. E acrescenta BARROS: "O problema estava em sustentar que o papa era o legítimo monarca da cristandade, quando a compilação de Justiniano, base da jurisprudência medieval, apresentava o imperador como *dominus mundi* (*Digesto* 14, 2, 9; *Código* 1, 1, 1). Segundo Wilks, a saída encontrada pelos decretalistas foi a total identificação da comunidade cristã com o Império e a atribuição ao papa do título de *verus imperator*: o autêntico vigário de Deus na terra, o único agente capaz de interpretar a vontade divina. O papa tinha o direito de dirigir todas as coisas e dispor delas como lhe aprouvesse: a *plenitudo potestatis* lhe dava a jurisdição suprema na cristandade. Por ter recebido a plenitude dos poderes espiritual e temporal, sua autoridade era plena e sem limites, podendo inclusive revogar costumes e leis civis". In: *Op. cit.* p. 175.

XIII e XIV, a discussão prolongou-se nos mesmos termos, envolvendo o confronto entre o clero e as monarquias que se consolidavam na Europa da época.[9] Vale lembrar que o fortalecimento destas implicava a contestação do poder universal do imperador e a afirmação do poder superior do rei, dentro de seu reino.[10]

Além da disputa com o clero e os teólogos, o tema do poder supremo discutido por Bodin deita suas raízes, principalmente, no estudo e na intepretação do *Corpus Juris Civilis*. O debate sobre o *merum imperium*, na avaliação de Myron Gilmore[11], ocupou parte importante das reflexões dos juristas italianos, bartolistas e neobartolistas, assim como dos humanistas franceses. Segundo ele, o termo *imperium* se refere à condição mais alta do poder público.[12] Tal como encontramos no *Digesto* (II, 1, 3), o *imperium* se fragmenta em dois: "de um lado o *merum imperium*, a autoridade mais elevada e delegada algumas vezes aos governadores de província; do outro, o *mixtum imperium*, a autoridade mista que de-

---

[9] Os pensadores que se destacaram na crítica à *plenitudo potestatis* foram: MARSÍLIO DE PÁDUA, *O defensor da paz*. Petrópolis: Vozes, 1997; João QUIDORT. *Sobre o poder régio e papaL*. Petrópolis: Vozes, 1990.

[10] Ver Walter ULLMANN. "The development of the medieval idea of sovereignty". In: *English historical review*. N. 61, 1949. p. 1-34. Sobre esse aspecto é preciso citar também o texto de Francesco CALASSO. *I Glosatori e la teoria della sovranità. Studi di diritto comune pubblico*. Milano: Dott A. Giuffrè, 1957, no qual ele comenta a idéia: *rex superiorem non recognoscens in regno suo est imperator*.

[11] Myron P. GILMORE. *Arguments from Roman Law in Political Thought: 1200–1600*. Cambridge: Harvard University Press, 1941. p. 12.

[12] Como BARRET-KRIEGEL.: que "inclui por vezes o comando militar e a jurisdição, por oposição ao poder negativo dos tribunos e ao poder inferior dos pequenos magistrados. Empregado, muitas vezes, no sentido mais geral, na expressão *imperium* e *potestas*". In: "Jean Bodin: de l'empire à la souveraineté de l'état de justice à l'état administratif". In: *Jean Bodin – Actes du Colloque Intardisciplinaire d'Angers*. Angers: Presses de l'Université d'Angers, 1985, p. 348.

tém o poder jurídico de dar a posse dos bens e que era limitado à jurisdição civil e a certas formas de ação particulares".[13]

Mas o problema que suscitou grande debate entre os juristas, que se refletiu no texto bodiniano, foi saber a quem pertence o *merum imperium* (*Cui competit merum imperium?*): ao rei ou ao magistrado? A questão concerne a um tema central da filosofia política, reportando-se tanto ao problema da autoridade quanto da lei.[14] Embora possamos ter uma noção desta relevância a partir da leitura do *Corpus Juris Civilis*, é importante salientar a dificuldade de compreensão desse tema por parte dos glosadores e seus sucessores.[15] Por exemplo, o glosador Arcusius[16] sustenta que a *jurisdictio* se define como "poder público introduzido a partir da necessidade do direito e com vistas à instituição da igualdade".[17] Ele estabelece quatro níveis de jurisdição: 1) *merum imperium*; 2) *mixtum imperium*; 3) *modica coercitio*; 4) *iurisdictio*. Com base neles, todos os casos que envolvem a vida pública do reino devem se moldar em uma destas categorias de jurisdição. Ao *merum imperium* se referem os assuntos sobre os cidadãos e a liberdade. O *mixtum imperium* trata dos problemas referentes aos magistrados e daqueles das penas civis e criminais. A *modica coercitio* corresponde à imposição

---

[13] Ibidem. p. 348.; Cf. Myron P. GILMORE. *Arguments from Roman Law in Political Thought: 1200–1600*. Cambridge: Harvard University Press, 1941. p. 20-1.

[14] Cf. Myron P. GILMORE. *Op. cit.* p. 19.

[15] *Ibidem.* p. 20.

[16] *Corpus Justinianaeum*, editado com a Glosa de Arcusius, notas de Contius, Cujas e outros por Gothofredus, Lyons, 1604. Citado em: Myron P. GILMORE. *Op. cit.* p. 20-28.

[17] "*potestas de publico introducta cum necessitate iuris discendi et aequitatem statuendae*". In: *Ibidem.* p. 30.

do respeito por parte do magistrado.[18] Já o jurista Guilielmus Durandus, influenciado pela *Glosa*, defende que o *merum imperium* também é o mais alto poder, por meio do qual a parte mais importante da jurisdição é extraída.[19]

Uma característica do trabalho dos juristas pós-glosadores foi aplicar os fundamentos dos textos romanos sobre o contexto das sociedades que lhes eram contemporâneas. Tal atitude fez aumentar os problemas de compreensão acerca de certos termos clássicos. A noção de *merum imperium* não escapa ilesa.[20] A característica das dificuldades em questão era devida ao anacronismo no emprego dos termos, ou seja, a aplicação de leis romanas ao costume feudal não permitia aos juristas nem elucidar os problemas do presente nem testar a validade dos conceitos antigos.[21]

---

[18] "Sob o *merum imperium* estão aqueles casos que concernem às nossas pessoas, nossos cidadãos e nossa liberdade. O conteúdo do *mixtum imperium* é dito como vagamente determindado por duas condições: não ser considerado um dos três casos mencionados; e a jurisdição acima ser acompanhada com o máximo desempenho para a solução simples que o caso implica, como uma *missio in possessionem*. Quanto ao *mixtum imperium*, a Glosa está ainda sem o controle das dificuldades que comportam o conceito romano. Sob a jurisdição estão aqueles poderes que pertencem ao magistrado por direito de ofício, o que inclui a consideração dos dois casos menores: civil e criminal. A *modica coercitio* coexiste com essa jurisdição com o direito do magistrado de aplicar suas decisões ou impor respeito a sua autoridade.

[19] "É chamado *merum* porque está purgado da consideração das coisas que envolvem assuntos de dinheiro". In: *Ibidem*. p. 32.

[20] GILMORE destaca a especificidade do problema enfrentado pelos medievais se comparado às dificuldades de interpretação que encontram os estudiosos do século XX: "O que complicava e dificultava algo como a tarefa de elucidação é que nós, pelo menos, somos ajudados por nossa habilidade para relacionar estes textos analíticos com uma realidade histórica sobre a qual sabemos algo a partir de outras fontes". In: *Ibidem*. p. 36.

[21] *Ibidem*. p. 36-7.

CAPÍTULO V — A REPÚBLICA NA HISTÓRIA

Não obstante a dificuldade de tornar precisas as definições, Bartolus de Saxoferrato, ao analisar especificamente o problema do poder supremo, constata que não há em todas as glosas feitas a partir do *Corpus Juris* qualquer definição exata sobre o *merum imperium*. Era possível apenas analisá-lo pelos exemplos de como ele deveria se constituir.[22] Mesmo assim, o jurista italiano, segundo avaliação de Gilmore, procura descrevê-lo de acordo com três características:

> Em uma primeira atribuição ele [*merum imperium*] é autônomo, isto é, concedido livremente ao príncipe, sem que haja submissão [a qualquer outro poder], e, mais tarde, transmitido por ele aos demais. Em uma segunda atribuição, ele é livre no sentido de não depender de uma ação legal. O magistrado que interrogar os malfeitores o faz também de forma livre; ele [*merum imperium*] não está limitado, assim como está o magistrado... Em uma terceira atribuição ele é denominado *merum*, em oposição a *mixtum*, a partir do qual é distinguido por

---

[22] *Ibidem*. p. 39. Sobre esse aspecto ele constata que "Bartolus descobre que há seis graus para o *merum imperium*: *maximum, maius, magnum, parvum, minus, minimum*. O mais significativo é que as forças são precisamente designadas por ele para cada um dos seis graus". [...] "Assim o *maximum merum imperium* é declarado para ser a fusão da lei geral que pertence apenas ao príncipe, ao senado e ao prefeito pretoriano. Este singelo exemplo é suficiente para demonstrar a enorme extensão do sentido dado ao conceito acima do seu significado original nos textos romanos. O principal exemplo dos *maius merum imperium* é o direito de impor punição envolvendo a morte ou a perda de membros. A terceira classe de poderes são aqueles que envolvem casos em que a penalidade é a deserção sem a perda dos direitos civis. Um exemplo da quinta é a *modica coercitio*, tecnicamente o poder do magistrado de coagir qualquer um que afronta sua autoridade como magistrado. Significativamente isso é estabelecido para pertencer a todos os magistrados, como faz também o sexto grau *merum imperium minimum*, que é o direito de exigir uma punição leve". In: *Op. cit.* p. 40-41.

ser exercido em função da utilidade pública, enquanto *mixtum* é exercido para a utilidade privada.[23]

A perspectiva dos humanistas sobre o problema do *merum imperium*, tanto da Itália quanto da França, trouxe diferenças de compreensão, principalmente com respeito às funções do príncipe e do magistrado administrador. Como avaliamos antes, um aspecto que distingue esses juristas em relação a glosadores, como Arcusius, e pós-glosadores, como Bartolus, é a postura crítica. Entre os italianos, Alciato apresentou como aspecto mais relevante de sua interpretação estabelecer a distinção entre o poder do príncipe e dos magistrados. Para ele, o direito do *merum imperium* reside na pessoa do príncipe, o qual tinha delegado seu uso ao magistrado.

As considerações do humanista italiano nos permitem observar que a perspectiva renascentista afasta-se definitivamente dos medievais. Alciato tem claro que o poder central cabe ao *merum imperium* e que, ao magistrado, cabem as funções delegadas pelo primeiro.[24] Ele entende que as atribuições dos magistrados devem limitar-se às funções de administração. Os magistrados têm apenas direito administrativo sobre o poder público. Ao *merum imperium* não podem ser delegadas quaisquer tarefas ou funções, a não ser

---

[23] *Ibidem*. p. 39.

[24] "Esta é a primeira declaração que adaptou a interpretação do *merum imperium* aos fatos do poder do estado tal como eles começam a aparecer no início do século dezesseis. Apenas como a interpretação de Bartolus tinha servido a uma sociedade na qual as funções de governo e os direitos de propriedade não foram distinguidos, então, esta definição serviu a uma sociedade na qual, por um longo período, o poder público já tinha começado a ser distinguido da propriedade privada" [...] "Alciato concebe a jurisdição capital do magistrado como uma 'exercitatio' que mostra que o 'ius ipsum' (direito sobre si) pertence ao príncipe". In: *Ibidem*. p. 49.

que esse poder o faça por si próprio.[25] A alternativa cunhada por Alciato admite, não apenas o *merum imperium* como poder, mas prevê a estrutura do estado, segundo as palavras de Gilmore, já constituída:

> Um sistema no qual todos os magistrados ou, mais ainda, todos os cargos de magistrados se orientam no sentido de que a criação da lei é perfeitamente compatível com o exercício de um magistrado supremo, em cuja pessoa se diz residir a posse da propriedade sobre o poder público. A posição completa é, na verdade, não mais do que uma aplicação da nova interpretação do poder público à antiga doutrina medieval, que tinha sustentado sempre que o príncipe era absoluto na esfera da lei comum privada. A esfera da administração estava, na verdade, sendo constantemente ampliada pelos estados renascentistas e, principalmente, se os teóricos aplicassem a ela o termo *merum imperium*. Era óbvio que a intepretação do *merum imperium* deveria ser necessariamente diferente daquela fornecida pelos teóricos medievais.[26]

Segundo esta acepção, apenas o príncipe pode atribuir funções e garantir a administração do *merum imperium*.[27] Ele próprio estabelece os limites das funções, inclusive as suas, enquanto que o limite da ação do magistrado é a lei. Este deve sempre se reportar à lei, pois, no momento em que o príncipe não mais existir, afirma Alciato, o magistrado continua sendo o mesmo, pois é um "dele-

---

[25] Comenta GILMORE: "Esta afirmação da unidade e supremacia do poder público no mais alto degrau admitiu o direito do príncipe sozinho naquele poder para ser descrito como um direito de proprietário privado. A este respeito isto foi um estágio na dissociação entre o governo e a propriedade privada, que tinha sido então fundamental para o pensamento político moderno". In: *Ibidem*. p. 50.

[26] *Ibidem*. p. 52-3.

[27] *Ibidem*. p. 53.

gado da lei".[28] Também, tem a autorização do príncipe para administrar o poder público e por isso deve responder, primeiro, às exigências da lei. O funcionário do governo cujo poder é delegado diretamente pelo príncipe deve reportar-se apenas ao poder que lhe é superior. O mais importante é notar como o jurista pretende estabelecer os limites da independência dos magistrados e o lugar do príncipe, o detentor da posição mais alta do poder público.[29]

A análise sobre o problema do *sumum imperium* entre os juristas humanistas da França[30] acompanha, na maior parte dos casos, a perspectiva de Alciato.[31] A diferença é notada no caso de Budé, que, em seu *Annotationes in Pandectas* (1508), ataca severamente os arcusianos e os pós-glosadores devido ao método de que se valem. Ele os considerava ignorantes em história e não atentos ao fato óbvio de que a lei muda de um século a outro.[32] Já os textos de Charles Dumoulin enfatizam que o *imperium* sempre ca-

---

[28] *Ibidem*. p. 52.

[29] "Um magistrado difere do delegado do príncipe quanto ao *merum imperium*, principalmente nisto: o magistrado é primeiro o delegado da lei e depois delegado do príncipe; enquanto que o delegado do príncipe é verdadeiramente seu delegado e depois delegado da lei (Comentarii in *Digesta*, *Opera Omnia*, Basell, 1582, Vol.I, col. 143, paragraph, 92). "Alciato estava tentando explicar tal continuidade e independência, como de fato descreve a magistratura, e, ao mesmo tempo, demarcar a real posse da propriedade do mais alto poder público no chefe do estado, o príncipe". In: *Ibidem*. p. 52.

[30] GILMORE procura situá-los em relação ao estudo da jurisprudência anterior ao renascimento: comparado a Cujas, "o grande *scholar* da lei romana, Dumoulin deveria ser considerado o astro mais ilustre do fórum e Cujas, um pilar da antiga jurisprudência". In: *Ibidem*. p. 63.

[31] A escola dos antibartolistas italianos, como já abordado no capítulo 2, era: aquela "cujos membros na maioria das vezes não professavam interesse pela teoria política, nem escreviam sistemas gerais ou aplicados para a compreensão dos eventos de seu próprio tempo e país. Eles eram primeiramente historiadores e seu principal esforço era esquecer o presente, tanto quanto possível, e entender a constituição romana". In: *Ibidem*. p. 71.

berá ao rei, mesmo em caso de transferência de território ou de jurisdição. O direito de criação do magistrado também deve-lhe ser resguardado. Cada vez que a jurisdição é transferida, imediatamente é transferido o poder e o direito de criar o magistrado responsável pela administração. Já o magistrado não possui por si mesmo qualquer direito em sua jurisdição, mas é o príncipe quem o transfere, assim como é ele quem cria seu cargo[33]. Sem perder de vista a supremacia do poder central, Dumoulin procura estabelecer a distinção entre o poder do príncipe e dos demais poderes do reino. Ele pensa o problema sempre nos termos da posse do *merum imperium*.[34]

A observação desse caso, assim como o de Alciato, e a variação em relação ao trabalho dos bartolistas e dos glosadores nos possibilita formar um quadro, com base no qual localizaremos a perspectiva de Bodin. Os estudos da lei romana foram decisivos para que ele formulasse uma teoria que restabelecesse a supremacia do poder que cria leis e o lugar do magistrado.[35] Ao estabelecer os contornos da autoridade suprema da república e dos atos que lhe competem, Bodin está plenamente ciente da discussão que o

---

[32] *Ibidem*. p. 46. Vale lembrar que esses aspectos influenciaram quase todos os representantes da escola francesa, inclusive Bodin.

[33] *Ibidem*. p. 68.

[34] *Ibidem*. p. 69. E comenta ainda sobre o humanista: "O trabalho de Dumoulin para adaptar para a teoria francesa da autoridade constitucional as idéias e palavras derivadas dos textos romanos sobre o *imperium* representou, é verdade, um dos resultados dos estudos humanistas. Mas em outro sentido pode-se dizer que ele permaneceu na tradição Bartolista. Ele era humanista por aceitar a doutrina de Alciato da unidade e localização do *imperium*, e por não distinguir os sentidos das palavras, em diferentes textos, e, acima de tudo, em sua metodologia, essencial pela aplicação da lei romana sem o sentido histórico da teoria geral e contemporânea. O resultado mais óbvio e lógico do método humanista era a aparência de uma abordagem puramente acadêmica à interpretação da lei romana". In: *Ibidem*. p. 70.

[35] *Ibidem*. p. 97.

antecedeu desde os glosadores Azo e Lothair, passando por Bartolus, até os humanistas como Alciato e os juristas franceses. A definição de *summum imperium* na acepção bodiniana deveria resumir-se no poder de criar magistrados ou no poder de decretar prêmios e recompensas.[36] A estratégia de Bodin para definir a organização política, a partir da soberania, traduz perfeitamente o problema que envolve a centralidade do *merum imperium*. Como vimos, no *Methodus*, a definição do *sumum imperium* é decisiva para que se conclua, ou não, sobre a existência da república.[37] Sabe-se, a ausência dessa definição nos levaria a equívocos irreparáveis.

A resposta de Bodin aos problemas que envolvem o *sumum imperium* não se extrai apenas da definição que propõe. Os atributos da soberania são decisivos para que a identifiquemos. As funções da soberania, que Gilmore denomina "uma série de atos específicos", constituem também os sinais do que depois entenderemos ser a república.[38] É verdade que Bodin até o momento não os tenha fornecido claramente, mas não há como duvidarmos

---

[36] *Ibidem*. p. 95.

[37] Jean BODIN. *Op. cit.* p. 168a, L.40-45 (350b, L.45-47).

[38] "É importante reconhecer que essa visão do *summum imperium* como o máximo poder público manifesto em uma série do atos específicos, dos quais a criação dos magistrados é o mais importante, representa o ideal de Bodin, sobre o qual ele pensava que a organização pouco correspondia, embora não a prática da monarquia francesa do século dezesseis. Sua discussão sobre a questão, de fato, e na história sucede a primeira declaração sobre o que deveria ser o estado. Ele aponta que a questão pode ser completamente entendida somente com a solução do debate que havia reinado por tanto tempo entre os juristas, a respeito da justiça da decisão formada pelo imperador, no debate entre Lothair e Azo". In: Myron P. GILMORE. *Op. cit.* p. 97.

de sua insistência em apontar a supremacia do poder da soberania.[39]

2. Os *membra corporis* da república

Bodin anuncia que vai se dedicar à definição do conceito de magistrado logo após ter dado por encerrada a explicação sobre a noção de cidadão. Ele tratara da supremacia do *summum imperium* como princípio da república. Agora, analisa outros aspectos da soberania que envolvem a sua relação com o ordenamento político como um todo. O próprio magistrado é tido, já no início do texto, como um "elemento da cidade".[40] Desde a discussão sobre o princípio da república, Bodin nos leva a concluir que outros vários elementos constituintes da ordem política mantêm ligação com a soberania ou são derivados dela. A eles chamamos membros do corpo (*membra corporis*) da república. Assim como o cidadão, o magistrado e os outros elementos são partes desse corpo maior. Não importa qual posição adquiram em relação à soberania, todos são definidos depois de sua criação e a ela se submetem. Para Gilmore, nesse aspecto Bodin segue rigorosamente o que se observa na discussão sobre o *imperium*, travada pelos comentadores do *Corpus Juris* e pelos juristas que mencionamos. As longas disputas

---

[39] GILMORE resume assim o problema nos termos de Bodin : "Bodin começa aceitando o ponto de vista bartolista, mais antigo, da definição de Ulpiano do *merum imperium* como o poder da espada, a saber, que esse dá somente um exemplo de *merum imperium*". Tal abordagem responde ao mesmo tempo à questão: "o magistrado tem, por exemplo, a posição de mero delegado?" [...] "A questão, diz Bodin, deveria realmente ser perguntada não somente sobre o poder da espada (jurisdição criminal) mas também sobre qualquer outro poder do *summum imperium*". In: *Ibidem*. p. 98.

[40] Jean BODIN. *Op. cit.* p. 173a, L.39-41 (357b, L.17-20).

para saber quem detinha o poder central e quais os limites do poder do magistrado: se é delegado do rei ou não; se seus poderes se submetem ao rei ou à lei, inclusive se o poder dos magistrados é inferior ou não ao *summum imperium*, são dirimidas com a exposição da soberania.[41]

A análise sobre o magistrado no texto bodiniano é basilar para que se esclareça a relação entre o poder central e os demais poderes internos à república. Bodin retorna ao texto de Aristóteles que, segundo ele, descreve o magistrado como detentor da autoridade, da jurisdição e do direito de emitir conselhos.[42] A razão de seu descontentamento em relação à perspectiva do pensador grego é a atribuição de vários cargos públicos à pessoa do magistrado. Ele considera ser impossível encontrar alguém capaz de concentrar tantas funções. Mesmo que Aristóteles não defenda, como pensa Bodin, que todos os cargos públicos caibam aos magistrados[43], ele pretende mostrar que essa função tem valor apenas quando é restrita a alguns cidadãos e a poucas atividades.

---

[41] "a discussão mostra que Bodin tinha perfeitamente clara a distinção entre o *imperium* da autoridade superior e o *imperium* dos magistrados". In: Myron P. GILMORE. *Op. cit.* p. 95.

[42] Jean BODIN. *Op. cit.* p. 173a, L.41-44 (357b, L.20-24). As atribuições do magistrado no texto bodiniano diferem um pouco daquelas que constam do texto aristotélico. Cf. ARISTÓTELES. *Politics.* IV, 12. 1299a.

[43] "A comunidade política requer um grande número de funcionários, de sorte que não é apropriado considerar todos eles magistrados, sejam escolhidos pelo voto ou pela sorte. Por exemplo, primeiro há o sacerdote (para esta função deve ser considerado como alguém diferente do magistrado político), e depois há os líderes de coro e os arautos, e pessoas que são eleitas embaixadores. E entre os cargos que exercem chefia alguns são políticos e são exercidos também sobre todos os cidadãos, em observância a alguma operação, por exemplo, um general chefia aqueles quando servem como sodados, ou sobre um setor, como chefia das mulheres ou das crianças. Outros cargos são econômicos (para *politéias* que freqüentemente elegem

CAPÍTULO V — A REPÚBLICA NA HISTÓRIA 221

Seja então o magistrado aquele que tem parte da autoridade pública. Acrescentei 'pública', para distinguir da autoridade paterna e doméstica. Mas a autoridade no magistrado não é outra coisa senão o edito; no príncipe, não é outra senão a lei; e se ordenará em vão, a não ser que sejam seguidas de execuções.[44]

Ao limitar as funções do magistrado à autoridade pública que estabelece ordens, Bodin pretende traçar os limites dela face à autoridade suprema. O fato de ambas serem autoridades de caráter público, isto não poderia abrir o precedente para que o magistrado pudesse dar ordens à soberania? É justamente essa ambiguidade observada nos textos jurídicos e nas glosas que ele pretende resolver.[45] Para Bodin, não se trata de afirmar que a autoridade do magistrado não detenha poderes.[46] Entre seus privilégios está o direito à espada (*gladii jus*), que alguns juristas conside-

---

cargos para distribuir grãos); outros são subordinados e são um tipo de serviço para os quais as pessoas prósperas chamam escravos. Mas o título de magistrados, para definir de forma simples, é principalmente aplicado a todos os cargos que têm o dever de deliberar sobre certas matérias, agir como juízes e distrubuir ordens, e especialmente esse último, pois, dar ordens é mais característico da autoridade". In: ARISTÓTELES. *Op. cit.* IV, 12. 1299a.

[44] Jean BODIN. *Op. cit.* p. 173b, L.04-09 (357b, L.46-59).

[45] Ao analisar o problema centrando a discussão sobre a monarquia, Alessandro Biral mostra que Bodin pretende resolver as ambigüidades que possam se estabelecer entre os níveis de autoridade no centro do poder e entre os poderes periféricos: corpos membros da república, "que organizam poderes autônomos e assinalam o irromper de um clima de aberta hostilidade e de contínuo dissídio". In: Alessandro BIRAL. *Storia e critia della filosofia politica moderna.* Milano: Franco Angelo, 1999. p. 44.

[46] "quis enim magistrum vocet, qui & ministro caret, nec quicquam imperare potest?". In: Jean BODIN. *Op. cit.* p. 173b, L.53-55 (358a, L.56-59).

ram o poder supremo (*merum imperium*).⁴⁷ Mas o pensador francês faz questão de estabelecer os limites deste poder. A plena soberania implica o direito de vida e morte (*vitae jus ac necis*).⁴⁸ Esse é o poder supremo da república, que não cabe a outro a não ser àquele que detém a soberania. A questão divide-se em saber quem tem o direito de decretar e julgar e quem vai, de fato, comandar. Não apenas o comando cabe exclusivamente ao *summum imperium*, como os atos do magistrado lhe são assegurados por direito. Portanto, o poder do magistrado não é inerente à sua condição, mas é prescrito por outro poder que lhe é superior. Recordando uma das intepretações do *Corpus Juris*⁴⁹, pode-se observar como a perspectiva desenvolvida por Bodin vai se aproximar daquela divisão entre os poderes:

> ...de uma parte o *merum imperium*, a autoridade mais elevada e delegada aos governadores de província; de outra o *mixtum imperium*, autoridade mista que detém o poder jurídico de dar a posse dos bens e que estava limitada à jurisdição civil e a certas formas de atos particulares.⁵⁰

---

⁴⁷ *Ibidem*. p. 173b, L.33-34 (358a, L.27-28).

⁴⁸ Como analisa B. BARRET-KRIEGEL: "O peso dos símbolos militares da autoridade, o fato de que o *merum imperium* designa a mais alta jurisdição civil, foi expresso pelo direito à espada, o direito de vida e de morte que é tradicionalmente o atributo do *imperator*, do chefe militar. Isto traduz a supremacia inabalada da dimensão da conquista na sociedade civil romana. E também, reencontrando os conceitos elaborados no interior de um regime político bem diferente dos seus, os legistas medievais e modernos eram forçados a redefinir o sentido dos termos segundo sua própria inspiração". In: *Ibidem*. p. 349.

⁴⁹ *Digesto* II, 1, 3.

⁵⁰ B. BARRET-KRIEGEL, "Jean Bodin : de l'empire à la souveraineté, de l'état de justice à l'état administratif". In: Jean Bodin, *Actes du Colloque Interdisciplinaire d'Angers*. Angers: Presses de l'Université d'Angers, 1985,

CAPÍTULO V — A REPÚBLICA NA HISTÓRIA

Bodin está ciente de que sua formulação comportava diferenças tanto em relação ao *Corpus Juris* quanto em relação aos juristas. A seu ver é necessário afirmar que o poder do magistrado era apenas um poder ordinário.[51] Daí o pensador francês entender que o *merum imperium* não pode pertencer a outro poder que não seja aquele central, ainda que se observe o poder do magistrado.[52]

---

p. 348. Depois, citando a intepretação de Gilmore que busca esclarecer os argumentos observando a história romana, matriz do *Corpus juris*, fica mais clara a perspectiva de Bodin: "Após a unidade da *jurisdictio* característica do período real, a república introduziu uma distribuição entre o *jus* (direito) e o enunciado para *judicare* (julgar), que vem a ser *judicium jubere* (ordenar um julgamento). A autoridade administrativa adquire uma consistência própria, separada do exercício da justiça. O magistrado não era um juiz mas um administrador da lei. As duas fases da instância, *in jure* diante do magistrado, *in judicium* diante do juiz, reflete esta separação. Da mesma forma, os magistrados inferiores possuíam uma *potestas*, mas não o *imperium*". p. 348

[51] Para observarmos como a perspectiva de Bodin inova, basta notarmos o que defendiam os medievais. Franklin analisa o problema segundo a intepretação feita por estes juristas: "dizer que um magistrado 'possuía' ou 'tinha' um poder ao título de sua função tinha sido compreendido, pela maior parte dos juristas medievais, como significando que ele poderia exercer o poder segundo sua própria discrição e sem se apoiar diretamente sobre o rei, por todo o tempo em que permanecesse no interior dos limites legais que poderiam se aplicar. Naturalmente, não eram todos os poderes que poderiam ou deveriam ser possuídos dessa maneira. O funcionário público poderia agir unicamente em virtude de um poder delegado, sujeito a um controle imediato. Mas, segundo as idéias medievais, este gênero de funcionário era apenas superior a um servidor. Os altos dignatários do Estado, que exerciam em parte o *merum* (puro) *imperium*, detinham seu *imperium* por direito. Posto que o *merum imperium* podia comportar os poderes mais elevados do Estado, essa concepção do direito de ofício estava naturalmente associada a uma administração descentralizada". In: Julian H. FRANKLIN. "La souveraineté et la constitution mixte: Bodin et ses critiques". p. 271.

Essa insistência em demarcar os limites do poder dos corpos membros da república é o que prepara, de fato, a exposição sobre as raízes históricas da sua noção de soberania no *Methodus*. Desse ponto em diante no texto não se observa mais a soberania apenas como princípio da república, mas se passa definitivamente à sua análise em paralelo com os exemplos históricos. É nesse momento que Bodin se vale, pela primeira vez, do conceito de *suverenitas*. Ele o cita a partir de diversos conceitos distintos da perspectiva aristotélica que se podem encontrar nos textos dos filósofos desde a antiguidade: "*to kúrion políteuma*, a saber *kurían archèn*; italiana: *signoria*; nossa (francesa) *suverenitatem*; dos latinos: *summam rerum & summum imperium*".[53] Ao igualar o sentido do termo a noções distintas, o pensador deixa explícito que não se aterá a disputas sobre minúcias terminológicas. Interessa-lhe responder por que um tema tão importante teria sido tão mal explicado pelos que escreveram sobre a república. De uma vez por todas, é preciso responder por que a autoridade do magistrado não acompanha a do príncipe na soberania.

---

[52] "Bodin dividia o *merum imperium* em uma parte menor (*mineure*), que poderia ser possuída pelos magistrados, e uma parte maior (*majeure*), que era possuída pelo príncipe. E por esta via conservadora ele foi conduzido, de maneira irônica, a uma questão nova e de grande importância teórica em relação à natureza da soberania. Ele se esforça para precisar estes poderes que não poderiam ser possuídos, mas somente exercidos pelos magistrados, se o príncipe fosse considerado como soberano. Mesmo que o tema tenha sido abordado, por vezes, por outros juristas da época, Bodin deveria tratar a questão de uma maneira mais fundamental e mais sistemática que qualquer um antes dele. Ele se assegura, então, fazendo derivar os direitos necessários em 'marcas' da soberania. Em outras palavras, a questão que ele levantava era a de saber quais prerrogativas uma autoridade política deve possuir de maneira exclusiva, se ela não deve reconhecer outra superior ou igual em seu território". *Ibidem*. p. 272.

[53] Jean BODIN. *Op. cit*. p. 174b, L.26-31 (359b, L.01-07).

3. Poder da soberania e autoridade do magistrado

Bodin aprofundará, a partir de então, o tema da supremacia da *suverenitas* e sua relação com o magistrado, no nível das histórias. É emblemático que na menção ao equívoco de se atribuir o poder público à autoridade do magistrado ele já traga como exemplo o caso de Soderini, por intermédio dos textos de Guicciardini e, principalmente, os costumes políticos de Florença. O pensador não apresentará ainda as razões que o levam a destacá-los – nos capítulos a seguir se discutirá esse tema sob diversas perspectivas –, mas deixa explícito que produziram "malefícios à república".[54] O equívoco que o pensador vai atacar entende-se a partir da pergunta discutida acima: o poder público do magistrado é superior a quais outros poderes? Antes de respondê-la, contudo, o francês nos emite um sinal de que o seu percurso tem como objetivo aproximar a resposta dada pelos filósofos da dos historiadores e dos juristas, avaliando em que pontos convergiriam na análise dos princípios e do particular histórico. Essa passagem no texto parece não deixar dúvidas de que o que está em operação aqui é a confrontação do universal com o particular, conforme a exigência metódica. Ele afirma: "eis por que, tendo sido comparados os argumentos de Aristóteles, Políbio, Dionísio e dos juristas, entre si e com toda a história das repúblicas, observo que o poder supremo da república consiste em cinco partes".[55]

Outro aspecto capital desse trecho é justamente a antecipação dos atributos da soberania – as suas partes: a nomeação dos altos magistrados e a definição de seus cargos; a promulgação e a revogação de leis, as declarações de guerra e concluir a paz; o julgamento dos magistrados; o resguardo do direito de vida e de mor-

---

[54] *Ibidem.* p. 174b, L.45-46 (359b, L.24).
[55] Cf.: Jean BODIN. *Op. cit.* p. 174b, L.45-46 (359b, L.35-36).

te⁵⁶. Em função deles, Bodin estabelece definitivamente a posição do poder do magistrado na república, como inferior ao poder supremo. Ele reconhece na sequência que tais atributos cabem a cada uma das formas da soberania, independentemente de suas características particulares. A afirmação deixa clara a posição neutra que o pensador assume face à especificidade do *summum imperium*, tanto na democracia quanto na aristocracia e na monarquia. Antes de julgar a característica das autoridades supremas, Bodin se limita a confirmar e a demarcar sua relação com os magistrados:

> Com efeito, estas [atribuições] nunca são atribuídas aos magistrados em um império bem constituído, a não ser em caso de uma necessidade que extraordinariamente o force. Ou, se o magistrado decide por meio delas, a punição está nas mãos do príncipe e do povo, segundo o *status* de cada república. Na verdade, de acordo com a opinião dos juristas essas atribuições são próprias do príncipe.⁵⁷

Veja-se que as sanções cabem, tanto ao príncipe, quanto ao povo (*aut...principem aut populum*). Se, por um lado, ele apenas destaca os atributos a cada uma das formas da soberania, por outro, é preciso considerar que sua constatação também antecipa a discussão sobre as formas de governo. Nesse momento, contudo, Bodin separa os problemas: a soberania enquanto poder supremo da república; a investigação sobre as formas de organização da soberania. O ponto de partida não é a defesa incondicional de qualquer uma das formas. Se o pensador reconhece a legitimidade de todas (da democracia, da aristocracia e da monarquia)⁵⁸ é porque cada uma das formas nos dá elementos para que se reconheça a legitimidade da *suverenitas* que as constituem. Antes de partir

---

[56] *Ibidem.* p. 174b, L.56-175a, L.04 (359b, L.37-46).
[57] *Ibidem.* p. 175a, L.04-11 (359b, L.46-53).
[58] *Ibidem.* p. 175a, L.18-21 (360a, L.05-10).

para o julgamento de cada uma delas em separado, o pensador retorna à questão sobre a autoridade sem limites: ela estaria de fato no príncipe?

Impõe-se aqui a necessidade de apresentar os símbolos bélicos da soberania, que atestam o quanto sua supremacia é inquestionável. O primeiro deles é o poder da espada (*gladii potestas*) ou da força das armas; segundo, o direito de guerra; terceiro, a atribuição de penas e recompensas. A disputa sobre esse tema, Bodin reconhece, tem sua origem no trabalho de Ulpiano. No entanto, o pensador francês faz questão de retomar as respostas desde as formulações de Lothair, Azo e Papiniano. Como a repetir a crítica feita em outra ocasião, o pensador conclui que os juristas tornaram a discussão muito mais embaraçosa do que satisfatoriamente resolvida.[59]

De fato, o tema que ele procura investigar agora não é mais o do nível da autoridade do magistrado frente à da soberania, mas o das atribuições daquela autoridade a quem cabe a aplicação das leis. Assim, como dá por esclarecidas as funções do soberano cabe agora dar resposta à pergunta sobre as atribuições do magistrado. Do mesmo modo como faz na discussão sobre os *membra corporis* da república, ao aprofundar-se nas atribuições do magistrado, Bodin retoma a discussão sobre a supremacia do poder da soberania. Para qualquer objeto que investigue na república ele faz ver que as questões que lhe concernem remetem irremediavelmente à autoridade do poder supremo. Como os atos do magistrado estão prescritos por lei, tal ofício deve prestar contas a alguém, pois, o poder daquele que o executa deve somente se restringir à aplicação das leis e sua atuação deve se limitar ao que elas prescrevem. A diferença fundamental desse cargo público em relação ao poder supremo é que este é a lei.

Mesmo em relação aos outros poderes o pensador vai mostrar que eles dependem da *suverenitas*. Por exemplo, aquele a quem

---

[59] *Ibidem*. p. 175b, L.01-04 (360a, L.53-55).

uma tarefa foi delegada não pode transferi-la a um terceiro, pois, a atribuição de poder não significa permissão de executar a transferência do mesmo. Detém o poder apenas quem pode atribuí-lo e transferi-lo. A transferência do poder é a perda do mesmo. Como exemplo, podemos citar que o tirano é o antípoda do magistrado, que recebe o poder por ofício e atua segundo os limites prescritos pela lei. O tirano se atribui os símbolos militares que caracterizam a autoridade pública; se dá o direito de vida e de morte sobre os cidadãos; se apropria do direito de guerra e paz. A diferença deste em relação ao funcionário que age nos limites da lei é que a autoridade do tirano dura enquanto ele se impuser como ditador, a do segundo, enquanto o poder supremo assim o admitir. Como afirma Bodin: "... tais coisas são confiadas ao magistrado ou a um indivíduo por um direito singular e ação da lei..."[60]

Embora a investigação sobre os poderes internos à ordem política tenha se centrado na figura do magistrado, Bodin não deixará de passar em revista outros ofícios atribuídos aos que detêm o poder. O que dizer sobre os demais cargos públicos, como o poder do senado? Não importa quais *membra corporis* ele investigue, o argumento sempre reafirma a supremacia da *suverenitas*. Com relação ao senado, o pensador reconhece que das mãos do príncipe saem todos os decretos:

> O senado não possui nem autoridade nem jurisdição, a não ser por tolerância do príncipe ou do povo, que parece aprovar, do senado, atos que desaprova".[61]

A redução das ordens à autoridade de uma pessoa não aparece no texto ao acaso. É impossível que o povo participe de todas

---

[60] *Ibidem.* p. 176a, L.51-54 (361b, L.22-28).
[61] *Ibidem.* p. 176b, L.05-08 (361b, L.41-46).

as decisões, dado o perigo que implica conferir atos de tamanha importância a um número tão grande de pessoas. Aqui ele nos apresenta uma breve restrição à democracia é à aristocracia. O texto não aprofunda as razões desta sua posição, até porque o pensador se vale do exemplo da república romana. O argumento é que, apesar de o povo deter a soberania, isso não significou que o poder da plebe não tivesse que se submeter à autoridade do povo; que o senado não tivesse se submetido à autoridade da plebe; que os magistrados não se submetaram às ordens do senado e que os particulares não responderam às exigências dos magistrados. Por não apresentar ainda qualquer restrição teórica à autoridade soberana, podemos inferir daí que seu intento é mostrar que, não importa quem ocupe a soberania, ela delega as atribuições tanto ao senado quanto aos magistrados: "Assim, o que é atribuído ao senado ou aos magistrados o é fundamentalmente por uma divisão planejada pela poder supremo".[62]

A insistência em reafirmar a condição de supremacia da *suverenitas* reflete a preocupação em resolver possíveis lacunas teóricas deixadas pelos juristas que debateram o problema. Bodin vê que a lacuna maior residia na ambigüidade de conceitos que versavam sobre o poder central do ordenamento político: nenhum jurista teria argumentado tão claramente a favor de qualquer instância autônoma de exercício deste, independente das formas em que pudesse estar representado. Além disso, ele está certo de que há contradições não respondidas sobre a relação entre os poderes internos e o poder supremo nas repúblicas. Muitos explicam esse movimento de retorno contínuo à mesma afirmação a partir da difícil conjuntura histórica da França naquele momento, marcada pelas guerras entre protestantes e católicos.

Do ponto de vista histórico, a reivindicação dos protestantes, afora a liberdade de culto, era por maior autonomia dos pode-

---

[62] *Ibidem*. p. 177a, L.14-17 (362b, L.12-18).

res vinculados ao rei e uma ampla descentralização das decisões políticas. Toda a argumentação desenvolvida por Bodin vai de encontro a esta proposta e, por isso, todos os cargos públicos aparecem como delegados do poder da soberania. A insistência do texto sobre a mesma questão exala, também, o descontentamento em relação à possibilidade da descentralização das ordenações políticas. Embora esse problema seja efetivamente debatido em partes a seguir, no julgamento sobre Florença e da liberdade dos republicanos, o contexto político de então é decisivo para a defesa elaborada pelo filósofo. Na contestação da autoridade central:

> os poderes autônomos não tardam a denunciar quanto é ilegítima a atividade do governo sempre mais unilateral e a lançar contra o rei a acusação de comportar-se como tirano e de haver infringido as leis mais sacras que Deus increveu no trono, ao recusar-se à colaboração.[63]

Não é por outra razão que Bodin se vale do exemplo da autoridade do tirano para diferenciá-lo dos poderes legítimos constituídos pelas formas da soberania. Ao defender a supremacia do *summum imperium*, ele responde a uma acusação emitida contra o rei da França, segundo a qual a autoridade de Sua majestade não lhe dava o direito de interferir nos assuntos religiosos, de foro íntimo.

Se fôssemos traçar o percurso da discussão política travada até aqui, poderíamos dividi-lo em dois momentos para a apresentação de uma única e mesma tese. Primeiro, avaliou-se o *summum imperium* como princípio da república. Depois, ancorando progressivamente a investigação em exemplos históricos, procurou-se avaliar a relação da autoridade dos *membra corporis* com a autoridade

---

[63] Alessandro BIRAL. *Storia e critica della filosofia politica moderna*. Milano: Franco Angelo, 1999. p. 44.

CAPÍTULO V — A REPÚBLICA NA HISTÓRIA

central e suprema da república, a *suverenitas*.[64] A constatação nos antecipa a mudança de foco para a direção do questionamento dos princípios de certas repúblicas, cujas soberanias se concentram nas mãos do povo.[65] Como a explicitar de vez uma desconfiança anunciada antes, o francês inicia a nova investida contra Florença, que "restabeleceu a liberdade ao povo".[66] Com essa forma peculiar da soberania, poderíamos confirmar o perigo de se propagar, entre o vulgo, os segredos do poder. A respeito do mesmo tema ele sugere que nos debrucemos sobre os escritos de Guicciardini. Nenhuma contestação é sugerida, mas sabemos que Bodin considera que estão dadas ali as bases para a avaliação da soberania florentina.

A rápida menção aos exemplos acima faz parte do processo de escolha de novos *loci* para o posterior julgamento das formas da soberania. Para respeitar a exigência própria do método, segundo a qual todos os princípios deveriam ser confrontados com sua realização concreta e histórica, o pensador parte para a análise das soberanias do passado e do presente.

---

[64] FRANKLIN resume assim a intenção do projeto: "Assim, uma empreitada que começa verdadeiramente como uma pesquisa sobre as prerrogativas dos antigos imperadores romanos e dos reis da França se transforma em um estudo da soberania para todo germe de Estado. Segundo o projeto de Bodin, a base da comparação entre os Estados e da explicação de seus programas de direito público consistia em determinar e descrever o lugar da soberania para cada um. Ele foi, então, obrigado a apresentar os princípios comuns da soberania que se aplicariam tanto às democracias, quanto às aristocracias e às monarquias, e também às variantes de cada uma entre elas nas diferentes épocas e nos diferentes lugares". In: Julian H. FRANKLIN. "La souveraineté et la constitution mixte: Bodin et ses critiques". In: *Histoire de la pensée politique 1450-1700*. p. 273.

[65] Jean BODIN. *Op. cit.* p. 177a, L.28-31 (362b, L.29-31).

[66] *Ibidem.* p. 177a, L.32-33 (362b, L.33-34).

4. Soberanias na história

A avaliação das soberanias na história começa pela reafirmação de seus atributos, os quais o pensador vem discutindo desde a análise dos *membra corporis*. O que difere este momento da análise do anterior é que a soberania não será abordada em sentido abstrato, mas sim a partir de suas formas concretas, no que se refere à centralização do poder nas mãos de um único indivíduo, ou de uma minoria restrita, ou nas mãos da maioria do povo.[67] Se quisermos sintetizar o argumento de Bodin na análise das soberanias na história, veremos que as variações e as imperfeições são próprias de todas as formas de soberania, seja da monarquia, da aristocracia ou da democracia. Uma vez que se sabe quem detém o poder, tem-se a forma da república (*Reipublicae status*). Nessa parte o pensador faz questão de recusar a possibilidade de uma quarta forma. Na verdade ele se distancia da tradição, em particular de Aristóteles, Cícero e Políbio que reconhecem outras formas corrompidas de governo além das três originais. A radicalidade do argumento elaborado por Bodin está em que restringe o escopo da análise às formas originais porque a virtude e o vício são próprios de cada uma[68], sendo legítimo avaliar a *suverenitas* apenas nas três formas.[69]

---

[67] Jean BODIN. *Op. cit.* p. 177a, L.44-46 (362b, L.50-51).

[68] *Ibidem.* p. 177a, L.48-54 (362b, L.55-363a, L.06).

[69] SKINNER analisa que "...a única maneira de classificar as formas de governo dever ser em termos do número de pessoas que detêm a soberania. Isso, por sua vez, significa que são possíveis apenas 'três estados ou tipos de organismo político': monarquia, aristocracia ou democracia, conforme a soberania é exercida por um, por alguns ou por todos os cidadãos. Assim, Bodin considera que o 'estado misto' é uma coisa impossível, e conclui, demonstrando que todos os exemplos alegados em seu favor, na verdade, se revelam redutíveis a monarquias, aristocracias ou democracias". In: *As fundações do pensamento político moderno.* p. 560.

CAPÍTULO V — A REPÚBLICA NA HISTÓRIA

A restrição nos permite, por um lado, levantar suspeitas em relação às análises de problemas fundamentais das repúblicas. Por exemplo, como explicaríamos os governos tirânicos ou oligarcas ao longo da história? Estaríamos em face de uma lacuna teórica ou de uma nova estratégia argumentativa? Por enquanto, conservemos essas questões em aberto. A constatação de que o vício e a virtude são inerentes a todas as formas da soberania afasta de sua análise o pressuposto dogmático segundo o qual a virtude é característica de uma forma específica. É claro o sinal de que o pensador se propõe realizar uma análise sobre os fundamentos da soberania, e não a defesa irestrita de qualquer uma delas. Estabelecidos esses pontos, ele parte para a análise das formas na história, sem indentificar a qual delas correspondem os exemplos de Esparta, Roma e Veneza.

A análise das histórias e o confronto teórico com os historiadores não respeitam aqui qualquer parâmetro estabelecido pelos especialistas da disciplina. Estes exigem a observação rigorosa das fontes, a descrição dos fatos com dados precisos, preocupação com a exposição cronológica antes daquela excessivamente temática, enfim, com as exigências que possam tornar confiável um relato histórico. Bodin pretende, apenas, confrontar a interpretação dos historiadores sobre as atuações da soberania e as consequências de ela estar a cargo das decisões do povo. Esse é o ponto de partida da avaliação sobre Roma. O pensador faz questão de destacar o fato de que naquela república a eleição fora o meio de escolha dos cônsules. A seu ver seria portanto um absurdo considerar que o poder destes seja igual ao dos reis, como fizeram alguns autores.[70]

Bodin defende com a mesma ênfase, contra a opinião de outros historiadores, que é um erro considerar o senado uma espécie de aristocracia. Para o pensador, Roma traz todas as evidências

---

[70] Jean BODIN. *Op. cit.* p. 177b, L.21-36 (363a, L.40-363b, L.03).

de uma soberania exercida pelo povo. Como se sabe que senadores detinham algum poder isso não implicava, contudo, que o possuíssem, legitimados por eles próprios ou por suas qualidades como cidadãos, e sim que o deviam ao apoio e à escolha do povo: "Por isso, a conseqüência é que a autoridade [em Roma], por maior que seja, reconhece-se devedora do povo".[71]

O problema não é contestar a existência da aristocracia, mas reafirmar que não houve qualquer espécie de soberania diferente daquela exercida pelo povo, menos ainda algum tipo de governo misto. Os atributos da soberania, como o direito de guerra e a ordenação da autoridade do senado e dos magistrados, estavam a cargo exclusivo do povo. Por que, então, os historiadores insistiram em afirmar que Roma possuíra outras formas de soberania que não a popular? Essa é a questão que o pensador diz não entender e o que pretende contestar. A opinião de Políbio, que na visão bodiniana reconhece o senado como uma espécie de aristocracia, acumula erros por confundir o poder do povo com o poder da plebe. O equívoco está em supor que o poder deste primeiro estrato social se curva diante de outros poderes não reconhecidos como detentores da soberania. A favor da opinião de Políbio citam-se os abusos de autoridade por parte do senado, que decide pela morte de inúmeros civis. Como objeção a essa observação, o pensador francês levanta a sentença de um jurista, segundo a qual:

> Não se deve considerar o que se faz em Roma, mas o que deve ser feito de acordo com as leis. Pois a constituição (*status civitatis*) deve ser julgada a partir das próprias instituições da república e não por seus abusos.[72]

Bodin não faz aqui a defesa explícita da república romana. Seu interesse em sustentar que a soberania estava em posse do povo

---

[71] *Ibidem.* p. 177b, L.49-51 (363b, L.20-22).
[72] *Ibidem.* p. 178b, L.43-46 (364b, L.55- 365a, L.03).

revela-se nas linhas a seguir. Ele aponta essa característica da *suverenitas* romana e assinala as lutas da plebe contra o senado, conflitos entre os magistrados e abusos de poder. Sua conclusão é de que todos os problemas tinham origem no desrespeito à lei.[73] Se os romanos não confiavam nas próprias leis, as suas instituições políticas não poderiam se sustentar consistentemente. Os conflitos internos não foram, contudo, o pior dos males para a república. A atribuição de poderes à plebe demarcou definitivamente o esfacelamento da soberania: "em virtude deste fato é que decaíram: do povo à plebe, da democracia à oclocracia e à escória do povo".[74]

Eis a conclusão a que o pensador pretendia chegar: mostrar que o problema dos conflitos não residia nas leis, mas na característica do ordenamento político, na soberania popular. Bodin conclui essa parte do raciocínio reafirmando a particularidade do poder romano. Seu argumento oscila entre a afirmação da identidade popular daquela soberania e a descrição dos conflitos entre os *membra corporis* da república. O pensador não admite que se atribua qualquer conotação ambígua àquele poder político, a qual pudesse concluir que a soberania popular não fosse a causa dos desentendimentos e das revoltas. Por isso ele recrimina e desaprova um historiador da importância de Políbio. Para o francês o poder do senado é sempre proveniente do povo. Entender que os cônsules têm poder de reis é um absurdo.[75] Erram os que assim interpretam a história de Roma, como errara Carlos Sigonio ao afirmar que os cônsules tinham poder de interditar as assembléias de magistrados.

Nada removeria o pensador do propósito de afirmar o poder do povo associado ao fracasso da república. Ele não admitia a

---

[73] *Ibidem.* p. 179a, L.01 (365a, L.19-20).
[74] *Ibidem.* p. 179a, L.49-53 (365b, L.27-30).
[75] *Ibidem.* p. 179b, L.08-11 (365b, L.51-55).

hipótese de um historiador negligenciar o fato de que os bens dos cidadãos, a fortuna, a liberdade, a vida e a morte, a constituição da república[76], a autoridade, o direito, as leis, a guerra, os tratados, o poder dos magistrados, assim como a autoridade do senado, todos se sustentaram pela vontade do povo. E se pergunta: "Quem mais poderia duvidar que tal república fosse popular?"[77] Vale dizer que o pensador não confronta nomes de segunda ordem, mas se encontram em sua lista Políbio, Dionísio de Halicarnasso e Cícero. O fato de sua versão ser fiel, ou não, aos fatos parece algo de menor interesse. O mais importante é que, em relação às conclusões sobre a *suverenitas*, ela seria mais verdadeira quando comparada com as outras.[78] A relativização da verdade das interpretações demonstra que o interesse do pensador passa longe do debate historiográfico. O objetivo do Bodin é promover um tipo de história política, que sirva mais à discussão de determinados aspectos dos princípios dos ordenamentos políticos do que entender as nuances da sociedade romana. Certo de que sua perspectiva revela verdades que outros tentaram camuflar, ele considera ser mais fácil contestar aqueles que se basearam na história de Roma para formular suas teorias. Maquiavel é o mais significativo entre tantos exemplos.

A análise das soberanias de Esparta e Veneza acompanha o propósito de promover a revisão da história e o confronto com as intepretações tradicionais. O caso de Esparta é mais ilustrativo porque Bodin vai mostrar que sua soberania era tipicamente popular-aristocrática. Surpreende que ele não cite fatos como a legislação que obrigava os lacedemônios a respeitar o coletivismo dos

---

[76] Mesnard traduz frequentemente *status reipublicae* por constituição da república. Aqui nosso texto acompanha sua tradução. In: *Ibidem*. p. 179b, L.56-180a, L.05 (366b, L.01-09).

[77] *Ibidem*. p. 179b, L.56-180a, L.05 (366b, L.01-09).

[78] *Ibidem*. p. 180a, L.05-09 (366b, L.16-19).

bens, ou a educação, como elementos de correção dos costumes.[79] Novamente o pensador francês se ampara nas conclusões de Aristóteles, segundo as quais o poder dos éforos tornava a constituição espartana algo entre a democracia e a aristocracia.[80] Bodin afirma que a constituição elaborada por Licurgo era "evidentemente popular"[81], mas em seguida concorda com o fato de que o poder dos éforos, o poder dos reis e do senado contrabalançam aquela característica.[82] A diferença entre as duas observações é que, para o pensador grego, esses representantes do povo tinham conotação marcadamente negativa, e, para o francês, eles fizeram com que o rei nada fosse, além de um nome.[83] Embora reconheça que muito já se tenha dito sobre o poder dos espartanos, o francês diz levar em conta a conclusão de Xenofonte, Aristóteles e Plutarco, para concluir que se tratava de um poder aristocrático. Para Demóstenes, foi por esse motivo que Esparta venceu Atenas na longa guerra do Peloponeso. Mas o que pretende Bodin com esta exposição?

Apesar das distorções em Roma e Esparta, elas eram formas que contavam com a participação do povo nas decisões (mesmo que limitada, no caso da segunda). Segundo ele, a soberania espartana trouxe menos problemas do que a romana. Tomando como critério a qualidade dos cidadãos, quase nada se pode deduzir sobre estas formas da soberania. Tanto o cidadão correto quanto o ímprobo podem ser encontrados em qualquer república. Em todos os casos, haja cidadãos corrompidos ou lutas internas, sempre se deve considerar acima de tudo que as repúblicas se organizam como democracias, aristocracias ou monarquias.

---

[79] M. A. H. MICHELL. *Sparta*. Cambridge: University Press, 1952. 348p.
[80] Cf. ARISTÓTELES. *Politics*. II, 6. 1270b.
[81] Jean BODIN. *Op. cit.* p. 180a, L.50 (367a, L.08).
[82] *Ibidem.* p. 180a, L.58 (367a, L.18).
[83] *Ibidem.* p. 180b, L.01-02 (367a, L.20).

O exemplo de Veneza, exposto logo em seguida, serve para corroborar esta conclusão. Observando o muito que se escreveu sobre essa cidade, conclui-se que era uma soberania popular, quando de sua origem, passando posteriormente a ser governo dos nobres. Bodin ensina que o mais importante a saber sobre as histórias dos povos não é quando surgiram, mas o momento no qual se tornaram repúblicas e por quanto tempo a soberania se manteve.[84] De qualquer ângulo que se observe a organização política de Veneza, nota-se que é uma aristocracia, ou que o povo tem alguma participação nas decisões do poder. Bodin comenta que as imperfeições observadas nas instituições correspondem mais a equívocos de interpretação do que à mistura entre as formas da soberania. Elas nada têm a ver com criação de outra forma alternativa, como muitos insistem em defender:

> Pois, desta forma, não vejo por que Contarini possa pensar que a república de Veneza se equilibre entre os três gêneros de soberania. Como ele examinou: o grande conselho popular; o senado dos melhores; e o poder real do Doge.[85]

Bodin destaca que, pelo argumento de Contarini, a república de Veneza é também um tipo de soberania popular. O fato de haver poucos patrícios e de apenas eles serem considerados cidadãos, não significava que o governo fosse dos nobres. Essa relutância em afirmar o teor aristocrático da soberania veneziana se explica por já recriminar, segundo ele, a excessiva interferência do povo nas decisões do poder público.

A comparação entre esses exemplos de soberanias é em sentido amplo uma avaliação da estrutura da república popular. Bodin faz questão de igualar Atenas, Roma e Veneza nesse gênero. São exemplos que tiveram por característica comum a soberania exercida

---

[84] *Ibidem.* p. 181a, L.50-53 (368a, L.43-47).
[85] *Ibidem.* p. 182a, L.31-34 (369a, L.51-57).

CAPÍTULO V — A REPÚBLICA NA HISTÓRIA 239

pelo povo. Ele insiste na denominação de república do povo (*semper popularem*)[86], a despeito do que outros intérpretes defendem. Em todos os casos o povo não teve apenas um simulacro de poder, ou mesmo esteve por um longo tempo sob a autoridade de um rei, mas sempre as guerras, a paz, os magistrados e as demandas jurídicas estiveram a cargo da sua decisão. Aqui, o reducionismo das histórias nos três exemplos de uma mesma forma da soberania é estratégia fundamental para que Bodin cumpra o propósito de julgar o teor das soberanias populares. A exceção foi Esparta, que não deixou que todos os poderes da soberania se concentrassem no vulgo, embora ele tenha participado das decisões da república. Ao preservar os lacedemônios da crítica, Bodin reconhece indiretamente que o poder aristocrático, tal como ele o identifica, é menos nocivo do que o popular.

Tais impressões sobre Esparta, Roma e Veneza nos fazem entrever que sua intenção não é demonstrar fidelidade às fontes históricas ou debater sobre isso com os historiadores. Ao concentrar-se nas soberanias populares, ele vai mostrar que as diferenças entre os exemplos históricos não implicam em alterações quanto ao princípio fundador do poder supremo e às conseqüências políticas que acarretou à república: o conflito e a indecisão dos poderes é uma constante em todas elas, e se explica pelo fato de a soberania residir na assembléia do povo.[87]

Na análise das repúblicas populares, o pensador francês retoma o tema da função dos magistrados. Avalia que, tanto em Veneza como em Atenas, o povo permanecia distante das decisões, e raramente era convocado para delegar as atribuições dos magistrados e do senado ou – menos ainda – para declarar a guerra e a reforma da constituição. Não figura entre as justificativas de Bodin que o desinteresse pela guerra e pela alteração das leis pudessem significar que as instituições fossem seguras e que os cidadãos

---

[86] *Ibidem*. p. 182b, L.50-51 (370a, L.38-40).
[87] *Ibidem*. p. 182b, L.59-183a, L.02 (370a, L.52-54).

considassem boas as suas leis. O que poderia ser um indício da regularidade política de Veneza é, para o pensador francês, um claro sinal de fragilidade da soberania. No caso de Atenas, o povo se envolvia com todos os assuntos pertinentes à vida pública e não conseguia exercer as atribuições que lhe eram fundamentais enquanto soberano.

O pensador quer nos demonstrar que, quanto mais o povo participava da vida pública menos a soberania era capaz de atuar como *summum imperium*. Entre os maiores equívocos dos atenienses estava o fato de cobrarem multas de quem não participasse das assembleias. Aqueles que o fizessem seriam indenizados.[88] A avaliação bodiniana não sugere que isso era um aspecto positivo das instituições atenienses, mas uma prova da decadência política em que se encontrava a república. A certa altura, Bodin emite o seguinte juízo acerca da forma como os cidadãos exerciam os atributos da soberania:

> O pior é que se votava com as mãos levantadas, por *keirotonia* (como o fazem ainda hoje os suíços das montanhas) e que os mais frágeis eram forçados pelos braços e força dos mais poderosos. Escapava-se dessa pressão física apenas quando em ostracismo e quando da eleição dos magistrados, como escreveu Demóstenes contra Nearea.[89]

Bodin denuncia que tão importante tarefa, participar da soberania e decidir sobre o interesse público, não deveria ser exercida de maneira pouco confiável. Como uma república poderia estar segura se o que leva os cidadãos a participar da soberania são os prêmios ou o receio de receber punições? Nesse caso, os atributos do poder ficariam nas mãos de homens sem qualquer pudor (*impudentissimus*), enquanto os verdadeiramente justos seriam rejeitados.[90] Assim, o que poderia constituir prova maior de descaso

---

[88] *Ibidem*. p. 182b, L.18-22 (370b, L.23-26).
[89] *Ibidem*. p. 183a, L.18-26 (370b, L.26-34).
[90] *Ibidem*. p. 183a, L.31-32 (370b, L.41-42).

no exercício do poder supremo? Bodin explicita sua desconfiança em relação à soberania popular:

> É ainda mais absurdo que, para a criação dos magistrados, tenham-na abandonado a qualquer sorte de modo que esta república fosse verdadeiramente tão profética quanto popular, dotada de um poder semelhante ao de um oráculo, sem que fosse distribuído qualquer benefício ao povo.[91]

Por que profética? Certamente pelo fato da incerteza quanto ao futuro advinda da necessidade de se recorrer constantemente às votações.

A desqualificação da maneira como fora exercida a soberania em Atenas representa o exemplo máximo da decadência na república popular. Ele afirma preferir os costumes dos romanos[92], que utilizaram métodos mais confiáveis para a eleição dos magistrados. Bodin discorda da posição de Cícero em relação aos sufrágios públicos, mas parece defendê-los. De fato, não se trata de uma defesa dos escrutínios por si mesmos, mas de reconhecer a superioridade romana em relação à ateniense quanto aos procedimentos de escolha e de atuação da soberania. Mesmo em relação às recompensas, os romanos eram mais comedidos, pois, as distribuíam a título de prêmio, e não como um pagamento pela participação nas decisões do *summum imperium*. Comparada a Veneza, a república romana se destacou por possuir uma espécie de autoridade perpétua no senado.[93] Muitas repúblicas estabeleciam um ano como período máximo para a permanência dos cidadãos na instituição. Bodin destaca esse fato como critério para identificar a maior segurança que representara Roma em relação a Atenas. Como eram

---

[91] *Ibidem*. p. 183a, L.34-37 (370b, L.41-42).

[92] *Ibidem*. p. 183a, L.36 (370b, L.49).

[93] *Ibidem*. p. 183a, L.46-52 (371a, L.06-11).

de repúblicas populares[94] não haveria por que limitar a comparação entre elas. A observação sobre Veneza é supreendente se consideramos a conclusão do pensador quanto à forma de sua soberania. Antes, ele a igualara em todos os aspectos às demais repúblicas populares. Quase no final da comparação, ele reconhece que esta seria a mais ilustre entre as repúblicas cujas soberanias estavam entregues ao povo. Na primeira parte da análise, ela fora identificada como popular, depois, paulatinamente, Bodin destaca aspectos que a classificam como uma aristocracia. Pelo fato de a maior parte dos cidadãos e dos plebeus se desinteressarem pelas decisões públicas, elas ficaram a cargo de poucos, os melhores cidadãos.[95]

O juízo do pensador sobre a aristocracia é positivo se comparado ao da democracia. Se o movimento de transformação da Veneza democrática, em aristocrática, poderia ter ocorrido com as demais repúblicas[96], tal como ele afirma, podemos chegar a duas conclusões: que a instituição da soberania popular não implica a entrada por um caminho sem volta em direção à decadência; que a solução para a soberania democrática é a restrição do número de participantes e responsáveis pelas decisões. O francês não sustenta a tese de que necessariamente o número de cidadãos informe algo sobre a qualidade das instituições. Porém, ao confiarem o poder sobre as decisões a muitos cidadãos, os atenienses criaram uma distorção inadimissível: de tão extenso o número de participantes na soberania, quase não se conseguia distinguir, entre o povo, quem exercia o poder, de fato, e os súditos, que deveriam obedecer às ordens estabelecidas pela soberania.

Dois aspectos chamam nossa atenção na análise das soberanias na história. O primeiro é a ausência de qualquer menção ou análise da soberania monárquica. Todos os exemplos avaliados co-

---

[94] *Ibidem*. p. 183b, L.17 (371a, L.44-45).

[95] *Ibidem*. p. 185a, L.24-29 (373b, L.19-25).

[96] *Ibidem*. p. 185a, L.35-37 (373b, L.34-37).

locam-se no parâmetro da soberania popular, ainda que, historicamente, não se confirmem alguns elementos que Bodin atribui às repúblicas. A razão disso não pode ser outra, a não ser a escolha realizada pelo método cuja atividade propicia o julgamento das formas da soberania. A nosso ver, a avaliação de Bodin obedece a um percurso histórico (a partir das mais antigas para as recentes) e outro lógico (das repúblicas marcadas por problemas às menos atribuladas e mais equilibradas em suas instituições). Atenas, ele cita apenas como exemplo do fracasso; Esparta teria tido mais êxito devido ao caráter aristocrático das instituições e dos governos mistos; Roma teria evitado erros, como os de Atenas, por conservar no senado o representante vitalício. Isso teria garantido maior segurança às instituições romanas ante a fragilidade inerente às repúblicas populares. Veneza seria o exemplo de regularidade política devido a dois fatores fundamentais: a manutenção da figura do doge como governante e a redução da participação nas decisões da soberania aos melhores cidadãos. Não que o pensador indique uma trajetória evolutiva na apresentação sobre as repúblicas. O que se observa no argumento crítico é a oscilação entre aquelas de perfil democrático, Atenas e Roma, e as aristocracias, Esparta e Veneza.

A estratégia de desenvolver a análise trazendo exemplos da antigüidade clássica e recentes, considerando o momento em que realiza a análise, é uma constante no texto do pensador francês, desde que passamos à avaliação das repúblicas. Trata-se de uma forma de abordar os exemplos históricos a partir da comparação entre os mesmos. Bodin sabe dos limites de qualquer exposição sobre o passado. Os exemplos destacados procuram acentuar os aspectos centrais a serem julgados, a soberania e as estruturas políticas das repúblicas.[97]

---

[97] Julian H. FRANKLIN, sempre com vistas para os temas jurídicos discutidos pelo pensador explica essa característica do projeto bodiniano: "Procurando determinar a forma do Estado da Roma antiga e de algumas outras repúblicas da época clássica consideradas como mistas, Bodin foi finalmente conduzido a pesquisar, em termos estritamente jurídicos, o lugar da soberania como

Nossa análise concentrou-se em uma parte do *Methodus* que evidencia um novo momento do projeto de julgar as repúblicas. Observamos que a avaliação do pensador sobre os limites e os problemas das soberanias populares e aristocráticas se concentrou exclusivamente nos temas políticos. Trata-se de um movimento na argumentação que obedece à intenção de provar o caráter instável e insustentável das soberanias populares ou democráticas. A fragilidade das instituições não espelhava apenas a inadequação do povo para a formulação das decisões, mas a hesitação para a atribuição das mesmas e o conflito freqüente com os demais *membra corporis*.[98]

De fato esse é o momento de inflexão no texto, a partir do qual passamos definitivamente ao julgamento das repúblicas. Como já se sabe que posição ocupa a *suverenitas* na república e sua relação com os *membra corporis* e os cidadãos, deve-se então responder à questão: qual das formas da república pode gerar a segurança e a estabilidade políticas?

---

uma constituição mista – quer dizer, uma constituição na qual dizíamos que o soberano era um composto de monarquia, aristocracia e democracia, ou uma ou outra destas". In: "La souveraineté et la constitution mixte: Bodin et ses critiques". In: *Histoire de la pensée polituquê 1450-1700*. Paris: P. U. F., 1997. p. 274.

[98] Segundo a avaliação de FRANKLIN, "A tentativa de mostrar que a distribuição [do poder político] é fútil como modelo de governo parece se enraizar na opinião segundo a qual todos os outros poderes estariam então em conflito com o poder que estabelece a lei". In: *Ibidem*. p. 276.

Capítulo VI

Julgar as repúblicas

1. Julgar o *status* das repúblicas

Bodin concentra uma primeira etapa do julgamento das repúblicas na avaliação dos *status*. Mesmo que esteja diretamente associado às formas da soberania, o termo ainda acarreta algumas dificuldades de compreensão. Vimos anteriormente, com Pocock, que não são poucos os conceitos que povoam as obras políticas renascentistas que se prestam a várias interpretações. Muitas razões explicam esse fato mas, entre elas, as opiniões dos estudiosos convergem para concluir que se trata de um período no qual a formulação conceitual na filosofia política, embora já consagre a passagem para um novo período histórico, ainda sofre forte influência da terminologia medieval.

Em relação aos conceitos políticos, a dificuldade ocorre pelo fato de Bodin explicar os problemas de sua época e o contexto político francês a partir da terminologia empregada na filosofia política clássica, colocando-se ao mesmo tempo como crítico dela. Os melhores exemplos da dificuldade de compreensão dos termos são os conceitos de *statu*/*status* e república. O *statu*, não obstante sua utilização em várias passagens no texto[1], na parte em que o

---

[1] MESNARD traduz em várias passagens *status*, por *constitution* e, em outras, como no título da parte que ora analisamos, por *gouvernement*. Cf. Jean BODIN. *Op. cit.* p. 167a, L.16-20 (349a, L.42-46); 185b, L.15 (374a, L.34).

pensador vai julgar as repúblicas, o termo refere-se às formas das soberanias aristocrárticas e monárquicas. Na introdução ao capítulo VI – *De Statu Rerumpublicarum* – ele é empregado para se referir a mais de um significado. Observemos essa passagem:

> Posto que a maior parte da história esteja posta para explicar o *status* das repúblicas e suas revoluções, a consequência é completar a compreensão das histórias com uma beve explicação sobre o início, o *status* e fim dos poderes políticos:...[2]

Se em a uma primeira observação o termo *status* parece significar a constituição das repúblicas, em outro trecho vê-se que adquire significado diferente. O termo é usado da mesma forma que na análise do *status optimatum* ou do *monarchiae status*. Nessa acepção *status* refere-se às formas da soberania. Mais à frente o termo designa uma condição determinada do ordenamento político. O *status* vai indicar o apogeu da organização política ao longo da história, constituindo, assim, um estágio de seu percurso:

> Mas tudo isso que a leitura dos historiadores nos ensina sobre o início, o crescimento, o apogeu (*statu*), o declínio e a ruína das cidades é tão necessário aos homens e às sociedades que Aristóteles não conhece nada mais eficaz para se fundar e conservar as cidades do que o estudo sobre o a ciência do governo das repúblicas (*Reipublicae moderandae scientia*).[3]

A observação quanto aos vários usos do termo no *Methodus* é importante porque, para cada emprego, colocam-se em destaque diferentes aspectos da república. Por exemplo, quando se mencionam o *status* da aristocracia e o da monarquia, a discussão refere-se

---

[2] *Ibidem*. p. 167a, L.16-20 (349a, L.42-46).
[3] *Ibidem*. p. 167a, L.22-29 (349a, L.52-55).

CAPÍTULO VI – JULGAR AS REPÚBLICAS   247

à forma da soberania na república, e não a um estágio de sua trajetória ao longo da história. Margherita Isrardi-Parente avalia que o uso mais corrente do termo é o que se identifica com a forma da soberania e, conseqüentemente, caracteriza a república:

> O *estat* caracteriza a república, e ele é por seu turno caracterizado pela soberania: nós temos um estado diferente conforme a soberania se encontra nas mãos de um só, de um pequeno número ou da maioria. Coerentemente, é a mudança de estado que determina a mudança da república: pode-se afirmar que aquele morre verdadeiramente e renasce sob outra forma somente quando observarmos a soberania passar das mãos de um só, para as de um grupo minoritário, ou das mãos do grupo minoritário para aquelas de uma assembléia popular, ou, ainda, das mãos de uma assembléia popular às mãos de um magistrado real.[4]

Seria um equívoco, portanto, identificar o *status* como soberania ao governo da soberania. Isnardi-Parente analisa que na *République*, a diferença entre as duas noções é muito mais evidente. Em relação ao *Methodus*, pode-se dizer, apenas, que ela é fundamental, embora menos explícita. Uma coisa é dizer que o *status* de uma república é aristocrático e outra, completamente distinta, é afirmar que o governo da república é exercido de maneira aristo-

---

[4] O comentário é feito a partir da análise da *République*, mas se aplica perfeitamente ao *Methodus*. Margherita ISNARDI-PARENTE. "Les *Metabolai Politeion* revisitées". In: *Jean Bodin, Actes du Colloque Interdisciplinaired'Angers*. Angers: Presses de l'Université d'Angers, 1985, p. 50.

[5] ISNARDI-PARENTE observa a diferença a partir da análise das alterações políticas de regimes e governos: "É preciso colocar uma diferenciação ulterior entre as alterações perfeitas, as mudanças de regime, que determinam o fim verdadeiro de uma república e as mudanças imperfeitas, as mudanças de governo, que se verificam no interior do regime e não implicam o fim da república". In: *Ibidem*. p. 51.

crática ou monárquica.⁵ No caso do julgamento das repúblicas não resta dúvidas de que *status* se refira às formas da soberania.

Desde que observamos a comparação entre Atenas, Roma Esparta e Veneza, quando Bodin procura tornar mais clara a definição do *popular status*, ele afirma que se trata daquele em que a maior parte dos cidadãos interfere nas decisões do poder político. Na exposição sobre o *status optimatum*, nota-se também que a pergunta sobre quem deve ocupar a soberania está no centro das preocupações. O pensador contesta o fato de que seja aristocrática a soberania entregue às mãos de poucos que não sejam os melhores no conjunto dos cidadãos. Levado este argumento às últimas conseqüências, não poderíamos concluir que Veneza fora uma aristocracia. A razão de Bodin assumir uma postura tão crítica é que pretende excluir a riqueza material do conjunto dos fatores para a distinção dos melhores. O fato de haver cidadãos ricos e nobres não implicava que possuam virtudes ou o saber (*eruditio*) característico dos melhores cidadãos.⁶ Entre as distorções que se notam nas aristocracias, uma das mais graves é a que garante a participação dos ricos nas instituições públicas e desconsidera os cidadãos virtuosos.

Ao apontar a virtude como critério para a escolha dos cidadãos, Bodin deixa transparecer, por outro lado, que essa forma da soberania, sob certas condições, é também virtuosa. Trata-se de uma posição distinta das assumidas em relação à soberania popular, da qual não se poderiam destacar como positivos senão alguns detalhes da república romana, como, por exemplo, a instituição de senadores vitalícios. Distinguindo a aristocracia formada por virtuosos do poder político resguardado pelos ricos, o pensador francês lança um novo juízo sobre esta forma da soberania.

Mas é na análise da monarquia (*monarchiae status*) que se observa claramente o quanto o debate sobre o *status* se vincula à discussão sobre os fundamentos da soberania. Já na definição, o

---

⁶   Jean BODIN. *Op. cit.* p. 185b, L.25-26 (374a, L.48-50).

pensador explicita que sua intenção é avaliar os princípios que legitimam e estruturam a forma da soberania em que o poder pertence a um cidadão. Na verdade, esse é o momento no qual fica mais evidente que o trabalho de investigação se desenvolve sob a forma de um julgamento. Bodin afirma que Aristóteles teria distinguido cinco espécies de monarquias. Como o francês recusa-se a refutá-las prontamente, a estratégia mais promissora fora convidar o leitor a acompanhá-lo na tarefa de avaliar. Nisto ele teria acompanhado o filósofo grego: "...pelo fato de que certamente esteve mais distante da refutação, deixando para julgar cada uma delas por si mesma".[7]

É preciso reconhecer que, na definição da monarquia, o francês se ampara sobre argumentos eminentemente jurídicos, acrescentando, portanto, outros critérios na avaliação de suas qualidades e defeitos.[8] Ao distinguir a soberania monárquica da tirania, o pensador estabelece como elemento principal da comparação o fato de o poder da primeira sustentar-se no direito (*jure*); e o da segunda, carecer desse apoio.[9] O critério é capital, pois, não deixa margem para que se confundam os ditadores com os reis, a vontade do soberano com a vontade dos tiranos: o direito que torna legítima a soberania dos monarcas.

O poder dos reis tem por finalidade a honra. Marcar aqui o distanciamento em relação à teoria aristotélica parece ser decisivo, entre outros fatores, porque, para o grego, avalia Bodin, a tirania é uma modalidade da monarquia. É verdade que ele a considera uma

---

[7] *Ibidem*. p. 186a, L.57-26 (375b, L.02-04).

[8] Julian H. FRANKLIN. "La souvraineté et la constitution mixte: Bodin et ses critiques". In: *Histoire de la pensée polituque 1450-1700*, Cambridge: Cambridge University Press, 1991. Trad. Francesa de Jacques Ménard et Claude Sutto, Paris: P.U.F., 1997. p. 274.

[9] Jean BODIN. *Op. cit.* p. 186b, L.01-02 (375b, L.04-06).

[10] Cf. ARISTÓTELES. *Politics*. III, 5, 1279b; III, 9, 1284b.

forma degradada, ou um desvio, pois, é exercida a partir da "força despótica sobre a comunidade política".[10] Mas, a prática política do tirano é um tipo de realeza. Já para Bodin, não há possibilidade de a monarquia e a tirania estarem, de alguma forma, identificadas. A única maneira de se aproximar uma forma da outra é estabelecer uma analogia quanto à quantidade dos ocupantes da soberania. Dada a definição com base no fundamento jurídico, o pensador passa à primeira refutação da teoria aristotélica das monarquias.

A principal oposição à perspectiva do grego, sabemos, dá-se em razão deste considerar o tirano como um tipo de monarca que atua contra a vontade do povo.[11] Embora o que se prenuncia na crítica seja uma franca oposição em relação a essa perspectiva, o argumento bodiniano não se afasta tanto assim da análise aristotélica.[12] A diferença importante é que, para o francês, o problema da tirania não se concentra exatamente na oposição entre o poder supremo e a vontade dos súditos, mas na relação do poder supremo com a justiça: "Todavia, todos os crimes estão unidos à injustiça, por conseguinte, os Tiranos são muito injustos com todos".[13] O fator decisivo demarcando a diferença em relação ao tirano é que o poder dos reis se legitima pelo direito. A prova dessa importância está em que, ao distinguir as monarquias, Bodin não aponta que esta forma da soberania está em franca oposição à tirania, porque, afinal, trata-se de poderes ocupados por um. As monarquias se distinguem umas das outras entre as que são limitadas

---

[11] Jean BODIN. *Op. cit.* p. 186b, L.05-08 (375b, L.10-13).

[12] O que pode ser confirmado no texto de ARISTÓTELES quando reconhece que a tirania não é natural (Cf. *Politics*, III, 11, 1287b) e o tirano como aquele que governa despoticamente, segundo a sua própria vontade e contra a dos súditos (Cf. *Politics*, IV, 8, 1295a).

[13] Jean BODIN. *Op. cit.* p. 186b, L.16-18 (375b, L.25-27).

[14] *Ibidem.* p. 186b, L.18-22 (375b, L.29-31).

pela lei e as que não o são.¹⁴ A submissão às leis é o ponto de clivagem entre os poderes supremos que se tornam monarquias legítimas e outros poderosos que comandam segundo suas próprias vontades.¹⁵ Vale destacar que nas monarquias que não são fundadas sobre a lei (*sine ullis legibus*) e, portanto, os monarcas governam por suas próprias mãos, ainda assim, podem ser justas e se distinguem da tirania. As leis nesses reinados foram instituídas posteriormente à instituição do poder político. O exemplo mais significativo foi o de Moisés. Nesse caso, as leis foram criadas muito depois de o poder estar constituído e ser respeitado pelo líder máximo dos hebreus. Como dizer que Moisés possa ter sido injusto? Não obstante tivesse governado os hebreus sem o código das leis, a justiça fora uma marca de seu reinado. Depois destas lhe terem sido reveladas, tanto o monarca como os súditos levaram algum tempo para se adaptarem aos códigos, embora a prática da justiça já lhes fosse comum. Mas, ao aceitar que certas monarquias sem códigos jurídicos podem ser justas, Bodin não está abrindo uma fresta para consentir que o poder de certos tiranos menos malévolos tenham sido formas legítimas da soberania? Em que se diferencia o poder sem base jurídica, porém justo, do poder exercido pelos tiranos?

Os tiranos têm aversão às leis que não estejam atadas a suas mãos e aos seus interesses particulares. A relação do poder com a lei é, portanto, o elemento decisivo para que se possa estabelecer, tanto a forma da soberania monárquica como os próprios limites de ação daquele que a detém. Não por outra razão, o pensador fala das conseqüências negativas para a república quando o magistrado desrespeita a lei. O problema aumenta na mesma proporção quando a máxima autoridade da república age conforme seu arbítrio. Caso não soubéssemos que o pensador faz a exposição da monarquia, poderíamos afirmar que a tese principal é a de que a lei ou o

---

¹⁵ *Ibidem*. p. 186b, L.42-44 (376a, L.05-08).

direito exclusivamente estabelecem os limites da ação da soberania legítima.

Mas o poder da soberania, se ele é verdadeiramente supremo, deve ser exercido sobre a lei. As dúvidas em que se enredaram os juristas acerca da relação do *summum imperium* com a lei, aqui Bodin as afasta todas de sua exposição: o poder do soberano é supremo em relação ao que mandam as leis: "desse modo, o Rei não se sujeitou a nenhuma das leis criadas, todas as suas ordens e vontades as produzem".[16] Em que sentido o rei não se sujeita às leis? Pelo fato de sua autoridade se colocar acima delas e pelo motivo de que sua vontade as cria. A desconfiança levantada acima acerca da limitação dos poderes do soberano é aqui, se não apagada, pelo menos fragilizada. Isto porque em trecho a seguir o pensador retornará ao tema em nova chave interpretativa. Mas aqui, diferentemente dos magistrados, que devem se submeter à lei em quaisquer condições, os príncipes têm o poder para revogá-la ou substituí-la.[17] A observação parece não apenas retornar à discussão sobre o tirano, mas coloca-a frente a um impasse: se a soberania se legitima pelo respeito à lei, como o monarca pode revogá-la e sua decisão ser considerada legítima? Está lançada a discussão sobre o que contemporaneamente se entenderá pela condição de exceção da soberania em relação à lei.[18] O problema bodiniano reside em saber quais seriam os "equívocos da autoridade"[19] ou quando os atos do monarca se tornam ilegítimos. O monarca pode revogar a lei, mas não o faz como o tirano, que a substitui segundo as suas von-

---

[16] *Ibidem.* p. 186b, L.54-58 (376a, L.21-25).

[17] *Ibidem.* p. 187a, L.15-18 (376a, L.49-53).

[18] Cf. Carl SCHMITT. *Le categorie del* politico. Bologna : Il mulino, 1988. Cf. Giorgio AGAMBEN. *Homo Sacer: o poder soberano e a vida nua.* Belo Horizonte: Ed. UFMG, 2002.

[19] "sed in eo tamen saepe fraus imperio fit". In: Jean BODIN. *Op. Cit.* p. 187a, L.36-37 (376b, L.21-22).

tades. Admite-se a dupla relação do soberano legítimo com a lei: tanto ele pode promulgá-la ou revogá-la, quanto, no exercício de sua autoridade, ele deve se submeter a ela. Estar acima da lei não é o mesmo que criá-la ou substituí-la: é confrontá-la ou desconsiderá-la. O aspecto surpreendente da afirmação está em que o francês não vê como contraditório que, simultaneamente, o poder supremo crie a lei e se lhe mantenha obediente, sem a ela se submeter incondicionalmente.[20] Pode-se dizer, assim, que outro atributo da soberania é a conservação da lei, mesmo que a autoridade soberana tenha por pressuposto a prerrogativa de desconsiderá-la quando julgar necessário. O príncipe é nesses termos uma figura política que pode se colocar acima da lei sem que cometa um crime. Contra a possibilidade de que este evento seja constante, o pensador sustenta que, da mesma forma que o povo deve se submeter à lei, o príncipe deve também fazê-lo sob certas condições. Assim,

> Nestas circunstâncias, durante todo o tempo em que o povo esteve submetido à sua própria lei, ao mesmo tempo, esta esteve igualmente suprimida: conseqüentemente, é por sua própria conta que o príncipe a mantém. E utilizavam contra o povo um sofisma, pois, diziam que ele estava livre das leis, de modo que não somente estava acima das leis, como também por nenhuma razão a elas estava ligado. E que é vergonhoso que aquilo que lhe agrade tenha força de lei.[21]

O argumento pretende explicitar a diferença da posição do monarca, que pode a qualquer momento revogar a lei, da postura característica do tirano, que está sempre, e segundo as suas conveniências, acima da lei. Para sustentar que a supremacia do poder do príncipe e o respeito à lei não sejam incompatíveis, Bodin se

---

[20] *Ibidem*. p. 187a, L.39-41 (376b, L.26-29).
[21] *Ibidem*. p. 187a, L.56-187b, L. 05 (376b, L.49-377a, L.03).
[22] Cf. *Ibidem*. p. 187b, L.30 (377a, L.38).

apoia em dois fatores, os quais pretende que sejam inquestionáveis: a natureza (*natura*) e o direito dos povos (*jus gentium*).[22] Ao defender que a monarquia legítima respeita a natureza, o pensador remete diretamente à idéia aristotélica, segundo a qual a tirania é antinatural.[23]

O centro de toda a investigação sobre a legitimidade da monarquia reside, portanto, na discussão sobre os limites da atuação do soberano, o que implica investigar o grau e as condições de sua submissão à lei. Isso tanto vale para os príncipes cristãos, quanto para os que apoiam sua autoridade na força das armas e na hereditariedade. Os primeiros devem, por exemplo, respeitar os juramentos diante do papa[24] e respeitar o que as leis estabelecerem como justo.

O juramento é, portanto, a garantia de que a ação do príncipe corresponde ao que prescrevem as leis. É em analogia a esse exemplo de submissão à lei de Deus e às leis do povo que Bodin procura estabelecer certos limites de ação ao soberano monarca, sem que esses contornos sejam excessivamente rígidos. Nada no texto nos leva a concluir que o pensador considere como mais seguros esses principados. Por que, então, o príncipe cristão assume tanta importância? O pensador pretende enfatizar que o caráter sagrado dos juramentos reside, exatamente, na força capaz de conter os impulsos – tanto dos soberanos quanto dos súditos. Os juramentos que o monarca presta não podem ser removidos por intenções isoladas, pois sua vontade de mudança deve estar em sintonia com os interesses dos *membra corporis*. No entanto, ele tem o direito de descumpri-los dada a estatura de sua autoridade. Para

---

[23] Cf. ARISTÓTELES. *Politics*, III, 11, 1287b. Pierre PELLEGRIN comenta em uma nota de sua tradução de *Les Politiques* de ARISTóTELES (Paris: Flammarion, 1993) que a tirania, tal como pensada pelo filósofo grego, pode ser admitida como o negativo do governo constitucional. p. 385.

[24] *Ibidem*. p. 187b, L.49 (377a, L.56-57).

Bodin, o juramento impõe-se como um limite à vontade particular, pois,

> não pode, sob juramento, facilmente violar a palavra dada (*fides*), ou, se pode, contudo não quer; pois seu direito é como o de cada indivíduo e está sujeito às mesmas leis. *Mas ninguém pode suprimir as leis próprias da autoridade* (grifo nosso) toda nem modificar um antigo costume das cidades sem o consentimento das três ordens.[25]

A possibilidade de o monarca prestar juramento diante dos súditos dá origem a uma das mais controversas de suas teses: a de que a autoridade da soberania do monarca é também limitada pelas obrigações e pelo respeito a Deus, ou aos súditos. O pensador cita indiretamente aqui as três ordens já discutidas pelos filósofos medievais, talvez se referindo ao clero, aos funcionários do reino e ao povo. Mas, o aspecto mais importante é a defesa e o reconhecimento dos limites externos à vontade do monarca, nas decisões políticas.

Bodin relaciona com a justiça todas as distinções de monarquias legítimas que estabelece. Há portanto os monarcas que agem de forma justa e outros cujo poder está diretamente vinculado à lei. As monarquias que refletem exclusivamente o curso da natureza perpetuam-se a partir da transferência do poder de forma hereditária. O mais surpreendente, no entanto, é que o pensador reconheça como legítima a eleição do monarca.[26] Além de admitir a escolha como expediente para a instituição do monarca, ele cita como exemplo de monarca escolhido, o ditador Latino (*Dictator Latini*). A escolha do soberano por parte do povo supõe que o detentor da soberania corresponda às demandas e aos anseios dos que o elegem. Sem dar atenção a esse critério da vontade dos súdi-

---

[25] *Ibidem*. p. 187b, L.53-59 (377a, L.09-17).

[26] *Ibidem*. p. 188a, L.38 (378a, L.11-12).

[27] *Ibidem*. p. 188a, L.44-45 (378a, L.18-21).

tos, Bodin considera legítimas as espécies de monarquia apenas porque exercem os atributos da soberania.[27]

Esse reconhecimento de limites para o poder do soberano é o tema que mais instigou reações contra a teoria da soberania exposta no *Methodus*. Vários estudiosos apontaram que as teses da obra negam certos aspectos defendidos na *République*. É com base na comparação entre os dois textos que a interpretação de Franklin[28] considera o trabalho de 1566 uma preparação para as teses apresentadas dez anos depois. O trabalho posterior nos faz entender perfeitamente a "evolução intelectual" do pensador, para que completasse as formulações sobre o absolutismo monárquico.[29] O ponto de partida da crítica de Franklin é o de quem considera a *République* a obra, por excelência, da teoria absolutista, enquanto que a obra anterior peca pela "imaturidade e desatenção". A leitura frankliana do *Methodus* concentra-se exclusivamente sobre o capítulo VI, reconhecendo que ali Bodin procura entender a "natureza do Estado".[30]

Orientado pelo estudo das teorias do direito, Franklin avalia que Bodin responde às exigências de limitação do poder monárquico, no trabalho de 1566. Ele mostra que, desde a disputa

---

[28] Julian F. FRANKLIN. *Jean Bodin et la naissance de la théorie absolutiste*. Paris : P.U.F, 1993.

[29] É o que Jean-Fabien SPITZ escreve na apresentação da tradução francesa. In: Julian F. FRANKLIN. *Op. cit.* p. VII.

[30] "uma das necessidades mais esseciais [da obra] consiste em compreender a natureza do Estado, os diferentes tipos de Estado, as causas gerais das mudanças constitucionais, da mesma forma que a constituição e a evolução dos principais sistemas políticos do presente e do passado". In: Julian F. FRANKLIN. *Op. cit.* p. 39.

[31] A esse respeito ver: Raquel KRITSCH. *Soberania – a construção de um conceito*. São Paulo: Humanitas-Imprensa Oficial, 2002. 571p.

entre o papado e a realeza[31], observa-se em vários textos políticos o destaque e o reconhecimento da "supremacia limitada e sujeita à lei e aos procedimentos do consentimento" público.[32] A questão verdadeiramente intrigante é a das limitações que a lei estabelece ao poder supremo. Elas confirmam o vínculo de Bodin com a tradição jurídica francesa, refratária à posição de supremacia absoluta da realeza. O argumento bodiniano que aceita a submissão do príncipe às leis admite que o soberano, indiretamente, se submete às vontades dos súditos:

> a importância capital desse argumento é que a superioridade do rei sobre a lei está rigorosamente limitada aos casos nos quais ele possui o consentimento da comunidade para modificá-la. Posto que o consentimento geral da comunidade é o que dá sua última sanção a um ato de legislação, o rei está sujeito a seus próprios comandos quando esse foi dado. Neste sentido, um verdadeiro soberano é, por vezes, supremo e limitado.[33]

---

[32] Aqui se tem uma idéia clara da tese de FRANKLIN: "...[esse tipo de soberania] é não apenas admitido como uma forma normal possível de soberania, mas descrita como a forma normal de soberania europeia. A concepção de monarquia francesa prolonga e adota, sem reserva, a tendência intelectual que tínhamos evocado no capítulo precedente (sobre o direito na idade média). Por conseqüência, é equivocado sustentar como dado, que a assimilação da autoridade suprema à autoridade absoluta é um composto essencial ou dominante das primeiras pesquisas bodinianas. O absolutismo da *République* é um elemento acrescentado, e, se queremos valorizar esta reviravolta, é preciso, primeiro compreender a conceção anterior". In: Julian F. FRANKLIN. *Op. cit.* p. 40.

[33] A conclusão de Bodin, segundo FRANKLIN, é que "a superioridade de um soberano em relação à lei não implica que seja necessário, ou conveniente, que ele tenha a liberdade de modificá-la segundo sua vontade". Segue uma longa citação extraída do *Methodus* (p. 187a-b). In: *Ibidem.* p. 58.

O próprio Franklin admite, porém, que os argumentos jurídicos sobre o quais se apoia a tese da limitação da soberania no *Methodus* não são muito consistentes.[34] Assim, a razão de Bodin insistir em que a soberania respeite a justiça ampara-se nos excessos cometidos pelos monarcas. As monarquias consideradas justas se constituem como reação aos desmandos "tirânicos e para sujeitar os reis à lei, no curso de lutas violentas".[35] A lei é um freio ao crime e à guerra.

Mas, se pensarmos na relação dos súditos com o poder, a possibilidade de os primeiros elegerem o rei remete a outro patamar de discussão, o problema da participação dos cidadãos nas decisões do poder político. Bodin indiretamente confronta os defensores da participação do povo nas decisões do poder, munido de duas idéias: a primeira, de que a monarquia pode realizar a justiça muito mais do que outras formas da soberania; a segunda, de que por ser monarquia, não exclui definitivamente a participação dos súditos na escolha de seu futuro político.

---

[34] "Bodin estava embaraçado pela indivisibilidade e suas maiores dificuldades vinham do que ele tentava mostrar que a soberania não poderia ser dividida. Suas tentativas de mostrar que ela era indivisa na constituição romana, e em outras constituições, consideradas mistas, vinha de uma certa incompreensão de suas instituições. Ele não conseguiu reconhecer a função legislativa independente do Senado, que dividia o poder com o povo na época mais antiga da constituição romana e, também, ele desconhecia os poderes de assembléias análogas em outras cidades estados, antigas e modernas. Por outro lado, no exame das realezas européias contemporâneas, a tese da soberania indivisa era sustentada, evitando toda definição clara da extensão do poder público. Não era dessa maneira que Bodin poderia se dar conta das realidades constitucionais da realeza francesa sem reconhecer que a soberania era dividida". In: Julian H. FRANKLIN. "La souveraineté et la constitution mixte: Bodin et ses critiques". In: *Op. cit.* p. 277.

[35] Idem. *Jean Bodin et la naissance de la théorie absolutiste*. p. 61.

Sobre essa questão Franklin e outros estudiosos desconfiam da teoria da soberania no *Methodus* e consideram-na incompleta. A nosso ver, não se trata de incompletude, pois, Bodin sabe quão importante será deixar essas afirmações no texto. É preciso entender, no entanto, que a resistência de Franklin em aceitar a defesa da soberania eletiva se fundamenta na discussão desenvolvida desde o século XIII, segundo a qual a sucessão ocorria respeitando a lei sálica[36], isto é, uma vez morto o rei o poder passa ao parente do sexo masculino mais próximo, de acordo com linhagem sangüínea. Porém, é preciso considear também que a tradição aceitava a sucessão por eleição.[37] O problema é que, apesar de o *Methodus* não negar a tradição das teorias sobre a sucessão, Franklin não procura saber se as afirmações bodinianas poderiam responder a outras exigências internas ao projeto da obra, diferentemente daquelas que se observarão na *République*. O mesmo se pode afirmar em relação à tese sobre as limitações do soberano. Bodin pretende demonstrar a legitimidade da ação do monarca e distanciá-la da do tirano. Assim, as imposições da lei e os juramentos limitam a ação do soberano, ao mesmo tempo que a tornam legítima. A fim de entender a peculiaridade da perspectiva bodiniana no *Methodus*, nos apoiamos na constatação de que a leitura isolada da exposição da soberania monárquica no capítulo VI e tomá-la como parâmetro para a comparação com as teses da *République* pode nos conduzir a uma intepretação parcial do projeto global desta obra de 1566. Dizer que a teoria da soberania aqui é incompleta mais obscurece a compreensão desse texto do que lança luz sobre nosso entendimento da soberania da república em toda a extensão que atinge na obra bodiniana.

---

[36] Cf. Ralph E. GIESEY. "The juristic basis of dynastic right to the french throne". In: *American philosophical society*. Philadelphia.Vol.51. n.05, 1961. p. 03-29.

[37] Cf. Como esclarece Simone GOYARD-FABRE. In: *Bodin et le droit de la République*. Paris: PUF, 1989, nota de rodapé, p. 155.

2. A igualdade da justiça

A exposição das revoluções nas repúblicas constitui outro momento importante do julgamento das organizações políticas na história. O pensador chama a atenção, em primeiro lugar, para a relação do progresso das histórias e as alterações nas organizações políticas: desde a origem das sociedades podem-se observar infinitas revoluções (*conversiones*), alterações por que passam as repúblicas.[38]

A idéia de progresso enfatizada afirma apenas o caráter mutável da história. O pensador recusa-se a estabelecer a república como o último estágio da evolução das organizações políticas ou das formas da soberania. Seu objetivo é pensar como, a partir das mudanças nas sociedades, podemos entender a formação da república. Não por outra razão, ele vai descrever como teria sido a primeira forma de sociedade (*societas*). Os indivíduos constituíram-na com base em um certo espírito de corpo (*animi corporis*), sem se importar com o fato de que poderiam vir a constituir uma república. Nesse momento do texto, o pensador tentará explicar por que a análise da origem da sociedade abre caminho para pensar as condições históricas de criação da soberania. Por isso, o ponto de partida para a análise das revoluções nas repúblicas é mostrar que as primeiras ligações entre os homens (*prima societas*) deram-se efetivamente a partir da família: "De fato, a primeira sociedade, que é do homem e da mulher, é julgada a mais antiga de todas, porque é uma comunidade de alma, de corpo e de todos os bens".[39]

Se a união entre homem e mulher determina a formação da primeira associação, a amizade caracteriza as primeiras associações públicas ou extra-familiares. O pensador descreve como as amizades se ampliam a ponto de se transformarem em pequenos povoados (*phratriae*). Aqui também o relato da expansão das primeiras

---

[38] In: Jean BODIN. *Op. cit.* p. 190b, L.57-58 (381b, L.15-16).
[39] *Ibidem.* p. 190b, L.55-191a, L.2 (381b, L.17-21).

sociedades não visa à descrição da evolução das relações privadas entre os homens e suas comunidades, mas à avaliação das consequências públicas desse processo. A prova disso é que, em razão do aumento dessas associações, os homens criam a primeira instituição responsável por proteger a riqueza de todos. Bodin pretende tornar preciso o momento no qual o interesse público suplanta o privado. Para ele, esse é o tempo em que os homens se veem forçados a criar a primeira soberania sob pena de não sustentarem os laços de fraternidade que tornaram possíveis as associações e perderem os bens materiais que estas lhes permitiram adquirir.

Na breve genealogia das sociedades e das instituições públicas, a análise vale-se também da matriz conceitual aristotélica. Não se pode deixar de notar, entretanto, a proximidade com a análise feita por Políbio do surgimento das primeiras formas de poder, e do descontentamento dos indivíduos com as atitudes dos semelhantes em relação ao convívio e às relações de proximidade, amizade ou inimizade que estabelecem. A insatisfação com a convivência mútua não resulta em uma situação que os homens não possam de modo algum ultrapassar. A exposição sobre o descontentamento se desenvolve com vistas ao estabelecimento da justiça. No caso polibiano, com vistas ao surgimento nos próprios homens do sentimento do dever, que é o princípio e o fim da justiça. Pois,

> ... quando um homem que foi ajudado ou socorrido por outro quando em perigo não demonstra gratidão para com seu protetor, mas até mesmo chega a praticar um dano a ele, é claro que aqueles que ganham consciência disso irão naturalmente se descontentar e se ofender por tal conduta, partilhando o ressentimento do seu vizinho que sofreu o dano e imaginando eles próprios na mesma situação. Por tudo isso, surge em todos uma noção de sentido do dever, o que é o princípio e o fim da justiça. [40]

---

[40] Cf. POLÍBIO. *The Histories*. Trad. W. R. PATON. London: Loeb Classical Library: 2003. V. III. L. 6. p. 281.

Em relação a Aristóteles, quanto mais Bodin se declara resistente às formulações conceituais dele, tanto mais as duas perspectivas parecem prosseguir em paralelo. No caso da formação das sociedades, tanto vale considerar a amizade como elemento que instiga a aproximação e a criação de vínculos entre os homens, famílias, povoados etc, quanto reconhecer que os homens se unem devido a um desejo natural de formação da sociedade.[41] Como ela é fruto do impulso da vontade humana, o pensador admite, e em acordo com o filósofo grego, que o homem é, por natureza, um animal político.[42] E,

> Desta forma, seja pela própria vontade do homem (dado que por natureza deseja a sociedade (*societas*)), seja por uma forçosa necessidade que o conduziu às reuniões com os outros, foram estes os princípios da associação entre os homens, a partir da qual se observava para eles preparado o sustento necessário para viverem com mais fruição e comodidade.[43]

Ainda que a análise sobre a origem das sociedades nos possibilite entender o começo das instituições, é prematuro pensar que isso coincida com a origem do poder político, por meio da instituição da soberania.[44] A passagem das relações entre os ho-

---

[41] Nesse ponto Bodin segue à risca a análise aristotélica da gênese da primeira associação, a família. Cf. ARISTÓTELES. *Politics*. I, 1, 1252a-1253a. Jean BODIN. *Op. cit.* p. 191a, L.46-52 (382a, L.25-35).

[42] Cf. ARISTÓTELES. *Politics*. I, 1, 1252b.

[43] Jean BODIN. *Op. cit.* p. 191a, L.46-52 (382a, L.25-35).

[44] H. WEBER analisa que é possível estabelecer um paralelo entre a gênese da cidade e a da república, o que para nós implica uma diferença radical, além de serem problemas que demandam uma análise a partir de matizes muito distintos. Ele afirma: "Para Aristóteles a cidade se constitui a partir de um processo genético, elevando-se da família para o vilarejo, que é a primeira comunidade formada de várias famílias a partir de necessidades que

CAPÍTULO VI – JULGAR AS REPÚBLICAS								263

mens do nível exclusivamente privado para um nível mais ampliado e público, implica que os indivíduos operem rupturas. Eles seriam forçados a reorientar seus objetivos e os interesses envolvidos na convivência mútua. Se a amizade constituiu uma espécie de amálgama das inúmeras relações restritas e privadas, quando elas se ampliam torna-se necessária a instituição de outro fator que possibilite o vínculo. Bodin conduz o argumento para concluir que a instituição desse mediador dos interesses ampliados não pode mais se estabelecer em nível privado, mas apenas em nível público.

O primeiro indício da defesa da necessidade de outro elemento que medeie a relação entre os indivíduos ocorre, a nosso ver, com a constatação dos conflitos que surgem a partir da comunidade de bens.[45] A crítica mira frontalmente a tese clássica platônica.[46] Bodin afirma que não é possível estabelecer qualquer amizade calcada nos bens materiais. Disso resulta que quanto mais se ampliam as relações e as associações entre os homens, mais difícil se torna a aquisição de bens e a conservação dos mesmos entre eles:

---

ultrapassam a vida cotidiana, até a comunidade de várias famílias: a cidade." In: "Utilisation et critique de *La Politique* d'Aristote dans la *République* de Jean Bodin". In: *Classical Influences on European Culture A.D. 1500-1700*, Cambridge: Cambridge University Press, 1976, p. 307. Em outra passagem WEBER afirma sobre a proximidade entre a noção de cidade aristotélica e de república bodiniana: "a definição que convém muito bem tanto a um grande estado quanto a uma cidade: 'a república é um governo justo de muitas vilas (*mesnages*) e do que lhes é comum com o poder soberano'. Desde então surge a diferença capital entre as duas concepções: a idéia um pouco vaga de comunidade Bodin substitui pela idéia de soberania, quer dizer de *potestas* ou de *imperium* saída da evolução do direito romano". In: *Ibidem*. p. 308.

[45] Jean BODIN. *Methodus*. In: *Op. cit*. p. 191a, L.58 (382a, L.45-46).
[46] Cf. PLATÃO. "Republic". Trad. G. M. A. GRUBE, rev. C. D. C. REEVE. In: *PLATO – Complete Works*. Ed. J. M. COOPER & D. S. HUTCHINSON, Indianapolis: Hackett, 1997. V, 464d; VIII, 543a.

> É certo que, quanto mais toda associação e comunidade se diferenciam daquela entre homem e mulher, mais elas enfraquecem. Pois quer a natureza que cada um queira mais que seja seu aquilo que deseja mais, e, exclusivamente seu, sem querer compartilhar com outros. Assim, a natureza não tolera por muito tempo usos comuns das coisas.[47]

A comunidade de bens aparece como fator que propicia as discórdias. Considerando-se as demais dificuldades que se impõem à sobrevivência dos indivíduos, pode-se afirmar que ela é uma das causas da opressão dos fortes sobre os fracos. O acirramento da convivência implusiona os fracos a buscar refúgio em algum gesto humano de justiça, ou alguém que lhes possa restitui-la. O francês intenta mostrar, a nosso ver, que a comunidade de bens teria instaurado a instabilidade nas relações entre as famílias, gerando entre os homens, famílias, vilas, cidades etc o sentimento de insatisfação com as condições de existência. Por esse contexto observado nas histórias de diversos povos, conclui-se que onde houve a comunidade de bens ou tentou-se institui-la os homens a recusaram. Portanto, para constituir as primeiras soberanias, os homens são impelidos pelo acirramento da convivência mútua e pelo aumento da insegurança entre eles. Essa atmosfera de instabilidade caracteriza o momento posterior aos primeiros tipos de associação privada e imediatamente anterior à formação das primeiras soberanias.

A resitência dos fracos à dominação dos fortes se apresenta concretamente na instituição de um poder que possa restabelecer a convivência entre os indivíduos. Desta resistência contra a injustiça, Bodin vislumbra a criação de dois tipos de repúblicas: as que se constituem com vistas à igualdade dos cidadãos e as baseadas na força. A igualdade que se apresenta como uma das finalidades das três formas da soberania – monarquia, aristocracia e democracia – é a da submissão dos cidadãos a um mesmo poder. Antes,

---

[47] Jean BODIN. *Op. cit.* p. 191a, L.53-59 (382a, L.39-52).

quando da análise dos exemplos históricos de Atenas, Roma, Esparta e Veneza, sabíamos que eram legítimas. Porém, o pensador não deixara explícito no texto as razões dessa legitimidade. Apenas quando distingue a monarquia da tirania, sabemos que a primeira ampara-se no direito, e a segunda, na injustiça e na volúpia advinda da aquisição do poder. Ele comprova em que sentido a tirania, a oligarquia e a demagogia podem ser tomadas como o negativo da soberania legítima e justa, mas não mostra por que jamais são consideradas novas formas da soberania. Como já adiantara, o pensador reconhece como legítimos apenas os poderes políticos que se instituem com vistas à igualdade. Por essa razão, Bodin sempre se refere aos tiranos como agentes do poder soberano praticantes da injúria e da injustiça, mas não à tirania como uma nova forma da soberania. Mesmo em relação aos deturpadores dos fundamentos da soberania ele adverte:

> Visto que as autoridades que criminosamente geraram o tirano não se podem manter sem a justiça, os tiranos foram forçados a segui-la, não por causa dela, mas por causa [do interesse] deles próprios. A partir daí brilhou a reputação da justiça.[48]

Para se defender dos mais fortes, mas também em nome da igualdade da submissão a um poder, os homens arriscam suas vidas e se dispõem a restabelecer a justiça. A igualdade na dominação se dará por meio de um poder que consiga exercê-la de forma mais eficaz do que se cada indivíduo o tentasse isoladamente. Feita a defesa da justiça, é preciso perguntar: qual a razão do pensador reafirmar a peculiaridade das soberanias legítimas ao mesmo tempo em que apresenta a gênese dos poderes políticos? Por meio do método, certificamo-nos em que sentido a análise do princípio das

---

[48] *Ibidem.* p. 191b, L.35-39 (382b, L.32-38).

repúblicas e sua gênese se completam no mesmo processo de conhecimento.[49]

Ao investigar a gênese das repúblicas, Bodin responde, uma vez mais e de modo mais aprofundado do que antes, à exigência da comprovação histórica dos princípios da soberania aventados anteriormente – o método está em ato. Aqui se observa mais claramente em que sentido a instituição da soberania não pode ser pensada apenas como o momento de efetivação de um princípio abstrato, mas ela tem sua origem historicamente em um determinado desarranjo nas relações entre os homens, famílias, vilas e cidades. Dadas as condições, os indivíduos ameaçados decidem-se por instituir uma autoridade que se imponha sobre a multidão de egoístas.[50] E por que o descontentamento dos indivíduos com a situação? A instabilidade entre uns e outros homens se traduz concretamente no desequilíbrio da relação de poder entre os fortes e os fracos. Nas primeiras comunidades, os homens não disputavam

---

[49] Questionando a relevância do problema, verificamos que a questão se reproduz na exposição da soberania na *République*. O fato elementar é que a teoria da gênese da república se aparta do problema da essência do poder político, como oberva Isnardi-Parente: "O poder é o elemento que determina a essência do estado, enquanto conjunto orgânico. Procurar qual é a origem do estado significa colocar-se diante da questão da gênese e da origem do poder enquanto elemento dinâmico que faz de um conjunto disforme um 'corpo' verdadeiro". In: Margherita Isnardi-Parente. *Op. cit.* p. 49.

[50] Sobre o momento anterior à instituição das repúblicas, Isnardi-Parente considera que, para a formação e transformação das ordens políticas, é válido o raciocínio de que a contestação dos súditos é o motor da mudança: "Ou o fator dinâmico é somente a violência ou a força". Em relação à gênese da república, ela avalia o antes e o depois de sua instituição: "[antes] ...não podemos passar de famílias dispersas em relação à república, [depois] graças a alguém que se tornou mestre dos outros chefes de família – aqueles eram antes seus companheiros –, submetendo-os a seu poder [assim constituindo uma república]". In: *Op. cit.* p. 49.

CAPÍTULO VI – JULGAR AS REPÚBLICAS

a posse dos bens, não havendo razão para uma autoridade impor-se e mediar eventuais desigualdades entre os indivíduos. A soberania era instituída para impor outra correlação de forças entre os indivíduos: o equilíbrio.

Bodin entende que o primeiro gênero de república foi criado para que um indivíduo realizasse a justiça. A preocupação central é responder à causa final, antes de qualquer outra das causas. O pensador recorre a uma comparação filológica – trazida por Homero e Hesíodo para mostrar que as denominações para os primeiros dententores da soberania significavam "cuidado, preocupação, governo e exercício da justiça com igualdade".[51] Assim, o momento de passagem da condição de multidão para a instituição da república é marcado por grave tensão. O pensador mostra quão insuportável é, para os fracos, prolongar a situação:

> Tal força faz fugirem os fracos e os pequenos; na verdade, uns recorrem aos mais fortes e poderosos, outros aos mais justos, para que os livrem dessa injúria.[52]

As relações de amizade nesse instante estão já destruídas, ou fragilizadas o bastante para que os homens não se intimidem com o fato de prejudicarem o semelhante. O destaque dado por Bodin a essa condição desfavorável é importante para evidenciar que a instituição da soberania é uma interrupção que se estabelece no curso das relações entre os desiguais.[53] Nesse contexto de injustiça extrema, o que se verifica é o uso da força como recurso e instru-

---

[51] Jean BODIN. *Op. cit.* p. 191b, L.51-58 (382b, L.54- 383a, L.01).
[52] *Ibidem*. p. 191b, L.26-29 (382b, L.23-26).
[53] BIRAL caracteriza assim este momento : "A crise é em realidade o êxito inevitável daquela situação de anarquia, na qual o homem se vê forçado a estabelecer com os seus iguais relações de violência". In: Alessandro BIRAL. *Storia e critia della filosofia politica moderna*. Milano: Franco Angelo, 1999. p. 53.

mento de ação dos homens para todas as situações.[54] Aproximando seu argumento da observação feita por Varrão, o francês mostra que deixar de seguir este movimento de interrupção do desequilíbrio na disputa representa, na verdade, a aceitação de uma espécie de lei em favor dos mais fortes:

Mas essa doce vida que os homens extraíram da associação mútua começou a ser violada pelos desacordos, visto que os fracos, evidentemente, eram oprimidos pelos poderosos, o que Varrão atribui à natureza toda; quem pode mais domina, como o peixe grande come os pequenos e o falcão mata outras aves[55].

Antes da instituição da soberania, os fortes eram os favorecidos devido à situação de desequilíbrio na correlação de forças, enquanto os "sages", ou *justissimos*, eram aqueles que tentavam impor outro curso à lógica do desfavorecimento. Se a reação corresponde à intenção de reparar a condição desfavorável dos fracos, é correto concluir que a motivação para esse ato é o desejo de realização da justiça, ou estabelecer a igualdade da dominação. Ao estabelecer que a justiça deve corresponder à reparação da desigualdade, Bodin não teria entrado em contradição e se rendido ao argumento de Cícero, segundo o qual os homens criam a república com base no direito? Nesse sentido a motivação para a instituição da soberania não seria mais jurídica do que política?

O argumento de Cícero sustenta que a justiça, a principal das virtudes, tem como tarefas impedir que um homem prejudique seu semelhante e fazer com que os bens comuns sejam postos a serviço do interesse comum.[56] Afirma também que o primeiro princípio da sociedade responde à necessidade de subsistência de todos os seres humanos (*universi generis humani societate*).[57] Dessa

---

[54] Cf.: *Ibidem*. p. 53.
[55] Jean BODIN. *Op. cit.* p. 191b, L.14-22 (382b, L.20-26).
[56] Cf. CÍCERO. *De officiis*. I, 7, §20. p. 23.
[57] Cf. *Ibidem*. I, 16, §50. p. 53.

necessidade, os homens criam vínculos a partir da utilização da razão e da língua, por sua vez, promotora da compreensão, da fala, da comunicação e do raciocínio, permitindo-lhes a associação e a união em uma espécie de fraternidade natural.[58] Os homens se distanciam da condição de feras, pois criam e adotam valores para orientar suas ações, a saber, a justiça, a igualdade e a bondade. Embora possamos observar a proximidade entre as formulações de Bodin e Cícero, sobre a origem das associações humanas, o mesmo não acontece no caso da formação das instituições políticas.

De acordo com o argumento de Cícero, a convivência amigável dos primeiros tempos produziu vínculos tão fortes entre os homens, a ponto de não observarem qualquer ameaça ao desfrutar da propriedade comum dos bens. Supõe-se com isso que a cordialidade e a generosidade marquem a convivência entre os indivíduos, não obstante a escassez de recursos indique que a disputa entre eles seja inevitável:

> Desde que os recursos para os indivíduos são limitados e o números destes e de suas necessidades é infinito, este espírito de liberalidade comum (*vulgaris liberalitas*) deve estar regulado de acordo com os limites estabelecidos por Ennius: 'Nada mais nada menos do que seu o brilho que lhe pertence', o que será possível caso sejamos generosos com os nossos.[59]

A justiça de que fala Bodin está diretamente vinculada ao exercício do poder. Não é descabido admitir que o pensador francês tenha se inspirado na avaliação de Aristóteles segundo a qual a justiça é política, por introduzir uma ordem na comunidade política, demarcando o que é justo ou injusto na dominação.[60] A rela-

---

[58] Cf. *Ibidem*. I, 16, §50. p. 55.
[59] Cf. *Ibidem*. I, 16, §51-52. p. 57.
[60] Cf. ARISTóTELES. *Politics*. I, 1, 1253a.

ção entre instituição da autoridade e a justiça surge quase como uma exigência no argumento bodiniano da gênese da república. A rigor, se qualquer um puder dominar e tomar posse dos bens de outros por meio da força, a ausência da necessidade de instituição da justiça abre caminho para justificar o poder do tirano. Em vários momentos do texto observamos que o pensador rejeita essa possibilidade. A legitimidade da soberania é reconhecida a partir do instante em que ela proporciona o equilíbrio entre os súditos. Trata-se de uma alternativa à dominação pela força a que estão sujeitos os fracos.

Um mesmo ato dá origem a três elementos distintos, porém, geneticamente indentificados: a instituição da soberania, o estabelecimento da justiça e a igualdade da submissão. Ao afirmar que mesmo os tiranos são obrigados a velar pela justiça, ele reafirma esse critério como pré-condição para a instituição de qualquer poder político. Esse dado é importante para mostrar que a análise de todas as formas de governo na soberania não pode estar desvinculada da idéia de justiça. A advertência mostra, também, que não se pode desprezar os fracos, em qualquer forma de governo, pensando que não querem ou não podem igualar as posições na dominação. A menção ao tirano é um aviso sobre o perigo da conservação da desigualdade na dominação, ou a não realização da justiça: várias tiranias passaram por revoluções. Ele adverte: "as autoridades, mesmo as que partilham do crime, não podem se sustentar sem a justiça.[61] Aqui ele não quer apenas enfatizar a relevância da igualdade na dominação, mas indicar que a ameaça da revolta e as transformações que pode engendrar – a revolução – são motivo para persuadir aqueles que se veem tentados a agir como tiranos.

Os exemplos mais antigos da soberania já estabeleceram o "fazer justiça" como prática obrigatória daquele que detém o po-

---

[61] Jean BODIN. *Op. cit.* p. 191b, L.35-39 (382b, L.32-38).

der. Bodin mostra que o governante *justissimus* e *prudentissimus* vai exercer a autoridade igualmente sobre os súditos, porque os cidadãos assim o exigem. Essa tese, segundo ele, se confirma na *República* de Platão, onde o filósofo grego afirma que o comando político consiste em restituir a justiça.[62] Mas nenhuma declaração deixa tão explícito o caráter político da justiça quanto a que caracteriza a primeira forma da república: "Assim, a monarquia foi a primeira forma das repúblicas; e foi justa, quando sem nenhuma lei, foi constituída somente pela equidade do rei, ou injusta, visto que cada um dos mais poderosos, pressionado pelas mãos dos bandidos, oprime os fracos pela servidão".[63] O ato de cumprir a justiça não está exclusivamente associado à presença da lei na república, mas à instituição autoridade que procura agir em nome dela, isto é, que estabelece a igualdade na dominação sobre os cidadãos. O exemplo da soberania injusta é importante não apenas para reforçar a imagem do poder ilegítimo, mas para abrir o caminho para a discussão das mudanças sofridas pelas formas da soberania. A desigualdade na dominação constitui uma advertência sobre o início das revoluções, que surgem exatamente com a contestação das humilhações e das imposições sofridas pelos fracos e impostas pelos fortes:

> Mas quando as autoridades começaram a ser medidas pela vontade e pelo interesse e não pela justiça, seguiu-se daí a transformação dos reinos em tiranias. Daí as lamentações dos poderosos, depois ainda dos mais fracos, pois foram horrivelmente pilhados e torturados por aqueles que os forçaram a servir. Assim, ocorreu muitas vezes que os

---

[62] Embora Bodin afirme que estas palavras estejam no livro V da *República* e cite, a partir do original em grego, a análise da relação entre a justiça e o poder político encontra-se em parte no livro IX (580 a-e). Sobre a afirmação do pensador francês Cf. *Ibidem*. p. 192a, L.02 (383a, L.05).

[63] *Ibidem*. p. 192a, L.20-24 (382b, L.29-34).

mais fortes [entre os fracos], feita a conjuração, matassem o tirano, ou por causa da crueldade, ou por causa do desejo, ou por ambos.[64]

A análise da origem das repúblicas e da legitimidade das soberanias coloca a realização da justiça como critério central de julgamento. Bodin afirma que as primeiras soberanias foram instituídas sob a forma de monarquias e apesar de terem existido várias democracias e aristocracias, estas sempre se transformam em monarquias legítimas, como se estivessem seguindo o curso da natureza.[65] A que se deve esse retorno à monarquia? As oscilações entre os poderes ocorrem de acordo com estas três formas da soberania, quando os detentores do poder se distanciam da prática da justiça. Por exigência do estabelecimento do equlíbrio de forças e da dominação justa sobre todos, os homens criam a soberania monárquica – uma exercendo o poder sobre os demais é sempre mais justo do que se um grupo o fizesse ou todo o povo.

A teoria bodiniana da gênese da república é também um convite para que se conclua que encontramos no *Mehtodus* uma filosofia da história. Há quem sustente que esse texto é o primeiro a pensar o progresso da história ou os motivos que lhe dão origem e o incrementam.[66] Outros insistem que o anacronismo conceitual não nos autoriza a afirmar isso, embora encontremos elementos que depois de Bodin serão aprofundados por estudiosos tanto da filosofia quanto da história. Mas o argumento sobre as transformações deixa em aberto a pergunta: por que as revoluções acontecem nas repúblicas? Veremos, a seguir, como todas as formas da soberania se alteram por não concretizarem de algum modo a jus-

---

[64] *Ibidem*. p. 192a, L.38-46 (383a, L.53-383b L.06).

[65] *Ibidem*. p. 192b, L.26-31 (383b, L.55-384a L.01).

[66] Cf. George HUPPERT. *L'idée de l'historire parfaite*. Paris: Flammarion, 1973. p. 107-08; Henri SÉE. "Philosophie de l'historire de Jean Bodin". In: *Revue Historique*. n.175. 1935. p. 497-505.

tiça. Uma da causas está no desprezo pelos interesses públicos por parte de quem detém a soberania em benefício dos interesses pessoais. Bodin nos põe a pensar agora o tema das revoluções.

3. A igualdade do tirano: origem das revoluções

A perspectiva de Bodin traz a prática do tirano como um dos fatores decisivos para que se desencadeiem as revoluções nas repúblicas (*conversiones in rerumpublicarum*). A prática da injustiça e a desigualdade da submissão prolongadas no tempo engendram uma instabilidade nas instituições políticas que torna insustentável a sua manutenção do poder. A análise se ocupa neste momento do texto dos limites da soberania no tempo. Afirma o pensador: "Por conseguinte, ao progredirmos, partindo primeiramente daquelas associações originárias, para que tudo esteja muito evidente a todos, descobriremos particularmente infinitas etapas e revoluções".[67] Por menos frágil que pareça, o tirano é o governante frequentemente abatido pelos súditos por conduzir o poder segundo suas vontades e obrigar os cidadãos a se sujeitarem a elas.[68] Em outras palavras, a revolta contra os tiranos seria legítima porque visa à instituição da justiça. O argumento reconhece que a soberania não pode se sustentar sem um governo que favoreça a igualdade (*aequitate moderari*). Como vimos, se mesmo as autoridades fundadas sobre o crime devem responder de alguma forma à justiça, os tiranos o devem mais ainda.[69] A igualdade do tirano é a maior das injustiças, a submissão irrestrita à vontade de um homem. Sua condição no exercício do poder é aquela de quem extirpa as vontades particulares dos cidadãos, para torná-los servos em

---

[67] *Ibidem*. p. 190b, L.54-58 (381b, L.10-17).
[68] *Ibidem*. p. 192a, L.44-46 (382b, L.02-05).
[69] *Ibidem*. p. 192a, L.27-30 (383a, L.37-39).

vez de obedientes à lei. Bodin faz questão de reprovar a submissão desmedida. O pensador adverte que o aumento do poder do tirano se dá apenas com a perda dos bens e das comodidades dos cidadãos. Quanto mais os servos se confrontem entre si, tanto mais forte será o poder do seu algoz.

Uma das preocupações de Bodin aqui é distinguir as revoluções entre as que têm origem externa às repúblicas e as que se iniciam no seu interior. A diferença é importante porque, caso observemos as revoluções internas, a relação que o detentor da soberania mantém com a justiça no exercício do poder político, passa ao primeiro plano da investigação. De acordo com Bodin, isso se menifesta no uso da violência ou no desprezo que o soberano mantém pelos cidadãos no exercício do poder político.[70] Isso explica por que o argumento aponta, em primeiro lugar, a violência e a degradação moral como causas das revoluções. O fato de um indivíduo tornar-se pernicioso está associado a uma espécie de regra da natureza. A junção da corrupção moral à natureza humana (*hominium natura*)[71] nos remete ao tema das vontades particulares. Em outro momento deste trabalho vimos que, para o pensador, a vontade humana é livre.[72] No entanto, o fato de a felicidade ser uma das finalidades primordiais das ações humanas pode nos fazer concluir que as vontades humanas aspiram, em última instância, ao cumprimento dos desígnios do Altíssimo. No entanto, Bodin não identifica a felicidade a Deus, como também não estabelece esses aspectos como os fins únicos e superiores para nossas ações. Ele reconhece, apenas, que todos os homens, sem distinção, devem se submeter ao Altíssimo. Isso não interfere, contudo, no

---

[70] *Ibidem.* p. 193a, L.10-11 (384a, L.54-56).

[71] *Ibidem.* p. 193a, L.14-15 (384a, L.59-385b, L.02).

[72] Cf. Marie-Dominique COUZINET. "La philosophie morale de Jean Bodin dans le paradoxe de 1596. Un hypothèse de lecture". In: texto ainda a ser publicado. p. 8.

fato de que os homens possam desejar seguir outros caminhos que não os prescritos pela providência. Trata-se da possível descida dos homens aos subterrâneos do vício, em razão de seus próprios interesses e vontades.[73]

A tirania se destaca como exemplo na análise das revoluções porque é por meio deste dispositivo que os injustiçados podem abater o tirano: o exercício da violência engendra o mesmo como reação por parte dos violentados. Por isso, a revolução nas tiranias sempre se consuma com o assassinato do tirano pelo povo. Em relação às demais soberanias, o pensador anota também que os vícios estão na origem das transformações, mas as mudanças não ocorrem como reação à violência praticada pelos ocupantes do poder político. A violência do tirano é um vício irreparável face aos males das outras formas da soberania.

A degradação das aristocracias em oligarquias é marcada pela necessidade dos nobres de tomar o poder dos magistrados a qualquer custo. Como característica deste interesse observa-se que um pequeno número de pessoas usurpa os bens e a honra da maioria. Quando os súditos se dão conta da injustiça que lhes é aplicada por parte deste pequeno número, resta-lhes somente a opção de se insurgirem contra o poder, invadir e tomar o lugar daqueles que o detêm. Bodin pondera, no entanto, que a liberdade, se recobrada com a morte dos tiranos e dos governantes injustos, quase sempre é usurpada pelo discurso dos demagogos. Tal parece ser o destino de todas as revoluções nas quais o povo retoma o poder das mãos de quem pratica a desigualdade na dominação: tão logo recuperam o poder dos oligarcas, perdem-no para os homens que exploram o medo e a falta de prudência da plebe:

> Então, quando há alguém com intelecto elevado e com desejo de glória (pois os desejos de domínio não surgem em almas lânguidas, mas

---

[73] Jean BODIN. *Op. cit.* p. 193a, L.14-15 (384b, L.01-02).

em mentes atentas e nas mais altas inteligências), de tal forma este alimenta a plebe com banquetes, distribuições e volúpia de espetáculos, que obtém, sem nenhum mérito seu, honras e poder.[74]

Ao confiar nos demagogos, a plebe termina por reconhecer e admitir os seus algozes como detentores da soberania. Por isso, também os tiranos não relutam em eliminar os cidadãos honestos, arrasar as comunidades, destruir as ligações de solidariedade e a união entre os homens, suprimir a amizade, semear a discórdia entre nobres e plebeus, impedir o ócio e as investigações dos espíritos elevados. Eles arrancam do povo tudo o que possa nutrir-lhes o desejo de conquistar o poder político, amortecendo-lhe tanto quanto possível qualquer aspiração por autonomia e igualdade.[75] Aqui se evidencia toda a repulsa do pensador contra os tiranos e, ainda mais, o desprezo pelo povo que se submete a estes homens abjetos:

> nada é mais deplorável do que a plebe, assistindo com prazer a grandes suplícios, louvar a equidade do tirano. Nisto está o que é mais vergonhoso e abominável, porque dissimularam a má índole com aparência de religião e no templo dos deuses fingiram sem venerar. Assim, por outro lado, no mesmo local, foram vistos produzir em face uns dos outros o simulacro das virtudes.[76]

Outro caminho para se entender a prioridade da análise da tirania em relação às demais formas da soberania é observar que o tirano representa o limite da decadência e da degradação política. Os conflitos deterioram, ao extremo, a relação entre o soberano e os cidadãos. Margherita Isnardi-Parente[77] lembra que a outra in-

---

[74] *Ibidem*. p. 193b, L.19-26 (385a, L.35-42).
[75] *Ibidem*. p. 193b, L.52-194a, L.25 (385b, L.15-57).
[76] *Ibidem*. p. 194a, L.15-18 (385b, L.44-47).

CAPÍTULO VI – JULGAR AS REPÚBLICAS 277

fluência para a construção deste argumento sobre as revoluções são as *Histórias* de Políbio.⁷⁸ Essa impressão já se esboçava desde que analisamos o momento anterior à instituição das repúblicas. O fato de Bodin se afastar da perspectiva de Cícero, e mesmo criticá-la, afirmando que a insatisfação e a violência caracerizam o estágio anterior à formação da soberania, já constituía um indício de sua adesão à perspectiva polibiana. Como analisou Isnardi-Parente:

> A influência de Políbio é inegável: a cena aceita no *Methodus* aproxima-se sobretudo do esquema polibiano: da monarquia original, que se afirma por violência e se desenvolve em seguida em verdadeira e legítima monarquia, até a tirania, quando da situação de justiça decaímos ao nível da pura procura da utilidade e do egoísmo desmedidos. Em seguida, o tirano será suprimido por um grupo de cidadãos eminentes, dando lugar a formas colegiadas de poder. Mas Bodin não está de acordo com Políbio quanto ao ponto da necessidade da passagem sucessiva à democracia, porque ela lhe parece um regime que não é geralmente difundido entre todos os povos.⁷⁹

O argumento polibiano, "... esta teoria das transformações naturais (*katà physin metabolês*) em cada uma das diferentes formas de governo..."⁸⁰, nos chama a atenção para o fato de que as transformações que se dão nelas são eventos irrefreáveis, um dado que lhes seria inerente. Se a perspectiva polibiana afirma tão categoricamente a ocorrência das revoluções é porque pressupõe que a ins-

---

⁷⁷ Ela analisa o problema das revoluções nas repúblicas (*metabolai políteion*) a partir da *République* mas sua observação é pertinente para a tese bodiniana no *Methodus*. In: Margherita ISNARDI-PARENTE. "Les *Metabolai Politeion* revisitées". In: *Jean Bodin, Actes du Colloque Interdisciplinaire d'Angers*. Angers: Presses de l'Université d'Angers, 1985.
⁷⁸ Cf. POLÍBIO. *The Histories*. Trad. W. R. PATON. London: Loeb Classical Library: 2003. V. III. L. 6.
⁷⁹ Margherita ISNARDI-PARENTE. *Op. cit.* p. 52.
⁸⁰ Cf. POLÍBIO. *The Histories*. V. III. L. 6. p. 277.

tabilidade é uma constante das relações de poder, constitutiva da existência das instituições políticas, elemento insubstituível do próprio ser da política. Entretanto, se por um lado essa perspectiva nos conduz a pensar na transitoriedade, para não dizermos, na vulnerabilidade das formas de poder instituídas, tornando-nos céticos quanto à eficácia do poder para a realização dos fins para que fora constituído, por outro lado, nos cabe notar, a partir de um ângulo nada cético, que a própria instituição de um poder, na sequência da destruição de outro tem sempre como horizonte possível a realização da justiça e da igualdade. Pois,

> ...quando no momento em que os sentimentos de sociabilidade e companheirismo começam desse modo a aumentar nas reuniões dos homens, então, o reinado (*basileías*) finca suas raízes; e as noções de bondade, justiça e seus opostos começam a nascer nos homens. [81]

A diferença importante entre Bodin e Políbio dá-se justamente em relação à compreensão da monarquia. Embora o francês insista em afirmar a legitimidade da monarquia e a tendência das soberanias a se transformarem nessa forma de poder, o historiador admite que as revoluções seguem necessariamente um ciclo que não se encerra em uma forma específica.[82] O aspecto importante nessa aproximação entre as duas concepções sobre a transformação do poder é observar que a teoria da anaciclose polibiana contribuiu decisivamente para a formação da teoria bodiniana sobre a origem das repúblicas e das revoluções que sofrem. Mais do que isso, a partir dessa influência, Bodin introduz definitivamente na história da filosofia política a tese da origem da soberania simultaneamente à gênese do ordenamento político.[83] Porém, em relação à explicação sobre as transformações, é preciso reconhecer que o francês recusa formatar a sua tese a partir desse modelo.[84]

---

[81] Cf. POLÍBIO. *Op. cit.* p. 279.
[82] Margherita ISNARDI-PARENTE. *Op. cit.* p. 52.

Seguindo o texto bodiniano vemos que ele analisa vários exemplos de revoluções. Um sem número de lutas internas e a corrupção das soberanias dão a tônica da discussão. Observa-se que as revoluções não respeitam qualquer lógica de sucessão, isto é, não necessariamente, a destruição da monarquia determina a instituição da aristocracia, da mesma forma que sua destruição dá origem à democracia. O pensador pretende apenas explicitar a atmosfera de conflitos e instabilidade com que se depararam as formas da soberania. Por amparar suas afirmações a partir de exemplos históricos, Bodin adverte que segue à risca os passos prescritos pelo método de investigação: "Posto que o método de escrita convém para envolver os fatos universalmente e não de maneira singular, e assim pôr as mãos nas fontes onde foram colhidos".[85]

Na exposição das transformações por que passaram as repúblicas, Bodin destaca as dramáticas revoluções ocorridas em Florença. Todavia, causa espanto que nas revoluções do *status* dos francos, ele não cite qualquer transformação, mas apresente a França como exemplo de monarquia resguardadora da segurança dos súditos que, por sua vez, conviviam em harmonia com o soberano. As razões de o pensador apresentar a França em contraponto a Florença se explicitarão mais adiante. Antes, porém, veremos como não constitui um paradoxo que, embora a discussão sobre as revoluções esteja centrada na tirania, o problema importante é o da igualdade da dominação ou da justiça. Ao contrário, a tradição grega ensina que o desenvolvimento da história, que poderíamos pensar a partir das tranformações das ordens políticas, está diretamente associado à realização da justiça.

---

[83] *Ibidem*. p. 52.

[84] [na *République* as mudanças são de] "monarquia em estado popular ou de popular em monarquia [...] de monarquia em aristocracia ou de aristocracia em monarquia e de aristocracia em estado popular e de estado popular em aristocracia". In: *Ibidem*. p. 52.

[85] Jean BODIN. *Op. cit.* p. 202a, L.22-24 (396a, L.45-47).

4. Tempo, instabilidade e justiça

A teoria das revoluções nas repúblicas, mais do que descrever as causas das transformações nas soberanias, indica a retomada da investigação do tema da justiça. Poderíamos observá-lo desde a exposição sobre o princípio da república, que pressupõe a instituição de um poder ao qual todos deveriam submeter-se igualmente. Mas é na exposição da gênse das soberanias que a relação entre instituição do poder político e justiça se apresenta mais nítida. Vários estudiosos da obra bodiniana mostram que esses temas estão invarialvelmente associados e diretamente vinculados à história. Beatrice Reynolds observa que a tese sobre a origem da sociedade, não apenas responde à necessidade de se colocar a justiça no centro da investigação sobre o poder, como também ilustra o contexto da instituição da monarquia francesa.[86]

É intrigante porém explicável que, ao aprofundarmos a relação entre a instituição da soberania e a justiça, tal momento passe a ser observado não mais sob o prisma do princípio que funda o poder, mas a partir de sua efetivação na história.[87] Quando se pensa na origem e nas transformações que sofrem as repúblicas, Bodin

---

[86] "As sociedades foram formadas originalmente por uma necessidade de proteção e justiça. Neste momento a liberdade plena de todos, o privilégio de viver sem leis ou qualquer controle, foi abandonado e o comando foi entregue a um homem que se tornou líder para que seus súditos pudessem desfrutar da justiça. Quando o rei francês estiver pressionado, jurará manter a justiça. Assim, isto parece ser a causa principal de sua criação. Além disso o primeiro tipo de república deve ter sido uma monarquia. Esta deve ter sido fundada sobre a justiça, sem qualquer lei, dependendo inteiramente da igualdade do príncipe, ou tal pode ter sido a regra de um homem super poderoso acompanhado por um bando de ladrões".Beatrice RAYNOLDS, *Proponents of Limited Monarchy in Sixteeth Century France: Francis Hotman and Jean Bodin*. New York: Columbia University Press, 1931, p. 118.

[87] Jean BODIN. *Op. cit.* p. 190b, L.55 (381b, L.11).

procura avaliá-las não segundo uma ordem lógica abstrata, mas segundo uma ordem do tempo efetivo.[88] Conciliar as duas dimensões responde exatamente à exigência do método de investigação.[89]

Inscrever a soberania no tempo é, pensando a partir de outra perspectiva, defrontá-la com os problemas indissociáveis da prática e da sobrevivência das instituições políticas. O confronto com o imprevisto, e que coloca sob ameaça a sustentação do poder, é, para Bodin, próprio de todas as formas da soberania. Mesmo nutrindo especial apreço pela monarquia, isso não o faz concluir que ela esteja imune, ou menos propensa, a sofrer com os desajustes do poder, e sólida para conviver com a realidade conflitiva provocada pela instabilidade.

As transformações não ocorrem, segundo a perspectiva polibiana, como resultante do movimento que leva todas as formas de governo à corrupção. Pocock analisa que é característico

---

[88] SCHEUNER comenta que a singularidade e a relevância do argumento bodiniano está em apresentar a soberania a partir de duas dimensões: enquanto princípio da instituição do poder e também a partir de sua formação temporal, histórica: "A dificuldade para Bodin é conectar a visão histórica do aumento da força e o conceito analítico de soberania. A explanação histórica não pode ser lógica e o conceito lógico não pode explanar a situação histórica do poder em um dado estado. Por isso Bodin afirmou a impossibilidade de se questionar a origem histórica sobre um dado poder político e ele tentou construir a república sobre o consentimento, que parece estar de acordo com a realidade histórica". In: Ulrich SCHEUNER. "Diskussion – Bodin's Politische Philosophie". In: *Jean Bodin – Actes du colloque international* Jean Bodin *Munich*. Munich: Verlag, 1973. p. 464-65.

[89] "Também, o pior é que faziam os sufrágios levantando as mãos, isto é, por *keirotonia* que se enfraqueceram (como fazem agora os suíços da montanha), com a potência das mãos (*keirotonein*) em assembléia, não obstante estivessem os cidadãos cooptados e em ostracismo, como escreveu Demóstenes contra Nearam" (J. Bodin. *Methodus*.p. 183a, L.18-26 (370b, L.26-34).

dos humanistas pensar o indivíduo separado da estrutura social e política.[90] Porém, o caso de Bodin é emblemático, pois ele não desvincula a análise da estrutura política da observação sobre os homens; e condiciona as mudanças das instituições às alterações de humores dos cidadãos em relação ao poder e aos seus detentores. Esparta, segundo Pocock, é para os humanistas, o modelo de sociedade que conserva o caráter individual do cidadão, sem desconsiderar a sua presença na cidade. Bodin não destoa em relação a esse ponto, pois declarou que Esparta fora a experiência de aristocracia com maior êxito entre os exemplos antigos. Atenas serviu como contraponto pelo fracasso que representou como governo popular.

A abordagem que não separa o cidadão e a estrutura social, avalia Pocock, reconhece que pensar a política não pode prescindir da análise sobre a tensão da fortuna com uma ordem estável para as coisas do mundo. É certo que Bodin não se refere diretamente a esse conflito entre a fortuna e o que lhe impõe resistência, mas poderíamos perguntar: qual outro tema poderia traduzi-lo melhor do que a análise das soberanias na história? As transformações das monarquias, das aristocracias e das democracias são o reflexo do modo como os indivíduos participam da vida pública e da sua relação, ou não, com as instituições políticas. Pocock reconhece a dificuldade de uma teoria comportar a análise dos valores individuais e dos valores públicos. Da mesma forma seria difícil uma teoria ter uma concepção de homem cujas necessidades convergissem com as urgências das estruturas sociais e políticas. Isso seria possível a partir da influência de Aristóteles, segundo o qual no contexto político e no privado os homens eram governados pelas regras públicas.[91]

---

[90] J. G. A. POCOCK. *The Machiavellian Moment – Florentine Political Thought and the Atlantic Republican Tradition.* p. 74.

[91] *Ibidem.* p. 74.

CAPÍTULO VI – JULGAR AS REPÚBLICAS

Para Bodin a justificativa para se estabelecer a oposição entre Esparta e Atenas está na discrepância das instituições e das consequências políticas geradas por cada uma delas. Em razão da estabilidade política, da segurança das instituições e da boa relação que os cidadãos mantinham com os detentores do poder, Esparta foi venerada enquanto as dissoluções fizeram de Atenas o exemplo da ruína política. Nos dois exemplos, a análise bodiniana se concentra nas instituições. Pocock confirma a importância dessa oposição entre cidadãos e instituições para os pensadores renascentistas, mas aponta que ela nos revela aspectos que não se limitam às últimas. As diferenças entre os dois ordenamentos políticos é determinante para pensarmos a diferença entre os seus cidadãos. Assim, as instituições são consideradas um reflexo ou prolongamento do caráter dos cidadãos. Ele conclui que o tema central no debate sobre os dois exemplos é o da instabilidade. Não obstante seja preciso notar a peculiaridade das observações de Bodin sobre Esparta, é importante destacar o quanto esse exemplo chamava a atenção dos renascentistas justamente por sua resistência às revoluções.[92]

---

[92] "Mas na Europa renascentista, do XV até o XVIII séculos, a voz preponderante estava a favor dos patriotas implacáveis das Eurotas [uma referência à possibilidade de uma Europa constituída por várias Espartas]. Esparta tinha sido estável e uma mistura de poderes. Atenas democrática, instável e incontrolável no desejo de perseguir os filósofos de sua preferência. Esparta certamente não teve filósofos, mas talvez fosse melhor ter cidadãos – perseguir a perfeição da completa auto-identificação com o bem comum. No entanto, o que foi o bem comum se isto levou à abnegação de todos os bens particulares? A contradição continuou a desafiar uma solução, mas um ponto que jamais se pode perder de vista foi que a política era um relacionamento de valores e que o bem do cidadão – governando e sendo governado – consistiu no relacionamento entre sua própria virtude e a dos outros. Foi neste sentido de caráter mútuo e relacional da virtude que somente o animal político poderia ser um homem bom verdadeiro". In: *Ibidem.* p. 74.

Um aspecto importante na observação de Bodin é sua avaliação dessa república como um modelo de aristocracia que se tornou um exemplo de segurança política. Com isso ele não queria dizer que Esparta não se envolvera com problemas, tanto quanto Atenas. Isso é observado também na análise sobre Roma e Veneza. A associação entre a instabilidade e o desenvolvimento das soberanias no tempo é, segundo avaliação de Pocock, a característica por excelência do pensamento político da Renascença. O aspecto peculiar que se nota na perspectiva bodiniana está no fato dele não distinguir a análise das repúblicas da observação sobre os indivíduos. Estes são pensados a partir de sua relação com o poder político, de seu interesse em conquistá-lo, ou, ainda, de se protegerem dos excessos que porventura o tirano ou qualquer outro soberano venham cometer. Mesmo considerando que Bodin não tece análises separadas sobre o homem e as instituições políticas, a observação de Pocock sobre a instabilidade é valiosa para nos esclarecer a estratégia do pensador francês ao avaliar as transformações e dissoluções sofridas pelas repúblicas. Ao analisar o ideal renascentista, segundo o qual os indivíduos vinculavam os valores individuais aos da vida civil, Pocock explicita a relação entre o tempo, a instabilidade e as dissoluções políticas, que, associados, representam a força da fortuna atuando sobre o mundo:

> Para o pensamento renascentista, este problema teria que se apresentar como um problema no tempo. Nós temos visto que o problema da república era o da manutenção de sua existência particular; que a instabilidade foi a característica da particularidade e o tempo a dimensão da instabilidade. Na teoria da pólis e da comunidade política (*polity*), era possível reconhecer a república como um universal – porque compreensível e por isto estável –, uma harmonização de valores particulares. Assim, uma harmonização deveria em princípio permanecer estável e imutável no tempo – sempre quando isso assumiu uma forma abreviada da exitosa combinação de um, de alguns e de

vários indivíduos. No entanto, contra isto havia a presunção de que a república, sendo obra das mãos dos homens, deve ter um fim.[93]

Admitir que as instituições convivem com a instabilidade significa reconhecê-las como finitas e que devem ser observadas sempre a partir dos confrontos travados em sua existência singular. Conceber as formas da soberania no tempo exige que se abandone a idéia de eternidade. É a idéia de tempo que permite enquadrar a investigação das organizações políticas, a partir de uma origem

---

[93] Continua POCOCK para mostrar a relação entre tempo, corrupção e ação da fortuna: "Havia o fato histórico inconfundível de que Atenas, Esparta e Roma tinham decaído e cessado de existir. Havia ainda, inerente à análise aristotélica, excelentes razões teóricas para dizer que isto deveria ser deste modo. Uma vez que o âmbito dos valores particulares, das atividades e de suas buscas individuais era de extensão infinita, seria muito difícil construir a comunidade política (*polity*) de forma que isto não fosse uma ditadura de alguns particulares sobre outros, e seria igualmente difícil assegurar que o cidadão não preferisse seus valores particulares ao bem comum. Se ele assim o fez, então, sacrificou sua virtude cívica, mas, como já vimos, era um dilema da virtude cívica que só poderia ser praticada entre cidadãos e, consequentemente, ela poderia certamente ser perdida em razão do descumprimento por parte de um outro indivíduo, assim como por parte de si mesmo. As leis e outros imperativos que ordenam as virtudes da cidadania poderiam ser reforçados tão rigorosamente quanto eles tinham sido em Esparta e, ainda assim, o cidadão poderia não estar seguro para sempre a respeito da autoconservação da virtude de seus companheiros, muito menos dele próprio. Corrupção (como isso veio se chamar) era uma possibilidade sempre presente. Se a virtude dependeu da livre vontade das ações de outros homens na manutenção das leis procurando governar aquelas ações e na continuação das circunstâncias externas que tornam aquelas leis possíveis, na realidade, isto dependeu de uma miríade de variáveis – com a polis vista como uma miríade de particularidades, como também vista como um único universal. O nome da força que comandava as variações dos particulares era fortuna". In: *Ibidem*. p. 75-76.

determinada. Observar as soberanias na história, portanto, é entendê-las segundo uma forma particular e efêmera, instituídas em um local específico, no qual habita um povo com características também particulares. Se a demonstração da soberania como princípio pressupõe apenas a instituição de uma ordem, um fundamento, por outro lado, a sua apresentação no tempo tem como pré-condição que a concebamos dentro de dois limites insubstituíveis: o nascimento e a morte, senão da república, de uma das formas nas quais a soberania se constitui.[94]

Mesmo que em grande parte da análise da relação entre a instabilidade, o tempo e o poder político notemos as influências de Políbio e de outros clássicos, é preciso apontar que Bodin guarda certa distância em relação a alguns aspectos dessas mesmas perspectivas. Por exemplo, ele não se vale da noção de fortuna[95], talvez por esta lhe parecer pouco precisa. Ele também reconhece e explica as razões das variações e das transformações das soberanias, mas desconsidera a idéia de que as dissoluções das soberanias percor-

---

[94] "Para os leitores da renascença, o ponto foi que cada virtude simples deveria degenerar, precisamente porque era simples e particular. O problema do particular era sua finitude, sua mortalidade, sua instabilidade no tempo. E o que fora a virtude (ela própria universal) foi incorporado em uma forma particular de governo, como parte desta instabilidade geral. Além disso, a mortalidade no tempo de um sistema humano de justiça não foi simplesmente uma matéria da *physis*, a vida natural e a morte das coisas vivas. Isto foi o fracasso moral, a repetição da queda e, ao mesmo tempo, o triunfo do poder da Fortuna. Quando os homens viram se erguer os sistemas morais em formas finitas e históricas, eles tinham colocado sua virtude à mercê da Fortuna. A roda que elevou os reis e os atirou para baixo era o emblema da vaidade das ambições humanas; a roda que elevou e levou à ruína repúblicas era um emblema da vaidade na perseguição da justiça. E o cidadão que tinha se comprometido com a prática ativa do *vivere civile* deve pagar um preço alto por retirar-se da fé e da comtemplação boetiana, uma atividade não menos pesada pelo fato que deveria ser frequentemente paga". *Ibidem*. p. 78.

[95] *Ibidem*. p. 79.

ram uma trajetória circular. Reconhece o que parece ser inevitável, que a dissolução de cada forma implica o nascimento de outra, mas esse movimento de transformação ocorre a partir da demanda por justiça pelos cidadãos. As soberanias se alteram sem percorrer uma trajetória rígida, mas terminam todas se transformando em monarquias: tem-se portanto uma relativa rigidez. Também a historiografia grega como um todo – Tucídides, em primeiro lugar, à exceção de Xenofonte –, contribui para que entendamos essa idéia de que o percurso de dissolução das soberanias responde à necessidade de instituição da justiça. Tais historiadores entendem que "o mundo sustenta sua organização a partir da justiça e o tempo não é outra coisa que um processo de justiça".[96] Bodin teria compreendido com os historiadores que a solução para os conflitos nas repúblicas virá da observação da trajetória dos povos e das instituições no tempo.[97] É nesse sentido que a noção de justiça

---

[96] Poderíamos citar também: Heródoto, Tucídides, Políbio, Dionísio de Helicarnasso e Deodoro da Sicília. Cf. Marie-Dominique COUZINET. *Histoire et méthode à la renaissance – une lecture de la* Methodus *de Jean Bodin*. p. 136.

[97] "Eles [historiadores] representam a justiça como um princípio de ordem que repousa sobre a retribuição (*tísin tínein*), o *suum cuique tribuere* dos latinos, pelo qual Bodin definiu também a justiça. O tempo histórico nasce dos desequilíbrios infligidos à ordem da justiça pelos conflitos. Quer se trate da história após sua origem ou de um período dado, da história de um só povo e de muitos, a totalidade à qual eles se referem não depende da extensão do período tratado. Ela faz referência a uma visão jurídica do tempo histórico que se manifesta sob os traços paradoxais da Fortuna na obra de Políbio, mas que, na obra de um autor influenciado pelo estoicismo como Diodoro da Sicília, toma os traços da providência (*prónoia*). Os autores diferem segundo a capacidade que eles concedem ao tempo histórico de resolver os conflitos e de restabelecer um equilíbrio jurídico, mas todos organizam seus relatos em função desta representação do tempo fechado pelo horizonte da justiça. Com outras palavras, eles fazem do tempo um todo e se colocam do ponto de vista deste todo. Mais exatamente, eles se colocam do ponto de vista do tempo completo". In: *Ibidem*. p. 136.

remete à idéia de ordem, muito mais do que à idéia de prudência, embora essa noção seja também importante para a análise de Bodin, se consideramos que o procedimento metódico é uma investigação prudencial, pois é cuidadosa, meticulosa, criteriosa, que possibilita a melhor seleção das experiências do passado.

Também, em termos gerais, se pode afirmar que o sentido da justiça neste momento do *Methodus* é quase exclusivamente político e raramente se refere à moral. E, como avalia Catherine Darbo-Peschanski, o conceito de justiça (*Diké*, *dike*: divinizada ou não; *dikaion*: justo) dos antigos, principalmente em Tucídides, responde exatamente à necessidade de introduzir a ordem e a estabilidade onde há desordem e dissoluções. Nesse sentido, os historiadores antigos não se concentram exclusivamente no problema da relação entre os cidadãos e o poder político, mas a justiça compreende a relação dos homens entre si e dos homens com o mundo que os cerca. A justiça sugere a idéia de uma barreira para deter a instabilidade, mas ela supõe a existência do movimento, situação a que pretende colocar um freio, pois:

> ela vem a ser o remédio para a desordem que desestrutura e, cindindo-se em duas, designa sucessivamente a ordem e o reordenamento, o estado de estabilidade e o restabelecimento deste estado. Observamos neste pensamento que há lugar para o movimento, mas não para o tornar-se outro, não para a mudança radical.[98]

---

[98] Catherine DARBO-PESCHANSKI estabelece inclusive a periodização das concepções, as quais traduzem com perfeição o conflito da instabilidade com a ordem e a justiça. Ela afirma: "...do século V ao I a.C., mas poderíamos remontar ao século VIII, os gregos conceberam a justiça ou o justo como uma ordem, nem necessariamente igualitária, nem necessariamente proporcional, mas segundo a qual cada ser, cada coisa, cada entidade tem seu lugar e deve conservá-lo. A justiça é, ao mesmo tempo, ordem e estabilidade. Isto não significa que, da mesma maneira, ela se aparente à imobilidade". In: "Questions de temps: entre historiographie et droit grecs". In: *Annales E. S. C.*, VI, 1992, p. 1.099.

O movimento de todas as coisas responde, na opinião dos historiadores, à necessidade de reorganização. Darbo-Peschanski avalia que o avançar do tempo é um processo de justiça[99] e nesse sentido se pode entender também por que Bodin não a perde do horizonte quando da análise das revoluções das formas da soberania. O freio da justiça à transformação pode ser entendido como negação, resposta ao movimento de destruição, que pretende restabelecer a integridade de algo.[100] Desde Tucídides podemos observar em que sentido a justiça ocupa o centro da narração dos acontecimentos relativos ao poder e da investigação sobre a origem e as razões do desenvolvimento dos mesmos. Na *História da guerra do Peloponeso* o contexto é o inverso de um "estado justo" (*dikaion*). O mundo é observado nesta obra a partir da relação entre as cidades-estados e dos indivíduos entre si. A medida de avaliação do historiador sobre essas diversas relações é a justiça. Tal modelo parece, nesse sentido, muito próximo da perspectiva adotada por Bodin, se considerarmos que a justiça permeia a investigação, segundo a qual as instituições e as repúblicas devem ser julgadas a partir da relação que mantêm entre si e das relações dos indivíduos entre si e com o poder político. Com o estudo do tema em Tucídides, somos tentados a transportar esse modelo integralmente para entender a centralidade da justiça no julgamento das repúblicas. A nosso ver, poderíamos inclusive tentar entender a proposta do *Methodus* e sua proximidade com essa concepção. Se, por um lado, é certo que o anacronismo exige que se levantem suspeitas sobre a aproximação, por outro, é preciso reter que a experiência política do mundo grego resguarda algo de universalidade que se reprodu-

---

[99] *Ibidem*. p. 1.100.

[100] *Ibidem*.

zirá com variação de detalhes nas experiências que lhe são contemporâneas.[101]

É correto entendermos, enfim, que para o historiador grego a presença do justo na cidade ultrapassa os limites da normatização das ações individuais. Ela diz respeito à relação dos governantes com o povo; à autonomia das cidades e sua relação com as demais; à preservação da legalidade e da igualdade nas relações que mantêm entre si, enfim, à manutenção de certa ordem na convivência entre os diferentes. A guerra e, portanto, as revoluções são os eventos que desorganizam esse contexto de relações e, principalmente, destroem os parâmetros de justiça que as estruturam.[102] O problema da justiça e de sua relação com as dimensões privada e pública da vida humana, visto a partir da perspectiva mais ampla, se torna mais claro no texto bodiniano, quando nos concentramos,

---

[101] "O mundo grego, dado que é de modo amplo que se trata, é visto sob dois ângulos: o da política interior de tal ou tal cidade (Atenas na sua maior parte, mas não exclusivamente); o das relações entre as cidades (marginalmente entre as cidades e outras entidades políticas); e em cada um desses domínios, interior e exterior, a ordem mantém, a cada vez, a articulação de duas formas do justo. Nas cidades, ele resulta do respeito às leis positivas aliado à justiça pessoal dos dirigentes (senso de valores, de mérito, de incorruptibilidade, de resistência à desmesura)".Cf. : *Ibidem*. p. 1.100.

[102] Como analisa DARBO-PESCHANSKI: "Para Tucídides, com efeito, a aplicação estrita de normas votadas não basta para assegurar a justa gestão da cidade. Ela deve ser temperada pelo uso que apenas sabem fazer as leis dos conselheiros políticos íntegros e clarividentes, porque estão livres de toda propensão às explosões passionais. Exteriormente, o justo consiste, primeiro, em respeitar a autonomia de cada cidade, em preservar sua legalidade, sua ordem, enfim, seu justo particular: uma primeira forma que se encontra ela mesma envolta pela esfera de um justo mais amplo, aquele que recobre os 'valores tradicionais dos gregos' (*taton hellehon; ta patria*), os quais determinam todos os demais. Tal é o fundo sobre o qual Tucídides desenha a guerra, como o que destrói ou coloca em oposição estas formas complentares do justo". In: *Op. cit*. p. 1.100.

indicamos acima, na obra de Políbio. De acordo com esse historiador, o tempo pode ser entendido como a manifestação concreta da luta pela justiça, luta que compreende desde as demandas individuais dos cidadãos até os conflitos entre cidades e repúblicas.[103] Em passagem citada acima, ele conclui que devido a muitos constrangimentos sofridos "...surge em todos uma noção de sentido do dever, o que é o começo e o fim da justiça".[104]

Também, os historiadores do passado não cessaram de se interrogar sobre a arte de governar, sobre ordem das cidades e a relação dos homens com o justo e a justiça, motivo por que Bodin não poderia deixar de investigar suas obras. Se a ordem e a estabilidade foram os parâmetros da avaliação dos historiadores antigos sobre as cidades e as instituições políticas[105], então, o francês apro-

---

[103] "Para Políbio, ..., o tempo é às vezes construído por e no relato dos conflitos da justiça, ele é sobretudo vetorializado, tomado em seu conjunto, e, de uma certa maneira, fechado pela justiça; a conquista romana responde, com efeito, ao desejo da Fortuna, que é também *dike*, de unificar quase todo o mundo habitado sob uma dominação apenas. Todos os eventos se ordenam então em vista de um fim (*télos*) que marcará a instauração de uma ordem global". In: *Ibidem*. p. 1.101.

[104] Cf. POLÍBIO. *The Histories*. Trad. W. R. PATON. London: Loeb Classical Library: 2003. V. III. L. 6. p. 281.

[105] "Os historiadores (Tucídides, Xenofonte, Políbio, Diodoro de Sicília e Dionísio de Helicarnasso) me parecem partilhar uma mesma concepção fundamental da ordem do mundo. Para eles, há ordem se há estabilidade, e tudo o que se aparenta à solidez (*tò bébaion*), à segurança (*hè aspháleia*) ou à perenidade se acha, por isso mesmo, valorizado. Pensemos, por exemplo, no interesse que Heródoto tem pelos egípcios, porque conservaram sempre os mesmos usos e estão lá imutáveis, desde que os homens são homens. Para Tucídides, é o hábito que faz das palavras o veículo dos valores que é preciso respeitar. Daí provém o caráter escandaloso da guerra civil na qual os cidadãos, repartidos em dois campos encarniçados em perder-se, esforçam-se, por um uso perverso da linguagem, em 'trocar as avaliações usuais dadas pelas palavras aos atos', em transformar o positivo em negativo e vice-versa. Xenofonte,

xima-se deles porque estabelece a justiça como medida de seu julgamento. Por outro lado, ele se distancia dessa tradição, pelo fato de os historiadores nutrirem forte desconfiança em relação à mudança.[106] Bodin a considera inerente à natureza e ao curso das repúblicas no tempo. Por se concentrar na história humana, as noções de eternidade do tempo e da natureza cedem lugar à idéia de que todas as coisas têm um começo e um fim. Darbo-Peschanski destaca um elemento decisivo que nos permite entender as razões que afastam o pensador francês de uma tradição de historiadores. Os gregos mantinham uma atitude paradoxal em relação ao tempo, que envolve a mudança, porém comporta a regularidade e a uniformidade.

---

    por seu lado, vê na estabiliade (*aspháleia*), ou na segurança, concebida como salvaguarda (*sotería*), o fim para o qual tendem todos os governantes e todos os impérios, assim como a prova suprema de seu valor. Encontrar-se-á ainda, subjacente à análise que Políbio faz da Constituição romana como mescla harmoniosa e equilibrada de vários regimes, a idéia de que ela tira sua força de seu caráter admirável. A estabilidade que constitui a ordem do mundo chama-se também justiça ou justo (*Diké, díke, díkaion*). Mas não se trata absolutamente, no caso, de uma partilha estritamente igualitária ou proporcional dos bens, dos poderes e das condições. É antes um estado de equilíbrio no qual cada um e cada coisa ocupam um lugar determinado: o justo, a justiça consistem em manter esse lugar, qualquer que seja". Cf. C. DARBO-PESCHANSKI. "Humanidade e justiça na historiografia grega (V-I a.C.)". In: *Ética*. São Paulo: Companhia das Letras, 1992. p. 37-38.

[106] "Compreende-se, a partir daí, que os historiadores manifestem uma unânime desconfiança, ou mesmo reprovação, em relação ao que muda, ao que se transforma, ao que evolui, todas as coisas que, para eles, se apresentam fundamentalmente como injustiça. Assim, a guerra, que Tucídides qualifica de senhor violento, traz igualmente em seu texto o nome de *kínésis*: muito apropriadamente, 'movimento' (Guerra do Peloponeso, III, 2)". In: *Ibidem*. p. 38.

Eles parecem aceitar, realmente, apenas o tempo biológico, o das gerações humanas que sucedem no ritmo dos nascimentos e das mortes, o tempo astronômico marcado pelo curso das estações e calculado pelos calendários lunares e solares, ou o tempo oficial, político-religioso, ritmado pela sucessão dos arcontes, das sacerdotisas ou dos cônsules, segundo os casos.[107]

E o que dizer sobre a diferença do tempo histórico e do tempo biológico? Aquele é o da mudança, da ruptura, da destruição. O tempo biológico é o da regularidade, o da normalidade; o histórico é o da inconstância, da transformação, da revolução. Por isso tais historiadores gregos "encaram os acontecimentos e as mudanças que localizam apenas como a ruptura de um justo equilíbrio ou como a progressão para esse estado". Concluem em vista dessa discrepância que o "tempo histórico tem, pois, ligação com a injustiça, seja porque faça sair da estabilidade do justo, seja porque prove, por seu próprio movimento, que ainda não atingimos tal estabilidade e que o mundo está abalado por injustiça".[108] Não só o historiador é aqui um normatizador que pensa a história segundo as regras que escolhe e entende ser as melhores ao seu intento, como ele tem a ordem, a regra, como critério de avaliação da relação entre o tempo, os acontecimentos e a justiça. Em última instância, ele é um conservador, pois, "...se coloca sempre em posição de resistência crítica diante dela [história], em nome e do ponto de vista da justiça-ordem do mundo".[109]

Bodin ensina com a análise das formas da soberania que suas trajetórias correspondem à capacidade de realização da justiça entre os cidadãos. A seguir, ao mirar os fundamentos das experiências republicanas de Florença e Veneza, o pensador tem em mãos

---

[107] *Ibidem.* p. 38.

[108] *Ibidem.* p. 38.

[109] *Ibidem.* p. 38.

os elementos para avaliar e julgar a relação destes modelos de poderes políticos com a justiça e as transformações. Ele mostrará como as instituições e a experiência republicana na Itália do Renascimento promoveu a instabilidade e o enfraquecimento das soberanias: o fortalecimento da liberdade implicou na realização de tipos variados de injustiça.

PARTE III

Soberania e a crítica à liberdade

O julgamento das repúblicas não leva à condenação de nenhuma das formas da soberania. Bodin apenas condena de forma explícita a ordem política degradada em seus fundamentos, que conduz à tirania. Ficam claras no texto as restrições à democracia a partir dos exemplos de dissolução – Atenas e Roma. Primeiro o pensador constata historicamente a inconsistência dessas repúblicas e observa as falhas quanto à realização da justiça. Mas, por que se conclui da inapetência da democracia para efetivar a justiça se a comparamos com a aristocracia e com a monarquia?

O principal está no fundamento dessas formas da soberania, o que podemos constatar a partir dos exemplos históricos, tal como o método exige. Bodin vai criticar as bases da teoria republicana de Maquiavel e busca demonstrar que Florença é o exemplo, por excelência, de república instável e fadada a inúmeras revoluções. Contra os princípios da teoria maquiaveliana, Bodin acusa que pior do que o governo tirânico de um é a tirania de muitos. Se nos lembrarmos de que as razões das revoluções se explicam pela insatisfação dos indivíduos com os que ocupam o poder supremo, saberemos por que Florença vivera tantas rupturas, justamente enquanto experimentou realizar os fundamentos republicanos.

A crítica elaborada por Bodin ao pensamento de Maquiavel e ao exemplo histórico florentino é uma disputa entre posições antagônicas acerca dos fundamentos do poder político nos limites da *scientia politica*. De modo geral, o extenso debate que marcou a recepção ao pensamento maquiaveliano na França no século XVI aponta alguns dos temas enfrentados pela crítica bodiniana. O detalhe que se vê no *Methodus* é que o pensador francês se volta contra o florentino munido de argumentos teóricos calcados em princípios discutidos ao longo do texto, entre eles, soberania e justiça. Além desses, assume o centro da discussão o tema da liberdade: o que põe Florença e Veneza em destaque entre outras tantas experiências políticas na península itálica e além dela. Também, os opositores ao pensamento de Maquiavel na França baseiam-se em juízos, segundo os quais Maquiavel é o incitador da discórdia, das revoltas do povo contra os reis e, principalmente, contra a religião.

Na introdução à tradução d'*A Política* de Aristóteles, Le Roy cita o florentino a partir de um insuspeito elogio, segundo o qual ele seria o autor de uma "arte da política". Tal declaração consistia no reconhecimento de que o filósofo grego tinha traçado os princípios de um poder a cargo do povo, em vez do rei. A fim de não receber a condenação por ter elogiado um autor proscrito, o tradutor aconselha que ele deveria ser lido com grande discrição por se tratar de alguém "sem consciência e sem religião, observando somente o poder e a glória mundana".[1] Causa surpresa que a crítica a Maquiavel recaia sobre justamente a distância de sua obra em relação à religião e até mesmo sobre os aspectos contestatórios desta, que ela talvez contivesse.

O exemplo da república de Veneza causa certo constrangimento à crítica bodiniana.[2] Em outros momentos do texto ele tecera elogios a essa experiência de poder político aristocrático.

---

[1] Citado por Salvo MASTELLONE. "Bodin e la 'science politique'". In: *Revista di Storia delle Politiche e Sociali - La République di* Jean Bodin – Atti del Convegno di Perugia, n.1, 1981, p. 51.

[2] É preciso nos lembrarmos de que "entre as cidades que desejam conservar sua independência, duas são da máxima importância para a história da humanidade: Florença, a cidade de contínuas mudanças, que transmite as notícias de todos os desejos e aspirações dos cidadãos e dos indivíduos que

Afirmou até que era um exemplo de república segura se comparada a Atenas e Roma. Não só essa república passou por poucas revoluções, como manteve o governo nas mãos dos melhores cidadãos, que ainda resguardavam o poder supremo à mão de um comandante que era o melhor entre os melhores: o doge. Bodin conclui que a liberdade desfrutada pelos cidadãos venezianos colocava a cidade em franca desvantagem em relação a Esparta. Esse fator alimentava a lassidão moral entre os cidadãos. Isso tornou a república frágil perante os inimigos. No entender de Bodin, o fato de os cidadãos se preocuparem mais com suas vontades do que com a defesa das fronteiras da cidade e de não temerem invasores e nem se prepararem para a guerra mostra quão maléfico é o ensinamento da liberdade para a sobrevivência das repúblicas.

O julgamento dos dois exemplos italianos segue à risca os critérios metódicos previstos no início do *Methodus*. O estudo comparativo das causas da instabilidade e da fragilidade, a análise do funcionamento das instituições, a busca de razões que expliquem as transformações políticas no plano dos princípios da *civilis disciplina* e o confronto destes com os exemplos históricos são a marca da crítica bodiniana aos fundamentos das soberanias de Florença e Veneza.

Encerrado o julgamento, Bodin vai apresentar a república excelente. Esse é o último dado para mostrar que é possível conciliar o método de investigação e as ferramentas do conhecimento rigoroso com o conhecimento dos princípios da política e da realidade histórica das repúblicas. O pensador vai recorrer à matemática. Sua intenção não é provar que o mundo e o cosmos são regidos pela ordem dos números, tal como afirmaram os pitagóricos, mas nos fazer entender que os números podem refletir a ordem do mundo. Nesse sentido, a matemática será utilizada como ferramenta para se compreender tanto a estrutura das repúblicas como o funcionamento das instituições; e também para compreender a relação entre os súditos com o poder e as revoluções. Ela nos ajuda antever os percalços que o futuro resguarda àqueles que detêm o poder político.

Com o uso da matemática, Bodin demonstrará a idéia de justiça harmônica. Em paralelo com a música, o pensador mostra que a idéia de harmonia é a única capaz de estabelecer a igualdade na dominação, pois, segundo ela prevê, tanto aqueles que detêm a soberania, quanto os súditos, devem respeitar-se mutuamente. O recurso à matemática funciona como a prova de que o método, confere rigor científico ao conhecimento. Ele pretende dizer que a prova de que a soberania monárquica é verdadeira se fundamentada em critérios mais seguros do que o interesse particular do monarca e a tradição das instituições.

---

por três séculos tomaram parte nessas mudanças, e Veneza, a cidade da calma aparente e do silêncio político". In: Giovane SILVANO. *'Vivere civile' e 'governo misto' a Firenze nel primo cinquecento*. Bologna: Patron Editore, 1985. p. 11-12.

Capítulo VII

Maquiavel tirânico e a decadência de Florença

1. Recepção francesa da obra de Maquiavel

A obra de Maquiavel ocupou o centro do debate político francês na segunda metade do século XVI, tanto no círculo dos intelectuais, quanto no meio religioso e governamental. Em geral o que se observa é que de todos os meios brotam as mais diversas oposições à perspectiva maquiaveliana. Desde a publicação da primeira tradução dos *Discorsi*[3], observam-se reações pouco receptivas à sua obra. Mas é com a tradução d'*O Príncipe*, que o pensador florentino adquire má fama fora da península itálica, ultrapassando em muito as fronteiras do turbulento contexto político francês.[4] Se sua obra atrai para si adjetivos pouco enaltecedores, o pen-

---

[3] Tradução publicada em 1544 e republicada na versão completa em 1548. Cf.: *Le premier livre des Discours de l' estat de paix et de guerre de Messire* NICOLAS MACHIAVELLI, Secretaire et Citoien Florentin *sur la premier decade de Tite Live*, Traduict d'italien en françois, 1544, de l'impr. de Denys JANOT. Em 1553 aparece a primeira tradução d'*O Príncipe*, feita por Guillaume CAPPEL, que exalta o florentino considerando-o quase um benfeitor da humanidade. In: Anna Maria BATTISTA. "La penetrazione del Machiavelli in Francia". In: *Politica e morale nella Francia dell'età moderna*. Genova: Name, 1998. p. 31; 35.

[4] A má fama da obra maquiaveliana tem seu início com a tradução d'*O Príncipe*, de Gaspard d'AUVERGNE em 1553, que define a obra como um manual da razão de estado. Importante para a leitura dos detentores do poder político,

sador florentino foi objeto de admiração em vários círculos: "Maquiavel entra na França, assim, com a etiqueta insólita, se não de subversivo, pelo menos de desmoralizador, de prudente fustigador dos príncipes corruptos".[5]

Vários mitos cercam as explicações sobre o surgimento dos juízos negativos acerca da obra maquiaveliana. O mais conhecido é o de que a rainha Catarina de Médici, nascida em Florença, era admiradora do pensamento de Maquiavel.[6] Acreditava-se que a

---

pois "Desta forma, encontrarás que o natural autor desse livro não trata de outro propósito que *adquirir e resguardar o seu*. No que *ele constitui inteiramente a finalidade do Príncipe que ele nos quer propor e defender*". In: Anna Maria BATTISTA. *Op. cit.* p. 38. Encontram-se na interpretação auvergniana todos os termos que aproximam o texto de Maquiavel da teoria da razão de estado. BATTISTA considera que "Gaspard D'Auvergne admite tristemente a inevitabilidade do mal, do compromisso e da violência na ação política. O príncipe, obrigado a combater os vizinhos ambiciosos e potentes, a reprimir a celeridade dos seus próprios súditos, circundado pela inveja, rancor e a infidelidade, deverá prescindir por seu turno das normas da consciência se quiser manter o cetro". *Op. cit.* p. 39.

[5] Como afirma Anna Maria BATTISTA. In: "La penetrazione del Machiavelli in Francia". In: *Politica e morale nella Francia dell'età moderna*. Genova: Name, 1998. p. 32. Sobre a influência e as resistências do pensamento de MAQUIAVEL na França não se pode deixar de mencionar o texto de Frederico CHABOD, *Escritos sobre Machiavelo*. Ciudad del Mexico: Fondo de Cultura Economica, 1984. Considero também como fundamental o texto de Giuliano PROCACCI, *Studi sulla fortuna di Machiavelli*. Roma: Intituto Storico Italiano per l'Età Moderna e Contemporanea, 1965.

[6] Filha de Lourenço de MÉDICI, a quem MAQUIAVEL dedicara *O Príncipe*, Catarina de fato governou a França ao longo da maior parte da década dos 1560, embora o trono fosse ocupado por seu filho Carlos IX. Em momentos de crise aguda, a rainha contou com a contribuição do chanceler Michel de L'HÔPITAL (1507-1573), que assume o cargo em 1560. A posição da coroa em relação aos acontecimentos político-religiosos é expressa por L'HOPITAL em "seu discurso de abertura dos estados gerais, em dezembro de 1560, o qual gira em torno do clamor: 'uma fé, uma lei, um rei'. Durante toda a

rainha fosse leitora fiel das obras maquiavelianas, apesar de nenhum dos títulos do pensador constar do catálogo dos livros da família real.[7] A década de 1560 na França foi marcada pelo acirramento das disputas entre católicos e protestantes, causa de várias guerras e mortes em ambos os lados. Assim, a mítica admiração que a rainha nutria pelas obras maquiavelianas suscitou o juízo negativo sobre as supostas inspirações teóricas de Sua Alteza Real. Entre os protestantes se acreditava que as atitudes cruéis e sanguinárias da corte estavam diretamente associadas aos conselhos tirânicos de Maquiavel. O livro de Gentillet[8] destaca-se entre os textos dos protestantes que se manifestaram abertamente contra a obra do florentino.

Antes dessa época, um fato contribuira decisivamente para que a má impressão sobre as obras de Maquiavel se alastrasse por toda a França, Europa católica e pelos países protestantes. Seus textos foram incritos no *Index* das obras proibidas pela Igreja Católica. Em 1564, no concílio de Trento, a sanção estende-se para o veto irrestrito à leitura de quaisquer textos do pensador.[9] A princi-

---

década dos sessenta a tensão entre os religiosos huguenotes e os católicos se acirraram ao ponto de o rei Carlos IX ordenar o massacre dos protestantes da noite de São Bartolomeu, em 24 de agosto de 1572. Cf. Quentin SKINNER. *As fundações do pensamento político moderno.* p. 54.

[7] Anna Maria BATTISTA. *Op. cit.* p. 28.

[8] Cf. Innocent GENTILLET. *Discours sur les moyens de bien gouverner et maintenir en bonne paix un Royaume ou autre Principauté contre Nicolas Machiavel Florentin,* 1576.

[9] "O *Index,* em 1559, indicou tais obras como perigosas e não havia vetado a leitura aos católicos, sanção esta que a Comissão revisora, criada no Concílio de Trento, tinha confirmado em 1564, inserindo todas as obras de Maquiavel no *Index* dos livros proibidos. A condenação da Igreja romana trouxe sérias consequências para a popularidade e a difusão de Maquiavel, não apenas nos países católicos mas também nos protestantes". In: Anna Maria BATTISTA. *Op. cit.* p. 41. Na Espanha, por exemplo, o escritos foram banidos pela inquisição e na Inglaterra os mesmos eram proscritos e

pal restrição a Maquiavel na França certamente não se deu por influência exclusiva das proibições impostas pela Igreja romana. O problema central é que o texto maquiaveliano encontra-se no centro de uma batalha religiosa, entre protestantes e católicos, disputa de caráter fundamentalmente ideológico e político. Assim, no contexto francês, as questões de fundo nacionalista se cruzam com as da religião e com aquelas eminentemente relacionadas ao comando do poder, e a repulsa ao pensamento de Maquiavel acaba servindo aos interesses dos grupos em conflito, como instrumento de acusação mútua.

Os huguenotes[10] – protestantes franceses – observavam a família real como representantes na França de um tipo de atuação política particular dos italianos.[11] Para se referir não apenas aos

---

circulavam em manuscritos. Porém, na França, país fundamentalmente católico, tal não se deu. Afirma BATTISTA que "os tradutores e apresentadores das obras parecem ignorar a condenação, não tentando justificar sua aceitação das máximas incriminadas, recorrendo àquelas fórmulas caras aos tratadistas posteriores. Seguros de poder provocar impunemente a cólera de Roma, sob a proteção de uma rainha católica, esses evitam o espinhoso problema que havia gerado a perplexidade de D'Auvergne e que mais tarde será a idéia fixa não resolvida de tantos estudiosos, aceitando Maquiavel em bloco, com tranquila e cortesã despreocupação". In: *Op. cit.* p. 42.

[10] Entre os quais, destacou-se Inocent GENTILLET. Cf. *Discours sur les moyens de bien gouverner et maintenir en bonne paix un Royaume ou autre Principauté contre Nicolas Machiavel Florentin.* Ed.: C. E. RATHÉ. Genève: Droz, 1968.

[11] "O papel político predominante assumido pela regente florentina Catarina de Médici e sua corte, o maciço condicionamento no campo financeiro exercido pelos banqueiros italianos, determinam junto a vastos estratos sociais a desconfiança e as suspeitas que envolvem também Maquiavel, mantido, a torto e a direito, como o inspirador da assim chamada 'política italiana' fundada sobre a astúcia, a violência e o abuso tirânico do poder. E quando da matança de São Bartolomeu, parecerá abrir-se a confirmação para tal difuso convencimento. Maquiavel ver-se-á violentamente incriminado por

governantes de então, mas a todo o seu séquito, esses religiosos cunharam a expressão *maquiavelista/maquiavélico*.[12] A associação dos escritos do florentino ao massacre da noite de São Bartolomeu desencadeou a reação huguenote contra a obra de Maquiavel, que passou a ser considerado o verdadeiro inspirador das decisões da coroa, e de todas as práticas políticas de cunho tirânico que ocorreram desde o início das guerras de religião.[13] A crítica de Gentillet sustenta que o florentino não entendeu a importância da "ciência

---

numerosos polemistas huguenotes, como Gentillet, o autor de *Vindiciae*, os quais contribuíram para difundir com seus escritos uma configuração unívoca e tendenciosa da temática do florentino". In: Anna Maria BATTISTA. "Per una storia di Machiavelli in Francia". In: *Politica e morale nella Francia dell'età moderna*. Genova: Name, 1998. p. 113-14.

[12] "[como maquiavelistas] foram definidos, pelos escritores huguenotes aqueles cortesãos italianos, especificamente os florentinos, que tinham assumido na época da Regência um papel de relevo na política francesa [...] Mas não apenas os italianos foram designados com estes termos infames, mas todos aqueles que viveram na órbita de Catarina de Médici e Carlos IX, os ministros da Coroa, os grandes dignatários da Corte, instrumentos, pois, de uma política da qual se proclamava a origem maquiaveliana". In: Idem. "Sull'antimachiavellismo francese del sec. XVI". In: *Politica e morale nella Francia dell'età moderna*. Genova: Name, 1998. p. 78.

[13] Na reação desses protestantes, "por razões políticas, propõem atenção pública ao 'problema Maquiavel' e acrescentam à censura um autor imputado de defender uma teoria de governo alienada de todo escrúpulo moral, voltada à instauração da mais completa tirania. Partindo dessa constatação de fato, não foi difícil considerar o antimaquiavelismo huguenote, como o estímulo às sucessivas reações dos católicos italianos e espanhóis, que não podiam deixar aos protestantes a iniciativa da polêmica contra um autor condenado por Roma a escritor reformado". In: Ibidem. p. 75. Conferir também a completa análise do problema feita por Quentin SKINNER. *Op. cit.* p. 578-9.

política". Tal ignorância se reflete nas posições abertamente tirânicas que o pensador assumiu em seus textos.[14]

Outro grupo envolvido na disputa política francesa era o dos *politiques*, com o qual Bodin se identificava. Eles não se opunham abertamente às teorias maquiavelianas, mas aos conflitos religiosos. Antes de 1572, esses militantes políticos, por assim dizer, eram reconhecidos por seus inimigos como o partido dos que desejavam a facilidade do desfrute da paz antes do cumprimento do dever a Deus; e a quietude antes de defender a religião católica.[15] Eles acreditavam que a continuação das guerras de religião era inadmissível. Depois do massacre aos protestantes, os *politiques* passaram a ser identificados e definidos como o grupo dos católicos que defendiam a tolerância dos heréticos, por parte do estado e em nome da unidade nacional.[16] O princípio conciliador do argumento dos *politiques* contra as posições radicais residia em um tipo de ceticismo. Eles não colocavam em dúvida a validade dos

---

[14] "No seu *Discours sur le moyens de bien gouverner*, escrito contra NICOLAS MACHIAVEL Florentino e publicado em 1576, Innocent Gentillet afirma que a arte política maquiavélica se opõe à 'ciência política', a qual, como as outas ciências (filosofia natural, medicina e jurisprudência) procede dos efeitos às causas, dos particulares aos gerais. O intento dos *Discours*, esclarece Gentillet no 'Prefácio', é mostrar que Maquiavel 'nada ou pouco entendeu desta ciência política da qual falamos'. Em outros termos, 'Maquiavel foi completamente ignorante nesta ciência' porque seus ensinamentos apontam para a tirania, lá onde um governo político deve ser um 'governo civil'. É preciso dizer que o raciocínio do jurista e escritor político francês é muito ambígüo porque polemiza, mais do que contra Maquiavel, contra os 'maquiavelistas italianos' da corte de Henrique III, os quais não compreendem 'os termos da justiça e da ordenança reais'". In: Salvo MASTELLONE. *Op. cit.* p. 52.

[15] J. W. ALLEN. *A History of Political thought in the sixteenth century*. Londres: Methuen & Co., 1954. p. 370.

[16] J. W. ALLEN. *Op. cit.* p. 370.

fundamentos e elementos essenciais da fé cristã, mas, surpreendentemente, comenta J. W. Allen, tal partido defendia "o ceticismo quanto à exclusividade da posse da verdade e da salvação".[17] Para se conseguir a unidade do povo e acabar com as atrocidades cometidas por católicos e protestantes, os *politiques* aceitavam até mesmo questionar a soberania absoluta do rei, justificando a legitimidade da rebelião contra o soberano.[18]

Entre os radicais em conflito nenhuma posição poderia se aproximar, por extrema que fosse, daquela do partido dos católicos intransigentes. A Liga Católica[19] acusava de heréticos os que defendiam a tolerância, assim como seria herética a família real, que depois de 1572 tendia a amainar sua posição contra os protestantes, os "grandes heréticos" para a Liga. Uma prova desta posição neutra da realeza foi a permissão para que a família protestante de

---

[17] *Ibidem.* p. 372.

[18] *Ibidem.* p. 376. Vários trabalhos procuram mostrar como homens religiosos se envolvem com este efervescente contexto político. Um deles é o famoso *Reveille-Matin*, atribuído a Nicolas Barnaud. No texto, o principal interlocutor recebe o nome de *politique*, o qual é acompanhado por 'Aleteia' e 'Filaleteia' (a verdade e sua amiga) e também por um historiógrafo. Ele "simula o contexto das guerras religiosas culminando no massacre de São Bartolomeu. O resultado foi que o *politique* fora convertido tanto na 'luz do evangelho', quanto ao partido protestante". Outro texto que enfatizou o mesmo tema foi o *Miroir de la France*, no qual os bons cidadãos (*les bons politiques*) são os reformadores (*nouveaux reformateurs*). Assim, observa-se que a noção de *politique* adquire entre alguns grupos de cidadãos uma conotação francamente positiva depois que a tensão entre os envolvidos na guerra de religião torna-se mais amena. In: Donald R. KELLEY. *The Beginniging of ideology – conciousness and society in the French reformation.* p. 204.

[19] "a imagem fantasiosa de um Maquiavel mestre da tirania, inspirador de toda perfídia e todo vício, cunhada pelos huguenotes, vem recolhida, divulgada e exacerbada por um movimento que conhecera bem a arte da hispérbole e do paradoxo: a *Liga*". In: Anna Maria BATTISTA. *Op. cit.* p. 114.

Navarra fizesse parte do núcleo real francês.[20] As reações dos *ligueurs* – representantes da liga – contra esse evento foram violentas. Isso constituiu um movimento de opinião contra Maquiavel e contra o que julgavam ser as posições políticas dos italianos.[21] As origens de Catarina de Médici não deixavam dúvidas quanto à escola política na qual a monarca tinha aprendido as artes de governar.[22]

A acusação contra os *politiques* não se limitava ao campo político, estendendo-se ao campo doutrinário católico. Argumentavam os *ligueurs* que era inaceitável que os defensores da tolerância trocassem os valores verdadeiros, professados por Cristo e ensinados por sua Igreja, pelo amoralismo do florentino, o mestre de todos os heréticos.[23] Em resumo, os *politiques* – entre os quais Bodin – eram aqueles homens dispostos a dar mais aos homens do que a Deus. Como acusa um radical *ligueur*,

---

[20] Para os participantes da Liga, os *ligueurs*, o casamento de Margherite de Valois com o protestante Henry de Navarra, em 24 de agosto de 1572, além de inadmissível, fora o estopim para que eles observassem as intenções malévolas dos governantes, descendentes dos italianos, contra as tradições e a história religiosa e política francesa. Analisa BATTISTA: "Passam-se apenas poucos anos e o partido católico intransigente, 'a Liga', apropria-se do nome de Maquiavel para colocar sob acusação a política da coroa, tachada de aplicar os preceitos tirânicos do florentino depois de um outro grave acontecimento sanguinário: a matança dos irmãos de Guisa e as sucessivas aproximações de Henry III do herético rei de Navarra, pretendente da sucessão ao trono da França". In: Anna Maria BATTISTA. *Op. cit.* p. 114.

[21] *Ibidem.* p. 77.

[22] "Os *Ligueurs* "qualificam de maquiavelistas todos aqueles que aprovavam a política conciliadora de Henry III nos confrontos reformados. Os *politiques*, honestos fautores da paz que foram acusados de astúcia e ateísmo [...] e com o termo maquiavelismo os *ligueurs* intencionavam principalmente indicar um homem privado de qualquer crença religiosa sincera, cuja observança é, sobretudo, fruto de cálculo político, subordinada, pois, às exigências de uma maquiavélica 'Razão de Estado'". *Ibidem.* p. 78-79.

Os *politiques*, no firme propósito e com a resolução que tinham tomado de vingar a querela de nosso Deus e de Sua Igreja, fizeram bancarrota da fé cristã para se retirar da direção dessa proposta e abraçar o evangelho de Maquiavel, para finalmente seguir o novo Alcorão, o qual ele terá um grande prazer em lhes ordenar: e eles tornam nossos *politiques* tão renomados hoje".[24]

A característica dos grupos em conflito é afirmar Maquiavel como o inspirador de todos os males. A comparação da obra maquiaveliana a um evangelho equivalente ao Alcorão é sintomática do ódio que movia os católicos contra seus rivais. Note-se que o pensador de Florença figura no mesmo nível que os islâmicos. Na cruzada de condenação, digamos assim, enfrentada por Maquiavel, este fora atacado tanto pelos huguenotes, que o indentificavam como mestre dos atos tirânicos praticados pela família real, quanto pelos *ligueurs*, que observavam na tolerância ao culto reformado por parte dos reis e da população o desvio da verdadeira doutrina religiosa.[25] Na sequência do massacre aos protestantes, tal epíteto tornou-se de uso corrente. Tanto os huguenotes

---

[23] Como comenta KELLEY: "Ao mesmo tempo, emergiu uma visão mais ambivalente e pejorativa da mentalidade *politique*, visão que enfocou a aparente divergência entre a teoria e a prática dos políticos, a moral e, especialmente, os valores religiosos que a sociedade necessitava. Embora essa divergência viesse a ser associada, antes de tudo, às atitudes de Maquiavel (ou pelo menos à sua distorção popular), a síndrome foi primeiro identificada e designada pelo termo '*politique*', em um sentido derrogatório, implicando imoralidade e impiedade. Isto se aplicava, em particular, a qualquer um que parecesse colocar o interesse partidário, ou até mesmo o nacional, acima da religião. Na França, os primeiros alvos foram chamados de *malcontents*, distintos daqueles da 'religião huguenote' por sua ambição política e interesse próprio". In: *Op. cit.* p. 204.

[24] Cf. Pierre des HAYES. *L'Atheisme de Henry de Valois ou est monstré le vray but de ses dissimulations et cruautez*, 1589. In: Anna Maria BATTISTA. *Op. cit.* p. 79.

quanto os católicos abusaram de seu uso em publicações panfletárias. Interessante notar que o termo *politiques* esteve associado ao "suposto amoralismo, ao ateísmo e aos tirânicos conselhos de Maquiavel".[26]

O surpreendente também é ver como os *ligueurs* identificam as posturas políticas e teológicas dos protestantes ao pensamento maquiaveliano. O livro escrito pelo *ligueur* Rose – também atribuído ao católico escocês G. Raynolds, *De iusta Reip. Christianae, in reges impios et haereticos authoritate* – é um tratado teológico contra as teses calvinistas e sustenta que essa doutrina religiosa deriva do pensamento de Maquiavel.[27] Assim como o mestre florentino, o herege Calvino recorreria, em sua ação e seus argumentos, a dois expedientes notórios dos espíritos malévolos: a simulação e o perjúrio.[28] A tênue diferença entre os dois teóricos da heresia está em que o italiano aplica suas teses, sobretudo, aos príncipes, enquanto Calvino faz de suas concepções a norma geral para

---

[25] "Das novas implicações conexas a tal termo não poderiam brotar outras, a não ser graves repercussões. Chamando *machiavelistes* os ateus, os céticos, os incrédulos que ostentavam uma falsa devoção de fins políticos, os *ligueurs* atribuíam a Maquiavel o papel de mentor e enfatizavam um aspecto da problemática maquiaveliana verdadeiramente repulsivo, aquele relativo à utilidade política da religião. Naturalmente é muito improvável que os *ligueurs*, usando tais termos infames, tivessem o substrato teórico de uma mesma afirmação: eles o adotavam automaticamente no escopo da polêmica, atribuindo-lhe o significado mais apto para desacreditar os adversários políticos. A conexão entre a temática de Maquiavel e as suas filiações na política prática será estimada mais tarde por todos os que, abstraindo o dado geral do fenômeno contingente, tinham interesse em opor a uma concepção ardilosa o prestígio do catolicismo". In: Anna Maria BATTISTA. *Op. cit.* p. 80.

[26] Donald R. KELLEY. *Op. cit.* p. 205; p. 331; Cf.: Idem. "Murd'rous Machiavel in France: a post mortem". In: *Political Science Quarterly*. New York: Columbia University, 1970. Vol. LXXXV. p. 546-47.

[27] Anna Maria BATTISTA. *Op. cit.* p. 90.

todos os seus seguidores.²⁹ O ataque mira na verdade a *Institutio Christianae*, que, na visão do radical católico, rompe com o princípio de autoridade sobre o qual se ergue a doutrina da Igreja Católica. Para Calvino, a ligação entre o homem e Deus é indissolúvel e está acima de quaisquer outros que queiram se colocar entre eles como intermediários, sejam a igreja, o Papa, os santos ou as suas imagens. A posição de Calvino afirma que os homens devem obediência irrestrita apenas a Deus e jamais a outros homens, que se apresentam como mediadores da relação com o Altíssimo.³⁰

Tanto a oposição dos huguenotes ao pensamento de Maquiavel quanto o fato de os *ligueurs* afirmarem que o florentino seria a inspiração dos protestantes corresponde a uma mesma reação a partir de ângulos distintos, contra o que todos chamam de política italiana. No contexto político-religioso francês, que recebe as teorias do florentino, as disputas ultrapassam os limites da discussão doutrinária e político-ideológicas do presente, envolvendo também a discussão sobre o nacionalismo e as tradições culturais francesas. A polêmica contra o florentino era

> a expressão de uma reação mais vasta e mais profunda que tinha a intenção de se opor à assim chamada 'política à italiana' em favor da

---

[28] *Ibidem*. p. 90.

[29] *Ibidem*. p. 90.

[30] A perspectiva do protestante "se refere a um caso de consciência bem preciso: o escrúpulo de todo aquele que, pertencendo a uma ordem religiosa, sente-se ainda ligado aos votos [religiosos]. Calvino, por razões óbvias da polêmica religiosa, nega a indissolubilidade desse vínculo e conclui: 'At ego nullum fuisse vinculum dico, ubi quod homo confirmat, Deus abrogat' ["Portanto eu afirmo que não existiu qualquer vínculo anterior: pois, Deus desobriga aquilo que o homem ordena". Cf. Johanne CALVINO. *Institutio Christianae religionis*. 1561, I, 4, cap. 13. p. 821.]. "Gravíssima por outro lado, esta proposição era o corolário necessário de uma doutrina que tendia a varrer, em todos os setores, a tradicional organização hierárquica da igreja católica". Cf. Anna Maria BATTISTA. *Op. cit.* p. 91.

reivindicação das antigas e gloriosas tradições francesas. [As características dessa expressão anti-italiana, em sentido geral, e antimaquiaveliana, em sentido restrito, eram] nacionalismo, genuíno ataque às garantias constitucionais, desprezo por uma fórmula política que, nas suas aplicações, opunha à grande nobreza francesa alguns aventureiros florentinos. Estes motivos do antimaquiavelismo huguenote, unidos a outros de ordem ética, conferiram a este movimento um caráter notadamente complexo.[31]

Não se pode deixar de mencionar ainda a importância dos juristas franceses para o desenvolvimento das posições teóricas dos grupos em conflito: huguenotes, *politiques* e católicos *ligueurs*. Como vimos, dado o nível de envolvimento com o contexto histórico e a preocupação com as questões que emergiam do cotidiano de conflitos seria correto denominá-los juristas políticos. Do lado católico estão incluídos Le Caron, o qual se encarregou do projeto de dar alguma uniformidade à lei francesa; também *gens du roi* Tierre Pithou e Antoine Loisel. Os mais notáveis entre os protestantes eram François Hotman, "o mais prolífico de todos os propagandistas", que teria seguido Charles Dumoulin ao recuperar a ortodoxia religiosa, quando a guerra civil deu prioridade à "questão política".[32]

Também em outros países da Europa as obras de Maquiavel foram vistas como malévolas. A reprovação não estava envolvida com uma disputa fortemente ideológica, como na França, mas o problema situava-se também entre as esferas da religião e da política. Nos demais países que seguiam a doutrina da igreja romana, a

---

[31] Anna Maria BATTISTA. *Op. cit.* p. 99.

[32] "No século XVI a 'república dos juristas', como a própria Europa, estava fundamentalmente dividida, e como DUMOULIN cuidou de ilustrar, a mentalidade legalista coloca o conflito ideológico no centro. Embora tradicionalmente vistos como campeões da legitimidade e do realismo, os advogados foram brevemente atraídos ao serviço da resistência protestante

má fama da obra maquiaveliana ganhava a companhia dos seguidores de Lutero. Avaliam os defensores da doutrina católica e da ideologia política da igreja que o político italiano e o religioso reformado seriam os dois fundadores do estado ímpio moderno.[33] O problema que incomodava os teóricos como Ribadeneyra era o fato de o florentino ter estabelecido como valor fundamental da ação do príncipe a conservação da ordem política. Para atingir tal fim, o detentor do poder deveria se valer de todos os meios. Para os católicos, era inaceitável uma teoria amoral da ação política que não se amparasse nos desígnios do Evangelho de Cristo.[34]

---

e tiveram rapidamente adaptada sua herança profissional à nova causa. Como o movimento luterano cresceu politicamente durante os últimos anos dos 1520, a atração fora feita aos 'doutores da lei' para que munissem o partido protestante de justificativas, este incluía príncipes e cidades rebeldes, assim como os seguidores confessionais de Lutero. O próprio Lutero reproduziu, conscientemente, circunstâncias da guerra interna para a competência específica dos advogados. Isto aconteceu também com os reformadores franceses na crise constitucional que se deu em 1559. Eles também se voltaram da direção dos teólogos para os 'doutores da lei' (HOTMAN talvez seja o mais proeminete entre eles) para aconselhá-los sobre os assuntos seculares e especificamente a 'questão política'". In: Donald R. KELLEY. *The Beginniging of ideology – conciousness and society in the French reformation*. p. 210.

[33] Quentin SKINNER. *Op. cit.* p. 421.

[34] "Observando o tratado de Ribadeneyra (jesuíta), *A religião e as virtudes do príncipe cristão*, publicado pela primeira vez em Madri no ano de 1595, em língua vernácula, não só começa associando os nomes dos dois grandes hereges contemporâneos, mas também proclama que nem mesmo os perigos do luteranismo são 'tão grandes como os que as doutrinas de Maquiavel' fizeram surgir. Daí que seja essencial, prossegue Ribadeneyra, demonstrar como é 'falsa e perniciosa' a tese que considera fundamental no pensamento político de Maquiavel: a de que para o príncipe o valor básico deva consistir simplesmente na 'conservação de seu estado', e que 'para esse fim ele deva usar de todos os meios, bons ou maus, justos ou injustos, de que possa dispor'". In: *Ibidem*. p. 421.

Não importando o ângulo a partir do qual se observe a conturbada história da França na segunda metade do século XVI, Maquiavel sempre aparece como inspirador das práticas políticas tirânicas e dos discursos ideológicos contestadores da posição católica dominante. Battista observa que a exploração dessa imagem negativa da obra do florentino, em nenhum momento correspondeu a uma avaliação crítica de seus textos, tendo sido provocada na maior parte dos casos por convenções que se estabeleceram à revelia até da leitura dos seus escritos.[35] Não se nota a autonomia de julgamento ou uma discussão de cunho teórico que apontasse para a construção de uma refutação consistente e condizente com a relevância dos escritos, em qualquer das menções que reprovam a obra de Maquiavel. Pelo contrário, o que fica evidente é que se alternam os grupos, mas permanece a mesma reprovação doentiamente dogmática ao pensamento maquiaveliano.[36] Essa valorização com sinal trocado, por assim dizer, do pensador italiano e de sua obra decorreu, na verdade, da percepção de que tão logo os homens entrassem em contato com ela, a teoria encontraria adeptos e suas consequências práticas seriam rapidamente observáveis. Essa apreciação generalizou-se entre diversos grupos que compunham a cena política da França. Pois,

---

[35] Anna Maria BATTISTA. *Op. cit.* p. 80. CARDASCIA fala que estas acusações tornaram popular um autor que antes da condenação pública figurava apenas dentro dos gabinetes dos eruditos. Cf. G. CARDASCIA. "Machiavel et Jean Bodin". In: *Bibliothèque d'Humanisme et Renaissance*, T.III, 1943. p. 129-167.

[36] "É oportuno, de fato, observar que o antimaquiavelismo huguenote, porquanto faccioso, permanece um fenômeno cultural circunscrito a uma elite de intelectuais. Com a *Liga*, Maquiavel desce às praças, arrastado nos tumultos vivos das palavras invocadas pelos pregadores, torna-se um personagem popular sinônimo de corrupção e de perfídia, que acende a fantasia do povo em revolta". In: Anna Maria BATTISTA. *Op. cit.* p. 80.

CAPÍTULO VII — MAQUIAVEL TIRÂNICO 313

Maquiavel é uma presença viva, ativa e operante na França do Renascimento; emerge da valorização dos adversários, assim como dos elogios dos que mantêm a percepção intuitiva de que a obra maquiaveliana não vá ser valorizada na mesma medida que qualquer outro tratado de teoria política, sobre um plano teórico e erudito, mas, em vez disso, vá ser julgada em relação a sua repercussão prática. Trata-se aqui de um fenômeno singular e, direi, sem precedentes, porque nunca no passado uma obra de teoria tinha aparecido dotada de uma capacidade de incidência prática tal, a ponto de parecer imersa na realidade histórica de um povo, como fator de subversão, ainda que seja somente potencial. Se houve um elemento comum aos vários momentos do debate suscitado a partir da temática maquiaveliana na França do renascimento, esse foi constituído a partir da superioridade, assumida em tal debate, do problema da potencialidade de incidência do Florentino sobre o desenvolvimento dos acontecimentos franceses.[37]

A crítica que Jean Bodin faz a Maquiavel no *Methodus* destoa radicalmente das acusações características dos grupos em conflito. Ela não se vale do contexto político para empreender sua análise sobre o texto do florentino, mas pressupõe uma preocupação especial com o problema da fragilização da soberania. No texto bodiniano, as referências à situação política vivida pela monarquia francesa estão implícitas, mas pode-se dizer que elas não determinam exclusivamente o julgamento sobre a perspectiva do italiano. Em vez de dar atenção às acusações infundadas, Bodin concentra-se no debate teórico. Sem se deixar levar por opiniões que negavam o valor dos escritos maquiavelianos, ele tece as suas próprias críticas, apresentando os limites da efetivação da sobera-

---

[37] Anna Maria BATTISTA nota que, apenas em 13 de abril de 1598, Henry IV firma o edito de Nantes, assegurando uma série de garantias ao culto reformado, pondo fim à disputa religiosa e assinalando o início da reconstrução política e civil da França. A partir de então Maquiavel não ocupa mais o centro das discussões sobre a política sozinho. Cf. "Per una storia di Machiavelli in Francia". In: *Op. cit.* p. 116-17.

nia popular e em que sentido ela seria uma espécie de tirania. Mais do que isso, um aspecto da perspectiva maquiaveliana, se levado às últimas consequências, poderia acarretar problemas quase instransponíveis à concepção de soberania: a liberdade e o cunho republicano do pensamento maquiaveliano deveriam ser postos à prova.

2. Crítica à liberdade republicana: Maquiavel tirânico

A distância que separa a crítica de Bodin a Maquiavel, se a compararmos com os demais textos que condenaram o pesamento do florentino, é marcada também pela análise de pressupostos que integram a *civilis disciplina* mencionada em outras partes deste trabalho. Se, por um lado, isso não implicou que o francês desconsiderasse completamente a instabilidade política que marcou a década dos sessenta do século XVI francês, por outro, confirma seu afastamento em relação ao debate ideológico que envolveu a monarquia, os protestantes, os *politiques* e os católicos. É verdade, também, que no momento da publicação do *Methodus*, o debate se mantinha mais acirrado entre a monarquia e os protestantes, enquanto os outros atores se envolveriam diretamente após o massacre de 1572, na noite de São Bartolomeu. O posicionamento ameno de Bodin na obra, mais próximo de um diálogo, reflete uma opção de análise muito específica, reflexiva: ele visava debater princípios teóricos; trata-se de uma discussão filosófica. Acrescente-se a isso o fato de que o pensador francês não avaliara por completo as consequências concretas das posições teóricas defendidas pelo florentino.[38] Isso explica por que desde o prefá-

---

[38] "A posição pacífica e imparcial assumida por Bodin no confronto com Maquiavel no *Methodus* induz a pensar que na época de sua publicação, em 1566, ele não tivesse ainda percebido a potencialidade de incidência ativa da obra maquiaveliana na história da França. Tanto que ele fala da obra com a

cio da *République* observamos Maquiavel como o mestre dos tiranos – *Nous avons pour exemple un Macciavel qui a eu la vogue entre les couratiers des tyrans*[39] –, mas não responde, contudo, o motivo do destaque que a obra do florentino adquire no *Methodus*.

A abordagem sobre os fundamentos do poder segundo o ponto de vista da *scientia politica* informa que tanto Bodin quanto Maquiavel adotam o mesmo ponto de partida para construir suas teorias sobre o poder. Porém, algo os distingue: Maquiavel escreve sobre a fundação do poder e as condições para sua conservação; para Bodin este aspecto é importante sob a condição de que o poder se estabeleça a partir da justiça na dominação.[40] Além disso, a *civilis disciplina* no caso bodiniano está associada a um método para o conhecimento das histórias e da política como um todo.[41]

---

mesma objetividade e distanciamento com o qual julga outros tratados de ciência política". In: Anna Maria BATTISTA. "Per una storia di Machiavelli in Francia". In: *Politica e morale nella Francia dell'età moderna*. p. 116.

[39] Cf. Jean BODIN. *Les Six Livres de La République*. Paris: Fayard, 1986. p. 11.

[40] Cf. Salvo MASTELLONE. "Bodin e la 'science politique'". In: *Op. cit.* p. 52-53. SKINNER analisa assim a proximidade entre BODIN e MAQUIAVEL: "o ponto de partida de Bodin [na república] tem muito em comum com o dos humanistas estoicos, sobre os quais acabamos de discorrer, estando nos *Discursos* de Maquiavel uma óbvia fonte comum de influência sobre suas convicções mais pessimistas. Uma das pressuposições básicas do pensamento de Bodin reza que é extremamente difícil, e absolutamente necessário, estabelecer a ordem e a harmonia apropriadas em toda república". Cf.: *Op. cit.* p. 556.

[41] A intepretação de Salvo MASTELLONE é reveladora, mas não aprofunda essa complementaridade. Ele adverte apenas que, por mais que se pense que a teoria bodiniana possa se alojar exclusivamente no nível das idéias e dos conceitos, ela mantém um vínculo com o factual, com a história. Ele afirma: "A ciência política para Bodin é o resultado prático de um rigoroso método de conhecimento aplicado à vida política. À ciência política como método não interessa tanto a explicação da realidade passada, quanto a interpretação

No entanto, outros fatores externos aos textos tornaram esses pensadores mais próximos do que um primeiro olhar sobre as fontes nos permite concluir. O fato de Bodin ser identificado como um participante do grupo dos *politiques*, devido a suas posições em favor da tolerância, fê-lo receber o título de maquiavelista. Como analisa Battista, ao adquirir tal designação e também por ele ser um autêntico defensor da liberdade de consciência, vários escritores antimaquiavelistas voltaram sua ira contra Bodin, com a mesma radicalidade com que a voltaram contra o pensador florentino. Alguns nomes se destacam entre os opositores, Ribadeneyra, Suarez e Possevino.[42] Para esses escritores, a preocupação com os problemas da *ragione di stato* tornava Maquiavel e seus discípulos ateus distantes das concepções que afirmavam a "lei natural enquanto base moral adequada para a vida política".[43] Esses teóricos da Contra-Reforma, opositores da *raginone di stato*, observam como elemento comum de todos os escritos perniciosos e contestadores da

---

do presente para afrontar os problemas do futuro. A passagem do 'método' histórico à 'ciência' política é um aprofundamento conceitual de notável importância sob o plano da 'reipublicae gerendae'. A ciência política para Bodin deve conceber um 'reto governo' capaz de atribuir obrigatoriamente 'poder' como soberania e o direito como justiça. Poder-se-ia objetar que esta ciência política levaria a uma utopia política, igual àquela de Platão ou à de Morus. Mas Bodin teve a coragem de responder: 'Eu miro mais alto e busco chegar ao governo justo, ou pelo menos chegar mais perto dele o máximo possível, por não querer, todavia, fazer o desenho de um Estado puramente ideal e abstrato, como aqueles de Platão e Thomas Morus, chanceler da Inglaterra'". In: *Op. cit.* p. 53.

[42] Cf. Anna Maria BATTISTA. "Sull'antimachiavellismo francese del sec. XVI". p. 97.

[43] Cf. Quentin SKINNER. *Op. cit.* p. 269; 421.

doutrina cristã – Bodin e os *politiques* incluídos – o fato de terem aprendido tal propósito com o mestre florentino.[44]

Afora a oposição instransigente, os doutrinários da Contra-Refroma identificaram com exatidão o aspecto que aproxima as preocupações de Bodin daquelas do florentino.[45] Quando nos vai

---

[44] "O tratado de RIBADENEYRA, *A religião e as virtudes do príncipe cristão*, publicado pela primeira vez em Madri no ano de 1595, em língua vernácula, não só começa associando os nomes dos dois grandes hereges contemporâneos [Maquiavel e Lutero], mas também proclama que nem mesmo os perigos do lurteranismo são 'tão grandes como os que as doutrinas de Maquiavel' fizeram surgir. Daí que seja essencial, prossegue Ribadeneyra, demonstrar como é 'falsa e perniciosa' a tese que considera fundamental no pensamento político de Maquiavel: a de que para o príncipe o valor básico deva consistir simplesmente na 'conservação de seu estado', e que 'para esse fim ele deva usar de todos os meios, bons ou maus, justos ou injustos, de que possa dispor' (p. 250). Possevino cita essa mesma doutrina em seu virulento *Um juízo sobre os escritos de Jean Bodin, Philipe Mornay e Nicolau Maquiavel*', concordando em que, ao incitar os príncipes a 'imitar o leão e a raposa', Maquiavel revela "o mal-entendido mais pernicioso que possa haver' acerca da estrutura moral adequada para a vida política (p. 131-32). Finalmente, Suárez endossa essas idéias, apresentando-as num capítulo especial de seu *Tratado das leis e do legislador*. Recomenda a seus leitores que leiam a crítica 'prudente, excelente e erudita' de Ribadeneira à idéia da *ragione di stato*, e expõe em termos análogos aos seus a tarefa com que se depara o filósofo político cristão, dada a alarmante influência de Maquiavel. 'A doutrina de Maquiavel procurou mais que tudo expor aos nossos governantes seculares' que sua conduta justa ou injusta 'deve depender de qual linha de ação será mais útil para a república temporal'. A influência alcançada por pregação assim ímpia exige que demonstremos não se tratar apenas de uma doutrina 'perniciosa' mas de uma 'visão totalmente falsa e errônea' da vida política (I, p. 197-98)". In: *Ibidem*. p. 421.

[45] ALLEN relativiza a importância da obra de MAQUIAVEL para o pensamento de BODIN, mas reconhece que a preocupação com as condições particulares de sustentação do poder do príncipe é um aspecto fundamental da influência do primeiro sobre o segundo. In: J. W. ALLEN. *Op. cit*. p. 403.

mostrar o melhor dos *status*[46], o pensador francês, além de reafirmar a existência de apenas três formas da soberania, chama a atenção para a necessidade de se evitar o que para outros pensadores seriam aquelas viciosas e, entre as que merecem admiração, seguir a que fosse a melhor. Portanto, a preocupação com as condições de efetivação do poder político está no centro da investigação. Ao longo do julgamento das formas da soberania, Bodin procurou responder à questão sobre qual dentre as três formas originais seria a mais segura. Mas não é apenas em relação a este aspecto que se percebe a importância da obra do florentino para o pensamento de Bodin.

Desde a introdução ao capítulo VI do *Methodus*, Bodin deixa explícita a admiração pelo trabalho de Maquiavel. Ele nos apresenta os limites do seu campo de interlocução no debate sobre a república. O foco da análise vai se orientar para a direção dos clássicos antigos e do florentino:

> O primeiro [Maquiavel] que, segundo minha opinião, escreveu sobre a república, depois que, por cerca de mil e duzentos anos, a falta de cultura tomou conta de todas as coisas que circulavam pela boca de todos; e não há dúvida de que teria escrito mais, com mais verdade e melhor, se tivesse unido à experiência os escritos dos antigos filósofos e historiadores.[47]

No mesmo trecho, Bodin emenda a crítica aos trabalhos produzidos na Idade Média e aos que não unem à experiência cotidiana a filosofia e a história. Maquiavel certamente não está entre eles, mas seu trabalho seria insuficiente porque, para Bodin, os conhecimentos baseados na experiência (*usus*) são incapazes de poduzir conhecimentos verdadeiros e melhores, além de ser ina-

---

[46] Que neste caso Mesnard traduz por *Constitution*, isto é, constituição. Cf. Jean BODIN. *Methodus*. In: *Op. cit.* 214a, L.16 (411b, L.24).

[47] *Ibidem*. p. 167a, L.50-57 (349b, L.24-32).

ceitável que o conhecimento sobre a política se reduza ao relato de fatos e à criação de máximas. Devido a esses e outros fatores, não só o trabalho do florentino marecia reprovação, mas também o de Patrizi, Thomas Morus, Robert l'Anglois e Garimberti, que se equivocaram por escolher mal os temas que poderiam decifrar a natureza dos problemas: escreveram sobre as reformas, a educação dos príncipes e o estabelecimento das leis, mas quase nada disseram a respeito do *status* e ou das causas das revoluções[48].

O momento de apresentação da teoria do *Status reipublicae* é outro em que Bodin estabelece um diálogo direto com a obra de Maquiavel e o republicanismo florentino e veneziano. Pouco amistoso e sem fazer concessões ao italiano, o francês restringe a análise às três formas clássicas da soberania – monarquia, aristocracia e democracia.[49] A motivação da análise, sabe-se, é saber qual delas é a melhor. Bodin enfatiza que os exemplos de corrupção não têm o mesmo estatuto que o das formas virtuosas. Ele não considera que elas constituam um *status* ou, em outras palavras, que possuam uma forma que possa abrigar qualquer governo da república. A tirania figura como prática de poder desvirtuada e, com base no seu princípio, Bodin identifica os demais exemplos de poderes políticos corruptos. Como sabemos, são formas da soberania apenas aquelas que se propõem a praticar a justiça. Da mesma maneira, como esse fundamento as identifica, o princípio da tirania torna iguais os demais exemplos de organizações políticas corruptas.

> Perniciosa é a tirania de um único, pior ainda a de vários, a qual é chamada de oligarquia; enfim, o pior poder, o de todos, e livre da lei, denominado pelos gregos de *oclocracia* e por Cícero, tirania, que é próximo à anarquia e no qual ninguém obedece, ninguém ordena, nenhuma recompensa há para as retas ações, nenhuma pena para os crimes.[50]

---

[48] *Ibidem*. p. 167b, L.1-5 (349b, L.36-43).
[49] *Ibidem*. p. 214a, L.16-20 (411b, L.24-31).
[50] *Ibidem*. p. 214a, L.20-27 (411b, L.31-40).

Os poderes corruptos podem ser considerados modalidades da tirania, dado que são idênticos em seu princípio: favorecem intenções particulares em detrimento do interesse público. A intenção de Bodin é distanciar-se da perspectiva maquiaveliana, sem descartar a alcunha de mestre dos tiranos, que os rivais atribuíram ao florentino. O francês ataca indiretamente a distinção entre as formas boas e as corrompidas (*pessimi*). Para Maquiavel todas elas possuem, indistintamente, o estatuto de formas de governo, sendo legítimo aceitar tanto as três formas não corruptas como as corrompidas – tirania, oligarquia e anarquia.[51] Para Bodin, os poderes políticos que se sustentam pela força não são legítimos, não importando a característica que venham a adquirir. Tirania, oligarquia e anarquia usurpam o interesse público com base no mesmo princípio. Em vez de corrigir o desequilíbrio de domínio entre os fortes e os fracos, tais práticas alimentam a desigualdade na correlação de forças. Ainda que os poderes injustos adquiram diferentes feições, tanto o poder tirânico, no qual todos os atos decorrem da vontade de um indivíduo, quanto a ausência de poder, na anarquia, engendram a desigualdade na submissão e terminam por alimentar a situação de extrema insatisfação, da qual falamos anteriormente.

Bodin pretende não incorrer no mesmo erro de Maquiavel, que, ao incluir as formas degradadas, escolheu a que lhe parecia ser a menos pior.[52] Ao restringir a análise à democracia, aristocracia e monarquia, o francês considerou suas maiores virtudes, limitando-se a debater os vícios pertinentes à dominação de cada uma. Já o florentino, por ter levado em conta inclusive as corrompidas, teria apenas constatado os limites de cada uma, pois, não conse-

---

[51] "porque não se pode conceber nenhum remédio que faça com que não se dissolvam em seu contrário, pela semelhança que há, nesse caso, entre a virtude e o vício". In: N. MAQUIAVEL. "Discorsi". In: *Opere*. Firenze: Sanzoni Editore, 1992. L.I, 2.

[52] Cf. *Discorsi*. L. I, 1- 4.

guiu demonstrar efetivamente a melhor forma, dando a entender que nada se pode dizer além do fato de que, indistintamente, cada uma possui virtudes e vícios. Para o francês, admitir como princípio de uma forma da soberania o fundamento da tirania é consentir a prática da injustiça no exercício do poder político. Apesar de rejeitar as formas corrompidas, ele explicita seu alvo principal: a soberania popular.

> Portanto, se rejeitamos estas formas, é necessário escolher entre o *status* popular, ou o aristocrático, ou o monárquico. Eu julgaria que sobre o popular nada se deve escrever, a não ser que seja provado pelas afirmações da multidão; com efeito, Nicolau Maquiavel está convencido, por argumentos e razões, de que esse poder popular é o melhor.[53]

Bodin aprofunda sua crítica a Maquiavel, remontando à discussão sobre o equívoco de se indentificar a forma da república com a maneira como se é governada. O alvo é a própria abertura d'*O Príncipe*, em que o florentino estabelece apenas duas formas de *status*: a monarquia e a república.[54] O centro da discordância é o que se identifica como república. A distinção proposta por Maquiavel rebaixa o estatuto do conceito de república, pois confunde o modo como os cidadãos participam da soberania – ou principado, o que é o mesmo que monarquia – com a própria república. Na acepção maquiaveliana jamais se deve conceber como república um corpo político dotado de poder supremo monárquico. Na visão de Bodin, a monarquia e a república não são conceitos incongruentes e se podem citar diversas repúblicas monárquicas exitosas na história; uma democracia e uma aristocracia são repúblicas, tanto quanto a monarquia.

---

[53] Jean BODIN. *Op. cit.* p. 214a, L.27-33 (411b, L.41-49).
[54] Jean BODIN. *Op. cit.* p. 214a, L.36-38 (412a, L.2-6). Cf. *Il Principe*, 1; *Discorsi*, I, 55: "Quanto facilmente si conduchino le cose in quella città dove la multitudinenon è corrota: e che, dove è equalità, non si può fare principato; e dove la non è, non si può fare republica".

O mais importante é notar que Bodin pretende posicionar sua noção de república diante da maquiaveliana. Não por outra razão, o francês traz à discussão o exemplo de Veneza, citado a partir da obra do florentino. O foco aqui aponta diretamente para os *Discorsi*, em particular o livro III, no qual o autor teria mostrado que o governo popular é o mais excelente e a república veneziana, a mais perfeita entre todas as outras.[55] Bodin sabe que o caso de Veneza é um tanto mais complicado, pois ele não poderia deixar de reconhecer que aquela república constituiu um poder político que se manteve forte e virtuoso. Mas, mesmo com a supremacia do poder dos doges, o fato de o povo participar das decisões públicas tornara-a idêntica a Florença e às repúblicas populares. Mais do que um exemplo de soberania, Bodin reiterará os aspectos mais inconsistentes da democracia como constitutivos da vida política florentina voltará também sua crítica na direção de Veneza. Por enquanto ele pretende apenas contestar as razões de Maquiavel conferir o título de república às duas cidades. Esse argumento do florentino lhe parece igualmente suspeito, tanto quanto o que considera as repúblicas populares as mais seguras".[56]

Estabelecidos os alvos da crítica, o desacordo de Bodin com Maquiavel não mais se dará em relação à forma da república, mas em relação à qualidade dos governos, ou como cada uma das repúblicas mantém sua soberania: na aristocracia ou na democracia. Bodin toma o texto de Xenofonte como referência para criticar a república popular. Ele afirma que o historiador foi tão bom comandante quanto filósofo, isto é, conhecedor tanto da prática do poder, quanto dos princípios teóricos que o concebem. O francês se apropria da avaliação do general-filósofo, segundo a qual "atesta-se que o poder popular é totalmente inimigo das virtudes e que não pode ser mantido ou retido, senão quando são banidos

---

[55] Jean BODIN. *Op. cit.* p. 214a, L.38-41 (412a, L.06-12).
[56] *Ibidem.* p. 214a, L.41-44 (412a, L.11-16).

todos os bons".[57] Caso Bodin não tivesse estruturado a crítica com base nos dois temas – a forma da república e o modo como se a govena – a citação poderia nos induzir a pensar que ele altera o núcleo da discussão. Ao falar dos "bons cidadãos" (*boni*) ele introduz no debate o elemento moral, a primeira referência a este tema até este momento do julgamento dos casos da península. Seguindo as palavras de Xenofonte, Bodin parece reconhecer que a soberania popular se estabelece a partir da eliminação de todos os melhores cidadãos. O texto não revela ainda os critérios a partir dos quais se reconhecem os bons. Mas a constatação dá a entender que a soberania popular se apoia nessa distinção entre os bons e os maus, preferindo os últimos e descartando os primeiros. O problema não está em tomarmos a distinção moral como critério, mas no fato de que outras diferenças importantes entre os cidadãos não são determinantes para se admitir a participação do povo na soberania. Os defensores da soberania popular teimam em afirmar a igualdade em tudo e para todos os homens, o que é inaceitável na visão de Bodin[58]. Tal equívoco não é recente e podemos encontrá-lo desde os textos de Platão, o primeiro defensor desta igualdade sem limites. Bodin observa que, para o ateniense, todas as sociedades se assentavam sobre a concórdia, a igualdade de direitos e a soberania popular. Tal equívoco não se limita à obra desse filósofo. Os acadêmicos, por exemplo, teriam-no ampliado, pois tanto eles quanto seu mestre "concluem que todos os cidadãos são um e o mesmo pela suprema igualdade e semelhança; e que esse é o fim da sociedade humana".[59]

---

[57] *Ibidem*. p. 214a, L.46-49 (412a, L.16-20).

[58] Raymond POLIN conclui que a igualdade constitui o ambiente propício à guerra na república: "a igualdade não causa a amizade, mas o ciúme e o ódio, propícios às sedições e às guerras civis"... "o melhor dos estados políticos se conserva a partir da feliz combinação das desigualdades" In: "L'idée de République selon Jean Bodin". In: *Actes du colloque international Jean Bodin Munich*. Minich: Verlag, 1973, p. 345.

[59] Jean BODIN. *Op. cit.* p. 214a, L.54-56 (412a, L.31-37).

Ainda que seja controversa a intepretação do francês, as discussões anteriores antenciparam os pontos que ele vai agora descartar. Sabe-se que Bodin considera que a instituição da soberania se dá em razão da necessidade de se estabelecer a justiça, sendo esse movimento uma ruptura com a situação desfavorável na qual se encontravam os homens, famílias, vilas, cidades etc. O consentimento e a formação da soberania estão implicados no mesmo ato, porque, antes desse momento, as relações se caracterizam pela completa desconfiança e pelo desequilíbrio na dominação dos fortes sobre os fracos. Enfim, é impossível num contexto como esse os homens conjugarem forças para proteger seus bens, garantir a sobrevivência e estabelecer a igualdade, a não ser com a instituição da soberania. Neste caso, a discordância manifestada por Bodin se dá em relação à igualdade material e à hipotética concórdia entre os homens, antes da formação de um poder político. O francês não aceita que os indivíduos sejam igualadados em todos os aspectos, tanto antes quanto depois da instituição do poder. Se há alguma igualdade ou semelhança absoluta, ela se dará com a formação da república e será a igual submissão a um mesmo poder.

Outro ponto de discordância de Bodin, este decisivo em relação à crítica a Maquiavel, diz respeito ao estatuto do conflito. No texto bodiniano o conflito constitui um sinal de que ocorre a injustiça. Quando menciona o desequilíbrio, antes de se instituir a soberania, Bodin não diz com todas as letras que as relações entre os homens, vilas, cidades etc, se dão apenas com base nos conflitos, mas se pode concluir que a formação da república pretende impor uma barreira, um freio de justiça, ao seu prolongamento e ao acirramento deles. Em outro momento, quando discute a injustiça nas formas corrompidas da soberania, ele reconhece a legitimidade dos súditos se insurgirem contra o tirano. Não se conclui que do conflito serão formadas as soberanias e as repúblicas. Porém, onde quer que o notemos, seja na comunidade política ou fora dela, a existência do conflito aponta para a necessidade de alteração nas relações de dominação instituídas e o estabelecimento da justiça. Partindo de outro ponto, Maquiavel defenderá nos *Discorsi* que o conflito foi a causa da potência da república romana.[60]

A crítica ao conflito mira, na verdade, o tema da liberdade. A diferença entre as duas posições é que, para Bodin, o conflito é um dado que informa a existência da injustiça, porque ou ele é um momento anterior à soberania ou se incluirá nela quando esta for corrompida; e, para Maquiavel a conservação do conflito é a prova de que os cidadãos desfrutam da liberdade civil, a pré-condição para o fortalecimento do poder político. A astúcia do argumento do francês está em que ele entende o conflito como indissociável da destruição e não nos esqueçamos da incompatibilidade entre a as transformações originadas no conflito e a justiça. A soberania bodiniana aspira à ordem e à justiça que advém da estabilidade originada na igualdade da submissão dos súditos ao soberano. A distinção entre os estatutos do conflito nas duas obras nos leva a entender o que cada um dos pensadores pretende dizer com desigualdade. Se para Bodin ela se refere ao momento anterior à submissão na soberania, que separa os fortes dos fracos; para Maquiavel, ela se refere à origem dos desejos que separam os ricos "que querem mandar" dos pobres "que não querem ser oprimidos".[61] Ambos vão justificar um dispositivo para resolver o problema do embate que resulta da diferença de forças: no caso bodiniano, a soberania como correção através da justiça; no caso de Maquiavel, a preservação do mesmo como garantia da participação do povo nas decisões do poder, isto é o efetivo exercício da liberdade.

Acentuar essa diferença é importante porque ela nos permite entender como Bodin vai atacar o problema da liberdade, se é que o podemos assim denominar, operando uma ruptura definitiva em relação às posições do pensador florentino. O francês iden-

---

[60] N. MAQUIAVEL. *Discorsi*, I, 4.
[61] N. MAQUIAVEL. *Il Principe*, IX.

tifica o conflito como elemento destrutivo face à realidade da soberania e, por conseguinte, da república. Para impedir que essa realidade contamine todas as relações entre homens, famílias, vilas, cidades etc., antes ou depois de instituída a soberania, o pensador propõe a identificação da política à ordem natural e sua consequente subsmissão à ordem divina:

> Pois se tudo referimos à natureza, que é senhora das coisas, torna-se evidente que este mundo, que é mais belo do que tudo, construído por um deus imortal, é constituído de partes desiguais e elementos muito conflitantes entre si, e por movimentos das esferas contrários, de modo que, sendo mantida essa congruente discórdia, ele é destruído.[62]

O recurso à ordem da natureza pretende dar destaque à harmonia que se gera a partir dos elementos incongruentes. A instituição da soberania reflete certa inflexão natural das intenções humanas em direção da paz, da segurança, da estabilidade. Depois de criada a república, está também superada a situação de instabilidade e de conflitos que marcava a relação entre os indivíduos antes desse momento. A formação da soberania implica também na instauração da harmonia na relação entre os cidadãos. Uma das causas da discrepância na correlação de forças entre os indivíduos era o fato de a própria natureza determinar a desigualdade entre os fortes e os fracos. Indiretamente, a natureza impulsiona os mais fracos a insitituírem a soberania, explicando, assim, a afirmação de que, ao se criar a república, opera-se um corte em relação à condição que lhes fora dada pela natureza. Por isso Bodin afirma que o movimento entre os elementos incongruentes (*repugnantibus elementis*) deve produzir a concórdia, pois a discórdia pode destruir o mundo. É supreedente que das contradições que se observam na natureza se possa produzir a harmonia. O pensador, de forma al-

---

[62] Jean BODIN. *Op. cit.* p. 214b, L11-18 (412a, L.46-55).

guma, nega a existência do conflito, mas pretende expulsá-lo do interior da soberania e reduzi-lo à situação que instiga os homens à sua formação. Mas, por que sustentar que o conflito entre os diversos elementos seja uma espécie de regra da natureza?

Sem pretender reduzir sua teoria do cosmos ao desacordo, a afirmação nos remete à constatação de que as diferentes formas de composição social refletem os movimentos naturais. A própria república ideal pode ser pensada nesses termos:

> uma república só e excelente se imita a natureza, o que é necessário, com governantes e súditos, servos e proprietário, ricos e pobres, honestos e desonestos, fortes e fracos; como se fosse mantida estável e firme por uma moderada associação de anônimos discordantes entre si.[63]

A concepção de que a república perfeita imita a natureza mostra que, idealmente, a ordem política pode ser pensada como reflexo da ordem do cosmos. No entanto, não nos esqueçamos de que toda a análise que Bodin empreende sobre a soberania se dá com base na história humana, portanto, imperfeita e plena de elementos incongruentes. O exemplo da república excelente tem por função fazer lembrar que a harmonia é um horizonte possível e necesário para o bom relacionamento entre os cidadãos das repúblicas históricas. A certa altura do texto, após o início da crítica a Maquiavel, o francês estabelece uma analogia entre a ordem política e a música. Ela é fundamental para explicitar o significado da harmonia no contexto histórico da política. O fato de Bodin não ter negado o conflito, levou-o a buscar uma solução que pudesse admiti-lo como parte da natureza, sem que constituísse um fim em si mesmo. O conflito não é puramente a expressão da relação negativa dos homens entre si, mas se resolve positivamente com a instituição da harmonia. Assim, como um ouvido não pode su-

---

[63] Jean BODIN. *Op. cit.* p. 214b, L.18-24 (412a, L.56-412b, L.4).

portar as cordas da lira e um coral em desacordo, é preciso misturar as vozes, umas graves outras agudas, para produzir a harmonia perfeita.[64] A harmonia adquire no *Methodus* a posição antípoda em relação à que o conflito adquire em *O príncipe* e nos *Discorsi*: conceitos centrais na definição das bases do poder político.

Não se pode confundir, entretanto, as noções de harmonia e de igualdade, embora sejam conceitos correlatos. Com exceção dos momentos em que se refere à submissão na soberania, o sentido da igualdade é francamente negativo na maioria das partes do *Methodus*. Ao insistir na distinção, Bodin aprofunda a oposição à perspectiva maquiaveliana. A igualdade que ele contesta se refere àquela da soberania popular, onde todos são uniformes, embora possuam vários elementos inconciliáveis. Não distinguir a idéia de igualdade da de harmonia é supor que, uma vez instituídas a soberania e a alteraração das relações de dominação entre os cidadãos, todas as suas diferenças deparecem. Afora a igualdade da submissão em relação ao soberano, em nenhum outro aspecto se pode dizer que os homens sejam iguais. O argumento visa ao corte pela raiz da defesa de que, sendo os homens iguais, podem agir livremente segundo seus interesses individuais, inclusive em relação ao poder. Essa acepção da igualdade pode se estendida até os limites da noção de liberdade. Dizer que seja possível a igualdade dos cidadãos em todos os aspectos é afirmar a impossibilidade da convivência harmônica entre eles e sem harmonia não há justiça.

> Desta forma, ninguém pode suportar, na república, a igualdade; mas a cidade, a partir dos mais eminentes e dos mais baixos, entre eles havendo classes médias, com moderada razão, de modo notável, por um consenso dos dessemelhantes, se harmoniza.[65]

---

[64] *Ibidem*. p. 214b, L.24-30 (412b, L.4-11).
[65] *Ibidem*. p. 214b, L.30-35 (412b, L.30-35).

Foi do impulso para reverter a injustiça da dominção dos fortes sobre os fracos e da intenção de todos se submeterem à autoridade da soberania, que se viu surgir o acordo (*consensus*). Bodin encaminha para essa outra perspectiva sua crítica a Maquiavel, que não teria aceito a possibilidade de que um acordo pudesse vingar entre partes diferentes, cabendo a elas apenas o conflito como expressão da liberdade e dos interesses de cada uma. A esse respeito o florentino cometeu dois equívocos: primeiro, não percebeu que a desigualdade entre os homens tem origem na natureza e que a política reflete essa desigualdade; segundo, supôs que o resultado do conflito entre desiguais propicia o fortalecimento da ordem política. Assim, a desigualdade e o conflito, segundo a perspectiva do *Methodus*, nos fazem ver quão imprescindível é a harmonia e necessária é a instituição a partir da formação da soberania e, conseqüentemente, da república.

Pode-se supor, no entanto, que a tese de Bodin comporta um aspecto paradoxal no sentido de que a igualdade da submissão conserva os indivíduos desiguais, a partir de suas características naturais e em relação à quantidade de bens, propriedades etc. É possível pensar inclusive que, por não tratar o problema sob parâmetros tão rígidos, o termo igualdade comporte aqui (apesar do anacronismo no uso da expressão) uma certa relativização.

> Daí a ruína de todas as coisas públicas é que aqueles que são iguais em certa medida julgam ser absolutamente iguais, e aqueles que são desiguais de algum modo se pensam absolutamente desiguais. Assim, se tamanha é a desigualdade dos homens entre si, se tamanha é a desigualdade dos caracteres, quem repartirá de forma igual o poder, os bens, os cargos, as magistraturas?[66]

Bodin não recusa a possibilidade de haver igualdade em alguns aspectos, mas aponta o equívoco de se querer tomar os súdi-

---

[66] *Ibidem*. p. 214b, L.35-43 (412b, L.18-28).

tos como iguais em tudo, tendo por base pequenas semelhanças. Em resumo, para ele é preciso resistir à tentação de absolutizar tais igualdades. Dessa maneira nos livraremos do equívoco cometido por outros pensadores quando, ao estender a igualdade a todas as dimensões, afirmaram-na em relação aos bens e à força para conquistar o poder – *a virtù*. O erro reside no fato de que a necessidade de se estabelecer a igualdade entre os homens é externa à própria condição que lhes foi dada pela natureza, intenção que é uma afronta à sua própria ordenação. Platão figura como o maior exemplo dos que confundem os termos do problema. Bodin indica que ele próprio teria entrado em contradição quanto à afirmação da comunidade dos bens quando, na sua *République*, reconhece haver quatro classes de cidadãos, separados a partir de suas rendas.[67] O importante até aqui é constatar que a insistência no tema dos contrários que produzem harmonia possibilitará a Bodin sintonizar, num mesmo registro, os conceitos de desigualdade e justiça, aparentemente contraditórios. Se no instante de formação da república a demanda pela justiça significava o apelo dos fracos pela correção da desigualdade natural, depois de instituída a soberania, a finalidade da república continua a ser a de cumprir justiça, sem, porém, aplainar os diferentes níveis que constituem a vida civil e as desigualdades constitutivas dos indivíduos entre si.

Como observamos, é preciso relativizar o sentido da desigualdade que esse novo estágio comporta. O que se elimina com a instituição da república é a desigualdade no nível da dominação e do uso da força; o que se conserva na maioria dos casos é a desigualdade dos bens e dos lugares que ocupam os cidadãos na escala social. A soberania é instituída para que cada um proteja o que lhe pertence: conservam-se, assim, as desigualdades e não se afirma que os bens sejam repartidos em partes iguais. Ele justifica a tese com base no argumento dos acadêmicos pós-platônicos. Mesmo

---

[67] *Ibidem*.. p. 241b, L.44-46 (412b, L.32-35).

CAPÍTULO VII — MAQUIAVEL TIRÂNICO 331

eles, que constituíram repúblicas populares, suprimiram a igualdade dos bens para não fragilizar os fundamentos das mesmas organizações políticas.[68]

De forma indireta defende-se aqui que o cumprimento da justiça por parte da soberania comporta a preservação da desigualdade dos bens. O tema não é um problema para Bodin, se nos recordamos que o fim último das repúblicas não pressupõe a igualdade material. A justificativa da conservação da desigualdade se mantém com a condição de legitimar-se a igualdade da submissão. A preocupação maior nesse caso é a segurança do poder político, assim como fora a de Maquiavel ao elaborar *O Príncipe*. Como desloca a análise da justiça para a esfera da dominação política, o pensador francês se livra da acusação de ter defendido uma espécie de justiça mitigada, que admite sem problemas a desigualdade dos bens. Para retomar o fio da crítica ao pensador florentino, Bodin acusa em seguida os que absolutizam a igualdade. No fim das contas, estes estimulam não apenas a supressão dela lá onde realmente é imprescindível, na dominação, contribuindo para a divisão da soberania. Ele se pergunta,

> Por que as soberanias não suprimem também a igualdade? Com efeito, a soberania popular não é outra coisa senão a repartição igual dos poderes supremos. Nem tão absurdo era tornar iguais todos os bens dos homens quanto tornar igual o poder. Porque, cada um pode usufruir dos bens, mas a prudência para o exercício do poder verdadeiro a poucos foi atribuída pela natureza.[69]

O que permite aos homens a repartição igual dos poderes supremos? Nada além do fato de serem livres para conquistá-lo. Bodin condiciona o exercício do poder político à prudência, descartando que qualquer homem possa aspirar à conquista da sobe-

---

[68] *Ibidem*. p. 214b, L.47-52 (412b, L.35-42).
[69] *Ibidem*. p. 214b, L.53-58 (412b, L.41-49).

rania. O paralelo com o texto de Aristóteles é claro. Segundo o grego, a prudência é característica da ação do homem justo.[70] Porém, o argumento do francês pressupõe que a prudência seja um atributo natural especial, dado que apenas alguns homens a possuem. A esses deve caber, não apenas a divisão do poder, como também o seu exercício. A "repartição da soberania" entre todos é um equívoco derivado da dita absolutização da igualdade dos homens. Como nem todos os indivíduos são homens prudentes, a diluição do poder supremo na soberania popular termina por confiar a condução política também aos imprudentes. Repartir a soberania entre os cidadãos significa diluir o centro do poder político de tal forma que se torne impossível saber quem é súdito e quem é soberano e, o pior, que a soberania esteja entregue aos piores homens. Citando Tito-Lívio, Bodin enfatiza que essa parte da história romana é o pior momento em termos de liberdade política. Ele explica que "é natural da multidão servir com humildade ou ser dominada com orgulho".[71]

Ainda que as palavras façam referência ao texto do historiador romano, elas poderiam estar perfeitamente dirigidas ao texto de Maquiavel. Qual outro pensador louvou tão enfaticamente a participação do povo no governo de Roma? Bodin não entende as razões que justificam tantos elogios, pois, Maquiavel não percebera que o coflito instaurado no interior da soberania pode ser reduzido a várias guerras internas que terminariam por diluir o peso da autoridade sobre os súditos. Maquiavel cometera, então, duplo equívoco. Em primeiro lugar, ele concluiu que era importante a

---

[70] ARISTÓTELES. *Nicomachean Ethics*. Trad. H. RACKHAM. London: Harvard University Press, 1994. II, 4, 1105b. Nesta parte o pensador afirma que a ação do homem justo é a prática da temperança. A análise da prudência (*phronésis*) é feita no livro VI. Sobre esse tema é indispensável a leitura de Pierre AUBENQUE, *La prudence chez Aristote*. Paris: P. U.F., 2002.

[71] Jean BODIN. *Op. cit.* p. 215a, L.01-05 (413a, L.01-05).

CAPÍTULO VII — MAQUIAVEL TIRÂNICO

participação do povo nas decisões do poder político em Roma. Em segundo lugar, insistiu que essa forma de divisão da soberania podia ser um modelo para outras repúblicas, inclusive Florença. O francês manifesta, assim, sua indignação face à perspectiva do florentino:

> E não sei por que Maquiavel, homem florentino, louva tanto o poder popular, visto que a partir de sua história é evidente que, por todo o tempo em que foi popular, nenhuma república surgiu mais desventurada do que Florença.[72]

O exemplo de Florença surpreende Bodin. Não apenas pelo esfacelamento da soberania, mas porque esse fato não foi suficiente para sensibilizar os que mais sofreram com os problemas, entre eles, o próprio Maquiavel. O francês é enfático na sua acusação sobre a falta de percepção dos filósofos quanto aos resultados maléficos da participação do povo nas decisões do poder. Equívoco que, a seu ver, remonta a Platão, o falso defensor da monarquia. O centro da discordância em relação aos filósofos é a divisão da soberania. Reconhecendo que, a não ser a soberania monárquica, todas as demais formas de organização da república pautam-se pela participação de vários homens nas decisões do poder político, conclui-se que todas as soberanias cumprirão, em maior ou menor medida, o mesmo destino de Florença. Por este motivo, Platão se enganara tanto quanto os que defenderam abertamente a soberania popular. Pois,

> enganam-se fortemente os que pensam que Platão dividiu o poder entre os melhores. Porque aquilo que ensinamos ser o essencial no poder, ele concede ao povo, isto é, à multidão de todos os cidadãos; quero dizer, o poder de promulgar leis, de criar cargos de magistratu-

---

[72] *Ibidem.* p. 215a, L.52-56 (413b, L.01-06).

ra e também de escolher o senado; enfim, o direito de vida e morte...[73]

A sentença acima encerra o julgamento sobre a democracia e sobre a obra de Maquiavel. Desse momento em diante, Bodin manifesta abertamente sua preferência pela soberania monárquica. Continuando a debater as fragilidades da participação popular nas decisões do poder, ele conclui que o esfacelamento da soberania corresponde ao deslocamento do eixo da autoridade suprema. Bodin avança ainda sobre as teses de Platão, contestando a atribuição de tarefas ligadas às decisões sobre a justiça ao povo. No entender do francês, isto nos coloca novamente em face de outro problema. Como pode aquele que comete o crime ser juiz?[74]

O deslocamento da autoridade pressupõe a pulverização das atividades vinculadas ao governo da república e aquelas próprias da soberania. Assim, cabem a todo o povo as mesmas tarefas que deveriam ser delegadas a poucos, diretamente pelo soberano. Por exemplo, Bodin defende que a autoridade soberana escolha o chefe do exército, assim como os juízes. Sem que o centro de decisão esteja precisamente localizado na pessoa de um, a soberania mal constituída poderá fornecer a qualquer outro cidadão o poder de indicar os juízes e, no limite, deste se autodenominar juiz. Cria-se, assim, a situação paradoxal na qual todos são potencialmente juízes e não há criminosos. Neste caso, a república se inviabiliza porque nenhum poder garante o cumprimento da justiça.[75]

Platão e seus intérpretes se equivocaram gravemente supondo ser pouco lesiva a aristocracia. Pensando ter resolvido o problema ao impedir que a multidão participasse das decisões, engana-

---

[73] *Ibidem.* p. 215b, L.02-07 (413b, L.13-20).
[74] *Ibidem.* p. 215b, L.07-10 (413b, L.20-26).
[75] *Ibidem.* p. 215b, L.10-18 (413b, L.26-34).

ram-se, pois essa forma apenas limita o problema a um número menor de cidadãos, mas não o elimina. A crítica endereçada ao filósofo grego mira na verdade a escolha da posição intermediária, em relação à composição da soberania, entre um e a multidão. Convém notar que, ao desenvolver sua crítica à tradição da filosofia política sobre esse aspecto, Bodin ainda mantém suas posições no interior do quadro teórico concebido por Aristóteles. Quando critica a aristocracia, ele acusa que os seguidores dessa alternativa de poder político, em vez de observar o que determina a prudência da razão, acomodaram-se confiando numa forma da soberania entre a democracia e a monarquia. Bodin recusa-se a posicionar a aristocracia como a forma equilibrada, o meio-termo em relação às outras. A seu ver, a via da prudência é justamente reconhecer a monarquia como equilíbrio, ao contrário do que dizem os seguidores de Platão. A conclusão de Bodin é que

> aqueles que seguiram sua escola [Platão] aceitam mais que o poder dos melhores seja o meio termo entre o popular e o rei. Mas se enganaram evidentemente ao colocar a virtude no meio-termo da coisa ou do número, não o da razão. O que, em verdade, se for verdadeiro, não haverá nenhum príncipe bom, nenhuma oligarquia tirânica. Porque entre uma coisa e muitas, poucos puseram como meio-termo a virtude.[76]

A associação entre a forma da soberania e prudência reflete a qualidade da mesma para realizar a justiça. O meio-termo não implica a concepção de uma forma híbrida entre a monarquia e a democracia, mas indica qual delas pode cumprir, com mais eficácia, a igualdade da dominação. Bodin confirma seu argumento de que a aristocracia não constitui o meio-termo a partir da própria obra de Aristóteles.[77] Não por outro motivo o grego, segundo o

---

[76] *Ibidem*. p. 215b, 18-26 (413b, 35-49).

[77] *Ibidem*. p. 215b, L.30-35 (413b, L.54-414a, L.02).

francês, teria se inclinado em favor da monarquia. A proximidade entre prudência e monarquia não decorre de uma escolha aleatória, mas resulta do julgamento das formas da soberania e de sua capacidade de realização da justiça política. Observa-se que a própria noção de prudência está circunscrita ao universo da política e associada diretamente à manutenção da soberania. Com base nessa avaliação da democracia e da aristocracia o pensador estenderá também o sentido desta noção aos limites da ação individual.

A prudência é o critério para que Bodin elimine em definitivo a democracia como possibilidade de soberania justa. O perigo que a democracia comporta reside no fato de que ela pressupõe que todos os indivíduos responsáveis pelas decisões do poder político sejam dotados de prudência. Esse pessimismo bodiniano em relação à qualidade moral dos cidadãos indica que confiar a soberania à maioria numérica pode em determinadas circunstâncias fazer com que o poder repouse em mãos de homens desonestos, sedentos pelo poder e dispostos a praticar atos injustos. Segundo esta concepção, submeter-se aos cidadãos não prudentes, portanto, aos piores cidadãos, nada difere do fato de se legitimar a pior forma de tirania. Em que aspectos se distinguiriam o desonesto e o tirano? As ações de um e outro se diferenciam quanto à quantidade de injustiça que praticam e não quanto ao princípio que os orienta e fundamenta esses mesmos atos:

> Porque é mais difícil encontrar muitos homens bons do que um. E como, no conjunto dos melhores, poucos são bons, cedem ao voto da maioria, porque numa república dos melhores as opiniões são contadas, não ponderadas. Sobre isso, se se deve temer o tirano, quanto mais não se deve temer uma multidão deles?[78]

---

[78] *Ibidem*. p. 215b, L.38-46 (414a, L.05-14).

Tomando como critério a qualidade moral, Bodin descarta de vez a participação da multidão dos cidadãos na soberania. O que caracteriza um cidadão melhor em relação aos outros parece ser apenas a prudência das ações. Como a instituição da soberania popular leva em conta o número e o que a legitima é o sufrágio, ela torna a qualidade moral refém da quantidade de indivíduos participantes. O governo do povo, que deveria exprimir o bem comum, é um governo de tiranos do valor moral. A contestação ao pensamento de Maquiavel mira, principalmente, o conflito associado à idéia de liberdade e a defesa da participação do povo nas decisões políticas. Daí também Bodin poder identificar na soberania popular a tirania da multidão e, no prefácio à *République*, afirmar que o florentino seja o inimigo, por excelência, da moral como fundamento na política, não cabendo a ele outro título senão o de grande mestre dos tiranos.

A crítica feita por Bodin à república de Veneza e aos cidadãos dessa cidade pode ser compreendida caso se tenham claros os fundamentos da sua oposição ao pensamento de Maquiavel. Vale notar que o pensador francês destoava do juízo comum que vicejou em seu país na segunda metade do século XVI, segundo o qual os textos do pensador florentino afrontavam todos os princípios cristãos e deturpavam a consciência e o interesse públicos dos cidadãos. O caminho seguido pelo pensador para chegar a essa conclusão não recorreu a expressões retóricas de reprovação e condenação, as quais encontravam enorme acolhida no público, mas não guardavam qualquer relação com o texto e, na maioria dos casos, o deturpavam. Ao contrário, Bodin concluiu que a perspectiva maquiaveliana ensinava e incitava à participação dos cidadãos como tiranos, confrontando os argumentos republicanos do florentino. John L. Brown aponta com precisão alguns dos aspectos que se destacam na crítica de Bodin. Ele afirma que

> Mais aguda que todas, no entanto, é a viva percepção de Bodin de que Maquiavel não era uma apologista da tirania, como a maioria dos seus contemporâneos acreditava. Em vez disso, ele via Maquiavel

como um republicano, que acreditava que o *stato misto* (com viés democrático) era a melhor forma de estado. Tomando essa posição, Maquiavel estava aberto ao ataque de Bodin por dois lados: em primeiro lugar, Bodin acreditava que o estado popular era o menos satisfatório de todas as formas de governo; em segundo lugar, ele insiste (a despeito da oposição a toda teoria política convencional da renascença) que o *stato misto*, longe de ser a forma ideal de estado, é, em vez disso, uma completa criação mítica, desde que a soberania, que não pode ser dividida, necessariamente resida numa pessoa ou grupo de pessoas.[79]

Assim como na contestação da soberania popular Bodin pressupõe o pessimismo em relação à qualidade moral cidadãos, ele vai recorrer à crítica desta característica dos cidadãos para contestar a qualidade da soberania de Veneza. Passamos agora a outro momento da crítica à liberdade dos cidadãos.

---

[79] John L. BROWN. Methodus ad Facilem Historiarum Cognitionem *of Jean Bodin - a Critical Study*. Washington: The Catolica University of America Press, 1939, p. 113-14. BROWN anota, ainda, que Bodin "lê Maquiavel (diferentemente da maioria de seus contemporâneos) e o conhece não apenas como autor do *Príncipe*, mas também como autor das *Historiae Fiorentinae*, da *Arte della guerra*, dos *Discorsi*, e do *Ritratto delle cose di Francia*". Cf. *Op. cit.*, p. 114-15.

Capítulo VIII

A decadência moral em Veneza

1. Bodin e o interesse pelos *Discorsi*

Quando Bodin abandona a crítica à Florença republicana e dirige seu interesse para a república de Veneza, sua percepção sobre esse exemplo advém do texto mesmo de Maquiavel. Assim, distantes d'*O Príncipe*, os aspectos que se prestam à crítica no texto maquiaveliano encontram-se nos *Discorsi*.[1] Isso já se poderia constatar subliminarmente quando o francês contestou a importância da participação do povo nas decisões do governo.[2] Segundo avaliação de Bodin, a principal razão de a soberania democrática engendrar consequências maléficas, como os conflitos, estava no fato de não

---

[1] Com base nas passagens em que Bodin apresenta Maquiavel como defensor das soberanias populares, WEBER comenta essa preferência do pensador francês pelos elementos republicanos da teoria do florentino: "é curioso que Bodin não evoque diretamente a contradição essencial de Maquiavel por fazer a apologia da democracia nos *Discorsi* e de um regime de poder pessoal n'*O Príncipe*, mas essa lhe parece uma querela bastante equivocada. Porque no início d'*O Príncipe* Maquiavel falará somente dos 'principados' e negligenciará a distinção entre repúblicas populares e repúblicas aristocráticas, sobre as quais ele se deterá por tanto tempo nos *Discorsi*". In: "Bodin et Machiavel". In: *Jean Bodin – Actes du Colloque Intardisciplinaire d'Angers*. Angers: Presses de l'Université d'Angers, 1985, p. 235.

[2] Jean BODIN. *Methodus*. In: *Op. cit.* 214a, L.38-41 (412a, L.06-12).

se poder confiar na capacidade dos indivíduos agirem de forma prudente. Ao contestar a qualidade moral dos cidadãos, o francês constata indiretamente o fato de ser impossível que eles ajam segundo seus interesses e isto redunda na estabilidade e na segurança das instituições políticas.

Nos termos maquiavelianos, agir segundo interesses significava atuar visando ao exercício da liberdade. Bodin não cita diretamente o texto maquiaveliano, mas nossa hipótese é de que os principais temas que ele alveja na crítica a Veneza são os que o florentino destaca em sua interpretação dessa cidade.[3] Quando nos concentramos nos primeiros capítulos dos *Discorsi*[4], observamos que Maquiavel elogia duas repúblicas, Esparta e Veneza, por terem se constituído resguardando a liberdade dos cidadãos. A afirmação aparece após o florentino ter argumentado que os tumultos que se deram em Roma, entre a plebe e os nobres, em vez de provocarem a ruína daquela república foram a causa principal dela se guardar livre.[5] Seria impossível para este caso afirmar que os tumultos fossem nocivos e que a divisão entre plebeus e nobres resultasse em

---

[3] Giovanni SILVANO comenta sobre isso: "Não se encontrará, ainda, discutida a complexa relação entre Jean Boidin e Veneza que em si mesma poderia constituir objeto de um estudo particular". In: *La republica de Viniziani – Ricerche sul Repubblicanesimo veneziano in età moderna*. Firenze: Leo S. Olschki, 1993. p. 34.

[4] Principalmente os capítulos 5-7 do livro I. Cf. MAQUIAVEL, "Discorsi". In: *Tutte le Opere*. Firenze: Sansoni. 1992.

[5] MAQUIAVEL, "Discorsi". In: *Op. Cit*. I, 4. p. 82. Genaro SASSO oferece a seguinte análise sobre o problema da corrupção tendo como pano de fundo o florescimento da instabilidade política: "Pois então, qualquer que seja o tipo de instabilidade e se ele quer empregar a uma e mesma coisa o termo técnico, 'corrupção', da cidade na qual este homem agiu e, astúcia coletiva, às suas ambições principescas: esta cidade instável, que se inclina à corrupção, é uma república atormentada e agitada por uma luta desigual, e se torna completamente incomponível no seu quadro legal, entre o povo, que não tem a força para 'resistir aos grandes', e os últimos que, igualmente, não têm força para 'resistir ao povo'. Nesta situação, o 'privado' que aspira tornar-se

conflitos insolúveis. Maquiavel assegurava que os exemplos de *virtù*, não apenas de Roma, mas de qualquer organização política se originavam dos conflitos em benefício da liberdade pública e que todas as cidades deveriam preservá-los.[6] Assim, Esparta e Veneza figuravam como exemplos de cidades virtuosas porque se constituíram "prudentemente", ou, como dissemos, resguardando a liberdade dos cidadãos. Além de o governo estar a cargo dos nobres, a liberdade vivida pelos cidadãos explicava por que ambas as cidades conservaram-se fortes por muito mais tempo do que Roma, ou pelo menos, mantiveram-se forte durante todo o tempo em que conservaram o *vivere libero*.[7]

Maquiavel explicava, ainda, que o desejo de liberdade (*volontà di viveri liberi*) era alimentado pela oposição de interesses e pela contrariedade de interesses da ação dos nobres e do povo.[8] Os primeiros tinham o desejo de dominar e o povo o de não ser dominado. Caberia ao povo, então, para não ser explorado pelos grandes, resguardar a liberdade de maneira que, não podendo ocupar o poder, não permitissem que outros ocupassem o mesmo sozinhos. Maquiavel considera que aqueles que defenderam o modo

---

príncipe não recorre, todavia, à violência, ao sangue e, do mesmo modo, intoleravelmente e de forma celerada". In: *Machiavelli e gli antichi e altri saggi*. T. II. Milano: Riccardo Ricciardi Editore, 1988. p. 355.

[6] "...nascem da boa educação, a boa educação das boas leis e as boas leis daqueles tumultos, os quais muitos se dão inexplicavelmente. Porque quem examinar bem a finalidade desses tumultos, não concluirá que tenham sido causados de algum exílio ou violência em desfavor do bem comum, mas, sim, das leis e das instituições em benefício da liberdade pública". Cf. MAQUIAVEL, "Discorsi". In: *Op. cit.* I, 4. p. 82.

[7] *Ibidem*. I, 5. p. 83.

[8] Para uma análise completa do tema da liberdade republicana no pensamento de MAQUIAVEL ver o trabalho de Newton BIGNOTTO, *Maquiavel republicano*. São Paulo: Loyola, 1991. parte II: "A questão da liberdade na obra de Maquiavel". p. 57-118.

como Esparta e Veneza promoveram a liberdade, também sustentaram que o poder nas mãos dos nobres provocara um duplo benefício: a satisfação da ambição dos grandes e a elevação dos ânimos da plebe contra eles. O florentino se mostra reticente quanto à possibilidade do acirramento dos ânimos resultar em frutos como o aumento da liberdade. Quando o poder se concentra nas mãos de qualquer um dos grupos, os membros alimentam seu desejo de mais poder com a dominação desmedida sobre os demais. Dessa maneira, torna-se impossível saber qual dos grupos defende a liberdade. Não há como identificarmos exatamente quais humores dos homens são mais nocivos às repúblicas. Podem destruí-la tanto os que desejam manter as honras já conquistadas, quanto os que desejam conquistar o que não têm.[9] O pessimismo de Maquiavel não se justifica em razão da liberdade civil, mas em relação ao fato de alguns se apresentarem como únicos e verdadeiros portadores do desejo de *vivere libero*. Roma teria muito a ensinar sobre as consequências dos graves tumultos gerados com o acirramento dos conflitos, frutos do desejo de espoliar (dos nobres) e de não ser explorados (dos pobres).[10] O problema, para Maquiavel,

---

[9] MAQUIAVEL, "Discorsi". In: *Op. Cit.* I, 5. p. 84.

[10] Sobre o problema do conflito e o fortalecimento de Roma nos *Discorsi* Genaro SASSO avalia que desde o "Proemio" MAQUIAVEL já nos explicita suas intenções. Nas *Istorie Fiorentine*, o pensador "opera a experiência, negativa e não positiva, da história florentina, diferentemente da outra [*Discorsi*]". *Niccolo Machiavelli*. Bologna: Il Mulino, 1993. t. II. p. 177. Sobre essa diferença quanto à natureza dos conflitos e sobre a particularidade da história de Florença nos *Discorsi*, Sasso comenta que ali "se tinha o cuidado de observar e examinar de frente as consequências que a república florentina veio tantas vezes enfrentar. Como se sabe, as consequências, graves e dramáticas, a destrutiva negatividade, foi melhor retomada e abordada nos *Discorsi* ". In.: *Op. Cit.* p.182.

era saber encontrar as repúblicas que conseguiram reprimir os acirramentos e analisar as razões pelas quais elas se mantiveram livres por muito tempo, sem inimizades ou tumultos graves.[11] Ele conclui que "o exemplo entre os antigos é Esparta e entre os modernos Veneza".[12]

Esparta dividira o governo entre o rei e o senado. Veneza o fez entre os *gentiluomini*. O fato de o número deles ser reduzido foi, para Maquiavel, um sinal de prudência[13], pois o aumento da quantidade de habitantes não influenciava diretamente na qualidade dos responsáveis pelas decisões do poder político. Depois, como muitos habitantes encontravam-se fora do governo e sem deliberar sobre os problemas públicos, os venezianos reconheceram, além dos *gentiluomini*, uma nova classe que representasse os inúmeros novos habitantes da cidade: os *popolani*. Ao garantir a participação dos representantes dos dois grupos nas decisões de governo, conclui Maquiavel, Veneza manteve-se sem tumultos, pois nenhum deles podia queixar-se de ser dominado pelo outro e "...aqueles

---

[11] Interessante observar a análise de Sasso sobre a particularidade do conflito destruidor das instituições e das cidades de Florença, que Maquiavel também toma como parâmetro para contrapor à realidade de Veneza. Sasso comenta que "...os compreendemos não apenas se consideramos que, na lógica específica dos *Discorsi*, não é o conflito que corrompe a república que o hospeda em si mesma. Mas é a república, portanto, que com a corrupção das leis e das ordens, corrompe o conflito e da 'civilidade' a inclina para a 'incivilidade', da moderação construtiva aviva a violência destrutiva. Nas *Histórias* tudo ocorre ao contrário. Ao provocar a corrupção que, em 1215, penetrou na vida dos cidadãos, foi o conflito de fato que, em vez de colocar o povo e os nobres uns contra os outros, produziu uma ruptura no interior dessa república". In: Genaro SASSO. *Niccolo Machiavelli*. Bologna: Il Mulino, 1993. t. II. p. 231. Sobre a análise do conflito também ver o trabalho de Newton BIGNOTTO. *Maquiavel republicano*. 1992.

[12] MAQUIAVEL, "Discorsi". In: *Op. Cit.* I, 6. p. 84.

[13] *Ibidem*. I, 6. p. 84-85.

que depois vieram habitar, encontraram o *stato* estabelecido e finalizado, não tendo motivo nem oportunidade para fazer tumultos".[14]

A divisão entre o rei e o pequeno senado foi mantida por muito tempo em Esparta devido a fatores como poucos habitantes, poucos indivíduos habitarem na região e pela reputação das leis de Licurgo, que proporcionou mais igualdade material do que igualdade política.[15] Havia, por fim, poucas classes que dividiam os cidadãos em geral e nenhuma inveja por parte dos plebeus em relação aos nobres. Em razão da pequena distância social, os poucos nobres existentes não tinham motivo para maltratar a plebe.[16] O rei se colocava entre a pequena nobreza e a plebe, defendendo os últimos de qualquer injúria. O fato de Esparta possuir poucos cidadãos e o acesso a estrangeiros ser praticamente limitado, tais aspectos foram decisivos para que a tranquilidade se mantivesse por muito tempo. Maquiavel toma estas características como parâmetros para avaliar a república romana e corrigir os eventuais equívocos em que ela incorreu. A importância dos exemplos destacados por esse pensador provinha de que Esparta tinha submetido quase toda a Grécia e mostrou apenas um acidente que a levou à ruína.

Já Veneza, ocupou grande parte da Itália, na maioria dos casos, sem se utilizar da guerra.[17] Se uma república desejasse ser e permanecer forte por muito tempo deveria organizar-se interna-

---

[14] Ibidem. I, 6. p. 85. Henry WEBER comenta que "Maquiavel comparou Veneza a Esparta como possuindo, todas as duas, um governo misto, mas ele vai mostrar, no capítul VI, que Veneza evoluiu, passou do estado popular a estado aristocrático, pois o número de cidadãos é aquele de famílias primitivamente estabelecidas em Veneza, todos os estrangeiros que estão fixados sucessivamente não tinham qualquer direito à administração e as famílias primitivas foram chamadas de nobres". In: "Bodin et Machiavel". In: *Jean Bodin – Actes du Colloque Interdisciplinaire d'Angers*. Angers: Presses de l'Université d'Angers,1985, p. 234.

[15] MAQUIAVEL, "Discorsi". In: *Op. cit.* I, 6. p. 85.

[16] *Ibidem*. I, 6. p. 85.

[17] *Ibidem*. I, 6. p. 86.

mente como esses dois modelos e não deveria ocupar um território tão extenso quanto Roma. Conservando essas características, estariam eliminados os dois motivos por que se fazem as guerras. Primeiro, para que se possa tornar senhor de outros territórios e, segundo, para não deixar que outros tomassem posse dos bens. A maior garantia da força das repúblicas estava no exercício da liberdade (*vivere libero*). Ela foi melhor assegurada pelo fato de todos os cidadãos serem vigiados pelo povo[18] a fim de que ninguém fosse dominado para além daquilo que permitissem as leis e a ordem pública.

Ao nos concentrarmos nesses aspectos dos primeiros capítulos dos *Discorsi,* não há como deixar de destacar o problema dos tumultos e as consequências deles para o fortalecimento e a ruína das repúblicas. Mas quando focalizamos a exposição sobre Esparta e Veneza, a importância se desloca para o tema da liberdade dos cidadãos, que, alimentados pelo desejo de conservar o *vivere libero*, tornaram essas ordens políticas seguras e suas repúblicas fortes. Vejamos o segundo aspecto que constitui exatamente o alvo da crítica ao exemplo moderno da república próspera.

2. A insolência moral em Veneza

A crítica à república de Veneza é, a nosso ver, o indicador definitivo de que a teoria da soberania do *Methodus* e a crítica aos fundamentos das repúblicas colocam-se primordialmente em oposição às experiências republicanas da Itália no Renascimento. A conclusão de que a soberania popular dá origem a uma espécie de tirania do número sobre a prudência da autoridade dos melhores cidadãos já prenunciava a avaliação negativa em relação a Florença, mas não quanto a Veneza. Agora o texto de Bodin coloca a

---

[18] *Ibidem.* I, 7. p. 87.

liberdade dos cidadãos venezianos no centro da crítica. Ao se concentrar nesse exemplo de ordem política estável, o pensador pretende também atacar a interpretação de Maquiavel sobre a cidade e marcar oposição face à admiração que vários pensadores franceses nutriam pelas suas instituições políticas[19] e pela liberdade dos cidadãos, entre os quais estaria Etienne de La Boétie, que afirma:

> Aquele que visse em sua terra os venezianos – punhado de gente que vive tão livremente que o mais infeliz dentre eles não almejaria ser rei, e todos, nascidos e criados dessa forma, não conhecem outra ambição senão a de vigiar ao máximo a manutenção de sua liberdade; de tal modo ensinados e formados desde o berço que não trocariam uma migalha de sua liberdade por todas as outras felicidades humanas – digo, quem visse esses homens e em seguida, deixando-os, fosse aos domínios daquele que chamamos grão-senhor, ao encontrar ali pessoas que só nasceram para servir e que dedicam a vida toda à manutenção do poderio dele, pensaria que esses dois povos são da mesma natureza? Ou, em vez disso, acreditaria que, tendo saído de uma cidade de homens, entrou num parque de bichos?[20]

---

[19] Henry WEBER nota esse duplo interesse de BODIN ao avaliar os erros da interpretação do pensador sobre Veneza: "No entanto, as contradições que descobrimos no texto de Maquiavel a propósito de Esparta, nós as reencontramos sob uma outra forma no texto de Bodin a propósito de Veneza. Aliás, restabelecendo uma visão mais justa sobre Esparta, é Contarini, Maquiavel e todos aqueles que tinham admirado a constituição de Veneza que Bodin visava e, através deles, muitos franceses que estavam, como La Boétie, nostálgicos da liberdade veneziana". H. WEBER. *Op. cit.* p. 234.

[20] Acrescenta La Boétie sobre Esparta: "Contam que Licurgo, legislador de Esparta, criara dois cães, ambos irmãos, ambos amamentados com o mesmo leite, e os habituou, um na cozinha doméstica e o outro correndo pelos campos, ao som da trompa e do cornetim. Querendo mostrar aos lacedemônios a influência da educação sobre o natural, expôs os dois cães na praça pública e colocou entre eles uma sopa e uma lebre: um correu para o prato e ou outro para a lebre. Vede, disse ele, e no entanto são irmãos! O

CAPÍTULO VIII — A DECADÊNCIA MORAL EM VENEZA 347

Tal como prevê o método, se os princípios teóricos provam-se verdadeiros a partir de seu confronto com a experiência – ou seja, a observação das histórias –, o exemplo de Veneza coloca em xeque a avaliação de Bodin sobre as repúblicas aristocráticas. Ele tem plena consciência de que a história pode lançar um duro golpe contra seu argumento. Ao contrário dos florentinos, os venezianos não conheceram os tumultos entre os cidadãos e experimentaram, por longo período, a estabilidade política.[21] Mesmo tendo a soberania dividida, aquela próspera república não conheceu outros governantes senão aqueles que os seus cidadãos escolheram, legitimados pelo voto, seguindo a vontade da maioria. Muitos fatores podem explicar a superioridade dessa república. O próprio Bodin não se esquiva de reconhecer que "nestas circunstâncias, a superioridade dos venezianos se explica ou pela virtude bélica, ou pela igualdade expressa nas leis, ou pela religião, ou pela magnitude do poder e dos bens ou pela variedade das suas artes".[22]

Também entre os aspectos que intrigavam o francês está também o fato de Veneza jamais ter conhecido o poder dos tiranos. Se observássemos a glória das armas e a extensão do seu território, concluiríamos que ela obtivera conquistas tanto quanto qualquer outra república cuja soberania não dividida poderia ter conseguido. Não bastassem todas as virtudes, era preciso levar em conta a característica dos cidadãos. Ao agir, eles primavam sempre por orientar-se segundo a prudência.[23] Surpreende, então, que mesmo reconhecendo esse aspecto, Bodin tenha condenado essa repúbli-

---

legislador soube dar tão boa educação aos lacedemônios, que cada um deles preferia sofrer mil mortes a submeter-se a um senhor ou reconhecer outras instituições que as de Esparta". Cf. *Discurso da servidão voluntária*. São Paulo: Brasiliense, 1999. p. 85-6.

[21] Cf. William J. BOUWSMA. *Venice and the defence of republican liberty*. Berkeley: University of California Press. 1968.

[22] Jean BODIN. *Op. cit.* p. 216b, L.50-53 (415b, L.07-08).

[23] *Ibidem*. p. 217a, L.07-10 (415b, L.32-38).

ca. Se os cidadãos agiam em acordo com a prudência, por que o pensador não aceita a participação dos mesmos na soberania? Por que estes deformaram a autoridade suprema do poder político? Enfim, tendo por base a característica dos cidadãos, a prosperidade e a estabilidade política em Veneza, não há como chegar a outra conclusão sobre a mesma a não ser que ela foi uma forma legítima de soberania e um modelo de república equilibrada. O pensador francês é, então, obrigado a admitir certas virtudes da soberania aristocrática?

Para não se contradizer ou apresentar contradições inerentes àquela forma de soberania, ele teve que escolher outro caminho que não o de tentar mostrar as fragilidades políticas originadas na divisão do poder. A opção não era simples, pois parece que ele pretendia reprovar a soberania veneziana exatamente por suas virtudes. No entanto, o pensador argumenta que certas virtudes políticas não são indício de uma soberania forte e potente. Como não havia maiores problemas em relação à forma daquela soberania, é preciso examinar os resultados que ela proporcionou. A manutenção da independência frente a outros povos é o primeiro fator de destaque. O pensador não mede palavras para reconhecer o feito, porém, atribui como causa do mesmo uma razão exterior à qualidade da soberania e dos cidadãos. Ele reconhece que

> é verdade que os venezianos se valem de grande prudência para tomar resoluções sobre a república e sobretudo para empreender guerras, concluir alianças, defender a paz. Tal prudência, ainda que seja enorme, é ainda maior para a manutenção do poder, porque a situação favorável do lugar pode muito facilmente conter todos os acessos.[24]

---

[24] *Ibidem.* p. 217a, L.26-32 (416a, L.01-10).

CAPÍTULO VIII — A DECADÊNCIA MORAL EM VENEZA 349

A estratégia bodiniana será mostrar que as virtudes da aristocracia se deviam a fatores que não estavam diretamente relacionados às virtudes políticas apontadas acima. Se, por um lado, ele reconhece a prudência nas deliberações políticas, por outro, atribui aos fatores geográficos a facilidade da própria conservação contra os inimigos. O argumento exprime certa dubiedade. Entre o elogio e a dúvida sobre as qualidades dos venezianos, o francês tenta fazer com que seus argumentos resistam à evidência histórica que confirma a relação entre liberdade e fortalecimento do poder político veneziano. Ao atribuir a prosperidade daquele povo à localização espacial — causa meramente geográfica, ele indiretamente nega que a potência da república aristocrática era proveniente da qualidade do poder político. Tira-se assim o mérito dos cidadãos, transferindo-o para uma característica da natureza do local.

Quanto mais Bodin procura argumentar sobre eventuais problemas da soberania veneziana, na mesma proporção seu texto oscila entre o elogio e a reprovação. Ao mesmo tempo em que reconhece os méritos da organização militar, ele levanta uma objeção ao fato de os venezianos darem mais importância às leis do que à organização dos exércitos. Seu argumento é que se deve tanto proteger as leis quanto cultivar as armas.[25] O sentido negativo da crítica recai sobre as prioridades imediatas dos venezianos e não sobre as ações do governo sobre os cidadãos e destes em relação àquele. Embora Bodin reprovasse a pouca importância dada aos exércitos, seu argumento atinge apenas a periferia do problema. Em relação ao centro, ele parece estar de acordo.

Essa impressão fica mais nítida quando passamos ao tema da rotatividade do governo dos notáveis. Em princípio, a alternância nas posições de governo é reprovável, pois reflete certa fragilidade, insegurança ou instabilidade das instituições. Mas não no caso de Veneza. Bodin faz questão de destacar os motivos. A coerência ao

---

[25] *Ibidem.* p. 217a, L.40-45 (416a, L.19-25).

preservar a moral dos cidadãos antes de dar relevância ao número dos votantes é o indício claro da superioridade. A soberania manteve-se aberta à participação dos melhores cidadãos, reconhecidos como notáveis. Mais do que isso, Veneza teria encontrado uma solução para o dilema que levara Florença à ruína. Entre preservar o valor moral ou o numérico, como critério para a escolha dos cidadãos, eles ficaram com o primeiro. Os venezianos legitimaram sua forma de soberania, primando pela sua própria qualidade. A rotatividade expressa então o vigor desse critério que, de certa maneira, seleciona os cidadãos. Quanto mais se sucedessem, menor o perigo de um deles agir como tirano. Como aquela república estava repleta de cidadãos virtuosos, ela podia abusar da rotatividade, sem que isso implicasse a criação de problemas políticos. A alternância é um artifício para manter o maior número de cidadãos moralmente superiores, sempre participando das decisões políticas. São claras as razões por que não se tornam tiranos:

> Mas nada é garantia maior para a defesa da república aristocrática do que o fato de nenhum poder ser perpétuo nem ser atribuído sem associados, e sim deve ser limitado a dois, três ou seis meses, ou no máximo um ano. Na verdade nenhum poder há onde os cargos são perpétuos e supremos, como o Doge, os procuradores D. Marco e Cancelários.[26]

Bodin está entre aceitar a evidência histórica da superioridade veneziana e testar alguma alternativa que conseguisse invalidar todas as virtudes daquela república. Para não se render aos

---

[26] "Mas, não estando dividida entre os magistrados, observo que nenhuma república aristocrática é mais protegida, porque nenhum poder é perpétuo, se o poder estiver fixado em um deles durante o tempo de um bimestre, ou trimestre, ou semestre, ou no máximo de um ano. Aqueles que de fato têm o poder perpétuo e as máximas honras não detêm nenhum poder supremo" *Idem.* p. 217ba, L.21-28 (416b, L.10-19).

CAPÍTULO VIII — A DECADÊNCIA MORAL EM VENEZA 351

fatos, o pensador não só retorna à crítica da qualidade moral dos cidadãos, tal como fizera na oposição a Maquiavel, como a radicaliza. Seu apoio passa a ser o exemplo de Esparta e seu objetivo é atingir o que seria a maior virtude de Veneza: a liberdade. O problema estava em encontrar razões suficientes para mostrar que a liberdade não representa uma virtude acima de qualquer outra. Para ultrapassar a dificuldade, o pensador não concentra o ataque exclusivamente sobre esse tema, mas enfoca as consequências advindas do desfrute da liberdade para a má organização da república. Pois,

> finalmente, é por terem usufruído do poder alternadamente e na mais completa liberdade, a qual deve ser preservada, que os cidadãos e os estrangeiros de bom grado cultivam a paz; esta é a principal razão por que se louva muito a república dos venezianos: ali se vive a mais completa liberdade (*summa libertate illic vivitur*).[27]

Nesse caso, o viver a liberdade aparece como um aspecto mais importante do que a maior autoridade da república, a soberania. Não por outro motivo, ele se refere à suprema liberdade (*summa libertate illic vivitur*) e não ao poder supremo dos venezianos. Essa característica reflete um desvirtuamento das ações do governo quanto ao fim último da república, pois "a liberdade não é o motivo da constituição das repúblicas, mas sim o bem viver".[28]

Há aqui a substituição tanto dos fundamentos quanto da finalidade da instituição da república. Em Veneza pode-se admitir que a instituição da soberania e da república responde a outra demanda que não àquelas por justiça, igualdade da submissão e interrupção da desigualdade na relação entre os fracos e os fortes. De outra maneira, é possível reconhecer que a autoridade máxima da

---

[27] *Ibidem*. p. 217b, L.54-57 (416b, L.50-57).
[28] *Ibidem*. p. 217b, L.54-59 (416b, L.50-59).

soberania em Veneza não atende a todas as necessidades dos súditos, cabendo a eles definir outros caminhos para responder a novas demandas. O deleite provocado pelo desfrute da liberdade contempla seus anseios pessoais, mas não atinge todas as demandas políticas que a soberania demanda. Enfim, os venezianos concordam com o fato de que a criação da soberania é necessária, mas não suficiente, e que o arranjo político proposto deverá ser alterado quando os cidadãos assim o desejarem. O que Veneza propunha como alternativa original, mas não convincente, pelo menos aos olhos de Bodin, era a relativização do estatuto da autoridade que detém o poder supremo, o qual ocupava o mesmo lugar que o da liberdade. Considerando a virtude dos cidadãos, Bodin adverte que Veneza apresenta um problema semelhante ao que encontramos no projeto de Maquiavel. O pensador florentino teria destruído a hierarquia dos valores morais para defender uma soberania dividida, sem se importar com quaisquer cidadãos que pudessem assumir as rédeas do poder. Os venezianos, seguindo pelo mesmo caminho, não chegam a destruir a soberania, mas colocam as virtudes morais em um patamar igual ou superior ao de outros interesses, como os da instituição e conservação da soberania. Em última análise, como ele não pode contestar os fundamentos de Veneza nem com base na prudência dos cidadãos, nem recorrendo às evidências históricas, o exemplo da soberania força-o a construir uma objeção ao valor mais importante desta república: a liberdade cívica.

No entender do francês, a liberdade pode ser entendida pelo cidadão comum como dar vazão a todas as espécies de instintos e desejos, principalmente por riquezas, honras, cargos, ao prazer entre outros. O desfrute de todos os aspectos em uma organização política nos faz pensar que os cidadãos vivem na mais completa licenciosidade. Contra isso, o pensador apresenta a necessidade de se restabelecer o poder das virtudes. É preciso separar em campos distintos a liberdade da virtude moral. A liberdade irrestrita quanto aos desejos ou instintos (*ac libidini tam effusè blanditur*) é incompatível com o título de república louvável – segura, imponente sobre os adversários internos e externos. Além disso, é uma afronta tanto aos fundamentos quanto à finalidade de qualquer organização política modelar. Ele conclui: "mas se consideramos preferível a virtude, não vejo por que Veneza seja a mais notável das repúblicas".[29]

A caracterização da liberdade exclusivamente como valor moral e a desvalorização da sua feição política, além da recusa da posição privilegiada de Veneza em relação a outras repúblicas, explica os elogios que Bodin teceu a Esparta quando analisou seu *status* na parte *De statu Espartanum*. Naquele momento, sem explicar os motivos, ele avaliou que essa república era um exemplo de poder político estável, sem jamais ter colocado em segundo lugar os fins supremos de sua soberania em benefício de qualquer valor moral que abalasse o bem público. O rigor dos espartanos em relação às virtudes morais se reflete numa república mais equilibrada e menos permissiva. Bodin denuncia o perigo de a liberdade vir a se tranformar em licenciosidade, no sentido negativo da destruição da autoridade, ou no de anulação do princípio da supremacia do poder da soberania. "Assim, poderes, magistraturas e cargos não produzem cidadãos felizes; muito menos uma excessiva liberdade, que traz a ruína a uma cidade bem constituída. E a escravidão é torpe, embora a licenciosidade o seja mais para o faltoso".[30]

Para fechar o argumento, o pensador recorre à força das imagens. Se a família, como vimos, é a imagem da soberania segura, o navio desgovernado representa a perda completa da autoridade. Esta é fragilizada ao ser colocada num mesmo plano que outros interesses em jogo na política[31], como o desejo de liberdade. A convicção de Bodin quanto à perniciosidade da inversão moral que pode conduzir os homens da prática da liberdade à licenciosidade, que foi levada a cabo pelos cidadãos venezianos, sustenta-se nessa preocupação com a realização da finalidade última da repú-

---

[29] *Ibidem*. p. 217b, L.57-218a, L.06 (416b, L.59-417a, L.08).
[30] *Ibidem*. p. 218a, L.42-46 (417a, L.52-58).
[31] *Ibidem*. p. 219a, L.19-24 (418a, L.59-418b, L.07).

blica. Durante a crítica, uma questão de fundo acompanha suas indagações: entre liberdade e segurança, o que estabelecer como fim? As objeções endereçadas a Veneza não visam responder a essa questão, mas reafirmar a superioridade de uma república que mantém a supremacia da autoridade política como princípio insubstituível de seu ordenamento, pois,

> para que não restem dúvidas, nenhum juízo da melhor e superior república é mais importante do que corajosamente conter os inimigos e manter os cidadãos na suprema tranquilidade. Os venezianos se acostumaram facilmente a ser vencidos pelos inimigos; nem seus cidadãos puderam contê-los, de modo que não fossem executados ou exilados dezoito doges.[32]

Tanto a oposição aos elementos da soberania popular defendida por Maquiavel quanto a crítica à liberdade que inspira a lassidão moral, própria de Veneza, eram os alvos, por excelência, do julgamento sobre as repúblicas. Analisando por esse ângulo, a apresentação da teoria da soberania de Bodin contém uma crítica frontal a alguns aspectos que eram o fundamento da experiência republicana na Itália renascentista, tanto em sua versão mais próxima do povo quanto naquela claramente aristocrática. A contestação destes princípios pode ser entendida como um trabalho de deslegitimação das formas da soberania alternativas à monarquia. O pensador ataca as duas experiências republicanas do Renascimento italiano e europeu.[33] Contra elas, Bodin apresenta uma alternativa que, se por um lado não se encaixa nos modelos teóricos medievais, por outro lado é francamente conservadora. À frente explicaremos o porquê.

---

[32] *Ibidem.* p. 218b, L.55-219a-03 (418a, L.30-38).

[33] "Florença torna-se, assim, com Veneza, a fortaleza do republicanismo em um tempo no qual o traço comum a muitas cidades estado italianas era instaurar-se segundo formas mais ou menos marcadas pelo principado. Desta

No entanto, mais importante do que julgar a modernidade, ou não, da perspectiva de Bodin, é observar como a concepção do *Methodus*, isto é, criar um método para conhecer a história e julgar a política, segundo critérios da *civilis disciplina*, pavimenta um caminho de acesso a esse embate entre duas posições político-teóricas fundamentais do Renascimento. Observando como o pensador confronta as posições políticas e teóricas que marcavam o seu tempo pode-se entender seu esforço em fundamentar o conceito de soberania. Não se pode deixar de notar que, caso tivéssemos seguido pela trilha do debate sobre os fundamentos jurídicos da república, certamente esses exemplos, ou não constariam no trabalho, ou ocupariam um lugar de menor importância no exercício de julgamento das formas da soberania. Tanto a contestação do *stato misto* quanto da figura do doge como monarca têm de ser analisadas na obra de Bodin, em função da necessidade de se provar a importância da soberania. Por isso

> Bodin destrói o mito do *stato misto* em dois movimentos. Primeiro, ele demonstra que a aristocracia que forma o *Gran Consiglio* é o único possuidor da soberania de estado; segundo, que o poder supremo não é representado pelo doge, que o doge não pode ser assimilado como monarca, que o dogato não é o sinônimo da monarquia, é uma conclusão óbvia: o princípio democrático não tem lugar nesta república, neste já arquetípico *stato misto*[34]. [A consequência disso é que:]

> luta nasce o humanismo civil, a consciência da importância do papel do cidadão no interior da comunidade civil. O ideal clássico, sobretudo romano, do *civilis* da república tinha sido recolocado, pelos humanistas, como o modelo a ser seguido na cidade republicana, assim como o empenho político se tornava a máxima expressão da *virtù*". In: Giovane SILVANO. *'Vivere civile' e 'governo misto' a Firenze nel primo cinquecento*. Bologna: Patron Editore, 1985. p. 15-16.

[34] Elio GIANTURCO. "Bodin's conception of the Venetian constitution and his critical rift with Fabio Albergati". In: *Revue de Littérature comparée*. N.2, 1938. p. 686-87.

é nesta destruição do mito do *stato misto* que o conceito de soberania mostra sua eficácia como um critério para a interpretação do fenômeno político. Para Bodin, a soberania é a essência do estado. Descobrir onde a soberania está centralizada é descobrir a essência, a *forma* (em sentido escolástico), do estado.[35]

A análise de Bodin é feita com base na opinião de historiadores como Sabelico e Donato Giannotti.[36] Mas sua intenção é a de combater o mito que se criou em torno da estabilidade política e da liberdade dos cidadãos.[37] Quanto a esse aspecto podemos

---

[35] *Ibidem.* p. 687.

[36] Giovanni SILVANO nota a diferença entre Bodin e Giannotti: "a obra giannottiana, de fato, não 'descreve' os termos característicos do mito porque ela é uma importante sistematização daqueles termos. Neste sentido, a distância entre o modo de se aproximar das 'ordini' de Veneza de Gioannotti e de Bodin é grande". In: *La repubmica de Viniziani – Ricerche sul Repubblicanesimo veneziano in età moderna.* Firenze: Leo S. Olschki, 1993. p. 35. Cf. Francesco GIANNOTTI: *Libro della republica de' Viniziani;* F. GILBERT. "La constituzione veneziana nel pensiero politico fiorentino". In: *Machiavelli e il suo tempo.* Bologna: Il Mulino, 1977.

[37] Giovanni Silvano avalia assim o tema, valendo-se de algumas palavras de Guicciardini: Silvano avalia que: "A república de Veneza, de fato, não era corrupta, mas sim a mais perfeita de todos os tempos: sua forma constitucional foi temperada pelas melhores leis possíveis. Nessa concórdia social não se deram sedições internas e também ela foi rica em espíritos magnânimos, que a governaram com prudência e *virtù*, donde adveio o motivo por que esta não tem qualquer inveja da república romana nem da dos Lacedemônios. 'E posto que os romanos possuíssem o maior império, tanto quanto é possível qualquer um notar, não penso que a nossa república seja menos honesta e feliz. Porque a felicidade de uma república não consiste na grandeza do império, mas, sim, no viver com tranqüilidade e paz universal. Em relação a estas coisas se pode dizer que a nossa república foi superior à romana e eu creio que ninguém poderia me repreender corretamente'". In.: *La republica de Viniziani – Ricerche sul Repubblicanesimo veneziano in età moderna.* Firenze: Leo S. Olschki, 1993. p.46.

CAPÍTULO VIII — A DECADÊNCIA MORAL EM VENEZA 357

comentar inclusive que Maquiavel siga, em alguns momentos, pela mesma linha de contestação[38], mas a diferença em relação a Bodin é que o florentino está empenhado em defender um modelo de organização política que tem como pressuposto a participação dos cidadãos nas decisões do poder, enquanto o francês pretende contestar isso definitivamente. Como se pode observar,

> a paz interna de Veneza parece ser de fato um mito risível a Bodin: a relativa tranquilidade da qual ora gozava a república, mais que de suas boas disposições, era o fruto do deplorável abandono da arte bélica; antes, a cidade foi atormentada por inúmeras guerras civis, sedições, conjurações, e as discórdias profundas dos cidadãos não são jamais vistas em pequena quantidade...[39]

Na *République* Bodin manterá a crítica em relação à república veneziana, mas o texto perde muito do vigor dos argumentos que encontramos no *Methodus*. Nossa explicação para essa alteração é que, no último caso, os exemplos históricos de Veneza e da liberdade civil republicana em sentido estrito constituem, juntamente com a obra de Maquiavel e sua defesa de uma suposta sobe-

---

[38] Henry WEBER comenta que: "Para Maquiavel há uma diferença essencial entre Esparta e Veneza, de uma parte, e Roma, de outra, a qual separa um governo aristocrático de um governo popular ou misto (*Discorsi*, I, 5). Ele reconhece sem dúvida que Esparta e Veneza duraram mais tempo do que a Roma republicana, mas essa vantagem lhe parece bem frágil, porque nem Esparta nem Veneza souberam resguardar suas conquistas, a república romana conquistou um vasto território e fundou um império durável". In: *Op. cit.* p. 233.

[39] Giorgio CADONI. "Bodin, Giannotti, Niccolò Crasso e Venezia". In: *La "République" di* Jean Bodin *— Atti del convegno di Perugia*. Firenze: Leo S. Olschki, 1980, p. 131.

rania popular[40], os elementos primordiais do processo de julgamento realizado nessa obra de 1566. Tal exemplo é parte decisiva no trabalho metódico de demonstração da superioridade da soberania monárquica.

---

[40] Sobre este aspecto é preciso considerar também a diferença entre as posições de MAQUIAVEL e GUICCIARDINI. Para uma análise completa do problema cf. Felix GILBERT. *Machiavelli ad Guicciardini – Politics and History in sixteenth-Century Florence*. Princenton: University Press, 1965. Para resumir, Giovane SILVANO comenta que o trabalho de GUICCIARDINI: "...era o resultado da convicção de que a cidade de Florença não poderia, de nenhum modo prosperar sem o tradicional apoio da parte de sua era aristocracia..." In: Giovane SILVANO. *'Vivere civile' e 'governo misto' a Firenze nel primo cinquecento*. Bologna : Patron Editore, 1985. p. 60. Conferir do próprio Francesco GUICCIARDINI. *Dialogo e Discorsi del Regimento di Firenze*. Bari: Laterza. 1932.

Capítulo IX

A república excelente: soberania monárquica

1. A monarquia débil

A crítica aos fundamentos das soberanias não monárquicas não encerra o julgamento sobre as repúblicas. Mesmo em relação à soberania monárquica, Bodin vai apontar como determinados aspectos podem perverter o fim para o qual as repúblicas devem se orientar: a justiça da dominação e a tranquilidade dos cidadãos. De fato, a crítica não se dirige à monarquia em sentido estrito, mas a aspectos característicos das outras formas da soberania que podem pervertê-la. O principal deles é a possibilidade da eleição dos governantes. Se tal procedimento não é um mero resquício daquelas concepções republicanas de poder político, pelo menos o uso do dispositivo da eleição para os ocupantes do poder supremo fora uma prática instituída como precondição para o exercício da liberdade política. Como tal expediente era inaceitável ao pensador francês, ele se impõe a última etapa de julgamento: "resta refutar a eleição do rei com argumentos necessários".[1]

A parte que finaliza o capítulo VI – *In Monarchia Fugienda est Electio*[2] – pretende dar fim ao escrutínio. O alvo é o fundamen-

---

[1] Jean BODIN. *Methodus*. In: *Op. cit.* 220b, L.06-07 (420a, L.38-40).
[2] Na tradução: "Evitando a eleição na monarchia". Cf. *Ibidem*. p. 220b, L.05 (420a, L.25).

to das decisões nas repúblicas democráticas e um dos principais instrumentos das aristocráticas. Em nenhum momento até o presente Bodin defendera explicitamente a eleição como instrumento de escolha do rei, embora tenha assinalado que o assentimento do povo também tem participação na sua instituição. A afirmação é ambígua, podendo ser interpretada tanto no sentido de que o povo confirma e, de certa forma, participa diretamente da indicação do rei, quanto no sentido de que o povo apenas demonstra sua aprovação aos reis por eles se assemelharem aos pais:

> No entanto, os reis procuraram sua linhagem a partir da grande quantidade de homens livres a quem poderiam ter transmitido [o poder]; os que fossem estimados por sua justiça eram cultuados não somente quando vivos, mas também quando mortos, e seus filhos tornavam-se reis pelo povo, porque julgava-se que haveriam de ser semelhantes aos pais, como escreve Políbio.[3]

O problema da passagem está em entender exatamente qual o grau de interferência da vontade do povo na instituição do monarca. No momento em que faz essa afirmação, Bodin não se esforça para esclarecê-la. Alguns intérpretes veem nesta ambiguidade um elemento, entre outros, a confirmar as inconsistências do *Methodus* para apresentar a teoria do absolutismo monárquico. Como no caso da limitação do poder dos reis, a escolha dos mesmos pelo povo é outra prova de que tal teoria absolutista era ainda incipiente. Nossa hipótese é de que a ambiguidade é intencional e constitui um momento fundamental de seu projeto de julgar as soberanias monárquicas. Bodin está ciente de que várias delas sucumbiram devido a fatores que precisam ser atacados. Se levarmos em conta que a apresentação dessa forma da soberania no *Methodus* também segue o ato de julgamento das formas da soberania, é preciso considerar que os aspectos ambíguos aqui constituem elementos desse

---

[3] *Ibidem*. p. 192a, L.27-38 (383a, L.39-53).

processo. Desta forma, a afirmação de que o povo mantém alguma relação com a instituição do monarca não é uma contradição quanto ao que o pensador vinha defendendo sobre a soberania nem pode sugerir algo como a dependência da supremacia do monarca da aceitação ou não dos súditos.

O que seriam detalhes que distinguem certos tipos de monarquia passam a ser, de acordo com o argumento bodiniano, indicativo que põe sob suspeita a possibilidade de que essa forma da soberania cumpra o seu fim verdadeiro. Uma dessas inquietações vem da má compreensão dos problemas envolvidos na sucessão do responsável pela soberania. Alguns filósofos, como Aristóteles, foram incapazes de perceber que a soberania pode se dissolver quando os súditos não identificam com precisão concretamente a quem cabe a autoridade da soberania. Quando isso poderia acontecer? Exatamente se os súditos tiverem a opção de escolha do ocupante da soberania: "o que [Aristóteles] julga em verdade pernicioso, por muito mais absurdo me pareça. Com efeito, o primeiro interregno de um rei a outro é muito perigoso, porque a república, como um navio sem piloto, é lançada às ondas revoltas e, muitas vezes, afunda".[4]

Esse intervalo (*interregnum*) em que a soberania não é ocupada e a autoridade permanece em suspensão, isto é, sem alguém que possa responder pelo poder supremo constitui ameaça. A indecisão sobre quem é o responsável pelo poder abre uma fenda para que o imprevisível avance soberania adentro e dê vazão a instabilidades. Interregno é como Bodin denomina esse momento de indecisão. De acordo com ele, Aristóteles cometeu o equívoco de não perceber que a sucessão hereditária é a forma mais segura de transferência de poder entre reis, não abrindo espaço para que se levantem dúvidas quanto à legitimidade e à supremacia do soberano.[5] O problema se concentra, então, sobre a indeterminação que

---

[4] *Ibidem*. p. 220b, L.24-27 (420b, L.07-11).

causa a falta de comando (*gubernatori*) na república. A razão de Bodin insistir na gravidade do problema reflete sua desconfiança em relação à capacidade do povo escolher o monarca. Como no argumento contra a soberania democrática, não se pode conhecer as vontades dos que votam ou prever os resultados das suas escolhas. Bodin é categórico quanto a esse critério, pois , "de outra parte, são inexplicáveis, com exatidão, as razões que levam [os súditos] a eleger um príncipe".[6]

Aqui é válido também o argumento que coloca em dúvida a qualidade moral dos cidadãos para responder a uma tarefa que comporta tantos riscos. A perspectiva bodiniana denuncia e pretende restringir quaisquer fatores que possam desestabilizar a soberania diante das mudanças que ela venha sofrer. Para reforçar o argumento em favor da estabilidade na sucessão, o francês afirma que a justiça – no sentido de exercício da autoridade – e a virtude moral são incompatíveis com a imprevisibilidade característica do jogo das vontades e das escolhas que envolvem todas as eleições, portanto, todo o *vivere civile* próprio do exercício da liberdade tão francamente defendido por Maquiavel. Como, no entender do pensador francês, o povo é destituído de razão e prudência (*ratione ac prudentia*), é um enorme risco deixar a substituição da soberania a cargo do imponderado. Na impossibilidade de serem afastados definitivamente os eleitores da sucessão do rei, seria preciso, pelo menos, restringir ao máximo o número de participantes no pleito, sob pena de a república ser tragada pela indeterminação presente e pela imprevisão quanto ao futuro, ao qual todas as escolhas se abrem. Pois,

> não é possível (isso) ser feito corretamente pelo povo todo, como quis Aristóteles, pois [o povo] é destituído de razão e prudência. Portanto,

---

[5] *Ibidem*. p. 221a, L.08-10 (421a, L.03-06).
[6] *Ibidem*. p. 220b, L.36-37 (420b, L.21-22).

CAPÍTULO IX — A REPÚBLICA EXCELENTE

é preciso que isso seja feito por poucos e pelos melhores, e quanto ao povo, sendo contido, as legiões lhe resistirão.[7]

Mas por que exatamente a eleição seria um sinônimo da instabilidade? O pressuposto da eleição, a livre escolha, incentiva a disputa pela soberania e alimenta a ambição pela autoridade suprema. Bodin sustenta que a força da república reside em uma espécie de concordância, ou confiança, que os súditos mantêm em relação ao poder do monarca. Recordemos de seu apreço pela fixação da idéia de harmonia no horizonte das finalidades últimas do poder político. Apenas a monarquia apazigua o desejo pela supremacia, e a sucessão hereditária afasta todas as possibilidades de se colocar em dúvida a origem e as razões que podem tornar um homem a maior autoridade da soberania. Qualquer dúvida quanto à origem do príncipe ou mesmo quanto à sua qualidade moral e à prudência de seus atos seria letal para a segurança da soberania. Quando os súditos desconfiam do soberano, o poder supremo se mantém apenas por meio do crime e do dinheiro.[8] Como vimos anteriormente, pela força se instaura o poder do tirano e com o exercício da injustiça no poder, os súditos se veem estimulados a destruir o soberano.

Bodin adota uma posição extrema em relação à eleição. Ele confessa não conhecer nenhuma república que tenha optado por essa forma de sucessão do monarca. No entanto, reconhece ter existido uma fórmula, encontrada na biblioteca de Beauvais, para "eleger e consagrar" o rei. Nesse caso ele se refere à entronização de Henrique I, pai de Françisco I. Ao apresentar esse exemplo, ele parece apenas reconhecer a exceção da história francesa em meio a outras repúblicas que se constituíram como soberanias monárquicas. Ao contrário de estabelecer as condições para a eleição do monarca, ele emite a sentença definitiva em relação ao tema: "não o vejo

---

[7] *Ibidem.* p. 220b, L.37-41 (420b, L.22-30).
[8] *Ibidem.* p. 220b, L.59-221a, L.05 (420b, L.53-58).

[o monarca eleito] como superior, nem como um monarca de um dos reinos mais bem constituídos, criado por eleição; e certamente não se manteria por tanto tempo, se fôssemos aos sufrágios".[9]

Como contraponto à eleição dos reis, Bodin enfatiza que a estabilidade e a tranquilidade dos cidadãos são as finalidades últimas da república. De acordo com a classificação bodiniana, a estabilidade dos reinos ocupa posição oposta à liberdade dos florentinos. Não se trata aqui de estabelecer uma negação pura e simples, mas de apresentar uma espécie de escala de prioridades para a república, na qual a estabilidade aparece em primeiro lugar, muito distante da liberdade. Seria preciso, antes de tudo, preservar a supremacia da autoridade da soberania em relação a qualquer outro fator que pudesse concorrer com ela. Em segundo lugar, seria preciso reconhecer que esse objetivo pode ser atingido caso a soberania se concentrasse na figura do rei, pois,

> em verdade, não se pune por outro motivo. Persas, gauleses, britânicos e hispânicos podem observar o poder de forma melhor do que por um edito de sucessão. E mais, os florentinos, tendo aceito a liberdade, como por muito tempo desonrassem a cidade e a si próprios com a guerra civil, não encontraram nenhuma saída: por um acordo único perante os enviados do sumo Pontífice, procuraram obter que enviassem um homem de estirpe real, a quem concederiam o direito do poder.[10]

Bodin faz questão de frisar que inclusive em Florença se deu essa alteração de percurso em direção da instituição da monarquia. Ele confirma que a liberdade é um elemento de corrupção dos valores na república. Mas por que a submissão dos cidadãos ao monarca seria indício de superioridade? O pensador recupera o

---

[9] *Ibidem.* p. 221a, L.53-55 (421b, L.12-15).
[10] *Ibidem.* p. 222a, L.04-10 (422a, 49-422b, L.02).

argumento segundo o qual a submissão é a realização da justiça, no sentido mais apropriado do termo. A sujeição e o consentimento ao poder do monarca são as causas da harmonia na relação de dominação e, consequentemente, da estabilidade política. Ele novamente argumenta que sua proposta é uma alternativa às respostas dos gregos para o problema do fundamento da justiça. Isto é, Platão pensou estabelecer como critério da regulação das repúblicas a justiça geométrica (*geometrica ratione*). Aristóteles sustentou que a justiça aritmética (*rationes arithmeticas*) garante o cumprimento dos contratos e a aplicação das penas. Porém, defende que os dois critérios são insuficientes para cumprir o que pretendem: "Mas nenhuma das duas é mais correta do que a justiça harmônica. E penso, portanto, esta como o melhor exemplo de todos, que pertence aos governos das melhores soberanias".[11]

O princípio da justiça – a harmonia – é uma modalidade da prudência. Esse fundamento afasta do horizonte das repúblicas a possibilidade do conflito destruidor como em Florença, estabelecendo a segurança como sua finalidade. A matemática permite que se acrescente prudência às decisões dos reponsáveis pelo poder porque, assim como a história dá acesso ao conhecimento do passado das repúblicas, os números possibilitam avançar com segurança com a previsão de seu futuro.[12] Assim, a harmonia que se aprende com os números, quando transposta para o caso da sujeição dos cidadãos, contribui muito mais para a criação e o fortalecimento da soberania do que a proporcionalidade (*aequalibis similitudo*), como sustentou Platão; ou do que a igualdade dos cidadãos (*equalitas*), defendida por Aristóteles. O ordenamento verdadeiro

---

[11] *Ibidem*. p. 222a, L.42-45 (422b, L.38-43).
[12] Cf. Thomas N. TENTLER. "The meaning of prudence in Bodin". In: *Traditio*. Vol.XV, N.15, 1959.

nas repúblicas reside, então, "na harmonia, a qual é a única justiça na relação entre dominantes e dominados".[13]

A defesa da harmonia tem lugar aqui porque cada uma das teorias clássicas apresenta uma grave distorção: supor a divisão dos bens entre os membros da república, no caso de Platão; reconhecer os cidadãos como iguais, no caso de Aristóteles. Muitos filósofos depois dos gregos, por eles influenciados, se não incorreram nos mesmos equívocos, pelo menos cometeram algo muito próximo de seus feitos, o que resultou em gestar e fomentar as revoluções. Na acepção do francês, apenas a justiça harmônica pode realizar e manter o fim verdadeiro da soberania e da república: a paz entre os súditos.[14] Ao estabelecer o fundamento da justiça, que deve regular a relação, tanto dos súditos para com o soberano, quanto dele para com os primeiros, Bodin termina a avaliação dos aspectos que poderiam sugerir qualquer dúvida sobre a forma excelente da república. Vale notar que o pensador não nos apresentará este modelo perfeito e verdadeiro ao final do capítulo VI. O capítulo termina com, digamos, a condenação da monarquia eletiva e a exposição sobre o princípio da justiça. As características da república excelente foram apresentadas ao longo do próprio processo de comparação e de julgamento das formas das soberanias nas repúblicas. Observemos quais são elas e por que correspondem à melhor organização política.

---

[13] Jean BODIN. *Op. cit.* p. 222a, L.50-51 (422b, L.51-54).

[14] *Ibidem.* p. 222b, L.29-32 (423a, L.43-46). Sobre a explicação da noção de harmonia na *République* de BODIN cf. Michel VILLEY. "La justice harmonique selon Bodin". In: *Actes du Colloque International Jean Bodin à Munich*. Munich: Verlag, 1973. Ao final, VILLEY conclui sobre o que se ganha quando se estabelece a justiça harmônica nas repúblicas. Ele afirma que "...assim teremos ganhado um acordo maravilhoso: teremos unido os 'extremos' pelo 'meio' que os 'aproxima'". Cf. *Op. cit.* p. 75.

2. A monarquia excelente: harmonia e matemática

Ao longo do processo de avaliação das formas da soberania, Bodin dá pistas dos fatores que considera como constituintes da república excelente. Em nenhum momento ele a apresentará como se fosse um modelo acabado, perfeito. Seu objetivo era proceder com o julgamento, inclusive em relação à soberania monárquica. Caso ele trouxesse à luz aquilo que concebera como a república verdadeira, estaria imediatamente encerrando o trabalho de julgamento das mesmas. Assim, percebemos que esses elementos lançados ao longo da análise fazem parte do que ele considera como próprios da melhor república.

Um exemplo da distinção entre as repúblicas débeis daquelas excelentes está no estudo sobre a revolução das repúblicas a partir dos números.[15] Aqui o pensador tenta deduzir as revoluções das repúblicas com base na matemática. Ele adverte que não se trata de pensar que todos os êxitos e vicissitudes possam ser regulados pelos números.[16] Eles poderiam apenas nos revelar a ordem já estabelecida por Deus, o criador da harmonia, tanto em relação aos números quanto em relação às demais coisas do universo. Muitos não teriam percebido que a ordem numérica reflete a perfeição da ordem estabelecida por Deus.

Avaliando as implicações da aproximação entre a matemática e a ordem, que Bodin estabelece, Michel Villey adverte que elas podem nos fazer pensar que uma representação do cosmos seja redutível aos números. Tal impressão não é um absurdo completo, pois o próprio francês se propõe a avaliar o curso da história a partir de relações numéricas, assim como prever os acontecimentos, demonstrar que as revoluções políticas mantêm relação com os múltiplos de 7 e 9 ou saber se a história universal é governada

---

[15] *Ibidem.* p. 195a, L.37 (387a, L.51).
[16] *Ibidem.* p. 195a, L.42-43 (387b, L.05-06).

pelo número 6 (se observarmos as mulheres) e 7 (no caso dos homens)[17]. Outra conclusão é a de que o pensador considera um absurdo a perspectiva dos epicuristas, que concebiam o universo como entregue ao acaso; e pensa que um despropósito a idolatria do destino, feita pelos estoicos. Apesar do confronto com essas filosofias, a intenção do pensador francês não era conceber o universo enquanto determinado pela ordem numérica, mas mostrar que a justiça reflete essa ordem, mantendo uma relação estreita com a mesma.

> Bodin se defende contra a sedução do determinismo dos números, obrigado que está a preservar na história a liberdade do homem e, sobretudo, da providência: 'Deus não é sustentado a não ser por suas próprias leis' (*Methodus*, 389). Mas onde o número readquire sua autoridade soberana é na esfera da justiça, da filosofia do direito: sobre a justiça 'fundamento de todas as repúblicas', devem reinar os números.[18]

Vários equívocos foram cometidos, avalia Bodin, na análise da relação entre os números e as repúblicas. O principal deles vem de Platão por ter concebido a estabilidade a partir da igualdade dos bens entre os cidadãos. Este estabeleceu a igualdade dos bens entre os cidadãos como um critério para que a república não arruinasse. O ateniense entendeu que a matemática fornecia uma ordem ao desregramento próprio das relações políticas e humanas. Ao afirmar que as piores doenças de uma cidade são a opulência e a miséria, Platão, na acepção de Bodin, acreditava que a regulação da república conforme os princípios da matemática podia resolver o mal. Por isso concluiu ser necessário igualar os bens entre os cidadãos para que não se vissem como desiguais, ou inimigos concorrentes entre si. A incongruência onde se gesta a instabilidade reside

---

[17] Michel VILLEY. *Op. cit.* p. 70.
[18] *Ibidem.*

justamente na falta de harmonia numérica entre os cidadãos e seus bens: causa da ruína das repúblicas. O problema está localizado nos números e, não, na própria forma da soberania. A análise numérica reflete o caráter das soberanias. Os números são uma forma abstrata de expressar a realidade concreta das repúblicas. O antídoto está em que a interpretação bodiniana da justiça baseia-se, portanto, rigorosamente na matemática:

> ...ele [Bodin] está igualmente convicto de que essa mesma justiça é um princípio ordenador fundamental, reinando no macrocosmo do universo, e que a república justa reflete esse universo em um nível inferior. O que Bodin condena em Platão é o fato dele ter escolhido a má igualdade como modelo de justiça. Ele [Bodin] não teria escolhido a igualdade geométrica para estabelecer a república justa, mas a igualdade harmônica.[19]

O ponto da discordância é, portanto, a concepção de igualdade. Bodin defende a supremacia da igualdade harmônica. Platão sustenta uma espécie de igualdade que engendra um tipo de soberania já corrompida. Em termos gerais: "as constituições se distinguem pelo tipo de igualdade que engendram".[20] Que igualdade seria própria da democracia? Aquela em que todos sempre recebem a mesma parte e pode demandar pela mesma quantidade de poder. Já a aristocracia comporta um tipo de igualdade mais restrito. Isso porque a depender do estrato social a que pertencem os homens têm mais ou menos direito à igualdade. Mas, em que sentido a igualdade da monarquia é harmônica? Esta é uma mistura

---

[19] Mesmo que Ada NESCHKE desenvolva a análise a partir da *République*, ao nosso ver ela se aplica com perfeição à perspectiva do *Methodus*. In: "Souveraineté et transcendance de l'un dans les *Six livres de la République* de Jean Bodin". In: *Études de Lettres*, Lausanne, janvier-mars, 1993. p. 159-60.

[20] Ada NESCHKE. "Souveraineté et transcendance de l'un dans les *Six livres de la République* de Jean Bodin". In: *Études de Lettres*, Lausanne, janvier-mars, 1993. p. 159-60.

das igualdades democrata e aristocrata e o monarca é aquele que "está além dos dois partidos e que, por consequência, é capaz de reconciliar as duas reinvindicações para satisfazer os nobres e o povo.

A crítica do pensador francês não se dirige à compreensão da relação entre o universo e a história com os números, mas às consequências dessa intepretação para a formulação de uma noção de justiça. Segundo Neschke, a preocupação do pensador quanto a isso se dá porque essa concepção metafísica se acopla a uma interpretação sobre o fundamento da justiça. Portanto, é o princípio da justiça elaborado por Platão, e seu pressuposto metafísico, que Bodin pretende contestar[21]. Por isso, a referência aos termos mu-

---

[21] Michel VILLEY avalia que a perspectiva pitagórica de BODIN (apreendida a partir de Boécio) extrai a noção de harmonia da representação matemática da música. Cf. *Op. cit*. p. 71-73. Ada NESCHKE, além de expor os aspectos sobre a teoria musical, como VILLEY fizera, mostra a oposição de BODIN a PLATÃO: "Platão identifica a justiça à igualdade geométrica (*isotès geometriquè*: *Gorgias* 508a, *Lois* 757b) ... Platão estabeleceu a igualdade geométrica, não somente como o princípio que *deveria* determinar a ordem e o estado humano e da alma, mas que, na realidade, determina a ordem do universo visível e invisível". In: "Souveraineté et transcendance de l'un dans les *Six livres de la République* de Jean Bodin". In: *Études de Lettres*, Lausanne, janvier-mars, 1993. p. 159-60. NESCHKE expõe, além disso, um pouco do simbolismo musical e sua relação com a ideia de harmonia a ser apropriada pela filosofia política de BODIN: "para compreender o esquema, é preciso, primeiro, lembrar qual simbolismo Bodin vincula aos quatro primeiros números seguindo o pensamento dos pitagóricos antigos. Esse simbolismo concerne à música e, portanto, à harmonia das esferas. Ele concerne igualmente à criação dos corpos geométricos que constituem o mundo visível. Os números 1-4 produzem, em música, todas as harmonias. O intervalo de 1 a 2 produz a oitava, o intervalo de 2 a 3 produz a quinta, o intervalo de 3 a 4 produz a quarta. Para exprimi-lo de uma forma simples: se eu pego uma corda e a dobro, então, obtenho a oitava inferior, se a dobro em três, obtenho a quinta inferior; se a dobro em quatro, obtenho a quarta inferior. Por exemplo: mi ^{oitava} mi ^{quinta} la ^{quarta} mi". Cf.: *Op. cit*. p. 160.

CAPÍTULO IX — A REPÚBLICA EXCELENTE

sicais traduz a associação que o francês estabelece entre harmonia e prudência. A última representa o equilíbrio entre sons diferentes, tal como observamos em outros momentos:

> Desse modo a república sendo organizada e unida por um concerto sempre agradável, onde não há nenhuma divisão, nenhuma discordância de sons e nem por hipótese pode haver, não vejo como ela possa vir a se arruinar.[22]

Apesar de não defender uma posição rígida até aqui, dissemos acima, o francês lança várias pistas sobre o que entende ser a república excelente. Um trecho que merece especial atenção é a exposição sobre a soberania e as revoluções dos gauleses.[23] Primeiro, porque nessa parte ele faz uma espécie de avaliação da França em sua origem, dividindo-a entre esse povo e o de Marselha. Bodin retorna ao tempo da ocupação de César para contestar a defesa das facções, feita pelo imperador romano. Tais embates trouxeram enormes prejuízos ao povo, elém de conduzir a república à destruição.[24] Desde a análise da tirania e da instiruição da soberania observamos que a plebe foi a mais prejudicada nos conflitos. O importante ao pensador francês é mostrar que a origem da república francesa coincide com a instituição da monarquia, que floresceu tão fortemente como nenhuma outra, sem se dedicar tão fortemente às armas. A que o pensador atribui tal característica? Todos os indivíduos e os reis basearam suas ações nas leis e no direito, e a lei constitucional mais antiga da monarquia reflete essa estabilidade. A lei sálica, que excluía da sucessão ao trono as mulheres des-

---

[22] Jean BODIN. *Op. cit.* p. 195b, L.29-33 (388a, L.10-15).
[23] "Status & conversiones imperii Galorum". Cf. *Ibidem.* p. 206b, L.21 (402a, L.06).
[24] *Ibidem.* p. 207a, L.40-50 (402b, L.40-58).

cendentes do rei[25] é, portanto, a garantia da estabilidade e da força das instituições políticas. Em razão desse princípio, ele apresenta suas restrições à monarquia inglesa, por admitir que uma mulher ocupe o trono real.[26] Por sua vez, na França "há e sempre houve (e desejo que haja sempre) tanta confiança e concordância entre o príncipe e o povo francês, que nunca um povo adotou um príncipe com maior condescendência, nem um príncipe se ligou a um povo com tanto amor".[27] O fato desta harmonia refletir a ordem da natureza dá aos homens o poder de comandar, julgar, discursar e fazer a guerra[28], mas também nos fornece critérios para justificar a superioridade da monarquia.

Ao terminar sua crítica à soberania popular e a Maquiavel, temos a impressão de que a participação dos cidadãos no poder político é a própria imagem da deformação. A mais grave entre todas é a perversão da prudência de todos os cidadãos como o fundamento da escolha na soberania, pois, dada a fragilidade moral do povo, torna-se inevitável que este venha a atuar contra os interessses públicos. Ao concluir que a participação do povo nas decisões da soberania é um risco para a estabilidade da república, ele indica que para que não se incorra nos erros cometidos por Florença é necessário observar (e imitar) a ordem da natureza. Para

---

[25] *Ibidem.* p. 207b, L.10-15 (403b, L.44-54). Para o estudo histórico das origens da lei sálica ver: Ralph E. GIESEY. "The juristic basis of dynastic right to the french throne". In: *American Philosophical Society.* Minesota. Vol.51. N.05. p. 03-47. Para um estudo aprofundado dos rituais que envolviam o poder monárquico francês ver: March BLOCH. *Os reis Taumaturgos.* São Paulo: Cia. das Letras, 1999.

[26] BODIN refere-se à rainha inglesa Maria Tudor (1516-1558), que reinou entre 1553-1558; e ao conturbado problema da sucessão ao trono naquele país.

[27] Jean BODIN. *Op. cit.* p. 210a, L.40-45 (406b, L.44-50).

[28] *Ibidem.* p. 207b, L.10-15 (403b, L.44-54).

chamar a atenção sobre esse aspecto, o francês pergunta: "por que não imitamos a natureza na instituição da república como o fazemos em todas as outras coisas?"[29]

Como já observamos, não é a primeira vez que ele ampara o argumento no tema da natureza, mas aqui a diferença reside em que vai apontar o fato de ela espelhar as icontestáveis hierarquias naturais como prova da superioridade da soberania monárquica. Vale rememorar a passagem em que o pensador comenta a origem da soberania e remete à imagem da família e do pai, como o chefe, e dos demais membros submentendo-se a sua autoridade. Tanto antes como aqui, o eixo principal da discussão é o princípio que vai legitimar a instituição da soberania e a formação da república. Não é por apontar um governante como supremo que a república reproduz a sua ordem perfeita. O grande exemplo é Veneza, pois mesmo que haja ali o soberano é preciso que o que "...é próprio de um único não reproduza uma imagem fictícia do rei, como faz o doge dos venezianos, mas sim uma verdadeira".[30] Tanto nesse caso, como em inúmeros outros, em vez de imitar a ordem natural, as soberanias terminaram pervertendo-a. Para o francês nada mais absurdo do que alguém afirmar que há mais de um chefe numa mesma família. E o que se pode dizer de vários pilotos em um navio ou, segundo ele, de algo impossível, como vários deuses governando o mundo? Caso estes aspectos fossem válidos "Então eu lhe concedo que a soberania aristocrática é preferível à monarquia".[31]

A prova de que não conceber a política como reflexo da ordem natural é um equívoco está na obra dos próprios filósofos. Ele não aceita o fato de os filósofos defenderem as qualidades da aristocracia. As bases de seu argumento não dão margem a qual-

---

[29] *Ibidem.* p. 215b, L.46-49 (414a, L.18-22).

[30] *Ibidem.* p. 216a, L.04-06 (414a, L.42-45).

[31] *Ibidem.* p. 216a, L.06-14 (414a, L.46-55).

quer dúvida quanto à excelência da monarquia: "Se a natureza todas as coisas protesta, a razão discorda, a experiência regular se opõe, não vejo por que devêssemos seguir Platão ou qualquer outro e violar a natureza".[32] Bodin concebe a natureza, a experiência e a razão como os três elementos que fundamentam a prudência. O caso de Platão é emblemático para mostrar que a observação da natureza e o julgamento da razão não foram suficientes para que ele encontrasse o verdadeiro princípio legitimador da soberania. Podemos explicar seus supostos equívocos com base na falta do terceiro elemento: a experiência ou a não observação da história, fonte da prudência. Esses elementos são os três critérios do juízo sobre as formas da república.

A observação da história é suficiente para concluirmos que a soberania concentrada numa só pessoa é mais segura. Essa constatação demonstra indiretamente quão grave foi o erro de Maquiavel, que tanto recorreu à história sem reconhecer, contudo, essa evidência. Bodin deixa entender que a displicência, nesse caso, é a causa de consequências piores, como ter que pedir socorro aos ditadores, comandantes, ou a um indivíduo qualquer ligado aos exércitos. Assim procederam tanto Florença quanto Veneza, que recorreram a ditadores para que cuidassem dos problemas militares e civis. Ele se pergunta:

> Aliás, o que argumentar, quando por incontáveis séculos se foi convencido de que as soberanias democráticas e aristocráticas são perniciosas para o gênero humano?[33]

Toda a análise sobre os números tem como eixo o tema da segurança da soberania e sua relação com a justiça. Neschke sustenta que o conceito de soberania, na acepção bodiniana, reflete o

---

[32] *Ibidem*. p. 216a, L.14-17 (414a, L.55-414b, L.01).
[33] *Ibidem*. p. 216a, L.56-216b, L.07 (414b, L.54-415a, L.09).

CAPÍTULO IX — A REPÚBLICA EXCELENTE

"Um como número e supernúmero".³⁴ Por isso exclui a democracia e a aristocracia. Esse conceito é representado pelo príncipe, mas também pode ser entendido como princípio, o qual tem uma conotação transcendente e simboliza diretamente a ordem perfeita do mundo.³⁵ Segundo Villey, com a música aprendemos que em toda harmonia há uma nota soberana, e diretamente da matemáti-

---

³⁴ Não se pode deixar de observar que ela avalia o problema a partir da *République*. Cf. Ada NESCHKE. "Souveraineté et transcendance de l'un dans les *Six livres de la République* de Jean Bodin". In: *Études de Lettres*, Lausanne, janvier-mars, 1993. p. 159-60.

³⁵ A análise de NESCKE é feita a partir da *République*. Guardadas as diferenças entre as obras, ela pode iluminar a relação entre a perspectiva metódica assumida por Bodin, segundo a qual os princípios se referem aos fatos da história: "... a soberania tal como Bodin a concebe está modelada a partir do Um percebido como princípio transcendente do ser e da ordem dos números simbolizando a ordem do mundo. Diante do modelo do Um, compreendemos por que Bodin reduziu os diversos critérios tradicionais da soberania ao único traço característico da legislação e suprimiu a regra existente, de que o soberano está submetido a suas próprias leis e procure o consentimento do povo. Da mesma forma, compreendemos por que ele insiste, desde o início de sua obra, no poder *unificador* da soberania. A soberania como novo poder legiferante, que não sujeita o soberano a suas próprias leis (*lege soluta*) corresponde exatamente ao poder do Um de impor sua lei sobre todas as coisas, de dar-lhe unidade, mas de não estar ele próprio submetido a qualquer lei. O Um de Bodin é 'princípio', em grego *arché*, o que é às vezes 'origem' e 'poder'. Sendo princípio, nada é pensável além dele. Por essa transcendência, há descontinuidade entre o Um e tudo o que lhe é submetido, o que está expresssso no esquema bodiniano, pelo fato de pôr o Um acima dos outros números. Isso permite constatar que entre o Um, princípio do mundo, e o soberano, há uma analogia perfeita. Com efeito, o soberano estabelece a lei sem estar submetido a ela nem a uma força inferior a ele, contrariamente ao que era estabelecido pelo antigo conceito de soberania. Por isso, a relação entre o soberano e seus súditos é marcada pela mesma descontinuidade que aquela que existe entre o Um e tudo o que lhe está sujeito". In: *Op. cit*. p. 159-60.

ca se percebe que tudo procede a partir do Um.[36] A teoria musical, assim como os números, fornece os elementos para que se possa entender o universo, desde sua origem até a forma como se deve ordená-lo pelas mãos humanas.

> 1) Primeiro a soberania de Deus, o Um que reina sobre o universo; 2) o mundo é construído inteiramente por proporções geométricas ou analogias, à imagem de seu criador; 3) Assim, na política somos forçados a aceitar o princípio de todas as soberanias que formam o centro da teoria dos Estados: soberanias não compartimentadas, indivisíveis e parecidas 'nos termos da geometria'; esta mesma filosofia pode conduzir apenas à monarquia, na qual se realiza com perfeição o reino do Um na harmonia.[37]

O conhecimento da história e dos limites da soberania por meio da matemática se impõe como uma necessidade ao soberano. A permanência no poder depende da sua capacidade de se apropriar desse saber e transformá-lo em decisões práticas. Em outras palavras, a matemática lhe servirá como guia para as intervenções na política. Considerando-se o julgamento das repúblicas, a avaliação das revoluções com base nos números é uma etapa necessária do processo. A matemática aparece como um instrumento capaz de tornar mais precisa e segura a ciência sobre o poder político[38] e

---

[36] Michel VILLEY. *Op. cit.* p. 73.
[37] Continua VILLEY: "Os dois 'estados', democrático e aristocrático, impuros, engendram a 'discórdia'" [...] "o absolutismo do monarca é o absolutismo de sua *lei*, 'prazer do príncipe', no qual a autoridade será soberana na mesma medida que o príncipe não viola as leis divinas. Se ele esteve seguro de outras razões práticas para seu aparecimento [como príncipe], então este positivismo jurídico, filosoficamente, é o fruto do culto lógico do Um". *Ibidem.* p. 72-73.

traduz a própria intenção do método de se colocar como uma ferramenta facilitadora do conhecimento.[39] Na aurora da era moderna, Bodin não tinha outras ferramentas, além daquelas clássicas, à mão para apresentar um método e estabelecer, cientificamente, sua proposta de organização jurídica histórica e política. Por isso, "ele se volta para os velhos *topoi* platônicos do número e tenta fundar sua teoria organizacional dos intervalos e das relações matemáticas".[40] Para arrematar a análise do tema da matemática e mostrar como nossa proposta de trabalho explora um aspecto central desta obra, destacamos a conclusão de Desan: "o que é importante aqui é a atitude metodológica de Bodin e não o resultado de seu empreendimento".[41]

Mesmo que certos aspectos da intepretação matemática tornem questionáveis algumas conclusões a que chega o texto bodiniano, o objetivo do método é trazer à luz uma verdade escon-

---

[38] "A abordagem de Bodin parte assim de uma falsa indução empírica para finalmente conduzir a um método no qual as bases profundas são antes de tudo dedutivas". In: *Ibidem*. p. 122.

[39] Para mostrar que a análise matemática traduz a essência do projeto metódico, DESAN avalia que Bodin "compara a harmonia político-matemática com a harmonia musical. A combinação das ordens geométrica e aritimética conduz à ordem suprema que Bodin nomeia 'harmonia'. Esta harmonia é o símbolo da paz e 'le seul but & coble de toutes les loix & iugemens, & du vray gouvernement royal: comme la justice harmonique est le but du gouvernement geometrique & aritmetique' (*République*, VI, 1058). Esse sistema funde o político ao direito e combina a ciência histórica com a arte de governar. Como no *Tableau du Droit Universel* e no *Methodus*, a harmonia matemática expressa na *République* forma a essência do método Bodiniano. O academicismo de Bodin reaproxima o quotidiano do poder e a ciência se coloca a serviço do príncipe". In: *Ibidem*. p. 123.

[40] *Idem*. p. 123-4.

[41] *Ibidem*.

dida nas histórias e, no seu interior, a verdade sobre as repúblicas.[42] O pensador pretende mostrar que, à medida que se aprofunda o julgamento, mais exata e científica vem a ser a demonstração e a distinção dos fundamentos de organizações políticas débeis e perfeitas. Por meio da matemática, o pensador faz recordar que a análise das repúblicas é parte de um processo de conhecimento das histórias e das ações humanas e o método, além de proporcionar o julgamento, o permite demonstrar que a soberania monárquica é mais justa, segura e estável e que a república fundada no único soberano é a mais perfeita. Bodin finaliza assim o julgamento das repúblicas.

---

[42] *Ibidem.*

Conclusão

Para observarmos o exercício de julgamento das soberanias e da república como movimento necessário da aplicação do método no *Methodus*, dois fatores foram decisivos: tomar o capítulo VI como parte do projeto de conhecimento das histórias; entender o lugar na obra bodiniana do pensamento de Maquiavel, de suas teses republicanas e do exemplo histórico de Veneza. Estamos seguros em afirmar que a apresentação do conceito de soberania e a investigação da política sob a orientação do método são dois fatores que denotam o caráter inovador do *Methodus*, tanto no campo da filosofia política do Renascimento, como no campo do debate sobre o conhecimento da história política das repúblicas na mesma época.[1] Porém, essa percepção fica mais nítida quando comparamos essa obra com os textos que ela própria propõe confrontar. Com relação à tradição aristotélica, que investiga os princípios e os elementos do poder e da comunidade com vistas ao bem viver, e a ciceroniana, que busca as vinculações desses componentes com o direito, esse trabalho apresenta alternativas para fundar o poder absoluto da república sobre um princípio eminentemente político, que traz implicações jurídicas para a forma como se compreende o ordenamento político geral. Em relação aos estudos da metodologia histórica e do conhecimento das histórias, a proposição do método único impulsiona a intenção de se estabelecerem conhecimentos baseados em critérios mais rigorosos, notadamente científicos.

---

[1] Girolamo COTRONEO, *Jean Bodin, Teorico della Storia*. p. 24.

Apesar desses aspectos espelharem as escolhas teóricas do pensador, essas são também o reflexo da necessidade de apresentar respostas aos problemas políticos localizados na França, na segunda metade do século XVI. As dificuldades da monarquia, ao longo dos anos 1560, para mediar os conflitos entre católicos e protestantes, tornaram fértil o solo para que frutificasse a guerra civil. O acirramento do embate ideológico e o questionamento da capacidade da corte para arrefecer os ânimos e dissipar a tensão política tornaram latentes as demandas por medidas extremas. Os radicais tradicionalistas e católicos exigiram decisões firmes da família real. Ainda que a obra de Maquiavel não tenha tido boa acolhida, tanto entre os protestantes, como entre os católicos, Bodin sabia do poder de persuasão da retórica precisa do pensador florentino. A difusão pela França das teses maquiavelianas e republicanas, assim como a importância do conflito nessa obra, também a necessidade da participação do povo nas decisões do poder e da liberdade civil poderiam funcionar como estopim de um embate, cujas proporções seriam imprevisíveis. Qual a relação disto com a perspectiva teórica e filosófica, em sentido estrito, do *Methodus*?

Bodin sabia que a apresentação de uma alternativa política para esse contexto efervescente não poderia vir desacompanhada da contestação dos fundamentos da teoria política que estimulava a liberdade civil e defendia os tumultos. Como o vocabulário político humanista e republicano é quase independente e não redutível à filosofia do direito[2], a alternativa teórica mais consistente é con-

---

[2] Jean-Fabien SPITZ comenta que *The Machiavillian Moment* de POCOCK revê a tradição republicana e mostra que esta se ergueu a partir da defesa "... da independência das cidades italianas nos séculos XIV e XV face às investidas imperiais de sujeição, da existência de um vocabulário político cívico, humanista e republicano, no qual os problemas, as estratégias argumentativas e os conceitos são irredutíveis àqueles da filosofia do direito, mesmo não estando em oposição a ele, pois a defesa republicana e a defesa jurídica, em termos de independência-soberania caminham de mãos dadas". Cf.: "La face cachée de la Philosophie Politique Moderne". In.: *Critique*. N.504, 1989. p. 308.

frontar Maquiavel e Veneza no campo da *civilis disciplina*. O confronto das idéias que poderiam alimentar as intenções de revolta deve, então, dar-se no mesmo campo teórico no qual fora concebido o vocabulário humanista-republicano, a saber, o da filosofia política mantendo estreitas relações com o da história.

Por isso sustentamos que esse tema, no *Methodus*, é um dos pilares da obra, muito mais do que uma das linhas de força nas quais se desenvolvem os argumentos do pensador francês. A contestação da liberdade e da participação dos cidadãos nas decisões do poder faz-se necessária porque Bodin intenta, no fim das contas, preservar as instituições políticas francesas e proteger a monarquia de qualquer sublevação. Por um lado, o declínio das cidades republicanas italianas não selou a morte do ideial de liberdade civil. Ao contrário, ele migrou para o norte anglófono, lá encontrou acolhida e, com a obra de Harrington[3] e seus seguidores, fez nascer um contexto de embate civil e questionamentos quanto à legitimidade da monarquia.[4] Por outro lado, a migração desse ideal republicano para o norte francófono é represada. A obra bodiniana, especificamente o *Methodus*, como observamos, foi importante para

---

[3] Cf. Quentin SKINNER. *Liberdade antes do liberalismo*. São Paulo: Ed. Unesp. 1998.

[4] J.-F. SPITZ comenta as duas hipóteses que orientam o argumento de POCOCK: "A primeira hipótese parte da especificidade irredutível do idioma cívico republicano e, além do mais, já bem conhecido e abundantemente comentado. A segunda hipótese recai sobre o destino posterior deste vocabulário: ele não se apaga com o fim das cidades republicanas italianas, mas ressurge no norte anglófono na obra de Harrington e seus sucessores para constituir em seguida um dos pólos do grande debate que oporá, no pensamento social e político do século XVIII inglês, a imagem liberal-jurídica das relações do homem e do poder a uma imagem cívica e republicana. Esse idioma se transporta, enfim, ao outro lado do Atlântico para representar um papel maior na formação das origens ideológicas da revolução americana". In. *Op. cit.* p.308-309.

a interdição do processo de questionamento da supremacia do poder político dos monarcas. Tal intenção se consumou com a publicação de *Six livres de la République* (1576).

Tomando ao pé da letra esse posicionamento de Bodin teríamos de concluir que o seu legado para a história da filosofia política seria apenas o de um defensor irrestrito da monarquia? Trate-se de um dos algozes dos ideais republicanos para além dos limites da península itálica? O reconhecimento da originalidade da noção de soberania mereceria ter sido obscurecido devido à oposição que sua obra faz a um dos conceitos mais importantes entre os que compuseram as mais significativas obras da filosofia política moderna – o de liberdade? Algum outro legado para a história da filosofia política, além da noção de soberania, se poderia extrair do *Methodus*?

O represamento do ideal de liberdade significou concretamente posicionar, em termos teóricos, de um lado, a soberania e, de outro, a participação do povo nas decisões do poder político, reconhecendo-os como elementos antípodas. Os reflexos da dissociação das duas idéias podem ser comprovados nas obras dos filósofos posteriores a Bodin. No norte anglófono, onde o ideal de liberdade se frutificou e o embate entre republicanos e monarquistas mergulhou a Inglaterra em uma guerra civil sem precedentes, Thomas Hobbes reagiu contra esses ideais. Observa-se isto mais sistematicamente primeiro com a publicação do *De Cive* (1642), mas é com o *Leviatã* (1651) que o filósofo inglês lança a sua mais contundente defesa da soberania monárquica acompanhada da crítica severa à liberdade dos herdeiros de Cícero e dos romanos. Pois,

> ...é coisa fácil os homens se deixarem iludir pelo especioso nome de liberdade [...] Tal como Aristóteles, também Cícero e outros autores baseavam sua doutrina civil nas opiniões dos romanos, que eram ensinados a odiar a monarquia, primeiro por aqueles que depuseram o soberano e passaram a partilhar entre si a soberania de Roma, e depois por seus sucessores. Através da leitura desses autores gregos e latinos, os homens passaram desde a infância a adquirir o hábito (sob

uma falsa aparência de liberdade) de fomentar tumultos e de exercer um licencioso controle sobre os atos de seus soberanos.[5]

Com isso não queremos dizer, contudo, que Bodin, assim como Hobbes, tenham se posicionado contra todo e qualquer tipo de liberdade. O alvo primordial deles, bem entendido, é a liberdade política. Tanto um quanto outro, aprovam que os homens sejam livres para realizar contratos, fazer comércio, atuem sem quaisquer restrições no mercado e promovam a prosperidade econômica. Tal defesa dessa liberdade limitada às relações dos indivíduos entre si e não às destes em relação ao poder político é a gênese de um dos princípios do pensamento liberal moderno. Ainda que seja controverso dizer que Hobbes, e muito mais Bodin, seja filósofo liberal[6], é correto afirmar que a inspiração para a restrição dos filósofos liberais ao que convencionaram chamar liberdade positiva é algo que observamos claramente daqueles filósofos da soberania, produzindo efeito desde o início da modernidade até a contemporaneidade.

A dicotomia e possível inconciliabilidade entre o soberano e a liberdade do povo, em que se baseou boa parte dos textos sobre o poder político supremo por mais de 100 anos depois da publicação do *Methodus*, é parcialmente resolvida por Samuel Pufendorf em *Droit de la nature et des gens* (1672) e John Locke em *Dois*

---

[5] Cf. Thomas HOBBES. *Leviatã – ou matéria, forma e poder de um Estado eclesiástico e civil*. São Paulo: Martins Fontes, 2003. Cap. XXI.

[6] SPITZ faz questão de destacar a percepção de POCOCK a respeito das teses maquiavelianas e do republicanismo de Florença e Veneza. Ele afirma que "Pocock pensa que, trazendo à luz este *axe ignoré* (eixo ignorado) do pensamento político moderno, poderemos, por vezes, alterar a redução da filosofia política à filosofia do direito e romper com um certo número de sabedorias convencionais que tendem todas a representar a evolução do pensamento político após o fim da Idade Média, como uma transição unilinear e monolítica de uma concepção feudal e aristocrática da existência social para uma concepção burguesa, individualista moderna e liberal". In.: *Op. cit.* p. 309.

tratados sobre o Governo (1690) e plenamente respondida por Jean-Jacques Rousseau com a publicação d'*O Contrato Social* (1762). Nesse trabalho, o filósofo de genebra reconcilia os dois elementos.[7] A soberania e o povo passam a constituir o fundamento do Estado moderno reconhecido como republicano.[8] As doutrinas de Bodin e Rousseau, posicionadas uma como antípoda da outra, podem ser vistas como dois pontos nodais da formulação da moderna concepção de Estado, assim como das concepções de liberdade e da relação que os cidadãos devem ter com o poder.[9]

Depois do *Contrato Social*, com a sólida defesa da legitimidade da participação do povo nas decisões do poder soberano, rom-

---

[7] "On voit par cette formule que l'acte d'association renferme un engagement réciproque du public avec les particuliers, et que chaque individu, contractant, pour ainsi dire, avec lui-même, se trouve engagé sous un double rapport; savoir, comme membre du Souverain envers les particuliers, et comme membre de l'Etat envers le Souverain. Mais on ne peut appliquer ici la maxime du droit civil que nul n'est tenu aux engagements pris avec lui-même; car il y a bien de la différence entre s'obliger envers soi, ou envers un tout dont on fait partie". In: J.-J. ROUSSEAU. *Du Contrat Social*. Paris: Gallimard. 1964. T.III, p. 362.

[8] Robert DERATHÉ analisa detalhadamente que entre as diferenças fundamentais entre as obras de BODIN e ROUSSEAU está a defesa da soberania monárquica feita pelo primeiro e a afirmação incondicional da soberania do povo pelo segundo. O aspecto que lhes é comum é sem dúvida a defesa da indivisibilidade da soberania. In.: "La place de Jean Bodin dans l'histoire des théories de la souveraineté". In: Jean Bodin – *Actes du colloque international Jean Bodin à* Munich. Munich: Verlag, 1973. p. 258-260.

[9] "Para quem sabe ler as páginas do *Contrat Social* com a mente livre de preocupações extra-históricas estará quase claro que a doutrina de Rousseau deve a Bodin muito mais de quanto esta declara. A obra política de Rousseau apresenta-se assim como um tipo de reelaboração contínua dos 'materiais' e das fórmulas da *République*, revertendo a teoria bodiniana da soberania em chave democrática". In.: Diego QUAGLIONI. *I limiti della sovranità: il pensiero di Jean Bodin nella cultura politica e giuridica dell'età moderna*. Padova: Cedam, 1992. p. 282-83.

pem-se as barreiras que sustentavam e justificavam teoricamente o absolutismo monárquico, pelo menos na França. A aquisição da liberdade civil torna-se uma pré-condição para que o indivíduo se porte como cidadão e súdito. O poder legítimo dos reis é posto em xeque. As tradicionais instituições políticas que mantinham a sociedade e os cidadãos divididos em hierarquias com base em critérios como a filiação sanguínea e a fidelidade à corte são destruídas. Nesse momento, é colocado em curso um novo tipo de revolução. Não mais para instaurar uma nova forma de soberania, mas sim para trazer à luz um novo sentido para a idéia de república e de participação política, em sentido amplo.

Do ponto de vista da intenção de pensar a política, acentuando os critérios da *civilis disciplina*, vários outros trabalhos depois do *Methodus* avançaram pela mesma trilha apontada por Bodin. Notadamente, Justus Lipsius ao publicar os *Seis livros de política e doutrina civil* (1589) e Johannes Althusius com *A política exposta metodicamente* (1603) estabelecem os alicerces da perspectiva moderna da ciência política, que se restringia ao estudo do Estado.[10]

---

[10] "Como Buchanan e Althusius deixam bem claro no título de suas obras, eles agora consideram estar tratando exclusivamente de política, e não de teologia, bem como do conceito de direitos, e não de deveres religiosos. Além do mais, enquanto Buchanan simplesmente se contenta em deixar de lado o *foedus* religioso, Althusius evidencia que essa omissão é deliberada, observando em seu prefácio que todos os juristas –inclusive Bodin- caíram no erro de confundir a ciência da política com a do direito, ao passo que todos os teólogos igualmente erraram por continuar a permear suas obras políticas de 'ensinamentos sobre a piedade e a caridade cristã', não percebendo que tais considerações são quase igualmente 'inadequadas e estranhas à doutrina política' (pp.1-2). De forma ainda mais consciente do que Buchanan, Althusius ambiciona libertar o estudo da 'política' das restrições impostas pela teologia e a jurisprudência, e devolver 'todos os elementos apenas teológicos, jurídicos e filosóficos a seus lugares apropriados', a fim de concentrar-se exclusivamente no tema independente da ciência política (p. 8)". Cf. Quentin SKINNER. *As fundações do pensamento político moderno*. p. 618.

Quanto às teorias metodológicas que permitem investir em novas intepretações de textos já consagrados, o aspecto instigante é notar como o *Methodus* resiste aos modelos classificatórios das teses sobre o Renascimento. Se retornarmos ao debate mencionado no início deste trabalho, entre os que defendem a continuidade ou a descontinuidade das obras renascentistas[11], em relação às teses da Idade Média e da Antiguidade, concluiremos que a obra de Bodin serve como exemplo para ambas as posições críticas. Os adeptos da continuidade podem dar relevância à defesa da ordem hierárquica do universo – obra de Deus – e da política como projeção desta ordem cósmica no mundo. Aqueles que defendem a descontinuidade podem mostrar que a descoberta de um método para o conhecimento da história aliado à *civilis disciplina*, aprofunda uma senda aberta pelos *studia humanitatis*, proporcionando uma inovação completa em relação à perspectiva medieval de pensar a política. Dependendo do ângulo de observação, as duas matrizes metodológicas podem se fartar de elementos para defender seus pressupostos. A nosso ver, o *Methodus* de Bodin comporta essa tensão entre ruptura e continuidade, dependendo do ângulo que o observemos. Porém, é mais prudente não nos rendermos à tentação de estabelecer classificações tão inflexíveis. Elas podem ofuscar muito mais nossa compreensão sobre o texto do que nos permitir acesso às inúmeras dificuldades que ele comporta.

Em relação aos limites da soberania, trata-se de um dos mais controversos temas para os estudiosos das obras de Bodin, assim como para a filosofia política moderna. Ao estabelecer esses contornos, o pensador sabia dos perigos envolvidos no reconhecimento da supremacia de um poder na ordem política. Se, por um lado,

---

[11] Cf. Newton BIGNOTTO. *As origens do republicanismo moderno*. Belo Horizonte: UFMG, 2001. p. 30.

o problema era garantir a integridade do governante supremo e a estabilidade política, por outro, era preciso evitar que o embate com os súditos e os massacres, como o da noite de são Bartolomeu, constituíssem a marca da atuação do soberano. Porém, nos damos conta da verdadeira importância do problema atacado por Bodin quando, ainda hoje, os filósofos contemporâneos debatem se o soberano deve limitar sua ação ao que prescreve o ordenamento jurídico ou se o ordenamento confirma sua condição de poder supremo, quando proclama o estado de exceção à norma jurídica.[12] Da mesma forma que no presente destacamos a relevância da discussão teórica travada por Bodin no século XVI, talvez as respostas aos massacres e às guerras ocorridos naquela época possam nos dizer algo sobre as mazelas de nossa história política, recente e atual, e, principalmente, sobre a lógica de efetivação das soberanias na contemporaneidade.

---

[12] Cf. Giorgio AGAMBEN. *Homo Sacer – o poder soberano e a vida nua I*. Belo Horizonte: Ed. U.F.M.G., 2002.

ANEXO

República e *Status*: ambiguidades concernentes aos dois conceitos no Renascimento

Pode ter causado certo espanto ao leitor, o fato de termos utilizado o termo república, ao logo de toda a tese, sem qualquer advertência quanto ao seu significado na época da publicação do *Methodus*. O motivo de adiarmos essa discussão é que nossa intenção foi primeiro concentrarmo-nos na discussão proposta na obra de Bodin. Porém, não há como referirmos ao conceito de república, sem considerar as ambiguidades que o termo comporta no Renascimento, característica que se observa, também, no emprego de outros conceitos da política.

Várias razões explicam esse fato, associadas às idéias de que os textos publicados nessa época já não mais se apoiam e se deixam influenciar exclusivamente pelo pensamento teológico medieval. Os textos incorporam um conjunto de conceitos que reflete a retomada e a influência do pensamento clássico antigo, grego e romano, por meio dos *studia humanitatis*. Também, os textos trazem ainda idéias e suscitam debates que vão depois constituir os fundamentos do pensamento político moderno.

As três características acima apresentam-se com grande destaque nos textos políticos de Bodin. A noção de república no *Methodus* permite entender um pouco da complexidade do uso de certos termos no Renascimento, que têm origem nos clássicos antigos, mas se renovam e adquirem novos significados na filosofia política moderna. Por um lado, é verdade que essas características não são suficientes para explicar a complexidade do emprego de conceitos renascentistas que guardam suas raízes no pensamento antigo, que florescem também no pensamento posterior. Não se pode ignorar, por outro lado, que conceitos como *statu*, *estat*, *status*, Estado e república, adquirem significados intercambiáveis e que, em alguns casos, se identificam. O caso exemplar é que alguns estudiosos do Renascimento e da obra bodiniana traduzem república por Estado.

A seguir, avaliaremos alguns aspectos do uso ambíguo destes conceitos. Vamos centrar a discussão nos textos de Bodin, mas nos valeremos dos especialistas que esclarecem o problema. Também traremos ao debate a crítica de Fabio Albergati, um dos primeiros textos relevantes à noção de república elaborada por Bodin. Um dos motivos da reprovação que Albergati lança contra a obra bodiniana, no início do sec. XVII, é exatamente o caráter ambíguo que os termos fundamentais da política adquirem. O que procuramos fazer neste anexo é entender, não apenas essa crítica, mas abordar o uso dos termos no *Methodus* e na obra bodiniana a fim de, quem sabe, mostrar que a ambiguidade pode revelar algo sobre a difícil posição ocupada pela obra de Bodin no Renascimento.

1. A passagem para a moderna concepção de Estado

Ao concluir o *As fundações do pensamento político moderno*, Quentin Skinner declara que um dos propósitos do livro foi recapitular "os mais importantes pré-requisitos para a formação do moderno conceito de Estado".[1] Um deles é a distinção entre o campo de conhecimento próprio da filosofia política – "a arte de governar" – daquele de que se ocupa a "filosofia moral". A origem dessa concepção, reconhece Skinner, está formulada n'*A Política* de Aristóteles. Obscurecida pela tese agostiniana, durante a Idade Média, segundo a qual os homens deveriam ocupar-se dos problemas da "*civitas dei*" e não dos da "*civitas terrena*", esta ideia de

---

[1] Quentin SKINNER. *As fundações do pensamento político moderno*. p. 617.

autonomia da filosofia política adquire novo vigor com os pensadores republicanos da Itália, na segunda metade dos anos 1400. O aspecto decisivo para a virada foi a tradução do texto aristotélico e o "consequente ressurginemto da ideia de que a filosofia política é uma disciplina independente que merece ser estudada".[2]

A *scientia politica*[3] passa a ser reconhecida como uma modalidade de saber prático, responsável pelo conhecimento dos princípios do governo. Em acordo com esse impulso para restabelecer a autonomia e a importância dessa ciência, Skinner cita Maquiavel, Budé e Ponet com o *Breve tratado sobre o poder político* (1556), La Noue com os *Discursos políticos e militares* (década de 1580), Lipsius com os *Seis livros de política ou doutrina cvil* (1589) e Althusius com *A política exposta metodicamente* (1603). Surpreende a ausência do *Methodus* nesse conjunto e um fator pode explicá-la: Skinner localiza o pensamento político de Bodin, não a partir dos pensamentos que se ocupam do debate entre a história e a *scivilis disciplina*, mas exclusivamente na esteira dos que buscaram com a soberania fincar os alicerces "para a idéia de Estado como um único detentor do *Imperium* em seu próprio território, sendo todas as demais corporações e organizações autorizadas a existir apenas mediante sua permissão".[4] A observação de Skinner e de outros estudiosos, se sustenta em argumentos consistentes, mas nos cabe acrescentar que ela não considera a contribuição de Bodin para a revitalização da *scientia politica*, uma vez que não destaca a proposta de investigar os fundamentos da república com base nos princípios dessa ciência.

---

[2] *Ibidem*. p. 617.
[3] O termo que se refere à filosofia política caracteriza a expressão no Renascimento e não se presta a equívocos como o empregado pela terminologia contemporânea.
[4] Quentin SKINNER. *Op. cit.* p. 619-20.

A elaboração de um novo vocabulário é outro aspecto que marca a passagem para o emprego de Estado em sua acepção moderna. O uso de termos como *statu* e estado nas obras de pensadores políticos renascentistas, embora corrente, é algo bem distinto do que depois se entenderá sobre eles em sua acepção moderna. Comenta Skinner:

> Antes do século XVI, o termo *status* somente aparecia na pena dos pensadores políticos para se referir a uma coisa entre duas: o estado ou condição em que se encontra um governante (*status principis*), ou num sentido mais genérico o 'estado da nação', isto é, a condição do reino como um todo (*status regni*). Falta a ambas essas acepções, a idéia tipicamente moderna do Estado enquanto uma forma de poder político separada do governante e dos governados, constituindo a suprema autoridade política no interior de um território definido.[5]

Tem início nos anos 1400 a passagem para uma noção de estado identificada a um aparelho político independente, que o governante deve conservar. Maquiavel, ao afirmar que "o estado tem a necessidade de seus cidadãos"[6], traz à luz outros importantes sinais dessa mudança de perspectiva. Porém, o uso de termos como *Statu, status,* e república coloca Bodin como debatedor e formulador privilegiado dos termos no contexto renascentista. Ao reconhecer, na *République*, o "estado como um *locus* de poder distinto do governante e do corpo do povo"[7], Bodin dá o impulso decisivo para a formulação da moderna concepção do Estado. Nessa acepção, argumenta Skinner, o termo é distinto dos cidadãos e os poderes do estado são outros que não os poderes dos governantes. Os cidadãos devem sua "lealdade política" a essa instituição. Além disso, nela reside "a autoridade puramente civil, à qual se atribuem os

---

[5] Ibidem. p. 620-21.
[6] "*lo stato ha bisogne de' cittadini*". Apud.: Ibidem. p. 621.
[7] Ibidem. p. 622.

poderes com objetivos tão somente civis".[8] Porém, antes da *République*, no intervalo que vai das publicações de Maquiavel até o *Methodus*, o debate está ainda carregado de ambiguidades. Isnardi-Parente analisa que se, por um lado, o pensador florentino torna mais distinta as diferenças entre o principado e a república[9], com Bodin, por outro lado, torna-se mais claro o conceito de um poder que concentra a autoridade suprema da ordem política.

Nas obras bodinianas, principalmente em *République*, encontramos as concepções que vão nortear a discussão moderna sobre os fundamentos do Estado. Como vimos, dois fatores contribuíram muito para isso. Um deles está em que o pensador francês posiciona sua avaliação sobre os fundamentos da república a partir do ângulo da *scientia politica*. O outro é que, nessa avaliação, Bodin não apenas apresenta o conceito de soberania – central na concepção do Estado moderno – como o faz com base na crítica à tradição e aos pressupostos republicanos de Maquiavel e os de Veneza.

O emprego dos conceitos *statu* e república, mesmo que de forma ambígua, encontra-se na passagem para a formação das concepções modernas. O primeiro termo pode ser entendido como a condição em que se encontra o governante; o segundo, refere-se à idéia clássica de *respublica*. Porém, está claro que Bodin incorpora elementos a esses conceitos, ou mesmo os emprega em vários sentidos, sem que possamos ainda identificá-los ao de Estado em sua acepção moderna. Esses aspectos, mais do que impedir de estabelecer o lugar preciso do pensamento de Bodin na filosofia política moderna, permitem perceber as nuances da originalidade de seu texto e a estrita relação que o emprego dos termos possui com o contexto das instituições políticas da época.

---

[8] *Ibidem*. p. 625.

2. Entre o *statu* e a *respublica*: uma primeira ambiguidade da ordem política

A introdução ao capítulo VI – *De Statu Rerumpublicarum* - é como vimos um momento revelador do projeto teórico desenvolvido no *Methodus*. O pensador centra a discussão quase exclusivamente na história dos textos da filosofia política. Bodin fez um breve balanço dos temas desenvolvidos e anunciará seu principal objeto de investigação, depois de ter se dedicado mais aos temas do método e da história. Sua preocupação é estabelecer os fundamentos da república estável e segura. Desde a abertura do texto nos deparamos com o uso amplo do termo *statu*, o que parece adiantar as dificuldades para sabermos com exatidão os contornos precisos do que ele entende por *respublica*. A dificuldade aumenta pelo fato desses conceitos estarem quase sempre acompanhados: onde aparece *statu*, logo a seguir vemos *respublica*. O título do capítulo não é exceção e já torna explícito que nos encontramos diantes de, no mínimo, uma variação terminológica que produz consequências no debate filosófico. Não obstante se possa observar que o termo *república* se refere a algo de caráter mais amplo, a diferença de gradação pode sugerir a distinção entre os estatutos, mas não é suficiente para esclarecer a definição exata de cada um

---

[9] "o uso do termo 'república' em Maquiavel é já o significado que se conservará posteriormente e também se vincula à tradição romana em sentido não genérico, mas historicamente preciso: 'tutti gli stati, tutti e domini che hanno avuto e hanno imperio sopra li uomini, sono stati e sono o republiche o principati (*Il Principe*, I, 1)... [Nota-se isso] pelo uso raro, mas observável, da república na obra de Maquiavel com sentido genérico de sociedade politicamente organizada". Cf. Ancora CONDORELLI, p. 233, (con la citazione di *Discorsi*, I, 12). In: Margherita ISNARDI-PARENTE. "Appunti per la Storia di État, République, Stato". In: *Rivista Storica Italiana*. Ano: LXXIV, fascicolo II, Napoli: Edizioni Scientifiche Italiane, 1962. nota à p. 378-79.

deles. O *status* parece, em princípio, significar a constituição das repúblicas, mas na mesma frase vemos que ele assume outro significado:

> Visto que a maior parte de suas histórias versaram sobre o *status* das repúblicas e as revoluções que deviam ser explicadas, disso se segue brevemente, para complementação da análise das histórias, os inícios, *status*, e fins dos poderes políticos...[10]

Que o *statu* se defina como a constituição da república não causa estranhamento entre os estudiosos.[11] O problema aparece quando nos denfrontamos com usos diversos para o mesmo conceito, no mesmo texto. Logo após se referir a algo próximo à constituição, no título, em seguida Bodin já identifica o *statu* ao apogeu da organização política. Ainda no mesmo parágrafo, o pensador radicaliza essa posição ao descrever a trajetória das organizações políticas ao longo da história. Vemos que o *statu* constitui um momento da mesma: "...e tudo mais, em verdade, julga-se belíssimo para o conhecimento da alma e excelente para moldar os costumes de cada um; e é compreendido, pela leitura dos historiadores, o início, crescimento, *status*, decadência e ruína das cidades,".[12]

Se, por um lado, parece claro que essa identificação do *statu* contribui para que se possa melhor defini-lo (ou demarcar seu caráter transitório), não é menos verdadeiro, por outro lado, que nessa acepção o conceito está muito distante daquilo que entendemos por constituição da organização política, ou da república. Mesmo que essa distinção não aponte qualquer deslize nos concei-

---

[10] Jean BODIN. *Methodus*. In: *Op. cit.* p. 167a, L.16-20 (349a, L.42-46).

[11] A própria tradução de Pierre Mesnard para *De Statu Rerumpublicarum* –*De la Constitution des Républiques*- denota essa proximidade. Cf. Jean BODIN. *Op. cit.* p. 167a, L.13 (349a, L.39). Cf. Quentin SKINNER. *Op. cit.* p. 620-21.

[12] Jean BODIN. *Op. cit.* p. 167a, L.22-27 (349a, L.52-55).

tos estabelecidos por Bodin, a multiplicidade de significados confirma que o emprego flexível do termo é intencional. Poucas linhas à frente, ele irá afirmar seu interesse em saber "qual seja o melhor *status* das cidades" (*quis esset optimus civitatis status*).[13] Quando parecia claro que o *status* correspondia a um determinado momento da trajetória da república na história, o pensador o reaproxima da idéia de constituição. Mas, em que sentido uma melhor definição para *statu* e *status* pode tornar mais clara a noção de república?

O problema da ambiguidade no emprego dos termos se aplica tanto ao conceito de república quanto ao de *status*. No caso do primeiro, considerando não apenas o *Methodus* mas também a *République*[14], as consequências da flexibilidade no emprego dos termos são mais comprometedoras. O maior exemplo pode ser observado quando a república, na acepção dos pensadores renascentistas, é traduzida pelo moderno conceito de Estado.[15] Se observarmos as origens da ambiguidade no emprego do conceito,

---

[13] Jean BODIN. *Op. cit.* p. 167a, L.35 (349b, L.5).

[14] Idem. *Les Six livres de la République.* (Lyon, 1593). In: *Corpus des Œuvres de philosophie en langue française.* Texto revisto por: Christiane FRéMONT, Marie-Dominique COUZINET & Henri ROCHAIS, 6 vol., Paris: Arthème-Fayard, 1986. A definição proposta é: "République est un droit gouvernement de plusieurs mesnages, et de ce qui leur est commun, avec puissance souveraine", In: *Idem.* I, 1. O que se pode traduzir por: "República é um justo governo de várias famílias (*mesnages* refere-se ao *oikos* grego) e do que lhes é comum, com o poder soberano". A mesma definição será desenvolvida nos capítulos 2 –*Du mesnage et la difference entre la Republique et la famille*– e 8 –*De la souveraineté*– deste primeiro livro.

[15] Margherita ISNARDI-PARENTE, na clássica tradução italiana, verte *Les six livres de la République* para *Il sei libri dello Stato*. Tradução a partir da edição de 1583, t. I [livros I-II] introdução e notas de Margherita ISNARDI-PARENTE, Torino U.T.E.T., 1964, 666p. ; reimpressão 1988 ; t.II [livros III-IV] por Margherita Isnardi-Parente e Diego Quaglioni, 1988, 602p. ; t.III [livros V-VI] por Margherita Isnardi-Parente, 1997.

no contexto dos estudiosos franceses da política no século XVI, talvez entendamos melhor como Bodin reflete esse problema em seus textos.

Na Idade Média francesa, o uso de *Respublica* desapareceu por volta do século VI e ressurgiu dois séculos mais tarde, no tempo do Rei Louis le Pieux.[16] O aparecimento do conceito, analisa Yves Sassier, "está ligado à restauração da noção de império sob a égide dos reis Francos"[17], evento que se caracteriza pela reflexão sobre a "natureza e a finalidade do poder real"[18]. O sentido de *res publica*, dentro desse contexto de afirmação do reinado entre os francos, não pode ir além daquele de "uma ferramenta ideológica entre outras", isto é, a atualização da noção de república pressupõe a revitalização de sentidos que lhe foram atribuídos no passado. Um exemplo é o emprego da noção de guardião da *res publica* que, mesmo na França, é "o sucessor dos imperadores

---

[16] Encontra-se a expressão nos diplomas do novo imperador, sobretudo no fim do reinado de Louis le Pieux e no de Charles le Chauve. Como afirma SASSIER: "Encontramos assim, entre outras construções características, a palavra *respublica* empregada como genitivo dos substantivos *utilitas*, *salus*, *status*, *stabilimentum*, como complemento do objeto dos verbos *gubernare*, *administrare*, *regere*. O monarca é o *princeps*, o *rector*, o *gubernator*, a *principalis potestas praesidens*, ainda que os condes e os bispos do reino sejam os *administratores*, os *procuratores*, os *ministri* (*ministri rei publicae a rege directi*, precisa Hincmar de Reims – que atuava junto aos reis – numa de suas cartas). Quanto aos governados, eles lhe devem a *obedientia*, o *obsequium*, ou ainda *servitium*". In: Yves SASSIER. "L'utilisation du concept de 'Respublica' en France du Nord au X, XI e XII siècles". In: *Droits savents et pratiques françaises du pouvoir (XI – XV siècles)*. Bordeaux: Presses Universitaires de Bordeaux, 1992. p. 80.

[17] *Ibidem*. p. 80.

[18] "...que leva os membros do círculo de Louis le Pieux (o piedoso), tanto antes como depois de sua ascensão ao império, reflexão que se prolongará, Hicmar à frente, com os intelectuais do tempo de seu filho Charles le Chauve (o calvo)". In: *Ibidem*. p. 81.

romanos".[19] Mas o conceito não passa incólume ao longo da Idade Média. A partir da consolidação do império dos francos, nos séculos X e XI, a *res publica* pode tanto nos remeter à idéia de algo que pertence a todos, cuja proteção cabe ao rei, como também a partir do século X já está plenamente assimilada à doutrina cristã. Sassier observa que podem estar aí as raízes do seu caráter ambíguo:

> mesmo se ela [a noção de *res publica*] está em vias de designar a função conservatória que ela partilha com outras noções herdadas de Roma e do mundo carolíngio, *res publica* permanece um conceito ambíguo que, devido ao fato de a reflexão sobre o político constituir somente um elemento de uma reflexão mais vasta, onde a finalidade continua a ser a salvaguarda do ideal cristão, não vem a enraizar-se no nível do *regnum*. O quadro da *res publica* seguramente é, por vezes, o reino (*res publica regni, respublica Francorum*), mas a palavra designa, também, o conjunto da comunidade humana que Deus repartiu entre todos os reis da terra (*Universis in orbe regibus quibus omnipotens creator humanam rem publicam regendam distribuit*, ato de Philipe 1º., 1.068). As expressões *res publica christiana, res publica Jesu Cristi, imperium Christianum*, traduzem bem a onipresença, na consciência dos letrados da época, da ideia de unidade cristã e o imperativo maior que fica, como nos tempos carolíngios, de subordinar toda estrutura política a esse ideal universalista.[20]

Não se pode admitir que essa ambiguidade se mantenha até a retomada renascentista da noção de república. Por outro lado,

---

[19] Yves SASSIER afirma: "o guardião da *res publica* e sucessor dos imperadores romanos, o rei carolíngio é também, e primeiro, um novo Davi, chefe de uma sociedade que deve estar inteiramente voltada para a ideia de saúde e de se reger em função da promessa da eternidade contida nas sagradas escrituras". In: *Ibidem*. p. 81.

[20] *Ibidem*. p. 90. Em outro texto SASSIER analisa ainda que "Os textos da época de Louis le Pieux são legiões a evocar a noção de interesse geral (*communis utilitas, communis salus, utilitas publica, publica necessitas*), para atribuir valor à necessidade de um autêntico sacrifício do aparelho político

não se pode esquecer que a formação humanista de Bodin e outros
intelectuais franceses não implicou na negação da influência cristã

---

em consideração do povo, a saber, para exaltar esse capitulário de Louis le
Pieux, recentemente estudado por O. Gillot, como uma solidariedade ativa
religando a autoridade real ao conjunto das *ordines* que compõem a sociedade humana. É natural, então, pensar que a palavra *res publica*, da qual conhecemos a definição ciceroniana (*res populi*), sai de um comentário crítico
de inspiração cristã, aquela de santo Agostinho (um poder que não respeita
os preceitos divinos é injusto, destruidor do povo e não representa uma *res
publica*) [livro XIX do *De civitate Dei*], foi percebida por intelectuais mais
importantes e, efetivamente, dos conceitos políticos romanos, esta é a noção
que resume melhor a ideia de uma submissão dos titulares do poder aos
imperativos do interesse geral" [...]"a construção associando a *Ecclesia* e o
regnum, utilizada no tempo de Louis le Pieux, pode ser reposicionada, a
partir do reino de Charles le Chauve, pela cúpula *Ecclesia/res publica*. Esta
tendência é muito clara para Hincmar de Reims, cuidadoso de distinguir as
duas autoridades 'temporal e espiritual' (e não de opô-las, por que Hincmar
reafirma a visão gelasiana de uma estrita complementaridade e de uma divisão de responsabilidade). Por vezes, as construções hincmarianas colocam
antes o acento sobre a ideia de união e de cooperação entre *Ecclesia* e *res
publica*: assim, notamos que o *De ordine Palatii* se dirige àqueles que abrem
"*contra Deum sanctamque Ecclesiam atque rem publicam*". Dessa forma observamos Hincmar apresentar a divindade como fonte de toda autoridade e
regendo *cunctam ... rempublicam* (o conjunto ... república), expressão que
designa às vezes a sociedade política e a dos fieis e clérigos. Por vezes, ao
contrário, o cuidado de demarcação leva em conta: *inter episcopales
auctoritatem et regalem potestatem, inter Ecclesiam et rem publicam tantum
scandalum possit oriri* (entre a autoridade dos bispos e o poder real, muitos
escândalos podem se manifestar entre a Igreja e a *res publica*), ou ainda: *rex
et episcopus simul esse non potest, et sui* (trata-se do papa) *antecessores
ecclesiasticum ordinem quod suum est, et non rempublicam quod regnum est,
disposerunt* (o rei e o bispo não podem ser o mesmo, e as ordens que provêm
de seu predecessor eclesial (o papa) são separadas e não são as mesmas que as
da república que é um reino)". In: "L'utilisation d'un concept romain aux
temps caroligiens: la *Res publica* aux IX et X siècles". In: *Medievales*. Saint-Denis: Presses Universitaires de Vincennes, 1980. p. 25, 27-28.

que a caracteriza. Além disso, é relevante o fato de que o debate político na França seiscentista sofre fortíssima influência da tradição monárquica. Os argumentos trazidos por Sassier baseiam-se em um debate distante daqueles em que se colocavam os humanistas. Mesmo assim, é importante notar que desde a Idade Média francesa, uma certa noção de república colocava-se como autônoma em relação às instituições cristãs. É fato que as noções de *res publica* e *ecclesia* diziam respeito a coisas distintas, mas, antes do Renascimento, elas tinham significados próximos ou mesmo poderiam ser consideradas complementares. Também é verdade que a *res publica* refere-se a uma sociedade laica. Daí provém a dificuldade de, antes do Renascimento, estabelecermos uma distinção clara entre esses conceitos:

> Se Hincmar e alguns de seus contemporâneos utilizam eventualmente *respublica* e, não, *regnum*, é porque a primeira noção possui uma autonomia e uma densidade conceituais que a segunda não pode atingir, mais pertinente da única dignidade real. Colocar em paralelo *res publica* e *ecclesia* é, definitivamente, utilizar duas noções diferentes e, portanto, muito próximas e perfeitamente complementares. É apresentar duas sociedades que se sobrepõem: uma espiritual, englobando padres e fiéis a Cristo, a outra, humana e laica, englobando o conjunto dos governados, com ambas, apenas justificando que sua finalidade é o bem comum do povo cristão. A segunda observação que podemos fazer interessa ao modo como, a partir do reino de Louis le Pieux, numerosos textos oficiais nomeiam os agentes reais: *rem publicam administrantes* ou *rei publicae administrator, procurator*. [...] Sem dúvida o rei é, ele próprio, a fonte de suas prerrogativas e ele mesmo as dirige (*ministri rei publicae a rege directi*, sublinha Hincmar), mas é a *res publica*, e não o rei, que desejamos colocar em destaque quando, pelo recurso a uma terminologia diretamente emprestada do vocabulário eclesiástico (*minister ecclesiae*), demandamos a noção de serviço"[21]. E conclui Sassier: "...Em resumo, existem vários

---

[21] *Ibidem. Op. cit.* p. 27-28.

indícios que nos pedem por considerar a *res publica*, tal como a concebem os homens dos séculos IX e X, como uma entidade superior à pessoa do governante, à prosperidade da qual o monarca, ao qual Deus a confiou, deve se mostrar aberto.[22]

Retornando ao texto de Jean Bodin, pode-se reconhecer pela autonomia da noção de república em relação aos súditos que ela representa uma entidade superior e que congrega tanto eles quanto o governante. Em razão disso, a ambiguidade que o conceito comporta no *Methodus* não remete mais à identificação com a *ecclesia*. A república vai se confundir com outros termos que estão na base da terminologia moderna da filosofia política.

3. A diferença entre república e *Stato*

As intepretações de Marguerita Isnadi-Parente[23] trouxeram enorme contribuição para entendermos as ambiguidades terminológicas que se encontram nos textos bodinianaos. Pela própria tradução que ela propõe da *République* observamos como os problemas ultrapassam os limites do debate semântico ou filológico, alojando-se no campo da filosofia. A própria Isnardi-Parente, ao analisar as leis no contexto da *République*, pontua a diferença entre os conceitos *stato* e *Stato*. Porém, não lhe parece estranho que o *Stato* e a república sejam tomados no mesmo registro. Isto porque, a seu ver, o fator que identifica os dois conceitos é exatamente a condição jurídica comum.

---

[22] *Ibidem*. p. 28.

[23] Ninguém melhor do que ela para nos mostrar a dificuldade de se defrontar com o problema, pois, vertera o conceito de *República* para *Stato*. Cf. *Il sei libri dello Stato*. Tradução a partir da edição de 1583, t. I [livros I-II] introdução e notas de Margherita ISNARDI-PARENTE, Torino U.T.E.T., 1964, 666p. Reimpressão 1988; Vol.II, a cura di Margherita Isnardi Parente & Diego Quaglioni, Torino, U.T.E.T., 1988.

As leis fundamentais resguardam o 'stato' do 'Stato', de maneira que o seu aspecto fundamental, institucional (a mesma palavra *estat* será usada por Bodin para designar ainda a ordem 'constitucional' do próprio Estado); tal 'stato' é bem distinto do outro 'stato' ou situação ou condição jurídica na qual o soberano chega a se encontrar, condição da qual descende a possibilidade do exercício da soberania e que é ainda regulada por uma das leis fundamentais e permanece rigidamente submetida a ela. Uma posição desse gênero pode trazer consequências em sentido oposto aos desenvolvimentos doutrinários do absolutismo, mas Bodin não o trai de maneira alguma.[24]

A observação se refere aos dois sentidos do *statu* que apontamos acima, por ocasião da introdução ao capítulo VI do *Methodus*, com a diferença de que agora se identifica a república ao *Stato*. O que Isnardi-Parenti conclui ser "as consequências opostas às doutrinas absolutistas" não é outra coisa senão a possibilidade de, no caso de o *stato* pertencer ao *Stato*, o primeiro vir a se tornar autônomo em relação ao segundo, bem como ambos se oporem. Isso está em franco desacordo com o que ela afirmara antes: "as leis resguardam o *stato* do *Stato*". Podemos observar isso quando ela atribui ao *Stato* a condição jurídica na qual o soberano se encontra. Se ela se refere ao conceito na sua acepção moderna, necessariamente ele se distanciará do sentido que Bodin confere à república, tanto se considerarmos a *République* e, muito mais, se tomarmos o *Methodus*.

Uma alternativa para não incorrermos nesse risco é manter como referência o próprio texto bodiniano. Assim, em vez de querer buscar resolver as ambiguidades que ele apresenta, veremos que é melhor conservá-las, buscando, antes, responder às razões desta presença. Em outro trabalho no qual se dedica exclusivamente ao tema, Isnardi-Parente reconhece que o primeiro e mais evidente

---

[24] Margherita ISNARDI-PARENTE. "Introduzione". In: *Op. cit.* p. 33.

significado que o termo *estat* adquire nos textos de Bodin indica uma situação ou condição. Ela ampara essa afirmação sobre a fluidez de significados que adquire nos textos: "um de seus índices mais comuns é aquele que indica uma situação de fato no âmbito de uma sociedade; uma colocação na hierarquia social, uma ordem ou grau; *estat* é, em seu uso mais expressivo, ordem, classe, no sentido arcaico do termo".[25]

Isnardi-Parente nomeia essas várias referências ao *estat* na *República* de o "uso elíptico do termo". Isso se percebe porque sempre quando o mesmo é mencionado tem-se a impressão de haver algo subentendido e não enunciado no termo *estat*. Por isso, é perfeitamente possível admiti-lo enquanto "significado de 'ordem' ou de 'organização de representantes', e também de 'assembléia de ordens', além da expressão em que 'estats' indica um 'corpo representativo'"[26], o que podemos verificar na expressão "es estats d'un pays".[27] Nessa acepção, parece muito claro que a transposição do *estat* para a república amplia o significado do primeiro termo para além dos limites em que é originalmente concebido.

Observando o problema do ponto de vista histórico, Alessandro Biral afirma que os juristas ligados à monarquia propuseram uma revisão do conceito de *status*, sendo os pioneiros a orientar o significado do termo no sentido absolutista de governo.[28] Sem indicar especificamente os trabalhos de Bodin, Biral reconhece para o termo um significado muito próximo daquilo que encontramos acima – "a forma de governo de uma associação política" – e explica que tal ordem pode ser também entendida como o

---

[25] Margherita ISNARDI-PARENTE. "Appunti per la Storia di État, République, Stato". In: *Rivista Storica Italiana*. Ano: LXXIV, fascicolo II, Napoli: Edizioni Scientifiche Italiane, 1962. p. 372.

[26] *Ibidem*. p. 373.

[27] Cf. Jean BODIN. *République*, III, 7.

[28] Alessandro BIRAL. *Storia e critica della filosofia politica moderna*. Milano: Franco Angelo, 1999. p. 44-46.

"exercício de uma função de governo". Essa abordagem, sem se preocupar com a demarcação da virada do renascimento para a época moderna, permite-lhe observar quão extenso é o significado do conceito.

O caso francês dos estados gerais é exemplar. Os *etats* constituíam um corpo de conselheiros dos reis, paralelos e secundários em relação ao poder destes mesmos. Nesse sentido, jamais possuíam caráter central ou concentrador do poder político, indicando, assim, que *statu* estava muito distante de já poder incorporar sua feição moderna:

> De modo mais determinado, com o termo *estat* vimos denotados os conselhos *estroits* do rei, que tinham sido formados paralelamente à concentração das funções de governo nas mãos régias, destacando-se dos 'grandes conselhos' e tirando deles as competências mais importantes e delicadas. O *estat* se identifica com o aparato essencialmente administrativo e militar que pode e assim deve funcionar de modo contínuo e regular, livre de toda forma de controle externo, posto que somente isso permite à França manter íntegra – ainda que em situação de desacordo entre o rei e os corpos dos poderes autônomos – a unidade política de suas diversas partes e a estabilidade de sua ordem inteira. Os senhores territoriais, os quais o rei domina como senhor, não são o *estat* em seu novo significado, mas são os membros da *res publica* da *patria*, que formam a França em sua concretude constitucional.[29]

Sempre com vistas para o texto bodiniano, Isrnardi-Patente observa que, apesar do aspecto particular, singular, circunstanciado, que assume o *estat*, ele se presta também a outro significado: "condição ou posição como 'dignidade', 'decisão'".[30] Basta nos

---

[29] *Ibidem*. p. 45.

[30] Margherita ISNARDI-PARENTE. *Op. cit*. p. 373.

concentrarmos na *République* e veremos que o ato da decisão pelo domínio caberá ao *estat*, que, por ser a maior autoridade, não pode ser tomado em outro sentido que o do soberano. Com base na constatação feita por Bodin, segundo a qual "...quase sempre os assassinos dos Tiranos tinham dominado o *estat* ou os mais altos magistrados, para se ocupar de seus frutos: como Brutus dominou, um a um, os maiores estats de Roma"[31], podemos em diversos outros momentos aproximar o *statu*, que na tradução para o francês seria *estat*, da condição do poder supremo, isto é, pertencendo a um, a poucos ou a muitos. Mesmo concluindo da identidade entre o *statu* e o soberano, Isnardi-Parente não vai além dessa constatação. Ela não se permite tirar outras conclusões, além do fato de que, com essa proposição, amplia-se o escopo da ambiguidade que o conceito comporta:

> *Estat* é, em resumo, condição de absoluta superioridade e decisão suprema. [...] Nesse sentido, Bodin usa *estat* de maneira totalmente empírica e sintética para sua outra expressão, que é a designação oficial e rigorosa, de *puissance souveraine* (poder soberano). Ao tratar dos regimes políticos, a frase frequentemente usada para indicar a participação do povo, como maioria ou minoria, no exercício do poder, é mesmo 'avoir part à l'estat' [fazer faerte do *estat*] (*République*,II, 2). À parte esse fato, é interessante notar como a palavra pode ser ainda usada com tão variado significado no mesmo contexto.[32]

---

[31] Como no texto original : "presque tousjours les meurtres des Tyrans ont emporté l'estat, ou les plus hauts magistrats pour loyer de leurs faits: comme l'un et l'autre Brutus emporterent les plus grands estats de Rome". Jean BODIN. *République*, IV, 1. E de forma mais explícita no texto: "S'y il a cent mil citoyens, et que dix mil ayent la seigneurie, l'*estat* n'est ni plus ni moins aristocratique que s'il y avoit dix mil citoyens, et que mil seulement tiennent l'estat". In: Jean BODIN. *République*, II, 6.

[32] Margherita ISNARDI-PARENTE. *Op. cit.* p. 374.

O fato de a análise feita por Isrnardi-Parente se amparar exclusivamente na *République* explica por que em diversas partes é possível, não apenas que ela identifique o *statu* com a soberania[33] (sem deixar, contudo, que um se defina a partir do outro), como também que mostre por que aproxima e identifica o conceito de república com o de *Stato*. Ao estabelecer a diferença entre as dimensões do *estat* e da *république*[34], vê-se que esse último conceito

---

[33] Para mostrar que o *stato* adquire dois estatutos 1) jurídico e 2) concreto, ou não jurídico, distinguem-se suas atribuições de governar e de ser a forma da soberania. Isto é claro na *République*, afirma Isnardi-Parente: "A expressão 'puissance souveraine de manier l'estat' (*République*, I, 9) mostra como o conceito se divide e se articula: a função fica indicada de *puissance souveraine*, no momento em que o significado de estat se materializa e o *estat* vem a ser o objeto concreto sobre o qual o poder soberano se exercita. Mais exatamente, podemos dizer que estat retoma seu genuíno significado extra-jurídico. Sempre tendo em conta o fato de que nas páginas bodinianas *estat* não perde sua referência prática ao estado de coisas concretas, sobre o qual se encaixa uma 'superestrutura' jurídica, [...]. Em seu novo valor semântico *estat* é a situação de fato e a realidade concreta correspondente àquela que se configura sobre o plano jurídico como *République*; é o mesmo que os elementos de caráter público que constituem o substrato concreto de um ordenamento estatal". In. : *Ibidem*. p. 374.

[34] Margherita ISNARDI-PARENTE argumenta sempre levando em conta a *République*: "Mas desta forma vemos *estat* inclinado a um outro emprego, voltado a cobrir uma área tradicional: aquela das 'formas estado' que nos lembram Aristóteles e Políbio. Em razão disso Bodin deve encontrar um termo que se difenrencie de *gouvernement*, dada a clara distinção posta por ele entre as duas realidades: a ordem política permanente de um Stato e modo de governar do qual o soberano pode valer-se. Occorre novamente retomar o significado de *estat* como condição e modo de ser para bem compreender o uso do termo neste seu sentido de ordenamento político de uma *République*, ou em termos modernos, de regime. *Estat* é aqui um modo determinado de ser de um Stato: "nous dirons qu'il n'y a que trois estats, ou trois sortes de Republiques" (*République*, II, 1); é uma forma de stato, se-

aponta para a direção do sentido mais global da organização política, enquanto o *estat* se refere à condição particular. A república é a referência totalizante, que envolve todas as particularidades, incorpora a unidade jurídica que legitima o poder sobre as instâncias da vida pública, desde o cidadão e a família até as mais altas esferas da organização política. Podemos afirmar com segurança que, exatamente por amalgamar, no mesmo conceito, a forma política e o estatuto jurídico da organização, a partir de Bodin, a república se encaminha definitivamente para sua versão moderna, o *Stato*, o Estado.

A generalidade da república não indica, nessa perspectiva, qualquer ambiguidade em razão da amplitude de seu significado. Porém, o mesmo não se pode dizer das noções de *estat* e do *statu*. O conceito de república supõe a generalidade envolvendo todas as particularidades, ao passo que *estat* ou *statu* refere-se à condição particular de manifestação do poder político e do governo. Em razão dessa diferença de dimensões, Isnardi-Parente estabelece uma espécie de ordem, que ela chama de "disposição temporal" entre os mesmos, segundo a qual o *estat/statu* antecede o *Estado*. Essa concepção não indica uma ordem histórico-temporal para a formação dos conceitos. Tal conclusão deixa mais evidente a ambiguidade que caracteriza o emprego dos termos no texto bodiniano:

---

gundo a tripartição (que Bodin aceita da tradição clássica pura, renovando-a intrinsecamente) de monarquia, aristocracia, democracia. "Il faut voire en toute Republique ceux qui tiennent la souveraineté, pour iuger quel est l'estat: comme si la souveraineté gist un seul Prince, nous l'appellerons monarchie; si tout le peuple y a part, nous dirons que l'estat est populaire; s'il n'y a que la moindre partie du peuple, nous iugerons que l'estat est aristocratique' (*République*, II, 1). Neste sentido encontramos, tal como ele trata os termos a seguir: 'l'estat des Lacedemoniens', 'l'estat des Romains', l'estat de France'. Mas temos a confirmação da não absoluta rigorosidade da terminologia bodiniana (*Rép.* , II, 1), na apresentação do argumento dos sustentadores da forma mista: 'la republique de Venise ... mescle de trois republiques', onde observamos mais facilmente *estat* e *estats*". In. : *Ibidem*. p. 376-77.

A república (*république*) é o termo geral que compreende as diversas formas, ou *estats*, que não constituem especificações concretas, diferentes modos de ser. Mas república (*république*) é, em todo caso, ainda mais do que o termo geral usado para designar o *Stato*, à parte toda consideração de forma política; ela é a consideração que, por ser predominante na teoria tradicional dos vários estados ou 'governos', vem, por meio de Bodin, em razão da importância dada por ele próprio ao conceito de soberania (ainda se segue, por esta via, uma concessão de natureza política que coloca em primeiro plano a configuração verdadeira, autêntica, da soberania na sua predileta forma monárquica, centrada assim sobretudo na pessoa física do monarca), alçada a segundo plano. Quanto ao *estat*, ele permanece ainda, não obstante tudo isso, um termo genérico. E também, um sistema e modo de ser estável, no sentido de ordenamento político. Mas o seu sentido de sistema, ordenamento e estrutura, o apresenta ao *estato* puro como um modo precedente do mesmo, para o qual ainda não se coloca o termo regime: 'quant aux loix qui concernent l'estat du royaume, et de l'establissement d'iceluy, d'autant qu'elles sont annexés et unies avec la couronne, le Prince n'y peut deroger'. (*República*, I, 9). O *estat* é ordenamento em sentido institucional. O 'estabelecimento' é o termo típico para a instituição de uma decisão. E o *estat du royaume* ou *de la republique* coloca-se como realidade distinta do *estat du prince*; distinção essencial sobre o plano jurídico e teórico-político, mas que não impede que o mesmo vocábulo seja tomado, indiferentemente num e noutro sentido, com base no seu conteúdo semântico originário.[35]

A intenção de Isrnardi-Parente é aproximar a idéia de república do conceito de Estado na sua acepção moderna. Por isso, ela insiste em organizar os conceitos segundo uma linha lógico-evolutiva, mostrando que a transformação do *statu* em *estat* e deles em república, até se chegar ao *Stato,* constitui uma espécie de solução necessária para que entendamos a complexidade do problema.

---

[35] *Ibidem.* p. 377.

Nessa concepção, a república funde os estágios anteriores à sua instituição, sem deixar de considerar a importância e o caráter original do *estat/statu*. Uma prova disso é que se tomarmos a república no sentido próximo de sua acepção moderna, não necessitamos mais referir-nos a suas versões embrionárias. Assim,

> portanto, no esforço de estender a expressão *estat* a todos os usos tornados legítimos de sua possibilidade de múltiplos significados, com base na sua fatigante exigência de distinção e articulação, nosso autor [Jean Bodin] não chega mais a reconhecer, na palavra ambígua e modesta da tradição tardo-romana e medieval, a dignidade que havia conferido à república (*républíque*), termo a ele unicamente voltado para designar a realidade jurídico-política do nascente Estado moderno soberano.[36]

A perspectiva de Isnardi-Parente não responde, no entanto, a uma constatação mais rente à história francesa, feita por Biral, segundo a qual, "o *estat* não incorpora em si (*risolve en sé*) a *res publica*, nem é uma parte dela.[37] Nesta perspectiva, o *estat* constituiria a unidade autônoma, que, por inúmeras vezes, se punha em conflito com a autoridade centralizada do rei. Enquanto organização que se posicionava para defender interesses específicos e media forças com o poder central, os *estat* obrigavam o monarca a contornar o conflito, que era uma ameaça à estabilidade. Eles forçavam as políticas de governo a levar em alta consideração a necessidade da manutenção da unidade territorial e política. Sob pena da fragilização do poder, as ponderações em favor da unidade podiam adiar qualquer atitude intempestiva do rei contra quaisquer adversários internos. Os *estats* eram tidos como colaboradores do fortalecimento político e jurídico da França, mas não um estágio do processo formador da república.

---

[36] *Ibidem*. p. 379.
[37] Alessandro BIRAL. *Op. cit*. p. 46.

A formulação de Biral leva em conta a relação do rei com as demais instituições que detêm o poder político. O grande exemplo da França no século XVI é o parlamento de Paris.[38] Franklin analisa que no final da Idade Média e na Renascença, a monarquia apresentava-se sob um duplo aspecto: administração centralizada e institucionalização do princípio medieval, segundo o qual o rei deveria governar com o consentimento dado pelos súditos. Não raro, essa configuração do poder político deu origem a conflitos entre o rei e os representantes dos súditos, quer estivessem nos parlamentos locais ou no de Paris. A despeito da contestação dos monarcas, principalmente Francisco I e Henrique II, "este aspecto constitucionalista da monarquia foi claramente reconhecido por juristas da época e por todos mas não universalmene aprovado".[39]

A avaliação de Biral autoriza-nos a concluir que o *estat* é irredutível à república e que ambos constituem estruturas políticas distintas. Essa particularidade dos termos nos autoriza a conservar a ambiguidade que eles assumem no texto de Bodin, pois, assim

---

[38] Como analisa Julian H. FRANKLIN: "era formado segundo o modelo do Senado romano tal como Rômulo supostamente o concebeu. Como o Senado romano, acreditava-se que o Parlamento continha um complemento de apenas 100 membros quando todos os seus componentes separados estavam incluídos, e estes conselheiros são também chamados 'senadores' ou 'patres' em razão de sua venerável autoridade". In: "Jean Bodin and the End of Medieval Constitucionalism". In: Jean Bodin – *Actes du colloque International Jean Bodin à* Munich. Munich: Verlag, 1973. p. 157. FRANKLIN comenta também que o Parlamento foi concebido "para ouvir os apelos dos parlamentos provinciais que tinham sido criados, sob nomes variados, no primeiro quarto do século XV". In: *Idem*, p. 154. Já no século XV, o Parlamento de Paris tinha o direito à reclamação, ou de protestar contra qualquer decreto do rei tido como incompatível com a lei comum ou costume local, a menos que a alteração devesse ser justificada por considerações muito consistentes de utilidade pública ou igualdade". In: *Ibidem*. p. 156.

[39] *Ibidem*. p. 156-57.

considerados, é possível se aproximar com mais fidelidade do significado que ali adquirem. Sem se apoiar sobre o texto de Bodin em particular, o raciocínio de Biral investiga em que sentido as unidades refletem um momento particular da história francesa. No entanto, ele não se preocupa em desenhar a trajetória que os conceitos de *estat* e república seguem na história política da Europa, ou no pensamento político moderno.

> O *estat* não se identifica com o governo, nem pode tomar seu posto, mas deve se colocar como o instrumento, em face do qual a França inteira é constantemente colocada para que possa encontrar o agir comum de suas partes e, portanto, o seu justo governo. Como um conjunto de funções que asseguram um tecido enraizado de tipo essecialmente territorial, o *estat* permite a existência de toda pluralidade de formas singulares autônomas ou a referência das mesmas formas à instituição monárquica; além do que, com a sua presença e o seu contínuo funcionamento, remove preliminarmente toda possibilidade de conflito que motive consequências extremas, impedindo a paralisia traumática e a desintegração da *república* (*république*).[40]

---

[40] Alessandro BIRAL. *Op. cit.* p. 46. Avaliando o problema mais pelo ponto de vista dos juristas, Biral comenta: "Como aquela situação de permanente conflito, pela qual a França está tomada e da qual parece ser incapaz de sair, o *estat* e o seu fortalecimento são apresentados como as condições necessárias para a restauração da ordem antiga e da antiga concórdia entre a monarquia e os *corps* institucionais dos poderes autônomos. A razão ou o interesse que deve presisidir o funcionamento do *estat* é impedir que o desacordo se transforme em um desencontro armado e envolva a França na desodem política: nesse sentido, vem indicado pelos juristas como o intrumento já necessário para manter viva a colaboração e também um exercício tal da autoridade do governo capaz de animar efetivamente o bom direito para todos os comuns e para todos igualmente obrigatório. In: *Op. cit.* p. 46. A formulação de Biral pode se comprovada no próprio texto de Bodin (*República*, I, 8 –*Estats de France*) quando este contesta que os *estats* podem ter tanto poder quanto

Por isso, a ambiguidade que o texto bodiniano lhes confere não permite encerrar o significado de um no outro, sem que antes se cometam cisões de parte a parte.[41] Se, por um lado, é certo que o texto da *République* permite concluir que o conceito de república avança em direção à concepção moderna de *Estato*, de outro lado, o *Methodus* nos obriga manter uma postura à maneira indicada

---

o príncipe: "En quoy ceux qui ont escrit du devoir de Magistrats, et autres livres semblables, se sont abusez de soutenir queles estats du peuple sont plus grands que le Prince: chose que fait revolter les vrais subjects de l'obeissance qu'ils doyvent a leur Prince souverain...". In: *Ibidem*.

[41] ISNARDI-PARENTE reconhece em artigo recente, por ocasião da publicação do terceiro volume da tradução italiana da *République*, que, embora tenha preferido o termo *Stato* a *Repubblica*, a noção de *République*, à qual se refere Bodin não se aplica à acepção moderna do Estado. O mais interessante aqui é notar que essa conclusão foi amadurecendo à medida em que foram sendo publicadas as traduções. A mudança na percepção de Isnardi-Parente vem reforçar nossa impressão sobre o problema, a saber, que no caso da *República* e, muito mais no do *Methodus*, é preciso conservar a singularidade com que os conceitos são tratados pelo autor. A ambigüidade que envolve a aplicação desses conceitos permite enriquecer a compreensão sobre as intenções do autor e a propriedade dos argumentos que ele levanta. Assim Parente afirma: "'Repubblica' é, dessa forma, no italiano político moderno, palavra comprometida e circunscrita (em outras línguas modernas comporta exceções) ainda que Bodin a usasse no seu significado mais geral. Com 'república' Bodin compreendia sempre o mesmo que um organismo jurídico, para qualquer configuração política e de sociedade estruturada segundo essa forma. Difícil traduzir o conceito com uma palavra mais especificamente característica. E o organismo jurídico a que Bodin se referia, se não é ainda em tudo e por tudo o 'stato' tomado em sentido moderno, certamente ele o preconcebeu nesta época, na qual o próprio pensador experimentou algo muito próximo disso". In.: Marguerita ISNARDI-PARENTE. "Per la storia della traduzione italiana di J. Bodin, *Les six Livres de la République*". In.: *Jean Bodin a 400 anni dalla morte – Atti del Convegno intenazionale per il quarto centenario della morte di Jean Bodin*". p.161-62.

por Biral, conservando as singularidades sem a preocupação de provar ou identificar o momento em que um conceito se funde no outro.

Quem nos chama a atenção para essa distância que o trabalho de 1566 assume em relação ao de 1576 é a própria Isnardi-Parente. A crítica lançada por Fabio Albergati contra o uso dos conceitos *statu* e república na *República* de Jean Bodin, a seu ver, constitui um momento privilegiado para os que procuram desvendar os matizes do problema. Publicado em 1602, o *Discorsi politici nei quali viene riprovata la dottrina di Gio Bodino e difesa quella d'Aristotele* é o primeiro a notar que "não obstante a mais limitada e definida gama de significados do italiano 'stato' para se referir a *estat*, ele [Albergati] perceba a palavra como substancialmente ambígua"[42].

Afora o fato de Isrnardi-Parente reconhecer os múltiplos significados de *statu*, confirmados agora por um dos primeiros adverários do texto bodiniano, o aspecto relevante da perspectiva de Albergati é remontar à tradição clássica para se posicionar face ao texto de Bodin. Ela insiste em identificar o *Stato* à república[43], pois, como ela mesma assinala, o texto de Albergati teria resistido em fazê-lo devido às oscilações que o conceito tem ao longo do texto bodiniano. Não por outro motivo o crítico de Bodin buscará outro caminho.

---

[42] Margherita ISNARDI-PARENTE. "Appunti per la Storia di État, République, Stato". In: *Rivista Storica Italiana*. p. 378.

[43] Ela afirma que "É inegável que sob o termo *République* se esconda uma oscilação sensível e alguma volta ao próprio plano conceitual, no sentido de considerar *République* como realidade politicamente organizada e não um sistema coerente. O primeiro a revelar isso foi Fabio Albergati, em 1603, ao publicar seus *Discorsi politici in difesa d'Aristotele*, no qual 'reprovará asperamente em Bodin a ambiguidade de seu conceito de Stato'". In: Margherita ISNARDI-PARENTE. *Op. cit.* p. 375-76.

4. Aspectos da crítica de Albergati à *República* de Bodin

A crítica feita por Fabio Albergati à noção de república nos textos de Bodin tem como alvo a falta de precisão no uso do termo. Já nas primeiras linhas do "Proêmio" dos *Discosi politici*, ele afirma que "...a doutrina de Bodin não é real nem verdadeira"[44]. O título do trabalho denuncia seu objetivo de fazer a defesa da noção aroistotélica e acusar os desvios teóricos das teses do pensador francês. Desde os primeiros movimentos da argumentação podemos comprovar esse duplo objetivo. Após manifestar sua opinião sobre o conjunto das teses bodinianas, Albergati chama a atenção para a importância dos fundamentos que deveriam amparar todas as teorias, pois "a cognição de qualquer coisa depende da cognição dos princípios de sua essência".[45] A proximidade com o texto aristotélico não pode ser mais evidente, pois a discussão centra-se nos fundamentos do conhecimento, que é mais rigoroso na mesma proporção em que se ocupa das primeiras causas e princípios.[46]

Para Albergati a flexibilidade do uso do conceito de república nos textos de Bodin, além de expor as inconsistências do argu-

---

[44] Fabio ALBERGATI. *Discorsi politici nei quali viene riprovata la dottrina politica di Gio Bodino e difesa quella d'Aristotele*. Roma, 1602. p. 03.

[45] *Ibidem*. p. 03.

[46] Albergati afirma textualmente que acredita trilhar o caminho da ciência verdadeira em razão de se preocupar com as causas primeiras, o que lhe permite concluir sobre a falsidade da perspectiva de Bodin, pois desconhecia os princípios. Ele argumenta: "...porremo per saldo fondamento del proponimento nostro, che, come coloro nella propria professione sono intendenti, che i veri principii di essa conoscono, cosi per contrario colui, che nella professione sua non conosce i principii dedotte sono nello stesso modo false, e poco ragionevoli". In: Fabio ALBERGATI. *Op. cit*. p. 03. Sobre o problema da relação entre conhecimento e causas primeiras Cf. ARISTÓTELES. *Metaphysics*. L. I, 1-2, 981b-982a.

mento, reflete a má compreensão do princípio que o funda. O fato de se conhecer esses aspectos universais do mesmo não implica a compreensão de todos os aspectos particulares que o concerniam. Verificando o texto de Bodin, crê Albergati, não temos como afirmar em que sentido diversos tipos de repúblicas podem remeter a um mesmo princípio. Dada a diversidade de significados, não há como saber se a república à qual o texto bodiniano se refere é particular ou universal. A consequência de tal uso indiscriminado é nos depararmos com uma confusão de significados. Albergati ampara sua crítica sobre a certeza de que, orientando-se pelo conhecimento da ciência, é possível conhecer o ser daquilo que se investiga: "posto que agora acreditamos possuir a verdadeira ciência daquilo que localizamos, quando o conhecemos pelas causas a partir das quais ele apreende o ser".[47]

Não nos será fornecida a exata definição de ciência, mas é clara a referência à acepção aristotélica. Pode-se concluir apenas que esse é o ponto a partir do qual se afirmará a fragilidade dos argumentos que se orientam por outros fundamentos. A crítica estabelece a distinção das teorias de Aristóteles e Bodin, de acordo com a divisão clássica: Albergati é aquele que se orienta pelo conhecimento (*epistème*) e, portanto, além de defender o filósofo grego coloca-se no mesmo campo do conhecimento, enquanto que a teoria do francês será locada no plano dos discursos falsos (*dóxa*). A diversidade que marca o discurso de Bodin sobre as histórias, os povos e as leis confirma o caráter não epistêmico de seu discurso. Por ele ter mantido sua investigação apenas no plano do que é variável, inconstante, efêmero, podemos concluir pela impossibilidade dela nos revelar algo de universal sobre a república, assim como ele próprio jamais poderia conhecer algo universal. Há mesmo uma incompatibilidade entre a intenção bodiniana de conhecer a república e esse distanciamento de um conhecimento dos

---

[47] Fabio ALBERGATI. *Op. cit.* p. 03.

princípios. Da impropriedade não se pode gerar outra coisa além de conclusões obscuras e insustentáveis. Porque

> ...tratando Bodin da república pode-se dizer que ela é de tipos diversos e, observando as cidades, governadas com diversas leis, de acordo com as diversas qualidades de cidadãos, ele utiliza diferentes medidas para conhecer os méritos e deméritos de cada cidadão, podendo então alterar e corromper esses critérios segundo razões diversas. Mostraremos que ele não conheceu de modo universal que coisa é república, nem de modo particular qualquer espécie de república, nem mesmo o que é uma cidade, nem por conseguinte, o cidadão, a família, nem as suas partes, os magistrados, a origem das leis e a sua extensão, nem para que servem as repúblicas, suas revoluções, nem conheceu a verdadeira religião, [...] poderemos racionalmente estimar de ter provado que ele, estando distanciado dos princípios políticos, não poderia discorrer sobre a república de forma conveniente, e que as conclusões que, em toda sua obra, são derivadas de princípios não são algo além de raros momentos: resulta que ele com grandíssima confusão e com obscuridade não menor colocou infinitos discursos despropositados, deixando de lado outros tantos importantes, elaborados com réplicas vãs e repetidas vezes, não sem manifesta contradição, como se verá...[48]

Isnardi-Parente comenta[49] que, mais do que referência teórica, a perspectiva aristotélico-tomista envolve toda a estrutura argumentativa das teses apresentadas por Albergati. No capítulo I[50], Albergati vai mostrar como em várias partes o pensador francês se orientou pelo texto de Aristóteles, porém empregou mal os

---

[48] Fabio ALBERGATI. *Op. cit.* p. 03-4.
[49] Margherita ISNARDI-PARENTE. "Appunti per la Storia di État, République, Stato". In: *Rivista Storica Italiana*. p. 376.
[50] Cujo título é: *Della definitione della Republica mal assignata dal Bodino*. In: Fabio ALBERGATI. *Op. cit.* p. 06.

termos. O primeiro equívoco que nos traz a *République*[51] de Bodin é não definir com exatidão se a soberania constitui a essência da república ou se ela está constituída na república enquanto potência[52], imprecisão que se completa com a afirmação de que o *stato* de uma república constitui seu governo. No primeiro caso, o crítico recusa a contradição, pois, ou a soberania é o princípio, isto é, a essência da república, ou ela é uma potência dela. Enquanto princípio, a soberania é a condição de existência da república, sendo impossível conceber uma sem a outra; enquanto potência, a soberania pode ser pensada como ente distinto da república. Pois, se a sua manifestação em ato é uma possibilidade, podemos concluir que a república pode prescindir da soberania. Esta pode, ou não, vir a ser em ato, como o próprio Aristóteles nos ensina sobre todas as potências. O segundo caso não é um erro de formulação conceitual, mas se dá em razão da má interpretação dos termos aristotélicos. Outro exemplo é o uso que Bodin faz dos termos *stato* e governo, pois

> Bodin mostrou que o governo e o *stato* eram um tomado pelo outro, particularmente em Aristóteles; mas como são muito diferentes, ele

---

[51] Albergati alveja a definição segundo a qual: "République est un droit gouvernement de plusieurs mesnages, et de ce qui leur est commun, avec puissance souveraine", In: Jean BODIN, *República*, I, 1. O que se pode traduzir por: "República é um justo governo de várias famílias (*mesnages* refere-se ao *oikos* grego) e do que lhes é comum, com o poder soberano". A mesma definição será desenvolvida nos capítulos 2 –*Du mesnage et la difference entre la Republique et la famille*- e 8 –*De la souveraineté*- deste primeiro livro.

[52] "República é um justo governo de várias famílias (*mesnages* refere-se ao *oikos* grego) e do que lhes é comum, com o poder soberano". In: In: Jean BODIN, *République*, I, 1. "La souveraineté est la puissance absolue et perpetuelle d'une Republique". O que se pode traduzir como: "A soberania é a potência absoluta e perpétua de uma repúbilca". In: *op. cit.*, I, 8. *Cf.* ARISTÓTELES, *Metaphysics*, IX, 1, 1.046a-1.046b; *De anima*, II, 5, 417a-b.

apresenta a significação de tais conceitos de maneira equívoca. Por isso, tendo tomado o governo na sua definição sem primeiro distinguir os seus significados e a diferença que adquire em relação ao *stato*, concluímos que cometeu enorme equívoco; como definição quer dizer clareza de determinada significação sobre a natureza do definido e equívoco quer dizer indistinção e confusão de coisas, então, a primeira é consequência da ciência do definido e a última da ignorância...[53]

Como Bodin não estabelece com exatidão os limites dos dois conceitos, torna-se impossível identificar qual deles se refere ao particular ou ao universal. Se o *stato* se verifica em todas as organizações políticas, então ele é universal e não pode ser o mesmo que o governo, diferente para cada uma delas. A confusão em relação a isso se esclarece quando nos damos conta de que o universal para Bodin é somente a república. Mesmo assim, Albergati conclui contra essa perspectiva:

> Mas passamos a manifestar que a mesma definição é por um lado muito limitada e por outro lado muito mais ampla do que deveria. E, antes de tudo, a definição pretende advertir que a intenção de Bodin é tratar de um tipo específico de república, ou da república em sentido universal; o pensamento não se refere a uma espécie de particular, mas sim ao universal, como o demonstra o título do livro, a sua definição e o comentário que o mesmo faz dos outros escritores. [...] De modo que, em nenhum dos trechos, ele se restringe a nenhum tipo particular, o que demonstra ter sido clara sua intenção de tratar a república em sentido universal...[54]

A sequência dos argumentos de Albergati visa mostrar que, pelo fato dele se reportar constantemente a Aristóteles, podemos

---

[53] Fabio ALBERGATI. *Op. cit.* p. 07.
[54] ALBERGATI nos dá as indicações do trecho que critica: *República*, II, 2, onde encontramos a parte: *Difference de l'estat et du gouvernement*.

extrair um sentido mais exato do conceito de república a partir do próprio texto bodiniano, bem como ter mais clara a intenção da *République* do que foi capaz seu autor. Um passo nessa direção foi dado com o argumento acima. Mas, além de comprovar a universalidade da idéia de república, é preciso mostrar também que, em relação aos pariculares, o texto bodiniano está mal resolvido. Como vimos acima, o que parece equivocado a Albergati é a distinção que Bodin estabelece entre o governo e o *statu*[55], ainda mais por ter afirmado que essa idéia se sustenta com base nos textos de Aristóteles. Para Albergati, se a república tem uma conotação universal é válido dizer que os particulares devem corresponder a ela. Basta, então, saber identificá-los. Para o pensador francês *stato* e governo são o mesmo, no sentido de que tanto um quanto outro definem uma organização política singular, dependendo da quantidade dos detentores do poder. Isto é, o *stato* monárquico corresponde ao governo de um; o aristocrático, ao governo de um grupo; o democrático, ao governo de todos[56]. Segundo a avaliação de Albergati, é preciso retornar ao texto de Aristóteles para resolver o equívoco destas indistinções no texto bodiniano, sem descartar contudo o que lhe parece relevante:

---

[55] O que se pode confirmar com a parte *Difference de l'estat et du gouvernement*, onde BODIN defenderá. "Car il y a bien difference de l'estat, et du gouvernement: qui est une reigle de police qui n'e point esté touchee de personne: car l'estat peut estre Monarchie, et neantmoins il sera gouverné populairement si le Prince fait part des estats, Magistrats, offices, et loyers egalement à tous sans avoir esgard à la noblesse, ni aux richessses, ni à la vertu". In: *République*, II, 2.

[56] A referência é clara ao texto de ARISTÓTELES segundo o qual a constituição, ou *stato*, e o governo são o mesmo: *A Política*, III, 6, 1278b. No comentário de PELLEGIN (Paris: Flammarion, 1993) encontramos: "dizendo a 'constituição é o governo', Aristóteles pretende dizer que é a composição do governo que caracteriza a constituição e lhe dá seu nome". p. 225.

É conveniente então que, por se tratar de um homem comum, como se propõe o político [Bodin][57], convém que seja concebido no sentido de que a definição abrace todas as espécies que lhe estejam submetidas, [...]; pois, propondo Aristóteles (*dell'ani male diede*) uma definição que dissesse respeito a todas as espécies, por outro lado, Bodin, com a república universal, queria atribuir uma definição (*in grisa*) que fosse comum a todas as espécies de governo, coisa que, não tendo sido por ele advertida, fez defeituosa a definição. Porque, como são espécies de governo o *stato* de poucos, o popular e o tirânico, assim como o são os governos retos, legitimamente contidos na definição de Bodin, essa mesma definição exclui os primeiros por não serem repúblicas legítimas. A sua máxima é que a república pode ser governada com razão (entendendo por isto correção) porque o nome de república, o qual se propôs pensar, não tem a intenção de falar muito sobre a república, e, por ele haver proposto restringir seu raciocínio às repúblicas retas, então, pode-se responder que, como o seu próprio trabalho demonstra, as palavras das disciplinas universais não são restritas às repúblicas retas particulares, mas vêm endereçadas a todos os tipos...[58]

Albergati procura sustentar a universalidade da república mostrando que o *stato*, o governo, é seu particular, como se pode confirmar a partir de todas as espécies ou modalidades de constituições. Nesse ponto, o argumento opõe as duas formulações sobre as espécies de *stato*, de Bodin e de Aristóteles, para exatamente provar em que sentido a perspectiva de universalidade elaborada por Bodin é ainda limitada face à do filósofo grego. Para Albergati, aquele que conhece os universais pode fazê-lo apenas com base na

---

[57] A referência parece denotar uma ironia, pois, sendo um político, Bodin deveria dar razão às correções estabelecidas pelo filósofo ARISTÓTELES.
[58] Fabio ALBERGATI. *Op. cit.* p. 07-8.

ciência verdadeira.⁵⁹ Por esse raciocínio, é um erro dizer que Bodin fornece uma definição universal da república, pois esta admite como repúblicas apenas os governos retos. Nada mais correto, no entender de Albergati, que reconhecer como mais verdadeira outra formulação mais universal do que a bodiniana. A insistência em afirmar a pertinência do argumento aristotélico e o acento sobre o caráter científico do mesmo (*scienza*) traz pressuposta a idéia de que o filósofo é aquele que dará o conhecimento preciso, que poderá resolver as ambiguidades criadas a partir das definições imprecisas:

> Seria razoável, então, Bodin considerar entre as repúblicas aquelas viciosas e corrompidas, compreendidas agora em sua definição, assim como Aristóteles considerou [...]. A relevância disso é que, portanto, tendo Aristóteles discorrido não apenas sobre as repúblicas monárquica e aristocrática, mas também sobre o *stato* tirânico, as oligarquias e a democracia, para todas elas, tanto as corrompidas como as bem constituídas, a sua definição não conseguiu abarcar todas as espécies das quais tratou, o que se evidencia, por isto, como esta foi muito melhor [sucedida]. E o que mais se poderia dizer? A sua doutrina [de Bodin] não apenas não comportará a definição de república, pressuposta a todas as repúblicas, tanto as corrompidas como as bem constituídas, como as boas não serão consideradas, nem mesmo as verdadeiramente boas; sendo considerada apenas a república monárquica.⁶⁰

Os indícios levam a pensar que Albergati se opõe à defesa que Bodin faz da monarquia absoluta. No entanto, o foco da crítica será questionar a extensão da definição de república. Pode-se pensar que a perspectiva de soberania monárquica reduza ainda

---

⁵⁹ Como Aristóteles adiantara, "Parece claro que podemos obter o conhecimento das causas primeiras porque quando pensamos conhecer as causas primeiras, reivindicamos conhecer cada coisa particular". In: ARISTÓTELES. *Metaphysics*. I, 3, 963a-b.

⁶⁰ Fabio ALBERGATI. *Op. cit.* p. 09-10.

mais o escopo da república. Na perspectiva do francês, a existência da república está condicionada à existência das famílias. Sem elas não há sobre o que se colocar a autoridade do poder supremo. O fato de a definição aplicar-se aos burgos, por exemplo, e não ao governo oligárquico, é suficiente para nos certificar do quanto é limitada a acepção do pensador francês. Para Albergati, se ele estivesse preocupado em conferir a este conceito o estatuto de universalidade, ele teria de considerar "que a república é um governo que pressupõe, necessariamente, um *stato* daquele que é governo"[61]. Não cabendo, portanto, limitar esse *stato* à soberania monárquica. Como a definição de Bodin cabe ao burgo e às famílias, isso não é suficiente para reconhecê-la como uma república em sentido universal, tal como ela deve ser tomada efetivamente. Albergati não se opõe à monarquia como *stato*, mas à república que se limita a este tipo: "mesmo se apegando a tal definição, ou mais do que isso, estendendo-a aos burgos, ainda assim esta é falha por não conter os governos que havíamos citado, não tendo ela então nenhum valor".[62]

O crítico está seguro de ter apontado nesse aspecto o maior problema da perspectiva teórica de Bodin, a saber, definir a república como um *stato* particular da organização política. O governo das repúblicas não pode se limitar a um *stato* e isso é algo que se pode provar observando os governos nas cidades. Nesse caso, ou as cidades não podem ser um exemplo de república, pois alteram constantemente seu governo, ou a república não pode se reduzir a uma espécie de governo. Seguindo os parâmetros aristotélicos, Albergati concluiu que esse limite é importante para mostrar que a teoria bodiniana não conseguiu atingir as causas primeiras e os princípios, a essência, quando da investigação de seu objeto:

> Não há mérito [na acepção de Bodin] por não haver posto a cidade na definição de república, porque se ele tivesse, ao final, pressuposto

---

[61] *Ibidem*. p. 10.
[62] *Ibidem*. p. 10.

na forma de sua república que as cidades são *statos*, em razão de uma força exterior e os homens limitados ao *stato* pelo fato destas forças os tiranizar (*tirannegiarli*), ele teria cometido uma contradição com sua própria definição. Isso porque deveria ter admitido que a república fosse o governo justo da cidade, com a autoridade suprema, ao mesmo tempo que fosse um governo estabelecido para tiranizá-la. Além disso, no L.VI, cap. 6, ele escreve que o *stato* da cidade frequentemente é o mesmo que o modo de governar, mas observa-se que na maior parte das vezes é diferente dele. Então deveria estar claro se o governo bem constituído (*retto*) de sua república era ou poderia ser diferente do *stato*, mas nota-se que isso não era essencial, não podendo então, esta teoria, acompanhar as coisas essenciais do seu objeto, o qual, não podendo ser diverso, deveria ensinar a razão por que se observa nas outras repúblicas que o governo pode se encontrar na maior parte das vezes diferente do *stato*, mas na sua república [de Bodin] não.[63]

Apesar de Bodin ter analisado, na *République*, as várias espécies de *estat*[64], bem como avaliado a diferença entre o *estat* e o governo[65], o crítico não se satisfaz. Albergati não tem dúvidas de que prevalece nas teses bodinianas o fato do governo da república estar identificado ao *stato* monárquico. Ele desconsidera o argumento bodiniano de que uma república pode ser uma monarquia, mas governada com uma constituição aristocrática. Para contrapor-se a esse argumento, ele recorre à formulação de Aristóteles, que investiga a cidade e as diversas possibilidades de *stato* e governos que podem constituí-la[66].

Com relação a esse aspecto, o equívoco de Bodin foi não ter conseguido afirmar como é possível que o *stato* e o governo sejam

---

[63] *Ibidem*. p. 11.
[64] Cf. Jean BODIN. *République*. II, 1.
[65] *Ibidem*. II, 2.
[66] Cf. ARISTÓTELES. *As Políticas*. 1278b – 1288a.

distintos, por exemplo um *stato* monárquico tendo um governo democrático. O filósofo grego não teria dúvidas de que se trata do mesmo elemento[67], mas todas as formas de governo podem se verificar nas cidades, independemente do *stato* que cada uma delas possua. Nem a cidade nem a república correspondem a um *stato*. Ao sustentar essa posição e prová-la, temos, segundo Albergati, a oportunidade de observar em Aristóteles uma teoria sobre o universal das organizações políticas que vai à essência de seu objeto. A preocupação do crítico de Bodin não é confrontar a monarquia, mas evitar que a teoria do francês, "erguida sobre fundamentos falsos, venha fomentar um edifício de erros e de plena ignorância"[68]. Como conclusão aos aspectos que envolvem a ambiguidade do conceito de república e seu fundamento, Albergati reconhece que a posição aristotélica é mais consistente porque define o universal da organização (*la republica*) a partir da cidade, reconhecendo como sua finalidade garantir a felicidade entre os homens.[69]

Assim, ao longo de toda a crítica ele vai apresentar as virtudes da definição de república do filósofo grego. Cada vez mais, ele reforçará o tom de oposição ao texto do francês, a ponto de afirmar que a "soberania tal como a descrita por Bodin é o puro produto de sua imaginação; é melhor relegá-la às fábulas e aos sonhos de Ixion, os quais produziram os Centauros, do que localizá-la entre os fatos políticos".[70] A nosso ver, a maior virtude das teses de Albergati, na comparação que ele estabelece entre o texto bodiniano e o aristotélico, reside em deixar claro, antes de qualquer coisa, que

---

[67] "Posto que a constituição e o governo significam a mesma coisa e que o governo é o poder supremo nas cidades". In: ARISTÓTELES. *A Política*. III,7, 1279a.

[68] Fabio ALBERGATI. *Op. cit.* p. 12.

[69] *Ibidem.* p. 12.

[70] *Ibidem.* p. 230. *Apud*: Elio GIANTURCO. "Bodin's conception of the Venetian constitution and his critical rift with Fabio Albergati". In: *Revue de Littérature comparée*. n.2, 1938. p. 685.

a proposta da *République* é a defesa da monarquia como o *stato*, ou governo por excelência.

Não é um despropósito afirmar que ela será a grande tese que Bodin defenderá em seus textos políticos. No entanto, se observamos o *Methodus*, concluiremos que o debate entre Bodin e Aristóteles está nos alicerces da formulação da idéia de república. Vemos também que não se sustenta o receio de Albergati quanto à solidez dos fundamentos da formulação bodiniana, pois esta vai, não apenas recuperar o fio da tradição que se ocupou com o problema da república, como vai empenhar uma crítica severa à mesma, com destaque para a contestação aos republicanos da Itália. Quanto ao problema das ambiguidades que o texto apresenta, o estudo aprofundado do trabalho de 1566 leva a concluir que Bodin não apenas tem a intenção de preservá-las, como também elas fazem parte do projeto global do texto.

Albergati acredita que as ambiguidades são uma falha irreparável do texto, um dado constante, mais do que uma característica qualquer. Seguro do fato de que "a multiplicidade de usos" não implicava em grandes alterações no significado, ele procura empregar termos mais precisos, que lhe permitem formular juízos, sem que ele caia na mesma armadilha do texto que propunha criticar. Esse trabalho se dirigia à *République* e ele estabelece como objetivo principal contestar a forma como Bodin alterou o significado original do termo, o qual nos foi dado plenamente apenas pelos antigos. O francês cometeu uma afronta à tradição, dado que claramente a república da qual ele nos fala nada contém daquela concebida pelo pensamento político clássico. Valendo-se do texto de Albergati, Isnardi-Parenti comenta:

> ...depois ele [Albergati] reprova Bodin por não haver colocado em sua definição qual 'stato' deveria ser o objeto da *República*. Albergati se preocupa em dfinir qual seria esse objeto: 'o tema e a matéria aproximada, que se quer afirmar na *República* é a cidade, e os temas menos importantes são as famílias etc...' (Bologna, 1627, II, 17): 'a palavra *Stato* é tomama em muitos modos e não considerando que, para os

retóricos, o *stato* é motivo de acordo, digo que o *Stato* significa o ser e a condição de alguma coisa, pelo que dizemos dos outros seres em *stato* de miséria ou de infelicidade, ou melhor ainda, ser de *stato* nobre ou plebeu; ou senão que significa imperio e senhoria, ou República como querem dizer, e neste último significado é agora por nós tomado por *Stato*'. Onde, em suma, encontramos referidos ao mesmo termo um significado próprio da linguagem forense, um genérico, um social, um jurídico-político; e note-se que no último, *Stato* como 'império e senhoria', corresponde mais a república do que a *estat*, tem em suma um significado claramente distinto daquele de *stato* 'como objeto da *República*' nos *Discorsi Politici*, sobre o qual se disse pouco antes. Tendo consciência desta ambiguidade, Albergati no desenvolver de sua abordagem retorna em seguida a valer-se do antigo significado ciceroniano de República que, outrora a maior autoridade que deriva da longa tradição, parece-lhe dotado de maior precisão e de conteúdo inequívoco.[71]

Depois de Albergati e ao longo do século XVII, o termo "republicano" era aplicada a todo indivíduo que se colocava contra a determinação política do cardeal Richelieu, ou ao reinado de Luís XIV.[72] Mas o termo "república" adquiriu uma gama de significados e conotações, variando de acordo com o interesse em seu uso. Assim, havia aqueles que, influenciados por Bodin, usavam a república para se referir à ordem política em sentido amplo. Da mesma forma, república era uitilizado para se referir aos governos fundados na participação dos cidadãos. Vários teóricos políticos, filósofos e cientistas, não distinguem a democracia e a aristocracia, mas opõem-nas em relação à monarquia. Essa indistinção se pode observar principalmente a partir dos textos anti-Huguenotes.[73] Para os escritos conservadores, os republicanos eram os inimigos da

---

[71] Margherita ISNARDI-PARENTE. "Appunti per la Storia di État, République, Stato". In: *Rivista Storica Italiana*. p. 378.

[72] Artur HERMAN. "The Hugenot Republic and Antirepublicanism in seventeenth century France". In: *Journal of History of Ideas*. V.53, N.2, 1992. p. 249.

monarquia. E os primeiros acusados de republicanos foram os pertencentes à minoria calvinista. Depois do Edito de Nantes (1598), os católicos franceses reconheciam os Huguenotes como quase republicanos devido à autonomia política das assembléias e às cidades fortificadas, que correspondiam aos estados sem estado.

A crítica de Albergati serve muito para entender a diferença entre o Bodin que publica o *Methodus* daquele que, anos depois, escreve a *République*. Guardadas as respectivas diferenças e peculiaridades dos contextos históricos nos quais as obras foram escritas, assim como as realidades políticas que desejavam debater e, por que não dizer, influir, procede a idéia do crítico segundo a qual o Bodin que escreve a *République* é político.[74][75] No entanto, o que sobressai nesse julgamento das repúblicas no *Methodus* é a impressão de que o trabalho exaustivo para a fundamentação e a explicação do conceito de soberania era demanda eminentemente teórica, mesmo que necessária e urgente. O empenho de Bodin talvez fosse também o de fazer com a que a filosofia política ultrapassasse seus próprios limites de compreensão dos problemas daquele tempo. Mas, ao lançar luz sobre o seu próprio presente, Bodin e sua filosofia política, além de inscreverem a soberania na constelação dos temas clássicos e insubstituíveis aos que estudam a república ou o Estado, indicam uma trilha de investigação sobre o poder cuja importância se pode atestar pelo interesse que gera nos filósofos e estudiosos de outros domínios, inclusive até os nossos dias.

---

[73] *Ibidem.* p. 249-50.

[74] Como anota Julian H. FRANKLIN, avaliando a radicalidade da diferença entre a *República* e o *Methodus*: "...the absolutism of Bodin's *Six Livres de la République* was a turning point in French political thought –that it was not only a break with the received constitutional tradition, but was an important shift in Bodin's own idea of sovereignty". In: "Jean Bodin and the End of Medieval Constitucionalism". In: Jean Bodin - *Actes du colloque International Jean Bodin à* Munich. Munich: Verlag, 1973. p. 151.

[75] Cf. J. H. M. SALMON. *Society in crisis: France in the sixteeth century.* London: Ernest Ben Limited, 1975.

BIBLIOGRAFIA

Obras de Jean Bodin

BODIN, Jean. *Apologie de René Herpin pour la République de Jean Bodin* (s.1, s. d., 42p. ; Paris, Du Puys, 1580, 44p.), In: Jean Bodin. *Les Six Livres de la République*, Aalen, 1961.

_____. *Colloque de Jean Bodin des secrets cachés des choses sublimes, entre sept sçavants qui sont de differents sentiments.* Traduction française du Colloquium heptalomeres, notes de Roger Chauviré, thèse de lettres, Paris, 1914, 213p.

_____. *De la démonomanie des sorciers, suivie de la Réfutation des opinions de Jean Wier* (Paris, Du Puys, 1580), réimpression en fac-similé de l'édition de Paris, 1587, Paris, Gutenberg-Reprints, 1979, 276p.

_____. *Exposé du droit Universel (Juris Universi Distributio),* traduction et commentaire de Simone Goyard-Fabre, Lucien Jerphagnon, R. M. Rampelberg, Paris : PUF, 1985, 172p.

_____. *Juris Universi Distributio.* In: Édition et traduction de Pierre Mesnard, In: Jean Bodin, Œuvres Philosophiques. Paris: 1951, p. 69-80; 81-97.

_____. *Les Six livres de la République.* (Lyon, 1593), Corpus des Œuvres de philosophie en langue française, 6 vol., Paris: Arthème-Fayard, 1986.

_____. *Les paradoxes du Seigneur de Malestroict, conseiller du Roy, et maistre ordinaire de ses comptes, sur le faict des monnoyes, presentez à sa majesté, au mois de mars M.D.LXVI. Avec la reponse de M. Jean Bodin ausdicts Paradoxes* (Paris, Martin le Jeune, 1568), In: *La vie chère au XVIè. siècle. La response de Jean Bodin à M. de Malestroit,* 1568, édition, introduction et notes de Henri Hauser. Paris : Armand Colin, 1932, LXXX-136p.

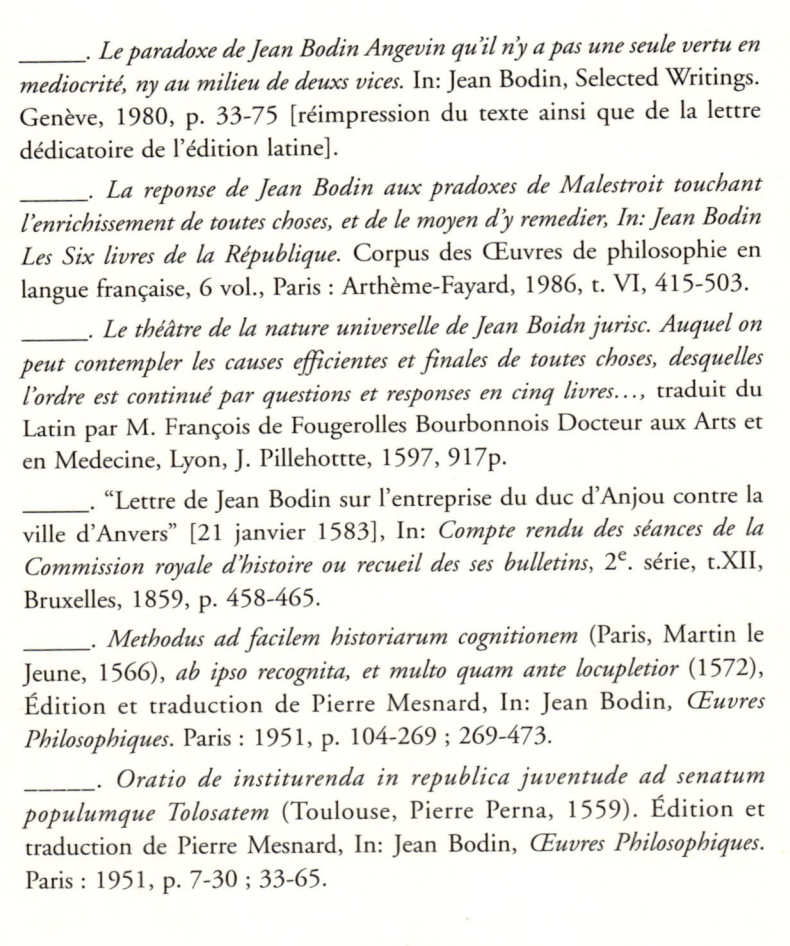

_____. *Le paradoxe de Jean Bodin Angevin qu'il n'y a pas une seule vertu en mediocrité, ny au milieu de deuxs vices*. In: Jean Bodin, Selected Writings. Genève, 1980, p. 33-75 [réimpression du texte ainsi que de la lettre dédicatoire de l'édition latine].

_____. *La reponse de Jean Bodin aux pradoxes de Malestroit touchant l'enrichissement de toutes choses, et de le moyen d'y remedier, In: Jean Bodin Les Six livres de la République*. Corpus des Œuvres de philosophie en langue française, 6 vol., Paris : Arthème-Fayard, 1986, t. VI, 415-503.

_____. *Le théâtre de la nature universelle de Jean Boidn jurisc. Auquel on peut contempler les causes efficientes et finales de toutes choses, desquelles l'ordre est continué par questions et responses en cinq livres...*, traduit du Latin par M. François de Fougerolles Bourbonnois Docteur aux Arts et en Medecine, Lyon, J. Pillehottte, 1597, 917p.

_____. "Lettre de Jean Bodin sur l'entreprise du duc d'Anjou contre la ville d'Anvers" [21 janvier 1583], In: *Compte rendu des séances de la Commission royale d'histoire ou recueil des ses bulletins*, 2ᵉ. série, t.XII, Bruxelles, 1859, p. 458-465.

_____. *Methodus ad facilem historiarum cognitionem* (Paris, Martin le Jeune, 1566), *ab ipso recognita, et multo quam ante locupletior* (1572), Édition et traduction de Pierre Mesnard, In: Jean Bodin, *Œuvres Philosophiques*. Paris : 1951, p. 104-269 ; 269-473.

_____. *Oratio de institurenda in republica juventude ad senatum populumque Tolosatem* (Toulouse, Pierre Perna, 1559). Édition et traduction de Pierre Mesnard, In: Jean Bodin, *Œuvres Philosophiques*. Paris : 1951, p. 7-30 ; 33-65.

Textos clássicos

ALBERGATI, F. *Discorsi politici nei quali viene riprovata la dottrina politica di Gio Bodino e difesa quella d'Aristotele*. Roma, 1602.

ARISTÓTELES, *Les Politiques*, Trad. Pierre Pellegrin, Paris : Flammarion, 1990.

_____. *Réthorique*, Trad. Médéric Dufour, Paris : Belles Lettres, 1991.

_____. *Athenian Constitution*. Trans. H. Rackhran, London: Loeb, 1992.

_____. *The Eudemian Ethics*. Trans. H. Rackhran, London: Loeb, 1992.

_____. *On Virtues and Vices*. Trans. H. Rackhran, London: Loeb, 1992.

_____. *Nicomachean Ethics*. Trans. H. Rackhran, London: Loeb, 1990.

ALIGUIERI, Dante. *Monarquia*. São Paulo: Nova Cultural, 1987.

AUGUSTIN, St. *The City of God*, London: Penguin Books, 1972.

AQUINO, Sto. Tomás de. "Do reino ou do governo dos príncipes ao Rei de Chipre". In: *Escritos Políticos*. Petrópolis: Vozes, 1995.

_____. "Questões sobe a lei na Suma de Teologia". In: *Escritos Políticos*. Petrópolis: Vozes, 1995.

BUDÉ, Guillaume. *De l'Intitution du Prince*, 1547.

CALVIN, J. *Institutions de la religion chrétienne*. Paris: Belles-Lettres, 1961.

CICÉRON, *La République*. Trad. Esther Bréguet, Paris : Belles Lettres, 1989.

_____. *De Republica*. Trad. Clinton Walker Keyes, Londres: Loeb Classical Library, 1988. vol. XVI. pp. 13-285.

_____. *Traité des Lois*. Trad. Georges de Plinval. Paris : Belles Lettres, 1968.

_____. *De legibus*. Trad. Clinton Walker Keyes, Londres: Loeb Classical Library, 1988. vol. XVI. pp. 297-519.

_____. *Les Devoirs*. Trad. Maurice Testard. Paris: Belles Lettres, 1974.

_____. *De officiis*. Trad. Walter Miller. Londres: Loeb Classical Library, 1990. vol. XXI. 403p.

_____. *Les paradoxes des Stoiciëns*. Trad. Jean Molager, Paris: Belles Lettres, 1971.

GENTILLET, I. *Anti-Machiavel*. ed: C. E . Rathé, Genève: Droz, 1968.

GUICCIARDIN, F. *Istorie d'Italie*, Milano: Riccardo Ricciardi, 1980.

HOBBES. Thomas. "Leviathan, or the Matter, Forme & Power of a Commonwealth Ecclesistical and Civil". Org. de Tuck, R. In: *Cambridge Texts in the History of Political Thought*: Cambridge, 1991.

_____. *Leviatã – ou matéria, forma e poder de um Estado eclesiástico e civil*. São Paulo: Martins Fontes, 2003.

LA BOÉTIE, Etienne de. *Discurso da servidão voluntária*. São Paulo: Brasiliense. 1999.

MAQUIAVEL. N. *Tutte le Opere*. Firenze: Sansoni Editore, 1992.

PADOUE, Marsile de. *Le Défenseur de la Paix*. Trad. Jeanine Quillet. Paris: Vrin, 1968.

_____. *O defensor da Paz*. Petrópolis: 1997. 701p.

PLATÃO. *Complete works*. Ed. John M. Cooper. Indianapolis: Hackett. 1997.

_____. *République*. Trad. Émile Chambry. Paris : Belles Lettres, 1989.

_____. *Les Lois*. Trad. Édouard des Places. Paris : Belles Lettres, 1992.

POLÍBIO, *Histoires*. Trad. R. Weil et C. Nicolet, Paris: Les Belles-Lettres, 1977. L.VI.

_____. *The Histories*. Trad. W. R. PATON. London: Loeb Classical Library: 2003.

QUINTILIANO. *Institution Oratoire*. Trad. Henri Bornecque. Paris: Librairie Garnier Frères, s/d. t.IV. L. X-XII. 401p.

RAMÉE, Pierre de la. *Dialectique* (1555). Ed. Michel Dassonville. Genève: 1964.

ROUSSEAU. J.-J. *Du contrat social*. Paris: Gallimard. 1964. T.III.

TUCÍDIDES. *Histoire de la guerre du Péloponnèse*. Trad. Jacqueline de Romilly, Paris: Robert Lafont, 1990.

TURNÈBE, Adrien. "De metodo". In: *Opera*, t.III. Strasbourg: L. Zetzner, 1600. p. 01-09.

Trabalhos sobre as obras de Jean Bodin

ALBUQUERQUE, M. *Jean Bodin na Península Ibérica*, Madri: Tese de Doutoramento, 1984.

ANGLO, Anglo, "Melancholia and Witchcraft: the debate between Wier, Bodin and Scott". In: *Folie et Déraison à la Renaissance*, 1976, p. 209-228.

BALDINI, A. Enzo. "Albergati contro Dall'anti Bodino ai Discorsi". In: *Jean Bodin a 400 anni dalla morte – Atti del Convegno intenazionale per il quarto centenario della morte di Jean Bodin*". Firenze: Leo S. Olschki, 1996. p. 287-310.

BARBER, Giles, "Haec a Joanne Bodin Lecta", In: *Bibliotheque d'humanisme et Renaissance*, T. XXV, 1963, p. 362-365.

BARCIA, Franco. "Machiavelli nei libri V e VI della *République*". In: *Jean Bodin a 400 anni dalla morte – Atti del Convegno intenazionale per il quarto centenario della morte di Jean Bodin*". Firenze: Leo S. Olschki, 1996. p. 350-354.

BARROS, Alberto Ribeiro de, *A teoria da soberania de Jean Bodin*. São Paulo: Unimarco-Fapesp, 2001.

_____. *Direito e Poder em Jean Bodin: O conceito de Soberania na Formação do Estado Moderno*, São Paulo: USP, Tese de Doutoramento, 1999.

BASDEVANT, J. "La contribution de Jean Bodin à la formacion du droit international moderne". In: *Revue Historique du droit français et étranger*, n. 23, 1944, p. 143-178.

BAUDRILLART, Henri. *Jean Bodin et son temps*, Paris, 1853

BAYLE, Pierre., "Bodin". In: *Corpus*, n. 4, 1987, p. 122-127.

BAXTER, Christopher R. "Jean Bodin's Daemon and his conversion to judaism". In: Jean Bodin – *Actes du colloque International Jean Bodin à Munich*, Munich: Verlag, 1973. p. 1-21.

_____, "Jean Bodin's de la Demonomanie des sorciers: the logic of persecution". In: *The Damned Art*, 1977, p. 76-105.

BAZZOLI, M. "Il diritto naturalle nella 'Republique' di Jean Bodin". In: *Critica Storica*, n.7, 1968, p. 586-593.

BELLUSSI, G. "L'absolutisme politique et la tolérance religieuse dans l'oeuvre de Jean Bodin et Thomas Hobbes". In: *Actes du Colloque Interdisciplinaire d'Angers*, 1985.

BENEYTO, Juan. "La réception de la pensée de Bodin en Espagne". In: *Czospismo Prawno-historyczne*, Vol. 29, n.2, 1977, p. 13-20.

BENOIST, Charles. *Discours: 400 années de Jean Bodin*, Paris: Firmin-Didot, 1929.

_____. "Jean Bodin et Machiavel". In: *La Province d'Anjou – IV centenaire Jean Bodin*. N. 20. Anjou: , 1929.

BERNARDO, J. "Le Corps Politique dans la République de Bodin". In: *Actes du colloque inter-disciplinaire d'Angers*, 1985.

BERRIOT, F. "Jean Bodin et son *Colloquium Heptalomeres* manuscrit (1593)". In: *Les dissidents du XVI siécle entre l'humanisme et le catholicisme*, Baden-Baden: V. Hoerner, 1983, p. 227-242.

_____. "Jean Bodin et l'Islam". In: *Actes du colloque inter-disciplinaire d'Angers*, 1985.

BIRAL, A. "Jean Bodin e la moderna scienza politica". In: *Teorie politiche e Stato nell'epoca dell'assolutismo*. Roma: , 1980, p. 1-46.

BLAIR, Ann. "La Nature Théatre de dieu, selon Jean Bodin." In: *Nouvelle Revue du Seizième siécle*, n. 7, 1989, p. 73-91.

_____. "Humanist Methods in Natural Philosophy: the commonplace book". In: *Journal of the History of Ideas*, T.53, 1992, p. 541-552.

_____. "Un poeme inconnu de Jean Bodin". In: *Bibliotéque d'Humanisme et Renaissance*, T. LIV, n.1, 1992, p. 175-181.

BLAKE, Robert. *Jean Bodin et le Droit*, Paris: Tese de Doutorado- Paris 1, 1983.

BOUCHER, J. "L'incercération de Jean Bodin pendant la troisième guerre de religion". In: *Nouvelle Revue du Seizième Siécle*, n.1, 1983, p. 33-44.

BONELLI, Gianfranco. "Obligation juridique et obéissance politique: les temps des la discipline moderne pour Jean Bodin, Giovanni Botero et Thomas Hobbes". In: *Politique, Droit et Théologie chez Bodin, Grotius et Hobbes*. Paris : Éditions Kimé, 1997.

BRAVO, Pedro. "Introdución". In: *Los Seis Libros de la Republica*, Caracas:IEP, 1966.

BREDVOLD, L. "Milton and Bodin Heptalomeres". In: *Studies in Philosophy*, V.XXI, n.1, 1924, p. 399-403.

BROWN, John. *The Methodus ad Facilem Cognitionem Historiarum of Jean Bodin. A Critical Study*, Washington: C.U.A., 1939.

_____. "Bodin, precurseur de Vico". In: *Actes du colloque inter-disciplinaire d'Angers*, 1985.

BUDDEBERG, C. "Sovranità e dititto delle genti in Jean Bodin". In: *Rivista Internazionale di filosofia del Diritto*, ano XXII, 1942, p. 330-358.

BURNS, J. H. "Sovereignty and Constitutional Law in Bodin". In: *Political Satudies*. Oxford: Clarendon Press, V.7, june 1959. p. 174-177.

_____."Sovereignty and the Mixed Constitution: Bodin and his critics". In: *The Cambridge History of Political Thought, 145-1700*, Cambridge, 1991.

CADONI, G. "Bodin, Giannotti, Niccolá Crasso e Venezia". In: *La "République" di Jean Bodin – Atti del convegno di Perugia*. Firenze: Leo S. Olschki, 1980, p. 128-133.

CAPUTO, C. *Il Libero Scambio e il Pensiero di Jean Bodin*, Bologna: C.L.U., 1980.

CARDASCIA, G. "Sue une édition genevoise de la *République* de Jean Bodin". In: *Bibliothèque d'Humanisme et Renaissance*, T.IV, fasc. I, 1937, p. 212-214.

_____. "Machiavel et Jean Bodin". In: *Bibliothèque d'Humanisme et Renaissance*, T.III, 1943. p. 129-167.

CARTA, Paolo. "Il diritto di confisca nella *République*". In: *Jean Bodin a 400 anni dalla morte – Atti del Convegno intenazionale per il quarto centenario della morte di Jean Bodin*". Firenze: Leo S. Olschki, 1996. p. 311-324.

CEARD, J. "Rome dans la Méthode de l'Histoire de Bodin". In: *Aces du IX Congres de L'Association Guillaume-Budé*, T.II, 1975, p. 758-771.

CERVELLI, Innocenzo. "Bodin, Daniele e Marco Polo". In: *Jean Bodin a 400 anni dalla morte – Atti del Convegno intenazionale per il quarto centenario della morte di Jean Bodin*". Firenze: Leo S. Olschki, 1996. p. 233-249.

CHABOD, Frederico. "La teoria del magistrado nella *Methodus* di Jean Bodin". In: *Il pensiero Politico – Atti del convegno di Perugia*. Perugia: Universitá di Perugia. 1980. 2 vol.

CHANTEUR, Janine. *Jean Bodin et les critères de la légitimité dans les Six Livres de la République*, Paris: P. U.F., 1967, p. 147-160.

_____. "L'idée de loi naturelle dans la République de Jean Bodin". In: Jean Bodin - *Actes du colloque international Jean Bodinà Munich*, Munich: Verlag, 1973. p. 195-212.

_____. "La loi naturelle et la souveraineté chez Jean Bodin". In: *Théologie et Droit dans la science politique de L'Etat moderne*. Rome: École Française de Rome, 1991. p. 283-294.

CHAUVIRÉ, R. *Jean Bodin, Auteur de la République*, Paris: 1914.

_____. *Introduction au Colloque de Jean Bodin*, Paris: 1914.

_____. "Grandeur De Bodin". In: *Revue Historique*, n.14, 1940, p. 378-397.

_____. "La pensée religieuse de Jean Bodin". In: *Province d'Anjou – IV Centenaire* Jean Bodin. N.20, 1929, p. 433-452.

CHTCHAPOU, J. "Jean Bodin et la science sociale russe". In: *Czopismo Prawno-historyczne*, Vol. 29, n.2, 1977, p. 21-28.

CHURCH, W.F., *Constitutional Thought in Sixteeth-century France*, Cambridge: Mass., 1941.

COKER, Francis. "Jean Bodin (1530-1596)". In: *Readings in Political Philosophy (cap. xv)*, New York: Macmillan, 1941, p. 369-381.

COLAS, Marion. *Justice et Harmonie chez Jean Bodin*, Paris: Mémoire pour le Diplôme d'Études Approfondies de Philosophie du Droit, 1991.

COMPARATO, I. "La Teoria della funzione publica nella *Republique*". In: *Revista di storia delle idee politiche e sociali*, n.1, 1981, p. 78-112.

_____, *Bodin*. Bologna: Il Mulino, 1981.

CONDE, J. F. "El pensamiento pollitico de Bodini". In: *Anuario de historia del derecho espanol*, T. XII, 1935, 5-96.

CONTI, V. "Bodin et Hotman: due pareri a confronto (1566)". In: *Il Pensiero Político*, ano VIII, fasc. 3, 1975, p. 340-54.

COOK, Thomas. "Bodin: kingly sovereignty and the new midle class". In: *History os Political Philosophy (cap. XIV)*. New York: Prentice-Hall, 1937, p. 365-396.

CORPACI, F. *Intorno ad una ristampa della "Republique" di Bodin*. Siracusa: S.T.S., 1966.

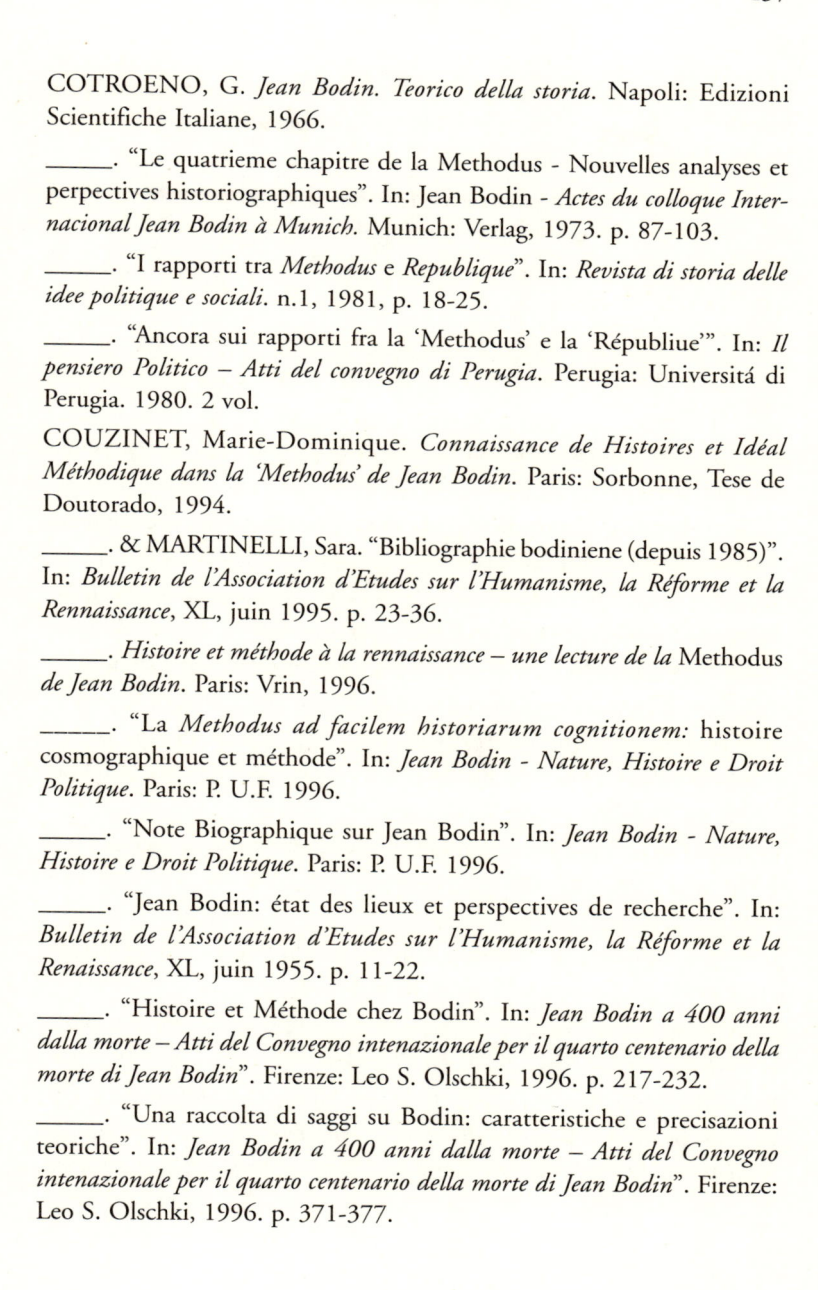

COTROENO, G. *Jean Bodin. Teorico della storia*. Napoli: Edizioni Scientifiche Italiane, 1966.

_____. "Le quatrieme chapitre de la Methodus - Nouvelles analyses et perpectives historiographiques". In: Jean Bodin - *Actes du colloque Internacional Jean Bodin à Munich*. Munich: Verlag, 1973. p. 87-103.

_____. "I rapporti tra *Methodus* e *Republique*". In: *Revista di storia delle idee politique e sociali*. n.1, 1981, p. 18-25.

_____. "Ancora sui rapporti fra la 'Methodus' e la 'Républiue'". In: *Il pensiero Politico – Atti del convegno di Perugia*. Perugia: Universitá di Perugia. 1980. 2 vol.

COUZINET, Marie-Dominique. *Connaissance de Histoires et Idéal Méthodique dans la 'Methodus' de Jean Bodin*. Paris: Sorbonne, Tese de Doutorado, 1994.

_____. & MARTINELLI, Sara. "Bibliographie bodiniene (depuis 1985)". In: *Bulletin de l'Association d'Etudes sur l'Humanisme, la Réforme et la Rennaissance*, XL, juin 1995. p. 23-36.

_____. *Histoire et méthode à la rennaissance – une lecture de la* Methodus *de Jean Bodin*. Paris: Vrin, 1996.

_____. "La *Methodus ad facilem historiarum cognitionem*: histoire cosmographique et méthode". In: *Jean Bodin - Nature, Histoire e Droit Politique*. Paris: P. U.F. 1996.

_____. "Note Biographique sur Jean Bodin". In: *Jean Bodin - Nature, Histoire e Droit Politique*. Paris: P. U.F. 1996.

_____. "Jean Bodin: état des lieux et perspectives de recherche". In: *Bulletin de l'Association d'Etudes sur l'Humanisme, la Réforme et la Renaissance*, XL, juin 1955. p. 11-22.

_____. "Histoire et Méthode chez Bodin". In: *Jean Bodin a 400 anni dalla morte – Atti del Convegno intenazionale per il quarto centenario della morte di Jean Bodin*". Firenze: Leo S. Olschki, 1996. p. 217-232.

_____. "Una raccolta di saggi su Bodin: caratteristiche e precisazioni teoriche". In: *Jean Bodin a 400 anni dalla morte – Atti del Convegno intenazionale per il quarto centenario della morte di Jean Bodin*". Firenze: Leo S. Olschki, 1996. p. 371-377.

_____. "La logique divine dans les *Six Livres de la République* de Jean Bodin". In: *Politique, Droit et Théologie chez Bodin, Grotius et Hobbes*. Paris : Éditions Kimé, 1997.

_____. "La philosophie morale de J. Bodin dans le paradoxe de 1596. Une hypothèse de lecture". Texto não publicado.

CRAHAY, R. "Jean Bodin Devant la Censure". In: *Revista di storia delle idee politiche e sociali*, n. 1, 1981, p. 154-172.

_____. "Jean Bodin aux États Généraux de 1576". In: *Assemblee di Stati e Intituzioni Rappresentative nella Storia del Pensiero Politico Moderno*, 1983, p. 85-120.

_____. "Controverses et censures religieuses a propos de la République de Jean Bodin". In: *D'Erasme à Campanella*, 1985, p. 12-84.

_____. "Un essai de synthese". In: *Actes du colloque inter-disciplinaire d'Angers*, 1985.

_____. "La bibliothèque de Jean Bodin demonologue: les bases théoriques". In: *Bulletin de l'Academie Royale de Belgique-classe des lettres et des sciences morales et politiques*, T.73, fasc. 3-4, 1987, p. 124-171.

_____, ISAAC, Marie-Thérèse & LENGER, Marie Thérèse. *Bibliographie critique des éditions anciennes de Jean Bodin*, avec la collaboration de René Plisnier, Bruxeles, Académie Royale de Belgique, 1992, XVIII-356p.

CREMER, A. "Les théoiriciens italians de la raison d'État juges de Jean Bodin". In: *Revue d'Histoire diplomatique*, T. LXXXIX, 1975, p. 249-261.

D'ADDIO, Mario. "Il problema della politica in Bodin e Vico". *Studi in onore di Biagio Petrocelli*, 1972, V. II, p. 577-675.

DEAN, Leonard F. "Bodin's *Methodus* in England before 1625". In: *Studies in Philology*. Vol. XXXIX, N.1, 1942. p. 160-166.

DEL GROSSO, Anna Maria L. "Il terzo volume dei *Sei Libri dello Stato*". In: *Jean Bodin a 400 anni dalla morte – Atti del Convegno intenazionale per il quarto centenario della morte di Jean Bodin*". Firenze: Leo S. Olschki, 1996. p. 343-349.

DE MATTEI, Rodolfo. "Sulla fortuna del Bodin in Italia. Proiezioni italiane del concetto di sovranità". In: *Studi in onore di Antonio Segni*, II, Milano: , 1967. p. 3-22.

DENZER, Horst, Hrsg. Jean Bodin - *Actes du colloque international Jean Bodin à Munich,* Munich: Verlag, C. H. Beck ed., 1973, XIII-547p.

DERATHÉ, R. "Theorie et pratique en philosophie politique: La monarchie française selon Jean Bodin et Montesquieu". In: *Theorie und Politik*, 1991, p. 61-69.

_____. "La place de Jean Bodin dans l'histoire des théories de la souveraineté". In: Jean Bodin - *Actes du colloque international Jean Bodin à Munich.* Munich: Verlag, 1973, p. 245-260.

DESAN, P. "Jean Bodin et l'idée de Méthode au XVI siécle". In: *Corpus,* n.4, 1987, p. 2-30.

_____. "La justice mathématique de Jean Bodin". In: *Corpus,* n.4, 1987, p. 69-121.

_____. *Naissance de la méthode, Machiavel, La Ramée, Bodin, Montaigne, Descartes.* Paris: Librairie A.-G. Nizet, 1987.

DOCKES, N. "La loi, l'equite et le paix en la justice de Jean Bodin". In: *Le Juste et l'injuste à la Renaissance à l'age classique. Actes du colloque international tenu à Saint-Etienne 21-23 avril de 1983* , 1986, p. 65-89.

DROZ, E. "Le carme Jean Bodin, hérétique". In: *Bibliotheque d'humanisme et Renaissance,* T. X, 1948. p. 77-94.

DUCOS, Michele. "Le Tableau du droit universel de Jean Bodin et la tradition romaine". In: *Bulletin de l'Assotiation Guillaume Budé,* 1987, p. 49-61.

DUNNING, W. A. "Jean Bodin on Sovereignty". In: *Political Science Quartely.* n.11, 1986, p. 82-104.

ERRERA, P. "Un précurseurs de Montesquieu : Jean Bodin". In: *Revue de Belgique,* vol.XIV, 1895, p. 36-62.

ESCLAPEZ, R. "Deux Magistrats humanistes du XVI siècle face a l'irrationel: Montaigne & Bodin". In: *Bulletin de la Société des Amis de Montaigne,* n.7-8, 1987, p. 47-74.

FALTENBACHER, K. "Examen de conscience à Venise: le 'Colloquium Heptalomeres". In: *La liberté de conscience (XVI-XVII siécles)*, Geneve: Droz, 1991, p. 107-113.

FEBRVE, L. "L'Universalisme de Jean Bodin". In: *Revue de Synthese*, n.54, 1934, p. 165-168.

FELL, A. L. *Bodin's humanistic legal system and rejection of "medieval theology": Origins of Legislative Sovereignty and Legislative Satate V.III*, Boston: Oelgeshlager, 1980.

FIRPO, L. "Ancora sulla condanna di Bodin". In: *Revista di storia delle idee politiche e sociali*, n.1, 1981, p. 173-186.

FINLAY, R. *La vita politica nella Venezia del Rinascimento*. Milano: Jaca Book, 1982.

FERRIER, Auger. *Advertissement à Jen Bodin sur le quatrième livre de la République*. Paris, 1580.

FORD, F.L. "Dimensions of tolerations: Castellio, Bodin, Montesquieu". In: *Proceedings of the American Philosophical Society*, 1972, p. 136-9.

FORIERS, P. "La condition des insensées à la Renaissance". In: *Folie et déraison à la Renaissance*, 1976, p. 27-40.

FOURNOL, E. *Bodin prédécesseur de Montesquieu*. Paris: Arthur Rousseau, 1896.

_____. "Sur quelques traités de dorit public du XVI siècle". In: *Nouvelle revue historique du droit français et étranger*. n. 211897, p. 298-325.

FRANKLIN, Julian H. *Jean Bodin et la Naissance de la Théorie Absolutiste*. Paris: P. U.F, 1993.

_____. *Jean Bodin and the Sixteenth-Century Revolution in the Methodology of Law and History*. New York, 1963.

_____. *Jean Bodin and the End of Medieval Constitucionalism*. In: Jean Bodin - *Actes du colloque International Jean Bodin à Munich*. Munich: Verlag, 1973. P. 151-186.

_____. "Sovereignty and the Mixed Constitution". In: *The Cambridge History of Political Thought, 1450-1700*, J. H. Burns (ed.), Cambridge: Cambridge Univerity Press, 1991. p. 298-328.

_____. "Jean Bodin". In: *International Encyclopaedia of the social science*. 1968, vol.2.

FREUND, Julien. "Quelques aperçus sur la conception de l'histoire de Jean Bodin". In: Jean Bodin - *Actes du colloque International Jean Bodin à Munich*. Munich: Verlag, 1973. p. 105-122.

FUBINI, Ricardo. *Fundamental Studies on Jean Bodin*. Ed. Jacob P. Mayer, New York: , 1979.

GALVAN, T. "Los supuestos scotistas en la teoria politica de Jean Bodin". In: *Escritos (1950-1960)*. Madri: 1971. P. 97-224.

GARANDERIE, P. "L'humanisme politique de Jean Bodin et son actualité". In: *Mémoires de l'Academie d'Angers*. N. 1, 1959, p. 93-114.

_____. "Note sur Jean bodin et la géographie humaine". In: *Mémoires de l'Académie d'Angers*. N. 10, 1966. p. 31-36.

GARDOT, André. *Jean Bodin: as place parmi les fondateurs du droit international*. Paris: Hachette, 1935.

GAROSCI, Aldo. *Jean Bodin: Pollitica e diritto nel rinascimento francese*. Milano: Casa Editrice A.Corticelli, 1934.

_____. "Jean bodin avvocato per un avventuriero slavo in un ignoto 'consilium'". In: *Revista Storica Italiana*, V. 87. Fasc. 3, 1975, p. 557-570.

GARREAU, J. "Religion chez Montaigne et Bodin: convergence et divergence". *Actes du Colloque inter-disciplinaire d'Angers*, 1985.

GEOFRE, P. "Republique et Souveraineté de Jean Bodin en Péril?" In: *Actes du Colloque inter-discipinaire d'Angers*, 1985.

GIANTURCO, Elio. "Bodin's conception of the Venetian constitution and his critical rift with Fabio Albergati". In: *Revue de Littérature comparée*. N.2, 1938.

GIESEY, Ralph. "Medieval Jurisprudence in Bodin's concept of sovereignty". In: Jean Bodin - *Actes du colloque international Jean Bodin à Munich*, Munich: Verlag, 1973. p. 167-186.

GILLES, Henri. "La Faculté de droit de Toulouse au temps de Jean Bodin". In: *Annales d'histoire des Facultés de droit et de science juridique*, Paris, 1986, N. 03, p. 23-36.

GLANTIGNY, M. "Prince et Peuple dans la République". In: *Actes du colloque inter-displinaire d'Angers*, 1985.

GOLIMAS, A. "Le Boudinisme et la Roumanie". In: *Czasopismo Prawno-Historyczne*, vol. 29, n.2, 1977, p. 29-37.

GORDON, Michel. D. "Jean Bodin and the english 'ship of state'". In: *Bibliothèque d'Humanisme et Renaissance*. T. XXXV, Genève: Droz, 1973. p. 323-324.

GOYARD-FABRE, Simone. "Au Tournant de l'idée de démocratie: l'influence des monarchomaques". In: *Cahiers de philosophie politique et juridique de l'université de Caen*, n. 1, 1982, p. 29-47.

_____. *Jean Bodin et le Droit de La Republique*. Paris: P.U.F., 1989.

_____. "Jean Bodin et les trois justices". In: *Aequitas, Aequalitas, Auctoritas. Raison Théorique et Légitimation de l'autorité dans le XVI siècle européen*. Paris: Vrin, 1992. p. 3-18.

_____. *Qu'est-ce que la politique?* Paris: Vrin, 1992.

_____. "Le peuple et le droit d'opposition". In: *Cahiers de l' Université de Caen – Actes du colloque Philosophie et Democracie*. Caen, 1982.

GREENLEAF, W. H. "Bodin and the idea of order". In: *Actes du colloque international Jean Bodin à Munich*. Munich: Verlag, 1973. p. 23-38.

GROTHUYSEN, B. "Bodin". In: *Mythes et portraits*, 1947, p. 57-69.

_____. *Mythes et portraits*. Paris: Gallimard, 1997.

HAUSER, H. "Jean Bodin, angevin". In: *Annales d'histoire économique et sociale*, T.III, n.11, 1931, p. 379-387.

HINTON, R. W. K. "Les 'Six Livres' vus d'outre-Manche". In: *Jean Bodin, Actes du coloque interdisciplinaire d'Angers*, Angers, Presses de l'Université d'Angers, 1985. P. 469-476.

_____. "Bodin and the Retreat into Legalism". In: *Actes du colloque international Jean Bodin à Munich*. Munich: Verlag, 1973. p. 303-14.

_____. "Husbands, Fathers and Conquerors". In: *Political Studies*, N. 15, 1967, p. 291-300.

HOROWITZ, M. "Judaism in Jean Bodin". In: *Sixteenth Century Journal*, V. XII, n.3, 1982, p. 109-113.

_____. "La religion de Jean Bodin reconsiderée". *Actes du colloque interdisciplinaire d'Angers*, 1985.

_____. "Bodin and Judaism". In: *Jean Bodin a 400 anni dalla morte – Atti del Convegno intenazionale per il quarto centenario della morte di Jean Bodin*". Firenze: Leo S. Olschki, 1996. p. 205-216.

HUPPERT, G. *L'idée d'Histoire Parfaite*. Paris: Flammarion, 1973. p. 93-109.

INGBER, L. "Jean Bodin et le Droit naturel". In: *Jean Bodin, Actes du coloque interdisciplinaire d'Angers*. Angers: Presses de l'Université d'Angers, 1985.

ISAAC, M. T. *La Démonomanie des Sorciers: histoire d'un livre à travers ses éditions*. In: Jean Bodin, *Actes du coloque interdisciplinaire d'Angers*. Angers: Presses de l'Université d'Angers, 1985.

ISNARDI-PARENTE, M. "Nota Bibliografica", In: Jean BODIN, *I Sei Libro dello Stato (Introduzione)*, a cura di Margherita Isnardi Parente. Torino: U.T.E.T., vol.I, 1964. [Note bibliographique sur les éditions des oeuvres de Bodin et sur les études qui lui ont été consacrées jusqu'e 1963 aux p. 109-129]. Vol.II, a cura di Margherita Isnardi Parente & Diego Quaglioni, Torino, U.T.E.T., 1988. [Note bibliographique sur les éditions et les traductions des oeuvres de Bodin et sur les études qui lui ont été consacrées à partir de 1963 aux p. 10-24].

_____. "Appunti per la Storia di État, République, Stato". In: *Rivista Storica Italiana*. Ano: LXXIV, fascicolo II, Napoli: Edizioni Scientifiche Italiane, 1962.

_____. "Le volontarisme de Bodin : Maïmonide ou Duns Scot ?". In: *Actes du colloque International Jean Bodin à Munich*, Munich: Verlag, 1973. p. 39-51.

_____. "Jean Bodin su Tirannide e Signoria". In: *Revista di storia delle idee politiche e sociali*, n.1, 1981, p. 61-77.

_____. "Les *metabolai politeion* revisitées". In: *Jean Bodin, Actes du coloque interdisciplinaire d'Angers* Angers. Presses de l'Université d'Angers, 1985. 49-57.

_____. "Per la storia della traduzione italiana di J. Bodin, *Les six Livres de la République*". In: *Jean Bodin a 400 anni dalla morte – Atti del Convegno intenazionale per il quarto centenario della morte di Jean Bodin*". Firenze: Leo S. Olschki, 1996. p. 159-168.

IZDEBSKI, Z. "Quelques observations sur les idées politiques de Jean Bodin". In: *Societas Scientiam Ldziensis*. Lódz: L.T.N., 1965.

JACOBSEN, Mogens Chrom. *Jean Bodin et le dilemme de la philosophie politique moderne*. Copenhagen : MuseumTusculanum Press, 2000.

JARRA, E. "Le bodinisme en Pologne au XVII siècle". In: *Archives de philosophie du droit et de sociologie juridique*, n.1-2, 1933, p. 120-132.

JARRIN, A. *Un economiste libéral au XVIeme siècle, Jean Bodin*. Chambérry: Imprimiere Savoisienne, 1904.

KELLEY, Donald R. "The development and context of Bodin's method". In: Jean Bodin - *Actes du colloque international Jean Bodin à Munich*, Munich: Verlag, 1973. p. 123-150.

KING, P. *The Ideology of Order: a comparative analisys of Jean Bodin and Thomas Hobbes*. London: G. Allen and Unwin, 1974.

KOUSKOFF, G. *Justice arithmétique, justice géométrique, justice harmonique*. In: *Jean Bodin, Actes du colloque interdisciplinaire d'Angers*. Angers: Presses de l'Université d'Angers, 1985.

KUNTZ, M. D. "Harmony and the Heptaphomenes of Jean Bodin." In: *Journal of the history of philosophy*. T. XII, 1974. p. 31-41.

_____. "Jean Bodin and the Colloquium Heptaphomenes". In: *Jean Bodin, Actes du colloque interdisciplinaire d'Angers*. Angers: Presses de l'Université d'Angers, 1985.

LAURENT, J. B. *Les idées monetaires et commerciales de Jean Bodin*. Bordeaux: Y. Cadoret, 1907.

LEFRANC, Abel. "La Place de Jean Bodin dans la Renaissance et dans la Science Politique". In: *Province d'Anjou – IV Centenaire Jean Bodin*. n. 20, 1929. p. 400-18.

LESTRINGANT, F. "Jean Bodin Cosmographe". In: *Jean Bodin, Actes du colloque interdisciplinaire d'Angers*, Angers: Presses de l'Université d'Angers, 1985.

_____. "Europe et Théorie des Climats dans la Seconde Moitié du XVI siècle". In: *Écrire le Monde à la Rennaissance*. Caen: Paradigma, 1993. p. 225-276.

LEVRON, J. "Jean Bodin, sieur de Saint-Amand ou Jean Bodin, originaire de Saint-Amand". In: *Bibliothèque d'Humanisme et Renaissance*, T.X, 1948. p. 60-76.

_____. *Jean bodin et sa Famille*. Angers: H. Sirudeau, 1950.

LEWIS, J. U. "Jean Bodin's 'Logic of Sovereignty'". In: *Political Studies*. Oxford: Clarendon Press, V.16, N. 2, june 1968. p. 202-222.

LLOYD, Howell. "De la Souveraineté chez Bodin et Hobbes". In: *De la Souveraineté*, Paris: Association Lois XVI, 1989. P. 31-48.

MAC RAE, Kenneth. "Ramist Tendencies in the Thought of Jean Bodin". In: *Journal of the History of Ideas*. V.16, june 1955. p. 306-323.

_____. "A Postscript on Bodin's Connections With Ramism". In: *Journal of the History Ideas*. V.24, N.4, 1963. p. 569-571.

_____. "Bodin and the Development of Empirical Political Science". In: *Actes du colloque international Jean Bodin à Munich*. Munich: Verlag, 1973, p. 333-342.

MAES, L. T. "L'autre' Bodin, Auteur du Traité de la Démonomanie des Sorciers". In: *Czospismo Prawno-historyczne*, V. 29, N.2, 1977. p. 65-90.

MAGNARD, P. "Jean Bodin ou l'Harmonie dans la Cité". In: *Cahiers de Philosophie Politique et Juridique*, n.2, 1982. p. 56-68.

_____. "Le Modele Musical chez Bodin". In: *L'Esprit de La Musique. Essais d'Esthétique et de Philosophie*. Paris: Klincsieck, 1992, p. 73-82.

_____. "Verité et pluralisme ches Jean Bodin". In: *Jean Bodin a 400 anni dalla morte – Atti del Convegno intenazionale per il quarto centenario della morte di Jean Bodin*". Firenze: Leo S. Olschki, 1996. p. 267-275.

MANENT, Pierre. "Les Théoriciens de la Monarchie: Bodin et Montesquieu". In: *Les Monarchies*. Paris: P. U.F., 1986. p. 91-99.

MARCHAND, Georges. "Bodin et les Sorcies". In: *Province d'Anjou – IV Centenaire* Jean Bodin. N.20, 1929. p. 453-464.

MARONGIU, A. "Jean Bodin et les Assemblées d'États". In: *Journées Internationales*, T. XX, 1957, p. 45-89.

_____. "Bodin, lo Stato e gli 'Stati'". In: *Revista di Storia delle Idee Politiche e Sociali*. n.1, 1985, p. 78-92.

MASTELLONE, S. "Bodin et la Science Politique". In: *Revista di Storia delle Politiche e Sociali*, n.1, 1981, p. 50-60.

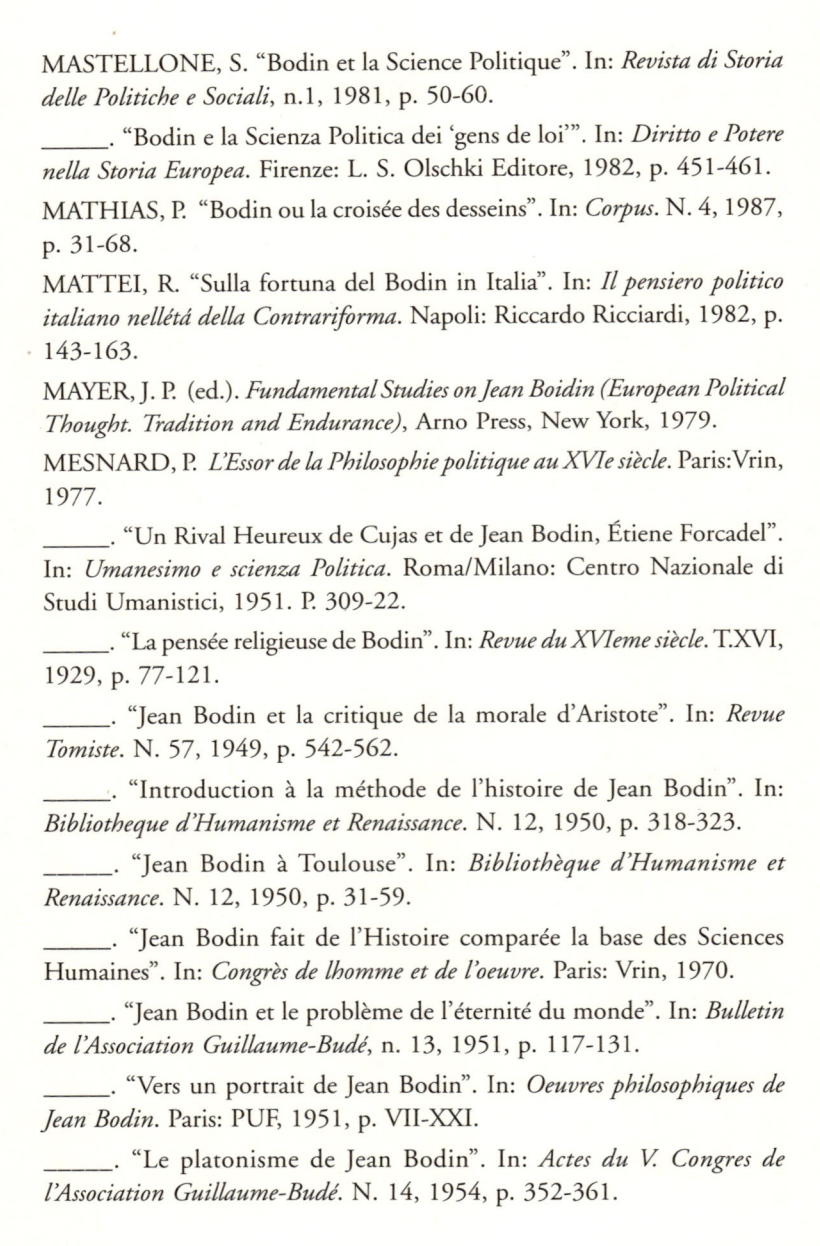

_____. "Bodin e la Scienza Politica dei 'gens de loi'". In: *Diritto e Potere nella Storia Europea*. Firenze: L. S. Olschki Editore, 1982, p. 451-461.

MATHIAS, P. "Bodin ou la croisée des desseins". In: *Corpus*. N. 4, 1987, p. 31-68.

MATTEI, R. "Sulla fortuna del Bodin in Italia". In: *Il pensiero politico italiano nellétá della Contrariforma*. Napoli: Riccardo Ricciardi, 1982, p. 143-163.

MAYER, J. P. (ed.). *Fundamental Studies on Jean Boidin (European Political Thought. Tradition and Endurance)*, Arno Press, New York, 1979.

MESNARD, P. *L'Essor de la Philosophie politique au XVIe siècle*. Paris: Vrin, 1977.

_____. "Un Rival Heureux de Cujas et de Jean Bodin, Étiene Forcadel". In: *Umanesimo e scienza Politica*. Roma/Milano: Centro Nazionale di Studi Umanistici, 1951. P. 309-22.

_____. "La pensée religieuse de Bodin". In: *Revue du XVIeme siècle*. T.XVI, 1929, p. 77-121.

_____. "Jean Bodin et la critique de la morale d'Aristote". In: *Revue Tomiste*. N. 57, 1949, p. 542-562.

_____. "Introduction à la méthode de l'histoire de Jean Bodin". In: *Bibliotheque d'Humanisme et Renaissance*. N. 12, 1950, p. 318-323.

_____. "Jean Bodin à Toulouse". In: *Bibliothèque d'Humanisme et Renaissance*. N. 12, 1950, p. 31-59.

_____. "Jean Bodin fait de l'Histoire comparée la base des Sciences Humaines". In: *Congrès de lhomme et de l'oeuvre*. Paris: Vrin, 1970.

_____. "Jean Bodin et le problème de l'éternité du monde". In: *Bulletin de l'Association Guillaume-Budé*, n. 13, 1951, p. 117-131.

_____. "Vers un portrait de Jean Bodin". In: *Oeuvres philosophiques de Jean Bodin*. Paris: PUF, 1951, p. VII-XXI.

_____. "Le platonisme de Jean Bodin". In: *Actes du V. Congres de l'Association Guillaume-Budé*. N. 14, 1954, p. 352-361.

_____. "Jean Bodin devant le problème de l'éducation". In: *Revue des Travaux de l'Académie des Sciences Morales et Politiques*. 1959, p. 217-227.

_____. "La conjuration contre la renommée de Jean Bodin: Antoine Tessier (1684)". In: *Bulletin de l'Assotiation Guillaume-Budé*, 1959, p. 535-559.

_____. "Jean Bodin à la recherche des secrets de la nature". In: *Archivio di Filosofia - Umanesimo e Esoterismo*. N.2/3, 1960, p. 221-234.

_____. "Le nationalisme de Jean Bodin". In: *La Table Ronde*. N. 147, 1960, p. 66-72.

_____. "Jean Bodin teoretico de la Republica". In: *Revista de Estudios Politicos*. N. 113/114, 1960, p. 89-103.

_____. "Etat présent des études bodinienes". In: *Filosofia*, T.II, 1960, p. 687-696.

_____. "Jean Bodin et Toulouse". In: *Annales de la faculté de droit de Toulouse*. T.VIII, fasc.2, 1960, p. 151-153.

_____. "A física de Jean Bodin segundo o 'Anfiteatro da Natureza'". In: *Revista portuguesa di filosofia*. N.17, 1961, p. 164-200.

_____. "The psychology and pneumatology of Jean Bodin". In: *International philosophical quarterly*. N. 2, 1962, p. 244-264.

_____. *Jean Bodin en la historia del pensamiento*, Madri: 1962.

_____. "La Démonomanie de Jean Bodin". In: *L'opera e il pensiero idi G. Pico della Mirandolla*. N. 21, 1969, p. 333-356.

_____. "Jean Bodin a-t-il établi la théorie de la monocratie?". In: *Recueils de la société Jean Bodin*. N. 21, 1969, p. 637-656.

MICHEL, A. "A propos de la République: de Ciceron à Jean Bodin". In: *Revue d'études latines*. T. XLV, 1967, p. 419-436.

MINTON, R. "Les Six Livres vus d'autre-Manche". In: *Jean Bodin, Actes du Collocque interdisciplinaire d'Angers*. Angers, Presses de l'Université d'Angers, 1985.

MONFORT, H. "Un théoricien de la monarchie au XVIeme siecle Jean Bodin". In: *La revue critique des idées et des livres*. T.25, N. 144, 1914. p. 425-438.

MOREAU-REIBEL, Jean. "Jean Bodin et la ligue d'après des lettres inédites". In: *Humanisme et Renaissance*. T. 2, 1939. p. 422-444.

_____. *Jean Bodin et le droit public comparé dans ses rapports avec la philosophie de l'histoire*. Paris: Vrin, 1933.

MOSSE, George L. "The Influence of Jean Bodin's Republique on England". In: *Medievalia et Humanistica*, Vol.5, 1948. p. 73-83.

NAEF, Henri. "La jeunesse de Jean Bodin ou les conversions oubliées". In: *Biblioteque d'Humanisme et Renaissance*, T. VIII, 1948. p. 137-155.

NANCEY, Paul. *Jean Bodin, économiste*. Bordeaux: Castera, 1942.

NERY, Alain. "Jean Bodin et la théorie statutaire de la couronne". In: *Jean Bodin, Actes du coloque interdisciplinaire d'Angers*. Angers: Presses de l'Université d'Angers, 1985.

NESCHKE, Ada. "Souveraineté et transcendance de l'un dans les *Six Livres de la République*". In: *Étude de Lettres*. Lausanne, janvier-mars, 1993. p. 143-162.

ODORISIO, Ginevra Conti. "Jean Bodin: natura e politica". In: *Jean Bodin a 400 anni dalla morte – Atti del Convegno intenazionale per il quarto centenario della morte di Jean Bodin*". Firenze: Leo S. Olschki, 1996. p. 361-370.

ORGEVAL, B. "De la République et son actualité". In: *Jean Bodin, Actes du coloque interdisciplinaire d'Angers Angers*, Presses de l'Université d'Angers, 1985.

PARKER, David. "Law society and State in the thought of Jean Bodin". In: *History of Political Thought*. Vol.II, N.2, 1981.

PARKIN, John. "An assessment of Bodin's influence on François Grimeudet's opuscles politiques". In: *Bibliotheque d'humanisme et renaissance*, n.38, 1976, p. 27-53.

PASQUIER, E. "La famille de Jean Bodin". In: *Revue d'Histoire de l'Église de France*. n. XIX, 1933.

PEARL, J. L. "Humanism and Satanism: Jean Bodin's contribution to the witchcraft crisis". In: *Revue Canadienne de Sociologie et Anthropologie*. N.19, 1982, p. 541-547.

_____. "Le rôle énigmatique de la Demonomanie dans la chasse aux sorciers". In: *Jean Bodin: Actes du Colloque Interdiscipliaire d'Angers*. Angers: Presses de l'Université d'Angers, 1985.

PETEGHEM, P. "Jean Bodin et l'autorité". In: *Jean Bodin: Actes du Colloque Interdiscipliaire d'Angers*. Angers: Presses de l'Université d'Angers, 1985.

PIANO-MORTARI, Vicenzo. "Bodin e l'idea cinquecentesca della codificazione". In: *Revista di storia delle idee politiche e sociali*. N.1, 1981, p. 26-33.

PIVETEAU, J. L. "La géographie, ça sert d'abord à faire la République: ou l'organisation de l'espace telle que la voyait, il y a quatre cents ans, Jean Bodin". In: *L'espace Geographique*, n.4, 1985, p. 241-250.

POLIN, Raymond. "L'idée de République selon Jean Bodin". In: *Actes du colloque international Jean Bodin à Munich*. Minich: Verlag, 1973, p. 343-357.

PONTHIEUX, A. "Quelques documents inédits sur Jean Bodin". In: *Revue du XVIe. Siècle*, T.XV, 1928, p. 56-99.

PUJOL, J. "Cadre idéologique du développement de l'absolutisme en France à l'avenement de François I". In: *Théorie et pratique politiques à la Renaissance*. Paris: Vrin, 1977.

QUAGLIONI, Diego. "'*Imperandi Ratio*' l'edition latine de la *République* (1586) et la raison d'État". In: *Jean Bodin - Nature, Histoire e Droit Politique*. Paris: P. U.F. 1996. P. 161-74.

_____. "Verso un nuovo ritratto di Jean Bodin: Appunti in marque alla letteratura più recente". In: *Jean Bodin a 400 anni dalla morte – Atti del Convegno intenazionale per il quarto centenario della morte di Jean Bodin*. Firenze: Leo S. Olschki, 1996. p. 169-183.

_____. "La prevedibilità dei mutamenti politici nella *République* di Jean Bodin e nei suoi critici". In: *Studi politici in onore di Luigi Firpo*. Vol. I, 1991.

_____. COLEMAN, J. (ed.). "Les citoyens envers l'Etat: l'individu en tant que citoyen: dela *République* de Bodin au *Contrat Social* de Rousseau". In: *L'individu dans la thèorie politique et dans la pratique*. Paris: P. U.F., 1996. p. 311-321.

_____. "Per il testo critico della *République*". In: *Jean Bodin a 400 anni dalla morte – Atti del Convegno intenazionale per il quarto centenario della morte di Jean Bodin*". Firenze: Leo S. Olschki, 1996. p. 355-358.

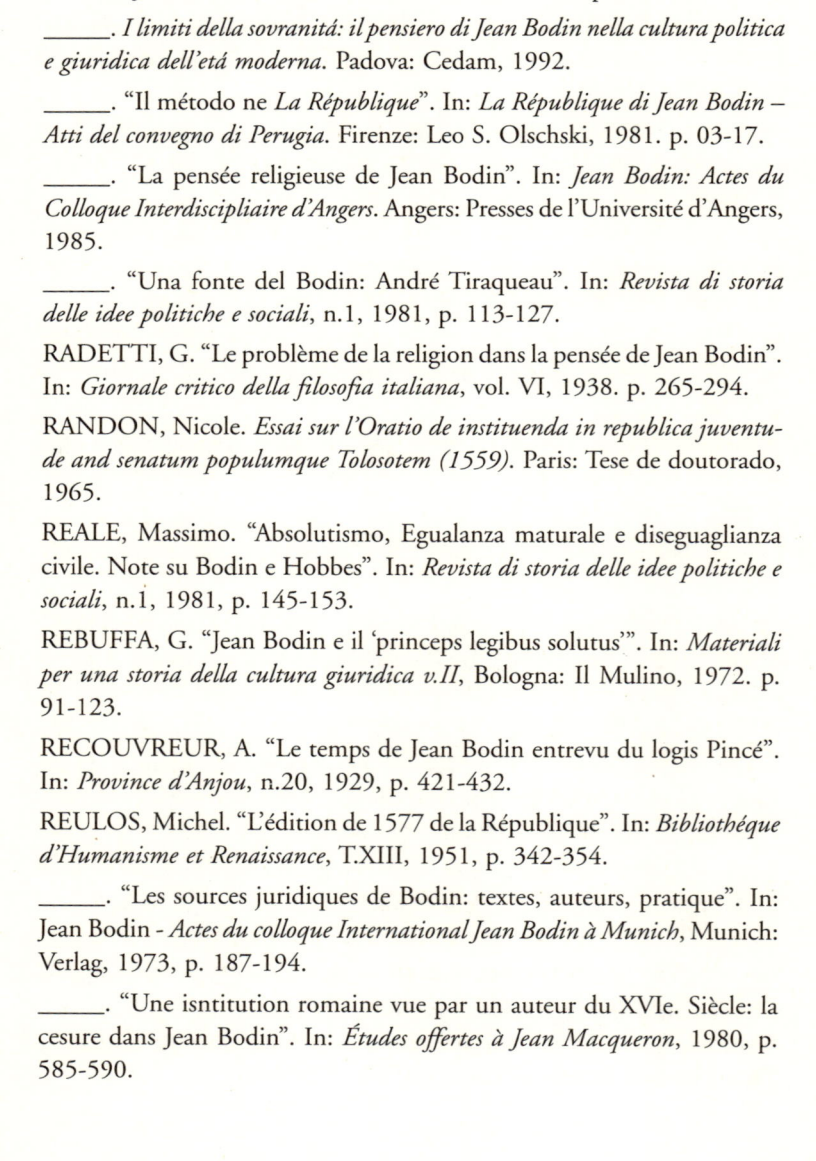

_____. *I limiti della sovranitá: il pensiero di Jean Bodin nella cultura politica e giuridica dell'etá moderna*. Padova: Cedam, 1992.

_____. "Il método ne La *République*". In: *La République di Jean Bodin – Atti del convegno di Perugia*. Firenze: Leo S. Olschski, 1981. p. 03-17.

_____. "La pensée religieuse de Jean Bodin". In: *Jean Bodin: Actes du Colloque Interdiscipliaire d'Angers*. Angers: Presses de l'Université d'Angers, 1985.

_____. "Una fonte del Bodin: André Tiraqueau". In: *Revista di storia delle idee politiche e sociali*, n.1, 1981, p. 113-127.

RADETTI, G. "Le problème de la religion dans la pensée de Jean Bodin". In: *Giornale critico della filosofia italiana*, vol. VI, 1938. p. 265-294.

RANDON, Nicole. *Essai sur l'Oratio de instituenda in republica juventude and senatum populumque Tolosotem (1559)*. Paris: Tese de doutorado, 1965.

REALE, Massimo. "Absolutismo, Egualanza maturale e diseguaglianza civile. Note su Bodin e Hobbes". In: *Revista di storia delle idee politiche e sociali*, n.1, 1981, p. 145-153.

REBUFFA, G. "Jean Bodin e il 'princeps legibus solutus'". In: *Materiali per una storia della cultura giuridica v.II*, Bologna: Il Mulino, 1972. p. 91-123.

RECOUVREUR, A. "Le temps de Jean Bodin entrevu du logis Pincé". In: *Province d'Anjou*, n.20, 1929, p. 421-432.

REULOS, Michel. "L'édition de 1577 de la République". In: *Bibliothéque d'Humanisme et Renaissance*, T.XIII, 1951, p. 342-354.

_____. "Les sources juridiques de Bodin: textes, auteurs, pratique". In: *Jean Bodin - Actes du colloque International Jean Bodin à Munich*, Munich: Verlag, 1973, p. 187-194.

_____. "Une isntitution romaine vue par un auteur du XVIe. Siècle: la cesure dans Jean Bodin". In: *Études offertes à Jean Macqueron*, 1980, p. 585-590.

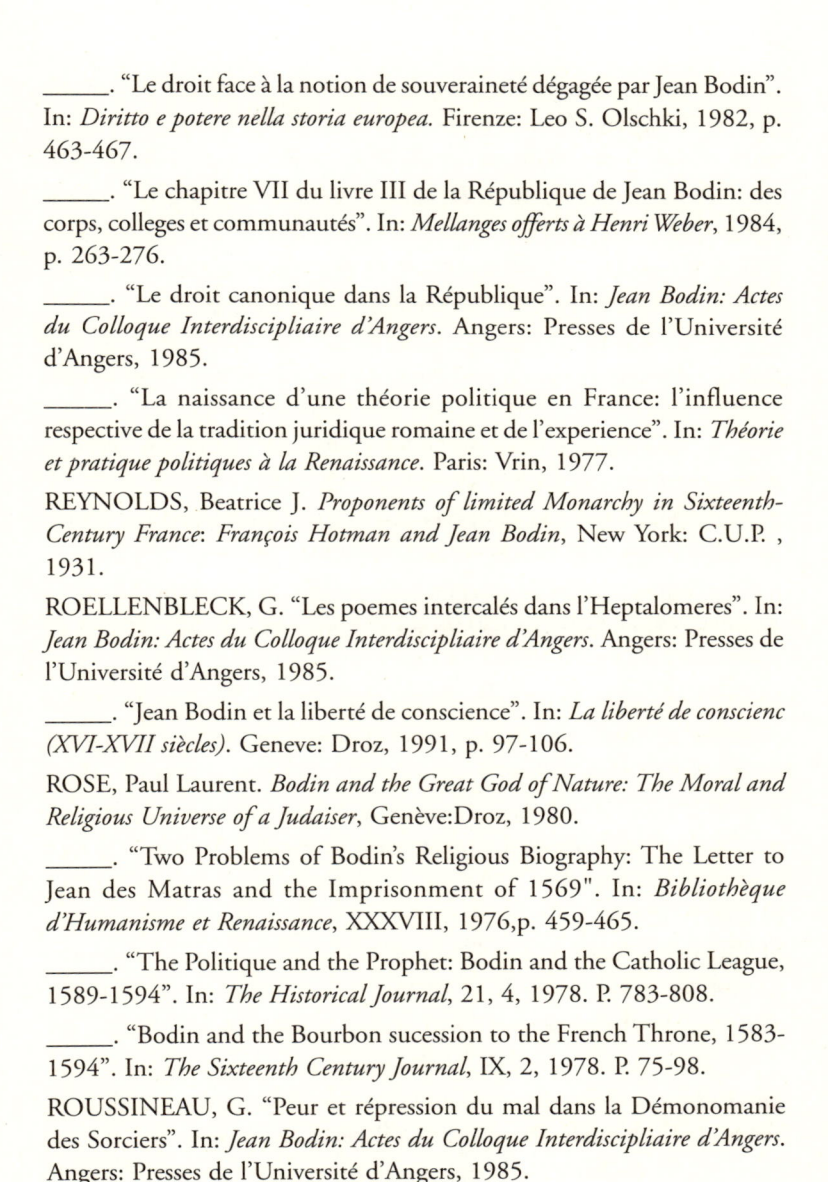

_____. "Le droit face à la notion de souveraineté dégagée par Jean Bodin". In: *Diritto e potere nella storia europea*. Firenze: Leo S. Olschki, 1982, p. 463-467.

_____. "Le chapitre VII du livre III de la République de Jean Bodin: des corps, colleges et communautés". In: *Mellanges offerts à Henri Weber*, 1984, p. 263-276.

_____. "Le droit canonique dans la République". In: *Jean Bodin: Actes du Colloque Interdiscipliaire d'Angers*. Angers: Presses de l'Université d'Angers, 1985.

_____. "La naissance d'une théorie politique en France: l'influence respective de la tradition juridique romaine et de l'experience". In: *Théorie et pratique politiques à la Renaissance*. Paris: Vrin, 1977.

REYNOLDS, Beatrice J. *Proponents of limited Monarchy in Sixteenth-Century France: François Hotman and Jean Bodin*, New York: C.U.P., 1931.

ROELLENBLECK, G. "Les poemes intercalés dans l'Heptalomeres". In: *Jean Bodin: Actes du Colloque Interdiscipliaire d'Angers*. Angers: Presses de l'Université d'Angers, 1985.

_____. "Jean Bodin et la liberté de conscience". In: *La liberté de conscienc (XVI-XVII siècles)*. Geneve: Droz, 1991, p. 97-106.

ROSE, Paul Laurent. *Bodin and the Great God of Nature: The Moral and Religious Universe of a Judaiser*, Genève:Droz, 1980.

_____. "Two Problems of Bodin's Religious Biography: The Letter to Jean des Matras and the Imprisonment of 1569". In: *Bibliothèque d'Humanisme et Renaissance*, XXXVIII, 1976,p. 459-465.

_____. "The Politique and the Prophet: Bodin and the Catholic League, 1589-1594". In: *The Historical Journal*, 21, 4, 1978. P. 783-808.

_____. "Bodin and the Bourbon sucession to the French Throne, 1583-1594". In: *The Sixteenth Century Journal*, IX, 2, 1978. P. 75-98.

ROUSSINEAU, G. "Peur et répression du mal dans la Démonomanie des Sorciers". In: *Jean Bodin: Actes du Colloque Interdiscipliaire d'Angers*. Angers: Presses de l'Université d'Angers, 1985.

SABINE, G. H. "Jean Bodin". In: *História das Teorias Políticas* (cap. XX). Rio de Janeiro: Fundo de Cultura, 1966, p. 387-401.

SAGUES. N. P. "Jean Bodin y la escuela espanola". In: *Revista del Colegio de Abogados de Rosário*, n.12, p. 57-104.

SAILLOT, J. "Jean Bodin, sa famille, ses origines". In: *Jean Bodin: Actes du Colloque Interdiscipliaire d'Angers*. Angers: Presses de l'Université d'Angers, 1985.

SALMON, J. H. M. "L'héritage de Bodin: la réception de ses idées politiques en Anglaterre et en Allemagne au XVIIe. Siècle". In: *Jean Bodin - Nature, Histoire e Droit Politique*. Paris: P. U.F. 1996.

_____. "Francis Hotman and Jean Bodin: the dilema of sixteenth-century". In: *History Today*. T.XXIII, N.11. 1973. p. 801-809.

_____. "Bodin and the Monarchomachs". In: *Actes du Colloque International Jean Bodin de Munich*. Munich: Verlag, 1973. p. 359-78.

_____. "Bodin and the Monarchomachs". In: *Renaissance and Revolt*. Cambridge: Cambridge University Press, 1987.

_____. "Autour de l'intertextualité dans l'oeuvre de Jean Bodin". In: *Jean Bodin: Actes du Colloque Interdiscipliaire d'Angers*. Angers: Presses de l'Université d'Angers, 1985.

SCHMITT., Carl. *Le categorie del* politico. Bologna : Il mulino, 1988.

SCHOECK, R. J. "Bodin's opposition to the mixed state and to Thomas More". In: *Actes du colloque international Jean Bodin Munich*, Munich: Verlag, 1973. p. 399-412.

SCURIN, H. U. "La notion de souveraineté dans les ouvres de Jean Bodin et John Althusius". In: *Annales de la faculté de droit de Lille*, 1963, p. 7-27.

SECRET, F. « Jean Bodin et l'alchimie ». In: *Bilbiotheque d'Humanisme et Renaissance*, T. XL, 1978, p. 307-310.

SÉE, Henri. "La philosophie de l'histoire de Jean Bodin". In: *Revue Hitorique*, n. 175, 1935, p. 495-505.

SENELLART, M. "*Juris peritus, id est politicus*"? Bodin et les théoriciens allemands de la prudence civile au XVII siècle". In: *Jean Bodin - Nature, Histoire e Droit Politique*. Paris: P. U.F. 1996.

_____. *Les Arts de Gouverner*. Paris: Le Seuil, 1995.

_____. "Census et censura chez Bodin et Obrecht". In: *Jean Bodin a 400 anni dalla morte – Atti del Convegno intenazionale per il quarto centenario della morte di Jean Bodin*". Firenze: Leo S. Olschki, 1996. p. 250-266.

_____. *Machiavélisme et raison d'Etat*. Paris: P. U.F., 1989.

SHACKLETON, R. "Botero, Bodin and Robert Johnson", In: *Modern Language Review*. N. 43, 1948. p. 405-409.

SHEPHARD, M. Adams. "Sovereignty at the crossroads: a study of Bodin". In: *Political science quaterly*. N.45, 1930. p. 580-603.

SIBERT, Marcel. "Parallèle entre Francisco Suárez et Jean Bodin". In: *Actas del IV centenario del nascimiento de Francesco Suarez 1548-1948*. T. II. p. 211-224.

SKINNER, Quentin. *As fundações do pensamento político moderno*. Trad. Renato Janine Ribeiro. São Paulo: Cia. das Letras, 1996. 724p.

_____. *Los fundamentos del pensamiento politico moderno*. México: Fondo de Cultura Económica, 1993. t. I e II.

SMITH, C. "Jean Bodin and comparative law". In: *Journal of the history of ideas*. Vol.XXV, N.25, 1964. p. 417-422.

STEGMANN, A. "L'apport antique dans la reflexion de Bodin sur l'Etat", In: *Actes du IX congres de l'Association de Guillaume Budé*. T. II, 1975. p. 737-757.

_____. "Bodin et l'histoire contemporaine". In: *Jean Bodin - Actes du Colloque Interdisciplinaire d'Angers*. Angers: Presses de l'Université d'Angers, 1985.

STUARDI, D. "La Teoria della giustizia armonica nella 'Republique'". In .: *Revista di storia delle idée politiche e sociali*. N.1, 1981. p. 134-144.

_____. "'Police' e pubblica amnistrazione nella 'République' di Jean Bodin". In: *Filosofia Politica*. N.1, 1981. p. 15-35.

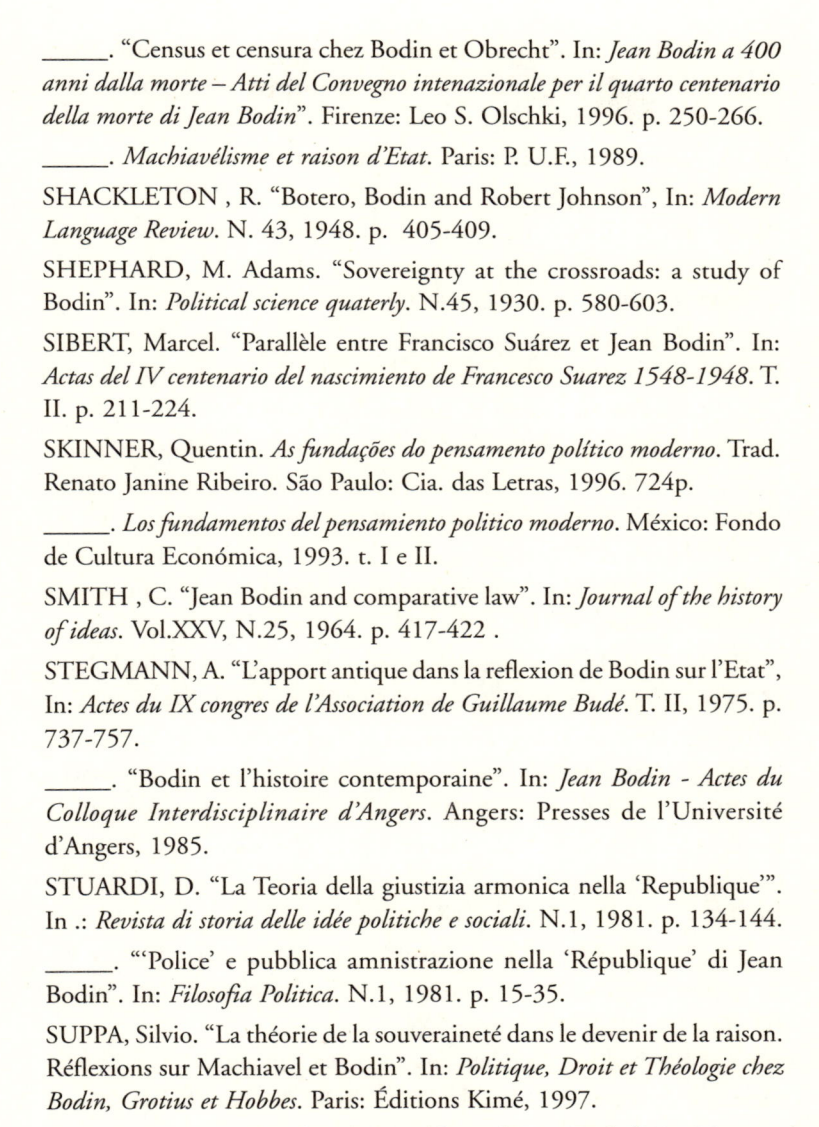

SUPPA, Silvio. "La théorie de la souveraineté dans le devenir de la raison. Réflexions sur Machiavel et Bodin". In: *Politique, Droit et Théologie chez Bodin, Grotius et Hobbes*. Paris: Éditions Kimé, 1997.

TELLE, "Thomas More dans la République de Jean Bodin". In: *Moreana*, Vol. 7, N.27-28, 1970. p. 103-106.

TENENTI, A. "La première édition de la République de Jean Bodin et l'œuvre de Machiavel". In .: *Czopismo Prawno-historyczne*, Vol.29, N.2, 1977. p. 1-12.

_____. "Teoria della souvranitá e regione di stato". In: *Revista di storia delle idee politiche e sociali*. N.1, p. 34-49.

TENTLER, T. "The meaning of prudence in Bodin". In: *Traditio*. Vol.XV, N.15, 1959. p. 365-384.

TOOLEY, Marian. "Jean Bodin and the medieval theory of climate", In: *Spectum*. N.28, 1953. p. 64-83.

TOUCHARD, Jean. "As construções doutrinárias: Bodin". In: *História das idéias políticas n. 3*. Lisboa: Europa América, 1970. p. 58-67.

TURCHETTI, Mario. "Nota su Bodin e la tirannide – il diritto di revoca e gli editti 'irrevocabli'". In: *Jean Bodin a 400 anni dalla morte – Atti del Convegno intenazionale per il quarto centenario della morte di Jean Bodin*". Firenze: Leo S. Olschki, 1996. p. 325-338.

ULPH, Owen. "Jean Bodin and the Estate General of 1576". In: *Journal of Modern History*. Vol.19, N.4, 1947. p. 289-296.

VAILLANCOURT, P. "Bodin et le pouvoir politique des femmes". In: *Actes du Colloque Interdisciplinaire d'Angers*. Angers: Presses de l'Université d'Angers, 1985.

VASOLI, Cesare. "Jean Bodin, il problema cinquecentesco della *Methodus* e la sua applicazione alla conoscenza storica", In: *Filosofia*, fac.II, 1970, p. 137-172.

_____. "Bodin, Vico e la 'Topica'". In: *Bollettino del Centro di Studi Vichiani*, V.IX, 1979, p. 123-129.

_____. "De Nicolas de Cusa et Jean Pic de la Mirandola à Jean Bodin: trois colloquis". In: *Actes du Colloque Interdisciplinaire d'Angers*. Angers: Presses de l'Université d'Angers, 1985.

_____. "Il metodo ne 'La République'". In: La République di Jean Bodin – *Atti del convegno di Perugia*. Firenze: Leo S. Olschki, 1980, p. 3-17.

_____. "Note sul *Theatrum Naturae* di Jean Bodin". In: *Rivista di staria della filosofia*, T.45, fasc.3, 1990, p. 475-537.

_____. "Jean Bodin e il neoplatonismo del rinascimento". In: *Jean Bodin a 400 anni dalla morte – Atti del Convegno intenazionale per il quarto centenario della morte di Jean Bodin*". Firenze: Leo S. Olschki, 1996. p. 184-204.

VILLEY, Michel. "La justice harmonique selon Bodin". In: Jean Bodin - *Actes du Colloque International Jean Bodin à* Munich. Munich: Verlag, 1973. p. 69-86.

VOISE, W. "Deux républiques opposées – Fricius et Bodin". In: *Czospismo Prawno-historyczne*, vol.29, n.2, 1977, p. 55-64.

_____. "Sur le critère d'évaluation d'un écrivain politique : le cas Jean Bodin". In: *Actes du Colloque Interdisciplinaire d'Angers*. Angers: Presses de l'Université d'Angers, 1985.

WAGNER, R.-L. "Le vocabulaire magique de Jean Bodin : dans la 'Democracie des Sorciers'". In: *Bibliothèque d'humanisme et Renaissance*, T.X, 1948, p. 95-121.

WEBER, Henri. "Jean Bodin et le pouvoir royal". In: *Actes du congrès Marguerite de Savoie*, 1974, p. 373-389.

_____. "Utilisation et critique de la Politique d'Aristote dans la *République* de Jean Bodin". In: *Classical influences on European Culture*, 1976, p. 305-313.

_____. "Jean Bodin et Machiavel". In: *Actes du Colloque Interdisciplinaire d'Angers*. Angers: Presses de l'Université d'Angers, 1985.

WEBER, Hermann. "Jean Bodin et la vérité historique". In: *Certitudes et Incertitudes de l'histoire*. Paris : P. U.F., 1987, p. 77-86.

WOLFE, Martin. "Law, Society and State in the Thought of Jean Bodin". In: *History of Political Thought*, 2, 1981, p. 253-285.

_____. « Jean Bodin et la vérité historique ». In: *Political Science Quarterly*, n.83, 1968, p. 268-284.

WOLODKIEWICZ, W. « Jean Bodin et le droit privé Romain ». In: *Actes du Colloque Interdisciplinaire d'Angers*. Angers: Presses de l'Université d'Angers, 1985.

WYRNA, Tadeuz. « La notion de la loi et de la souveraineté chez Madrzewski et Jean Bodin ». In: *Actes du Colloque Interdisciplinaire d'Angers*. Angers: Presses de l'Université d'Angers, 1985.

YARDENI, M. « Barbares et sauvages : l'anthropologie de Jean Bodin ». In: *Actes du Colloque Interdisciplinaire d'Angers*. Angers: Presses de l'Université d'Angers, 1985.

ZARKA, Yves Charles. "État et gouvernement chez Bodin et les Théoriciens de la raison d'État". In: *Jean Bodin - Nature, Histoire e Droit Politique*. Paris: P. U.F. 1996. P. 149-60.

_____. "Constitution et souveraineté chez Bodin". In: *Jean Bodin a 400 anni dalla morte – Atti del Convegno intenazionale per il quarto centenario della morte di Jean Bodin*". Firenze: Leo S. Olschki, 1996. p. 276.286.

Trabalhos relacionados ao tema desenvolvido no livro

ABBONDANZA, R. "Premières considérations sur la méthodologie d'Alciat". In: *Pedagogues et Juristes*, Paris : Vrin, 1963, p. 107-118.

ABETTI, Giorgio. "L'harmonie de la création au XVIeme siècle". In: *La science au XVI Siècle*. Paris : Hermann, 1960, p. 181-187.

ADORNO, Francesco. "La crisi dell'umanesimo civile florentino da Alamanno Rinuccini al Machiavelli". In: *Rivista critica di storia della filosofia*. Milano: Fratelli Bocca Editori, VII, 1952, p. 19-40.

AGAMBEN, Giorgio. *Homo Sacer – o poder soberano e a vida nua I*. Belo Horizonte: Ed. UFMG, 2002. 207p.

ALLARD, Gérald. "Montaigne et La Boétie: révolution, reforme et status quo". In: *Aequitas, Aequalitas, Auctoritas : raison théorique et légitimation de l'autorité dans le XVIe. siècle européen*. Paris : Vrin, 1992. p. 204-215.

ALLEN, J. W. *A History of Political thought in the sixteenth century*. Londres: Methuen & co., 1954.

ARMSTRONG, E. "The political theory of the huguenots". In: *The English Historical Review*. London: Longmans, Green, and co. T.IV, 1889, p. 13-40.

AUBENQUE, P. *La prudence chez Aristote*. Paris: P. U.F., 1963.

_____. *Aristote politique - Études sur la* Politique *d'Aristote*. Paris: P.U.F.,1993.

_____. « La loi chez Aristote ». In: *Archives de Philosophie du Droit*, n.25, 1980. p. 147-157.

BALDUS de UBALDIS, *Commentaire sur Cod.*

BARON, Hans. *The Crisis of the Early Renaissance : Civic Humanism and Republican liberty in a Age of Classicism and Tyranny.* Rev. Ed. Princenton: Princenton University Press, 1966.

BASTIT, M. *La naissance de la loi moderne.* Paris, 1990.

BATTISTA, A. M. "Direzioni di ricerca per una storia di Machiavelli in Francia". In: *Il pensiero politico di Machiavelli e la sua fortuna nel mondo. Atti del Convegno internazionale per il V centenario della nascita di Machiavelli* (San Casciano - Firenze, 28-29 settembre 1969), Firenze, 1972, p. 36-66.

_____. "La penetrazione del Machiavelli in Francia nel secolo XVI". In: *Rassegna di politica e storia.* 1960, p. 18-32.

_____. "Sull'antimachiavellismo francese del sec. XVI". In: *Politica e morale nella Francia dell'età moderna.* Genova: Name, 1998. p. 75-107.

_____. *Politica e morale nella Francia dell'età moderna.* Genova: Name, 1998.

BAUDOUIN, F. *De institutione histotiae universae et ejus cum jurisprudentia conjunctione.* Prolegomenwn libri II, Paris, André Wechel, 1561, 214p.

BEAME, Edmond M. "The Politiques and the Historians". In: *The Journal of the History of Ideas.* 54/3, 1993. P. 355-79.

BIGNOTTO, Newton. *Origens do republicanismo moderno.* Belo Horizonte: Ed. UFMG, 2001.

_____. *Maquiavel Republicano.* São Paulo: Ed. Loyola, 1991.

BIRAL, Alessandro. *Storia e critia della filosofia politica moderna.* Milano: Franco Angelo, 1999.

BOCK, G., SKINNER, Q. & VIROLI, M. Ed., *Machiavelli and Republicanism.* Cambridge : Cambridge University Press, 1990.

BODÉÜS, R. *Le philosophe et la cité. Recherches sur les rapports entre morale et politique dans la pensée d'Aristote.* Paris: Les Belles Lettres, 1982.

BOURDIN, Bernard. "La théologie de l'autorité politique chez Saint Thomaz". In: *Aspects de la pensée mediévale dans la philosophie politique moderne*. Paris: P. U.F., 1999. p. 24-43.

BOUWSMA, William J. *Venice and the defense of Republican Liberty*. Berkeley : University of California Press, 1968.

BUDÉ, Guillaume. *Annotationes ... in quatuor et viginti Pandectarum libros, ad Iannem Deganaium Cancellarium Franciae, postremum auctae, et recognitae*. Paris, Robert Stéphene, 1535.

BOTERO, G. *Della Ragio di Stato*, Paris:s/Ed., 1599.

BROWN, John L. *The Methodus ad facilem historiarum cognitionem, a critical study*. Washington, DC, 1939.

BURNS, J. H. *Histoire de la philosophie mediévale*. Paris, 1994.

_____. *The Cambridge History of Political Thought 1450-1700*, Cambridge, 1991.

CALASSO, Francesco. *I Glosatori e la teoria della sovranità. Studi di diritto comune pubblico*. Milano: Dott A. Giuffrè, 1957.

CANNING, J. P. "Loi, souveraineté et théorie corporative". In: *Histoire de la pensée politique médiévale*. Paris: P. U.F., 1988. p. 428-449.

CAPRARIIS, Vittorio. *Propaganda e Pensiero Politico in Francia Durante le Guerre di Religione, I, 1559-1572*. Napoli: Edizioni Scientifiche Italiane, 1959, p. 322-326.

CARLYLE et CARLYLE. *Medieval political theory*. Vol.VI.

CESARINI SFORZA, Widar. "L'eterna raigon di Stato". In: *Cristianesimo e Ragion di Stato. L'Umanesimo e il demoniaco nell'arte. Atti del II Congresso Internazionale di Studi Umanistici*, a.c. di E. Castelli, Roma-Milano: , 1953.

CHABOD, Frederico. *Escritos sobre Machiavelo*. Ciudad del Mexico: Fonde de Cultura Economica, 1984.

CHURCH, W. F. *Constitutional Thought in 16th Century France*. Cambridge: Harvard U.P. , 1941.

COCHRANE, Eric, *Historians and Historiography in the Italian Rennaissance*. Chicago, The University of Chicago Press, 1981. XX-649p.

COTRONEO, Girolamo. *I trattatisti dell'*Ars historica. Napoli: Giannini, 1971. XV-481p.

D'ANDREA, Antonio. "Humanism and Politics in Machiavelli's Thought: chapter 8 of the *Prince*". In: *Aequitas, Aequalitas, Auctoritas. Raison Théorique et Légitimation de l'autorité dans le XVI siècle européen*. Paris: Vrin, 1992. p. 50-57.

DARBO-PESCHANSKI, Catherine, *Le discours du particulier: Essai sur l'enquête hérodotéenne*, Paris, Seuil, 1987, 251p.

_____. "Humanidade e justiça na historiografia grega (V-I a.C.)". In: *Ética*. São Paulo: Companhia das Letras, 1992. p. 35-55.

_____. "Thucydide: Historien, Juge". In: *Métis*, II, 1, 1987. p. 109-140.

_____. "Questions de temps: entre historiographie et droit grecs". In: *Annales E. S. C.*, VI, 1992, p. 1097-1112.

_____. "Os tempos da História". In: *Tempo e História*. São Paulo: Cia. das Letras, 1992. p. 71-88.

_____. "L'historien grec ou le passé jugé". In: *Figures du Savoir en Grèce ancienne*, Paris: Belin, 1995.

DAVID, M. "Le serment du sacre du IXe au XVe siècle. Contribution à l'étude des limites juridiques de la souveraineté". In: *Revue du Moyen Age Latin*. VI, 1950. p. 5-272.

DE CAPRARIIS, Vittorio. *Propaganda e pensiero politico in Francia durante le guerre di religione*, I: *1559-1572*, Napoli, Edizioni Scientifiche Italiane, 1959, X-493p.

DECLAREUIL, J. *Histoire Générale du droit français*, Paris, 1925.

DELACHENAL, R. *Histoire des avocats au Parlement de Paris, 1300-1600*. Paris:E.Plon, Nourrit & Cie., 1885. P. 399-407.

DELUMEAU, Jean. "Fondements ideologiques de la hiérarchie sociale: le discours sur le courage à l'époque de la renaissance". In: *Théorie et pratique politiques à la renaissance*. Paris: Vrin, 1977.

DE MATTEI, R. *Il problema della'Ragion di Stato' nell'età della Controriforma*. Milano-Napoli : Ricciardi, 1979.

DERATHÉ, Robert. *Jean-Jacques Rousseau et la science politique de son temps*. Paris. P. U.F., 1950.

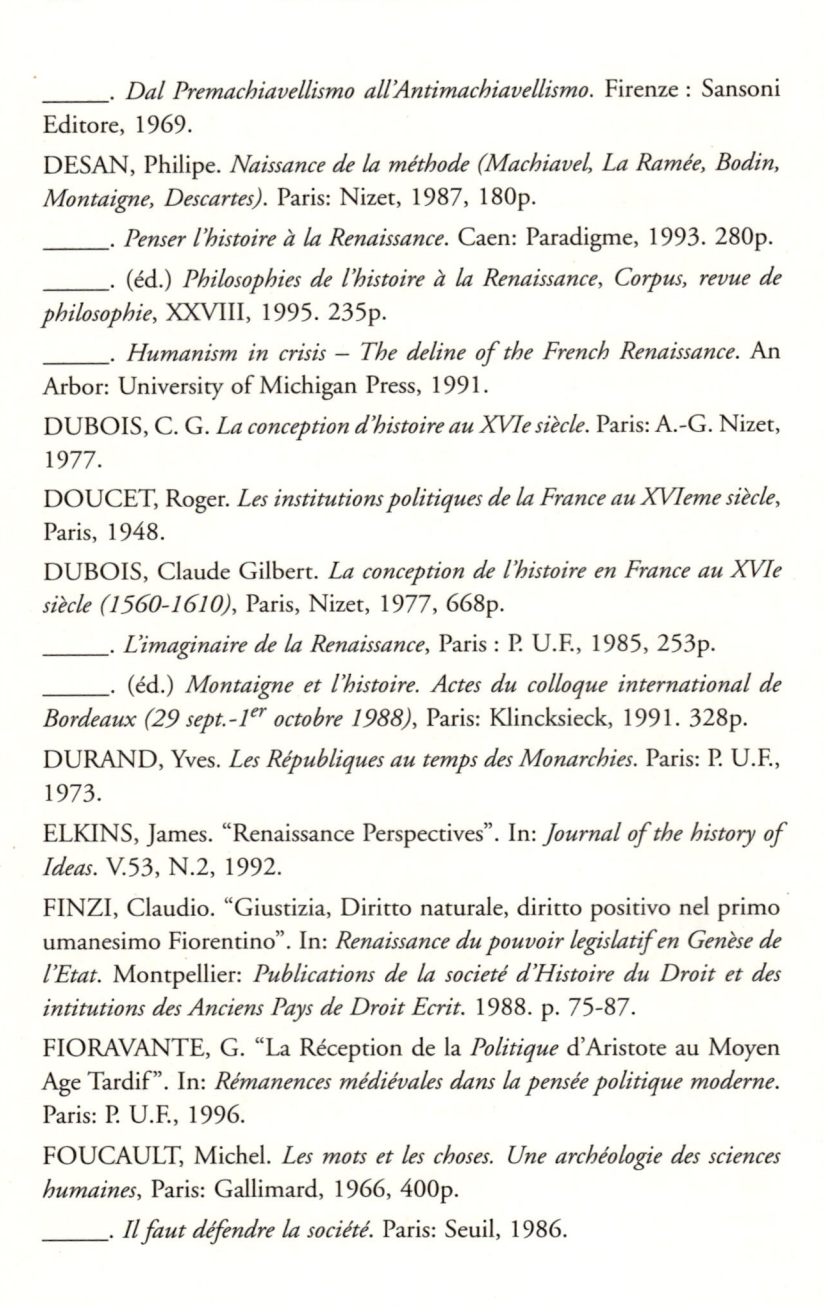

_____. *Dal Premachiavellismo all'Antimachiavellismo*. Firenze : Sansoni Editore, 1969.

DESAN, Philipe. *Naissance de la méthode (Machiavel, La Ramée, Bodin, Montaigne, Descartes)*. Paris: Nizet, 1987, 180p.

_____. *Penser l'histoire à la Renaissance*. Caen: Paradigme, 1993. 280p.

_____. (éd.) *Philosophies de l'histoire à la Renaissance, Corpus, revue de philosophie*, XXVIII, 1995. 235p.

_____. *Humanism in crisis – The deline of the French Renaissance*. An Arbor: University of Michigan Press, 1991.

DUBOIS, C. G. *La conception d'histoire au XVIe siècle*. Paris: A.-G. Nizet, 1977.

DOUCET, Roger. *Les institutions politiques de la France au XVIeme siècle*, Paris, 1948.

DUBOIS, Claude Gilbert. *La conception de l'histoire en France au XVIe siècle (1560-1610)*, Paris, Nizet, 1977, 668p.

_____. *L'imaginaire de la Renaissance*, Paris : P. U.F., 1985, 253p.

_____. (éd.) *Montaigne et l'histoire. Actes du colloque international de Bordeaux (29 sept.-1er octobre 1988)*, Paris: Klincksieck, 1991. 328p.

DURAND, Yves. *Les Républiques au temps des Monarchies*. Paris: P. U.F., 1973.

ELKINS, James. "Renaissance Perspectives". In: *Journal of the history of Ideas*. V.53, N.2, 1992.

FINZI, Claudio. "Giustizia, Diritto naturale, diritto positivo nel primo umanesimo Fiorentino". In: *Renaissance du pouvoir legislatif en Genèse de l'Etat*. Montpellier: *Publications de la societé d'Histoire du Droit et des intitutions des Anciens Pays de Droit Ecrit*. 1988. p. 75-87.

FIORAVANTE, G. "La Réception de la *Politique* d'Aristote au Moyen Age Tardif". In: *Rémanences médiévales dans la pensée politique moderne*. Paris: P. U.F., 1996.

FOUCAULT, Michel. *Les mots et les choses. Une archéologie des sciences humaines*, Paris: Gallimard, 1966, 400p.

_____. *Il faut défendre la société*. Paris: Seuil, 1986.

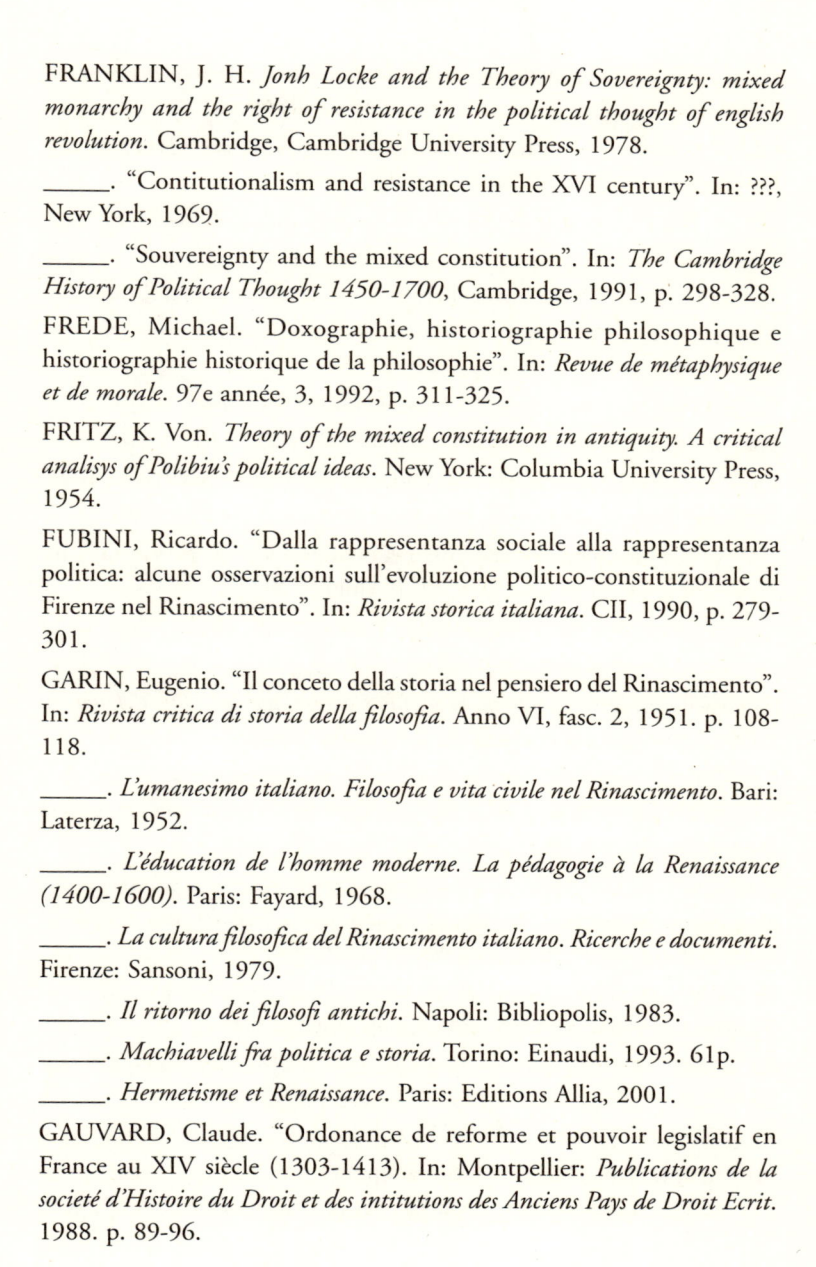

FRANKLIN, J. H. *Jonh Locke and the Theory of Sovereignty: mixed monarchy and the right of resistance in the political thought of english revolution*. Cambridge, Cambridge University Press, 1978.

_____. "Contitutionalism and resistance in the XVI century". In: ???, New York, 1969.

_____. "Souvereignty and the mixed constitution". In: *The Cambridge History of Political Thought 1450-1700*, Cambridge, 1991, p. 298-328.

FREDE, Michael. "Doxographie, historiographie philosophique e historiographie historique de la philosophie". In: *Revue de métaphysique et de morale*. 97e année, 3, 1992, p. 311-325.

FRITZ, K. Von. *Theory of the mixed constitution in antiquity. A critical analisys of Polibiu's political ideas*. New York: Columbia University Press, 1954.

FUBINI, Ricardo. "Dalla rappresentanza sociale alla rappresentanza politica: alcune osservazioni sull'evoluzione politico-constituzionale di Firenze nel Rinascimento". In: *Rivista storica italiana*. CII, 1990, p. 279-301.

GARIN, Eugenio. "Il conceto della storia nel pensiero del Rinascimento". In: *Rivista critica di storia della filosofia*. Anno VI, fasc. 2, 1951. p. 108-118.

_____. *L'umanesimo italiano. Filosofia e vita civile nel Rinascimento*. Bari: Laterza, 1952.

_____. *L'éducation de l'homme moderne. La pédagogie à la Renaissance (1400-1600)*. Paris: Fayard, 1968.

_____. *La cultura filosofica del Rinascimento italiano. Ricerche e documenti*. Firenze: Sansoni, 1979.

_____. *Il ritorno dei filosofi antichi*. Napoli: Bibliopolis, 1983.

_____. *Machiavelli fra politica e storia*. Torino: Einaudi, 1993. 61p.

_____. *Hermetisme et Renaissance*. Paris: Editions Allia, 2001.

GAUVARD, Claude. "Ordonance de reforme et pouvoir legislatif en France au XIV siècle (1303-1413). In: Montpellier: *Publications de la societé d'Histoire du Droit et des intitutions des Anciens Pays de Droit Ecrit*. 1988. p. 89-96.

GENTILE, Giovani. "Contribution à l'histoire de la méthode historique". In: *Revue de synthèse historique*. T. V-3, N.15, 1902. p. 129-152.

GIERKE, Otto Von. *Natural Law and the theory of Society*, trad. Ernest Barker, Boston, 1957.

_____. *Political theories in the Middle Age*. Cambridge: University Press, 1963.

GIESEY, Ralph. E. "The monarchomach triunvirs: Hotman, Beza and Monay". In: *Bibliothèque d'humanisme et de renaissance*. XXXII, 1970, p. 41-56.

_____. *Le Roy ne meurt jamais*. Paris: Flammarion, 1987.

GIL, Fernando. *La conviction*. Paris: Flammarion, 2000.

GILBERT, Felix. *Machiavelli and Guicciardini: Politics and History in the sixteenth Century Florence*. Princenton: Princenton University Press, 1965.

_____. "La costituzione veneziana nel pensiero politico fiorentino". In: *Machiavelli e il suo tempo*. Bologna: Il Mulino, 1977.

GILBERT, Neal Ward. *Renaissance Concepts of Method*. New York/London: Columbia University Press, 1960.

GILMORE, Myron P. *Arguments from Roman Law in Political Thought: 1200–1600*. Cambridge: Harvard University Press, 1941.

GOURON, André. "Coutume contre Loi chez les premiers glossateurs". In: *Publications de la societé d'Histoire du Droit et des intitutions des Anciens Pays de Droit Ecrit*. 1988. p. 117-130.

_____. & RIGAUDIERE, Albert. *Renaissance du pouvoir legislatif et génèse de l'Etat*. Montpellier: *Publications de la societé d'Histoire du Droit et des intitutions des Anciens Pays de Droit Ecrit*. 1988.

GOWAN, Mc. "Les images du pouvoir royal au temps de Henri III". In: *Théorie et pratique politiques à la Renaissance*. Paris: Vrin, 1977.

GOYARD-FABRE, Simone. "Le peuple et le droit d'opposition". In: *Cahiers de philosophie politique de l'Université de Caen – Actes du colloque Philosophie et Démocratie*. Caen: Université de Caen, 1982.

HERMAN, Artur. "The Hugenot Republic and Antirepublicanism in seventeenth century France". In: *Journal of History of Ideas*. V.53, N.2, 1992.

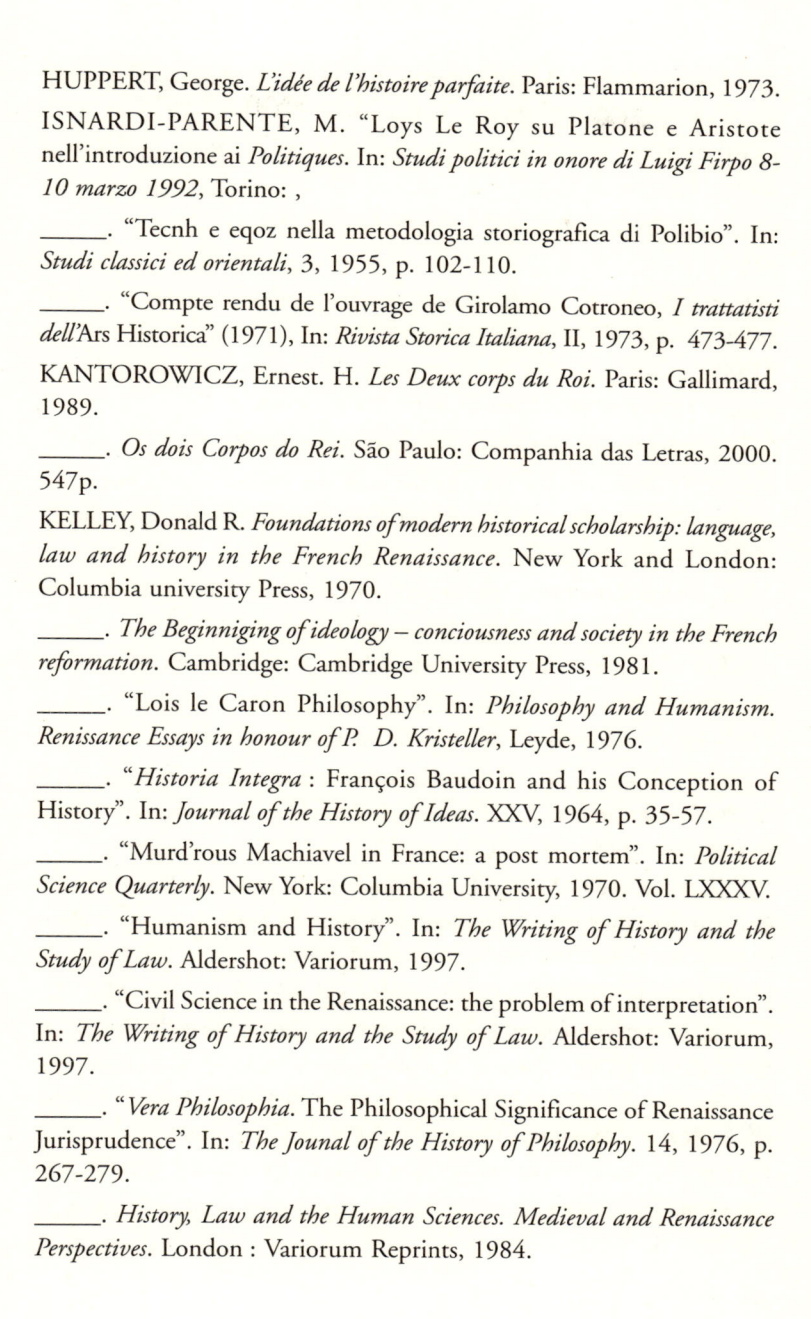

HUPPERT, George. *L'idée de l'histoire parfaite*. Paris: Flammarion, 1973.

ISNARDI-PARENTE, M. "Loys Le Roy su Platone e Aristote nell'introduzione ai *Politiques*. In: *Studi politici in onore di Luigi Firpo 8-10 marzo 1992*, Torino: ,

_____. "Tecnh e eqoz nella metodologia storiografica di Polibio". In: *Studi classici ed orientali*, 3, 1955, p. 102-110.

_____. "Compte rendu de l'ouvrage de Girolamo Cotroneo, *I trattatisti dell'*Ars Historica" (1971), In: *Rivista Storica Italiana*, II, 1973, p. 473-477.

KANTOROWICZ, Ernest. H. *Les Deux corps du Roi*. Paris: Gallimard, 1989.

_____. *Os dois Corpos do Rei*. São Paulo: Companhia das Letras, 2000. 547p.

KELLEY, Donald R. *Foundations of modern historical scholarship: language, law and history in the French Renaissance*. New York and London: Columbia university Press, 1970.

_____. *The Beginniging of ideology – conciousness and society in the French reformation*. Cambridge: Cambridge University Press, 1981.

_____. "Lois le Caron Philosophy". In: *Philosophy and Humanism. Renissance Essays in honour of P. D. Kristeller*, Leyde, 1976.

_____. "*Historia Integra* : François Baudoin and his Conception of History". In: *Journal of the History of Ideas*. XXV, 1964, p. 35-57.

_____. "Murd'rous Machiavel in France: a post mortem". In: *Political Science Quarterly*. New York: Columbia University, 1970. Vol. LXXXV.

_____. "Humanism and History". In: *The Writing of History and the Study of Law*. Aldershot: Variorum, 1997.

_____. "Civil Science in the Renaissance: the problem of interpretation". In: *The Writing of History and the Study of Law*. Aldershot: Variorum, 1997.

_____. "*Vera Philosophia*. The Philosophical Significance of Renaissance Jurisprudence". In: *The Jounal of the History of Philosophy*. 14, 1976, p. 267-279.

_____. *History, Law and the Human Sciences. Medieval and Renaissance Perspectives*. London : Variorum Reprints, 1984.

KINGDON, R. M. & LINDER, Robert D. (Eds.). *Calvin and Calvinism: sources of Democracy?* Lexington, Mass.: , 1970.

KLEIN, Robert. *La forme et l'intelligible. Ecrits sur la Renaissance et l'art moderne.* Articles et essais réunis et présentés par André Chastel, Paris : Gallimard, 1970.

KLINBANSKY, Raymond, PANOFSKY, Erwin et SAXL, Fritz. *Saturne et la mélancolie : études historiques et philosophiques : nature, religion, médecine et art,* Paris : Gallimard, 1989.

KRISTELLER, Paul Oskar. *Huit philosophes de la renaissance italienne.* Genève : Droz, 1975.

_____. "Movimenti filosofici del Rinascimento". In: *Giornale critico della filosofia italiana.* XXIX, 1950. p. 275-288.

_____. *Studies in Renaissance Thought and Letters.* Roma: Edizioni di storia e letteratura, 1956.

_____. "Humanism and Scholasticism in the italian Renaissance". In: *Studies in Renaissance Thought and Letters*, 1956. p. 553-583.

KRITSCH, Raquel. *Soberania: a construção de um conceito.* São Paulo: Humanitas-Imprensa Oficial, 2002. 571p.

KRYNEN, J. *L'Empire du Roi.* Paris: Gallimard, 1993.

_____. *Idéal du prince et pouvoir royal en France à la fin du Moyen Age (1380-1440). Étude de la littérature politique du temps.* Paris: Éditions A. Et J. Picard, 1981.

_____. "'De nostre certaine science...' Remarque sur l'absolutisme législatif de la monarchie médiévale française". In: *Renaissance du pouvoir et génèse de l'État.* Montpellier : *Publications de la societé d'Histoire du Droit et des intitutions des Anciens Pays de Droit Ecrit,* 1988. p. 131-144.

_____. "Les legistes 'Tyrans de la France?' – Le temoinage de Juvenal de Ursins, Docteur *in utroque*". In: *Droits savants et pratiques françaises de pouvoir (XI –XV siècles).* Bordeux: Presses Universitaires de Bordeaux, 1992. p. 279-300.

LACHANCE, P. *Le Concept de Droit selon Aristote et St. Tomas d'Aquin,* Montreal, 1933.

LORAUX, Nicole. "Thucydide a écrit la guerre du Péloponnèse". In: *Métis*, I, 1, 1986. p. 139-161.

LOUIS, Pierre. "Le mot istoria chez Aristote". In: *Revue de philologie, de littérature et d'histoire ancienne*. XXIX, 1955. p. 39-44.

MacINTYRE, Alasdair. *Justiça de quem? Qual racionalidade?* São Paulo: Loyola, 1991. 439p.

MAFFEI, E. *Trattati dell'arte storica dal rinascimento fino al secolo XVII*. Naples : , 1897.

MAHONEY, Edward P. ed., *Philosophy and Humanism. Renaissance Essays in Honour of Paul Oskar Kristeller*, Leiden : J. Brill, 1976.

MANDOSIO, Jean-Marc. « L'histoire dans les classifications des sciences et des arts à la Renaissance ». In: *Philosophies de l'histoire à la Renaissance. Corpus, Revue de philosophie*. XXVIII, 1995, p. 43-72.

MANENT, Pierre. *História Intelectual do Liberalismo- Dez Lições*. Rio de Janeiro: Imago, 1990.

_____. *La cité et l'homme*. Paris: Flammarion, 1999.

MASTELLONE, Salvo. "La città europea come spazio politico". In: *Congresso Internazionale "Le ideologie della città europea dall'Umanesimo al Romanticismo*. Firenze, 26-28 marzo, 1992.

_____. *Venalità e machiavellismo in Francia (1572-1610). All'origine della mentalità politiche borghese*, Firenze, 1972.

_____. *Storia del Pensiero Politico Europeo*. Torino: Utet Luteria, 1989.

MAYALI, Laurent. "Lex Animata – rationalisation du pouvoir politique et science juridique (XII – XIV siècles)". In: *Publications de la societé d'Histoire du Droit et des intitutions des Anciens Pays de Droit Ecrit*. 1988. p. 155-164.

MEINECKE, F. *L'idea della ragion di stato nella storia moderna*. Trad. Dino Sacolari, Firenze: , 1970.

MESNARD, Pierre. *L'essor de la philosophie politique au XVIe siècle*. Paris: , 1936.

MICHELL, M. A. H. *Sparta*. Cambridge: University Press, 1952. 348p.

MOMIGLIANO, A. *Contributo alla storia degli studi classici*. Roma, 1955.

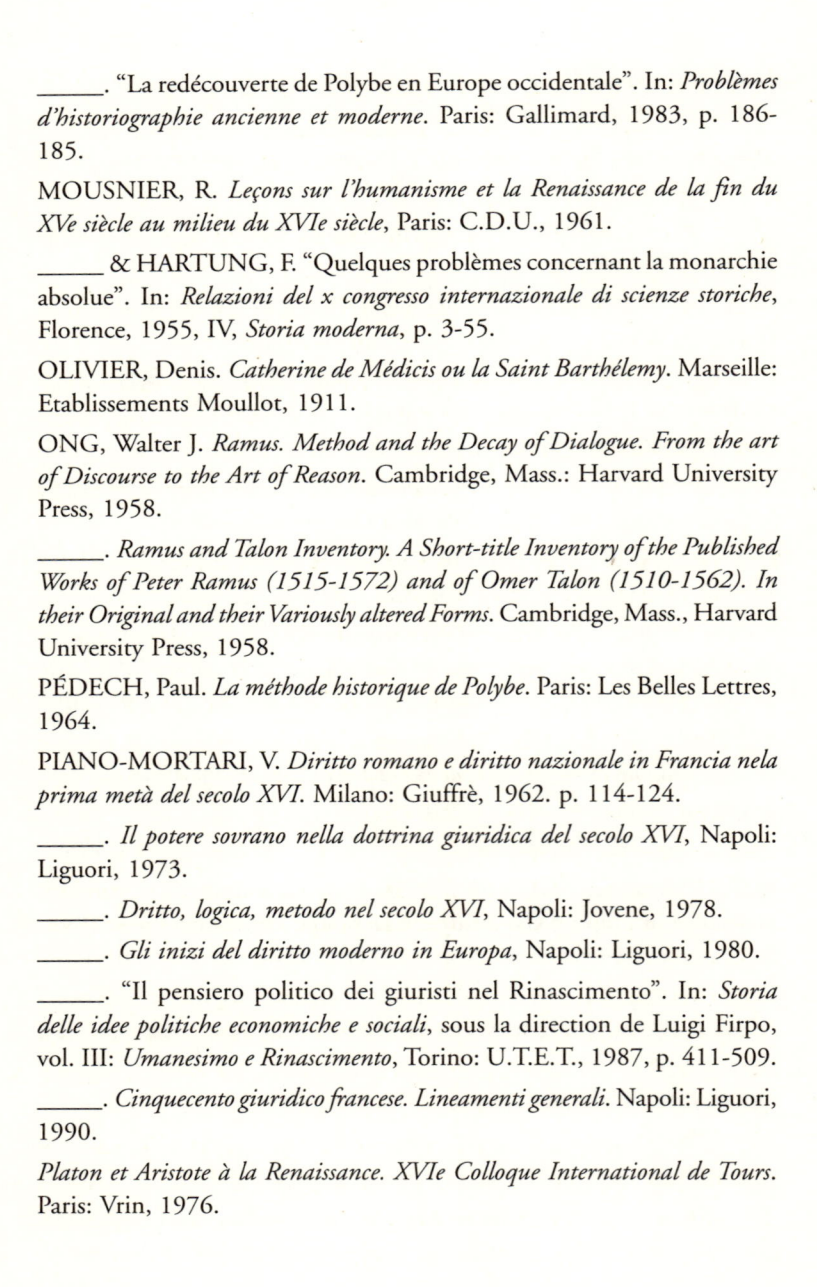

_____. "La redécouverte de Polybe en Europe occidentale". In: *Problèmes d'historiographie ancienne et moderne*. Paris: Gallimard, 1983, p. 186-185.

MOUSNIER, R. *Leçons sur l'humanisme et la Renaissance de la fin du XVe siècle au milieu du XVIe siècle*, Paris: C.D.U., 1961.

_____ & HARTUNG, F. "Quelques problèmes concernant la monarchie absolue". In: *Relazioni del x congresso internazionale di scienze storiche*, Florence, 1955, IV, Storia moderna, p. 3-55.

OLIVIER, Denis. *Catherine de Médicis ou la Saint Barthélemy*. Marseille: Etablissements Moullot, 1911.

ONG, Walter J. *Ramus. Method and the Decay of Dialogue. From the art of Discourse to the Art of Reason*. Cambridge, Mass.: Harvard University Press, 1958.

_____. *Ramus and Talon Inventory. A Short-title Inventory of the Published Works of Peter Ramus (1515-1572) and of Omer Talon (1510-1562). In their Original and their Variously altered Forms*. Cambridge, Mass., Harvard University Press, 1958.

PÉDECH, Paul. *La méthode historique de Polybe*. Paris: Les Belles Lettres, 1964.

PIANO-MORTARI, V. *Diritto romano e diritto nazionale in Francia nela prima metà del secolo XVI*. Milano: Giuffrè, 1962. p. 114-124.

_____. *Il potere sovrano nella dottrina giuridica del secolo XVI*, Napoli: Liguori, 1973.

_____. *Dritto, logica, metodo nel secolo XVI*, Napoli: Jovene, 1978.

_____. *Gli inizi del diritto moderno in Europa*, Napoli: Liguori, 1980.

_____. "Il pensiero politico dei giuristi nel Rinascimento". In: *Storia delle idee politiche economiche e sociali*, sous la direction de Luigi Firpo, vol. III: *Umanesimo e Rinascimento*, Torino: U.T.E.T., 1987, p. 411-509.

_____. *Cinquecento giuridico francese. Lineamenti generali*. Napoli: Liguori, 1990.

Platon et Aristote à la Renaissance. XVIe Colloque International de Tours. Paris: Vrin, 1976.

PENNINGTTON, K. *The Prince and the law*. Berkeley, 1993.

POCOCK, J. G. A. *The Machiavellian Moment: Florentine Political Thougth and the Atlantic Republican Tradition*. Princenton: Princenton University Press, 1975. 602p.

_____ (Ed.). *Inventing the French Revolution*. Cambridge: Cambridge University Press, 1990.

PROCACCI, Giuliano. *Studi sulla fortuna di Machiavelli*. Roma: Intituto Storico Italiano per l'Età Moderna e Contemporanea, 1965.

PUJOL, Jacques. "Jean Ferrault on the King's privileges: A study of the Medieval Sources of Renaissance Political theory in France". In: *Studies in the Renaissance*, N.5, 1958. p. 15-26.

REISEMBERG, Cecil N. *The inalienability of sovereignty in medieval political thought*. New York: Columbia University Press, 1956.

REYNOLDS, Beatrice. "Shifting Currents in Historical Criticism". In: *Journal of the History of Ideas*. Vol. XIV, 1953. p. 467-492.

RICHTER, M. "The History of the concept of Despotism". In: *Dictionary of the history of ideas*. New York, 1973-1974.

RIGAUDIERE, Albert. "Legislation royale et construction de l'Etat dans la France du XII siècle". In: *Publications de la societé d'Histoire du Droit et des intitutions des Anciens Pays de Droit Ecrit*. 1988. p. 203-236.

ROMIER, Lucien. *Le royaumme de Catherine de Médicis*, 2 vol., Genève: Slatkine Reprints, 1978.

RORTY, Richard, SCHNEEWIND, J. B. & SKINNER, Quentin. *Philosophy in History*. Cambridge: Cambridge University Press, 1998. 403p.

ROSSI, Paolo. *Clavis universalis. Arts de la mémoire, logique combinatoire et langue universelle de Lulle à Leibniz*. Grenoble : Jérôme Million, 1993.

SALMON, J. H. M. *The French religious wars in English Political thought*. Oxford: Clarendom Press, 1959.

_____. *Society in crisis: France in the sixteeth century*. London: Ernest Ben Limited, 1975.

_____. *Renaissance and Revolt – Essays in the intelectual ans social history of early modern France*. Cambridge: Cambridge University Press, 1987.

SASSIER, Yves. "L'utilisation du concept de 'Respublica' en France du Nord au X, XI e XII siècles". In: *Droits savents et pratiques françaises du pouvoir (XI – XV siècles)*. Bordeaux: Presses Universitaires de Bordeaux, 1992. p. 79-98.

_____. "L'utilisation d'un concept romain aux temps caroligiens: la *Res publica* aux IX et X siècles". In: *Medievales*. Saint-Denis: Presses Universitaires de Vincennes, 1980. p. 17-29.

SASSO, G. *Niccolò Machiavelli. Storia del suo pensiero politico*. Bologna : Il Mulino, 1980.

_____. *Machiavelli e gli antichi e altri saggi*. T.I e II. Milano: Riccardo Ricciardi Editore, 1988.

_____. *Niccolo Machiavelli*. Bologna: Il Mulino, 1993. t.I e II.

SCHIMITT, Charles B., SKINNER, Quentin, KESSLER, Eckhardt et KRAYE, Jill, ed., *The Cambridge History of Renaissance Philosophy*. Cambridge University Press, 1988.

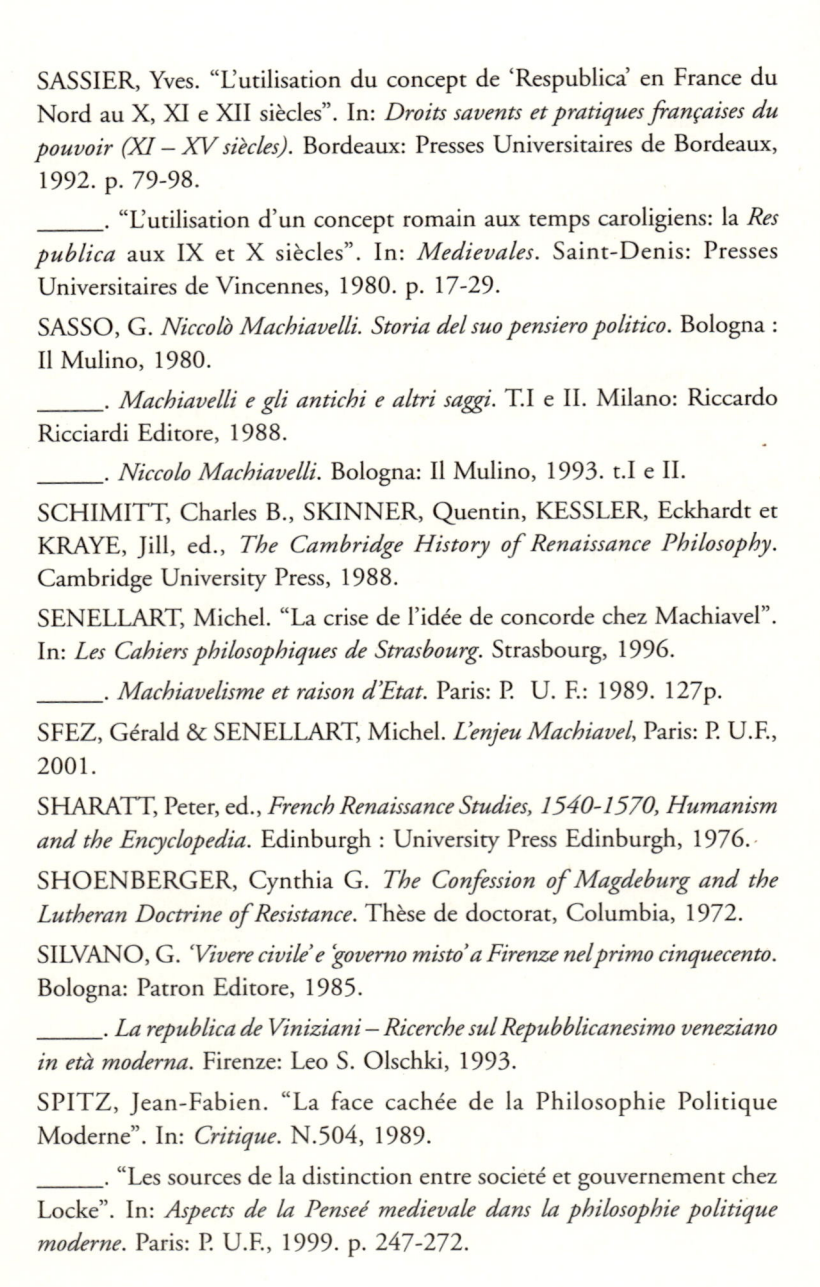

SENELLART, Michel. "La crise de l'idée de concorde chez Machiavel". In: *Les Cahiers philosophiques de Strasbourg*. Strasbourg, 1996.

_____. *Machiavelisme et raison d'Etat*. Paris: P. U. F.: 1989. 127p.

SFEZ, Gérald & SENELLART, Michel. *L'enjeu Machiavel*, Paris: P. U.F., 2001.

SHARATT, Peter, ed., *French Renaissance Studies, 1540-1570, Humanism and the Encyclopedia*. Edinburgh : University Press Edinburgh, 1976.

SHOENBERGER, Cynthia G. *The Confession of Magdeburg and the Lutheran Doctrine of Resistance*. Thèse de doctorat, Columbia, 1972.

SILVANO, G. *'Vivere civile' e 'governo misto' a Firenze nel primo cinquecento*. Bologna: Patron Editore, 1985.

_____. *La republica de Viniziani – Ricerche sul Repubblicanesimo veneziano in età moderna*. Firenze: Leo S. Olschki, 1993.

SPITZ, Jean-Fabien. "La face cachée de la Philosophie Politique Moderne". In: *Critique*. N.504, 1989.

_____. "Les sources de la distinction entre societé et gouvernement chez Locke". In: *Aspects de la Penseé medievale dans la philosophie politique moderne*. Paris: P. U.F., 1999. p. 247-272.

_____. *La liberté politique*. Paris: P. U.F., 1995.

SKINNER, Quentin. *Liberdade antes do liberalsmo*. São Paulo: Ed. UNESP, 1999.

STEWART, P. D. *Innocent Gentillet e la sua polemica antimachiavellica*. Firenze : , 1969.

STOLLEIS, M. "*L'idée de Raison d'État* de F. Meinecke et la recherche actuelle". In: *Raison et Déraison d'État*. Paris: P. U.F., 1994.

STRAUSS, Leo. *La cité et l'homme*. Paris: Calmann-Lévy, 1987.

TENENTI, A. "La Storiografia in Europa dal quattrocento al seicento". In: *Nuove questioni di storia moderna*, Milano : ,1963.

ULLMANN, Walter. *Individuo e società nel Medioevo*. Trad. Isabella C. Roncaglia, Roma-Bari: , 1974.

_____. *The Individual and Society in the Middle Ages*. Baltimore, Maryland, 1966.

_____. "The development of the medieval idea of sovereignty". In: *English historical review*. N. 61, 1949. p. 1-34.

VALADIER, Paul. *Machiavel et la fragilité du politique*. Paris: Seuil, 1996.

VASOLI, Cesare. *La dialettica et la retorica dell'Umanesimo, « invenzione » e « metodo » nella cultura del XV e XVI secolo*, Milano: Feltrinelli, 1968.

_____. "Enciclopedismo, pansofia e riforma *metodica* del diritto nella *Nova methodus* di Leibiniz". In: *Quaderni fiorentini per la storia del pensiero giuridico moderno*, Milano: Giufrrè, 1973. p. 38-109.

_____. « La retorica e la dialettica umanistiche e le origini delle concezioni moderne del *metodo* ». In: *Profezia e ragione*, 1974, p. 509-593.

_____. *Profezia e ragione. Studi sulla cultura del Cinquecento e del Seicento*. Napoli : Morano, 1974.

_____. « Topica ed enciclopedia nel XVI secolo ». In: *Acta conventus neo-latini Turonensi*. Paris : Vrin, 1980.

_____. « *Loci communes* and the Rethorical and Dialectical Traditions ». In: *Peter Martyr Vermigli and Italian Reform*. Waterloo : Ontario, 1980, p. 17-28.

_____. « Le Accademie fra '500 e '600 e il loro ruolo nella storia della tradizione enciclopedica ». In: *Università, Accademie e società scientifique in Italia e Germania dal '500 al '700*. Bolona : Il Mulino, 1982.

_____. « Le discipline e il sistema del sapere ». In: *Sapere e/è potere. Discipline, dispute e professioni nell'Università Medievale e Moderna. Il caso bolognese a confronto. Atti del quarto Convegno, Bologna, 13-15 aprile 1989*, vol. 2 : Verso un nuovo sistema di sapere, acura di Andrea Cristiani, Comune di Bologna, Instituto per la Storia di Bologna, 1900, p. 11-36.

VILLEY, Michel. *La formation de la pensée juridique moderne. Cours d'histoire de la philosophie du droit*. Paris: Montchrestien, 1968 ; 1975.

WEILL, G. *Les théories sur le pouvoir royal en France pendant les guerres de religion*. Genève: Slaktine Reprints, 1971.

WILKS, M. *The problem of sovereignty in the later Midle Ages*. Cambridge : Cambridge University Press, 1963.

WITSCHI BERNZ, Astrid. *Bibliography of works in the Philosophy of History, 1500-1800*, History and Theory, Studies in the Philosophy of History, Beihef XII, Wesleyan University Press, 1972, 90p.

YATES, Frances A. *The French Academies of the XVIth Century*. London: The Warburg Institute, 1947, Klaus Reprint, Nendeln: Liechtenstein, 1973.

_____. *L'art de la mémoire*. Paris: Gallimard, 1975.

_____. "Architecture and the Art of Memory". In: *Architectural Design*. décembre 1968, p. 537-578.

_____. "The Old New History". In: Frances Yates, *Collected Essays*, vol. III., 1970.

ZARKA, Y.C. *Raison et Déraison d'Etat: théoriciens et théories de la raison d'Etat aux XVIe et XVIIe siècles*. Paris: P. U.F., 1994.

_____. *Remanences médiévales dans la pensée politique moderne*. Paris: P. U.F., 1996.

_____. *Philosophie politique à l'âge classique*. Paris: P. U.F., 1998.

ZELER, Gaston. *Les institutions politiques de la France au XVIeme siècle*, Paris, 1948.

Edições Loyola

impressão acabamento
rua 1822 n° 341
04216-000 são paulo sp
T 55 11 3385 8500
F 55 11 2063 4275
www.loyola.com.br